嘤其鸣矣

青年学者说文献学

南江涛 主编

国家图书馆出版社

图书在版编目（CIP）数据

嘤其鸣矣：青年学者说文献学 / 南江涛主编 . ——
北京：国家图书馆出版社，2022.11
ISBN 978-7-5013-7520-2

Ⅰ．①嘤⋯ Ⅱ．①南⋯ Ⅲ．①文献学—文集
Ⅳ．①G256-53

中国版本图书馆CIP数据核字（2022）第124659号

书　　名　嘤其鸣矣：青年学者说文献学
著　　者　南江涛 主编
责任编辑　潘云侠
封面设计　　　文化·邱特聪

出版发行　国家图书馆出版社（北京市西城区文津街7号　100034）
　　　　　（原书目文献出版社　北京图书馆出版社）
　　　　　010-66114536　63802249　nlcpress@nlc.cn（邮购）
网　　址　http://www.nlcpress.com
印　　装　北京科信印刷有限公司
版次印次　2022年11月第1版　2022年11月第1次印刷

开　　本　710×1000（毫米）　1/16
印　　张　33.75
字　　数　310千字
书　　号　ISBN 978-7-5013-7520-2
定　　价　98.00元

序　言

2019年3月，国家图书馆《文献》杂志编辑部曾邀请多名北京地区文献学界的青年学者，就文献学研究的相关问题展开交流和讨论，后来在《文献》杂志发表了一组笔谈，题目是《文献学青年谈》。这组笔谈引发了青年同行的关注，南江涛发起的"青年学者说文献学"系列访谈，连载于公众号"书目文献"。这项活动向数十位不同学科背景的青年学者提出文献学理论的追问，得到参与者的热烈回应。这个追问的意义在于不断提醒大家去思考文献学的理论问题，这比得到具体回答更有意义。如今这组访谈结集出版，征序于我，不揣谫陋，略述文献学发展的点滴思考。

当下，文献学在名义上是不存在的，无论图书分类法还是学科分类表都没有"文献学"这个类名。名之不存的现象真实反映了我们的学术实况：文献研究无处不在，各科均有，但是通性的文献学却虚无缥缈、不着痕迹。正如《文献》所登发言稿中说到的，任何学科都需要有自己明晰的研究对象、概念体系，独特的研究方法和理论，然而目前文献学恰恰缺少这样明晰的定义与分野，不同学科背景的学者对于文献学也缺乏明确的共识。

从这一事实出发，我们甚至可以说中国学术界有文献研究，但没有通性的文献学。由于文献调查和研究是学术研究的基础，普遍存在于各个学科之中，所以因应各自学科需求的分科文献学在现代学科建立之初就相应建立了。于是我们在图书分类表和科学分类表上看到很多子学科类目，例如从属于历史学的"历史文献学"，从属于文学的"古典文献学"，从属于哲学的"哲学文献学"，从属于自然科学史的"科学文献学"，等等。这些子学科的基本属性是由其上位类学科决定的，如果强行将这些子学科组合起来，也不可能构成一个独立的"文献学"，关键就在于各科文献学并不存在超越各个所属学科属性的文献学概念体系和明晰的学科分野。

目前国内的文献研究主要面向汉文印本典籍，非印刷文献如简帛文献、写本文献被归为出土文献，非书文献如历代公私文书等被归入档案类，在收藏体系和教学体系中与印本文献分野清晰，相关研究往往排除在主流之外，汉文以外的文献更是研究不足，外国文献则极少涉及，以上类别在现有文献学教材之中也没有分量。从学科分野上看，因为文献研究需要关涉文字学、语言学，以及一般文化史知识，乃至溯及哲学义理，于是就又将这些通通纳入文献学领域，这是典型的学科对象和边界不清。

从学科构造上看，传统文献研究陷入古书琐碎知识的积累，互相之间的联系非常松散，通用性、体系性的学科理论和方法严重不足。跨文化、跨文明的文献研究又处于边缘，与思想史、文化史、文明史结合的研究更是寥寥无几，即使论及这些问题也多空疏无当，缺乏坚实的文献学论证。

从学科之间的关系上，文献学不仅要为人文研究各领域提供处理文献的基础方法，也要为其他学科提供以文献为主要对象的研究理路和学术启发。但是目前的问题是文献研究多数只是文献研究者自己的事业，对于其他学科殊少方法论的贡献，这是文献学处于"学科鄙视链"末端的重要原因之一。

我以为，文献学是以研究文本在不同载体上如何生产、使用、管理、流变为主要内容，兼及文本与载体之间在时间、地域、组织、权利、学术等几个维度之间的张力及其变化的通用学科，文献学会帮助我们厘清有关人类记录信息、知识、经验、智慧的基本类型与方法，研究跨载体文本转移与人类文化、文明延续之间的关系，进一步延伸到文献的文化史意义和文明史意义。"青年学者说文献学"系列访谈中有不少与谈者将文献学比作数学，既有工具性又有学科性，我非常赞成这样的比喻，但需要注意的是，数学在工具性之外有其自身意义，尤其以数论领域为其皇冠之珠，对比数学，目前我们的文献学恰恰缺少自身的理论构建。重新定义文献学，或云为文献学辩护，非常易于催生文献学的问题意识，摆脱前近代的泛滥无归的研究模式，转化为现代的有清晰研究对象、研究方法和研究理论的学科门类。以上对于文献学定义的尝试肯定是非常不成熟、不完善的，之所以敢于提出来敦请学术界讨论，正是由于文献学非常迫切需要这样的理论建设。

文献是知识、文本和物质媒介的结合。关于思想、言说和文献之间的关系，先哲早有深刻的思辨，如希腊哲人柏拉图的太阳之喻，中国哲人庄子的轮扁斫轮之说，很明显，思想大于言说，言说又大于文献。但是人事代谢，万载悠悠，古人的文献是我们认知自身思维与知识积累仅存的遗迹，我们需要从此着手以发掘全部的知识和意义。这是文献学之所以具有基础性和通用性的原因。

我们目前处于文献载体转变的时代，有人号称纸本载体已经死亡，人类已经进入电子媒体时代。身处这样的时代，人文学者一方面享受新媒体技术的便捷，另一方面又深刻忧虑知识传承的巨大断裂。2000年盛夏，国家图书馆有件喜庆大事——电子目录检索系统开通。当时紫竹厅东侧目录检索室里满满的目录卡片柜变成了"无用之物"，作为青年馆员，我曾奉命亲手把数十个卡片柜搬到偏僻的走廊里，废置不用。这是一件颇具划时代意义的行为艺术，是无知而傲慢的现代图书馆技术对于目录学基本功能"即类求书，因书究学"（章学诚《校雠通义·互著》）的否定。今天，无论哪家图书馆都难觅目录卡片柜的踪影，馆方和用户都认为电子目录可以全面取代书本目录和卡片目录。短短二十年，目录体系已被MARC标准和库房架位管理代替，读者"即类求书，因书究学"的能力也随之严重退化。面对剧烈快速的媒体更新，我不仅和书籍史大师费弗尔（Lucien Febvre）和马尔坦（Henri-Jean Martin）一样担忧纸本书籍品种的大量丢失，更担忧的是，人类的知识管理方案与认知能力的丧失，以及随之而来的历史的系统性断裂。

能看到多远的过去，就能预见多远的未来，我们倒是不用回顾太远，就已非常幸运地及身得见如此深刻而剧烈的变化。由此可以预见，这次更彻底的知识载体迭代历程中，人类智慧必然丢失得更多更快，对此我们必须有所警醒。我也许不是合格的图书馆员，常怀杞人之忧；乐观的数字图书馆首席专家大概座下都有千里良驹，不惧深渊在前。

人类社会不是单向度的线性发展，得失之间的利弊需要仔细衡量。在雕版印刷快速发展之际，苏东坡曾对青年学子处于日传万纸的环境中"束书不观，游谈无根"的状态浩叹不已，我们今天何尝不是如此呢？电子媒体确实带来了文献获取的便利和平权，但是陷入信息海洋中的人类是否比以往吸收并传承了更多的知识，且因此生发出更高的智慧呢？从知识有序性的方面来看，这个答案恐怕是否定的。

传统文献的体式以及由之构成的知识管理方案至今仍具有重要的意义，人类处理文献有五六千年的经验，不能在新媒体取代旧媒体的时候通通放弃，反而应该积极将这些资源加以总结，结合电子媒体的优势，将之优先转化为新时代的知识管理体系。

知识管理体系方面，中国书籍分类法的创立时代与世界其他文明比较，大致同时。除此之外，我们对于世界文明的重要贡献之一，就是曹魏时代（公元三世纪）发明的以类书总结知识的办法，特征是分类合理而精密，吸收各类文献的内容，基本知识粒度小，查询方便。在这一知识体系下，从释义扩展到相关语词、文句、篇章，可以进阶学习，实现规范控制，互相参见，根据主题可以生成各类专题汇编，极易实现知识重聚和创新，各类文献都能由类书转化，也能以类书形式管理，善莫大焉。类书开创了崭新的知识管理方式，打通了所有学科，使得人类能够快速简明地掌握全部知识的概观，并由此深入探索各个知识门类，实现知识重组和再创造。与之相似的，还有各种具有明晰分类功能的传统典籍，例如各类正史、地志、政书、目录、谱录、字书、韵书等，而且从类书到上述各种分类编纂的传统典籍之间具有明确的对应关系，类书是总纲，而其他典籍都是类书的子类。五代后蜀冯继先《春秋名号归一图》即《春秋左传》的人名索引，具备现代索引的基本特征，换句话说，中国很早就有编纂单书索引或专题索引的做法，而且一直延续到近代。

我们注意到，这两种新颖的知识管理形式都是与文献载体更新同步的，类书的出现与纸本代替简帛大致同时，索引的出现与印本代替写本大致同时，两者的叠加，使得此后的魏晋南北朝和两宋时期文化发展取得重大成果。像我一开始就谈到的，索引增加了新的知识管理形式，是建立现代学术的基础。索引以有意义的关键词为单位，其知识粒度明显比书或者是篇章这样的粒度要细腻得多。有了索引，每个学者都可以共享编纂归纳的知识，每位用户都能超越个体的经验和能力获取更为详备的文献，做更多更精深的研究。所以研究人类文化和文明的传承，我们不仅要注意文献载体和技术的发展，更要重视知识管理体系的更新。对于这个课题的研究，文献学应当发挥作用。

如果说研究文本与载体关系及其规律的学科是文献学，而以文献的具体表现形式——书籍为研究对象，研究书籍的形态、体式、生命史，研究人类的阅读与习得、作者与读者的关系，即通过书籍研究人与人、人与社会各种关系的学问，则属于书籍史。两者有局部的交叉，需要互相支撑，但是研究方法和目标各有不同。书籍史是一门新兴的学科，是法国新文化史中的重要主题。书籍史深深根植于文献学，从研究对象上看，它的核心资料是书籍本身以及关于书籍的文献记录，最新研究开始关注非书文献和电子文献；从内容上看是研究书籍的生产、发行和接受，以及由此映射出的作者、编者、印制发行者、读者之间的关系；从学理上看，是文献学与历史学的紧密结合，其最终关怀是较长时段的人类社会的变迁。

台湾大学历史学系秦曼仪曾在法国社会科学高等研究院历史与文明研究所攻读博士学位，对法国书籍史研究的理路做过非常精彩的分析。她指出，书籍史或书写文化史的研究与人文学术的很多学科都有密切的关联，例如社会学、文学批评、哲学等。在书籍史和思想史、宗教史、社会史、经济史的交叉研究实践中，费弗尔的目标是总体史体系之下书籍反映的心态史，马尔坦的研究旨趣是提供书籍与社会关系的总体性诠释，罗杰·夏蒂埃（Roger Chartier）和贺许（Daniel Roche）的书籍史研究采取社会经济史的路径，以探求认识社会普遍的、集体的心态观念和文化史（《书籍史方法论的反省与实践——马尔坦和夏提埃对于书籍、阅读及书写文化史的研究》，《台大历史学报》41期，2008年）。

其实，从传统书志学研究文化史、思想史的研究方法，与中国传统学术中以典籍的目录、版本实现"辨章学术，考镜源流"的思路非常相似。对此，章学诚《校雠通义》有系统理论，清代学者有丰富的实践，以近代著名藏书楼的《铁琴铜剑楼藏书目录》最为杰出，对于重要典籍版本体现的学术史问题皆有论列。即使最受诟病的鉴赏类书目——钱曾《读书敏求记》在著录朱熹《周易本义》也追溯了宋代易学史上复原古易的问题。郭立暄《中国古籍原刻翻刻与初印后印研究》继承了目录学、版本学与学术史结合的学术传统，追踪文本变形与学术思潮的关系，又辅以科学的方法，解决了一系列很重要的学术史疑案，特色鲜明，贡献卓越。

书籍史又可与文学批评结合，中国古代也有丰富的资料可以用于研究，从南朝梁代刘勰《文心雕龙》，到唐代刘知几《史通》，分别从不同角度提供了模仿、删节、摘选、评论等等要素在书籍编纂和阅读中的作用。这个时代的类书和总集、选集的编纂，更突出了同时作为作者和读者操作同一文献的具体案例，非常适合作为书籍史与文学批评相结合的研究课题。

书籍史研究同样重视物质性与文本性的结合，内容与形式的关系，在传统研究维度上叠加社会史、经济史、思想史维度，会使研究成果的价值激增。例如书籍版式、插图、副文本的研究，尤其是出版商的策略，是中国学术界较少涉及的领域。以写本书籍而言，现藏东京国立博物馆的最早经、注、疏合一的《毛诗传笺及正义》产生于唐代，最早使用分栏方式，在不同区域以不同字径、不同颜色的文字书写经文、传笺、正义和音义。这个时代，同类的版式，在书仪、历日等写本中同样存在，文本的构成与阅读的顺序及其意义权重显得格外分明。直到明清时代各种批点评注印本的书籍，仍然延续了分栏、分区、分级、分字号、分颜色的版式，为阅读者提供了重要提示和最大便利。在写本背面书写注音、注释文字的音隐、义隐类书籍，也有敦煌文书作为实物证据，对于此类写本的研究如果加上阅读史的维度，局面会大为不同。

书籍的副文本是显露在文本表现层上的框架因素，或者附加的个性文本，如标题、分节符号、作者名、题词、注解、校记等，对正文的接受起重要作用。在简帛时代、写本时代，副文本是书籍不同副本间的差异，刻本时代则是书籍不同品种间的差异。当从写本时代过渡到刻本时代时，正文底本共性的延续，副文本差别的增加，为文本变形提供了丰富的可能，探究这些丰富性也是书籍史的全新领域。如果加入身体史的维度，我们还能发现困扰白居易读书的飞蚊症是如何糟糕，而中亚传入治疗白内障的金篦术又是如何造福了唐代读者。当夜间照明是一种经济负担时，自然光时段的书写和阅读时光也变得十分宝贵，用雅正洛生咏或金陵音诵读经典所产生的力量能令乱臣贼子敛手，而域外僧人用本族语言记录的音译中古汉字佛经，俨然就是一位敦煌地区小沙弥所说的河西方言。以上案例说明，如果借镜西方书籍史的取径，回顾中国的书籍史，我们可以发掘出很多重要而且有趣的话题。

史　睿

2022 年 11 月

青年馆员

青
年
编
辑

青年教师

嘤其鸣矣

暨南大学　王京州

王京州，1977年生，河北沙河人。四川大学文学学士、硕士，南京大学文学博士。历任河北师范大学文学院副教授、教授，硕士生导师。现为暨南大学中国文化史籍研究所教授、博士生导师。主要研究方向为魏晋南北朝文学、古籍整理与研究、类书研究。出版《陶弘景集校注》《魏晋南北朝论说文研究》《七十二家集题辞笺注》《北望青山——年谱中的那一代学人》，主编《河北近现代学者年谱辑要》《古代类书集成》《采玉群山：类书与文学关系论集》。

古籍整理与青年使命①

20世纪30年代后期，四川大学中文系迎来了一位新导师。他在青年时代即以古籍雠校之学自任，移砚川大后更以此教导诸生。他所倡导的校雠学，仿佛一块磁石，具有强大的吸附力。最能体现他旨趣的一段话，在时隔六十年后，依然被弟子杨明照反复提起：

---

① 本文发表于《中华读书报》2020年3月18日第9版，题为《古籍整理事业的薪火传递》，略有删节。此据原稿并加补订。

我以往是县城里头数一数二的才子，然而去到省城里头就轮不着我了，更不要说到全国。但从事校勘注释工作，只要肯用功就可以做到最好。汪继培的《盐铁论笺释》，大家都可以找来看，你们当中任何一个，都可以做到他那个样子，很大可能比他做得还好。

这段话旨在讲述后天努力对校雠学的重要性，与文学创作仰赖天赋迥然不同，只要用功就能拔尖于全国，这对青年学生来说，具有多么大的激励作用啊！尤为关键的是，清人汪继培被标举出来，成为"思齐"和超越的具体目标。年近九旬的杨明照先生，绘声绘色地完成转述，不忘补缀自己的心得："以前认为汪继培高不可攀啊，哪想找来一看，果真如向先生所说，居然从中发现不少疏漏！"

这位新导师就是向宗鲁先生（1895—1941）。向先生不仅倡导古籍校勘之学，而且身体力行，将毕生的精力投入到了古籍整理的实践当中。同时他不仅自己从事这门学问，而且以一位导师的身份，循循善诱地将这一理念传布到青年学子的身上。

从1935到1941年，执教川大中文系的六年，向宗鲁先生言传身教，培养了大批从事古籍校勘的专门人才，杨明照（1909—2003）、王利器（1912—1998）、屈守元（1913—2001）便是其中尤为卓荦者。那时他们正处于葱茏华茂的青年时期，面对汉魏六朝的大量典籍，他

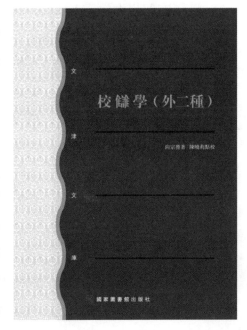

文津文库

校雠学（外二种）

向宗鲁著 陈晓莉点校

国家图书馆出版社

们各有选择和坚守。杨明照选择了《文心雕龙》，王利器选择了《风俗通义》，屈守元选择了《韩诗外传》，他们分别以此作为校勘注释的对象，撰成各自的毕业论文：《文心雕龙校注拾遗》《风俗通义校注》《韩诗外传笺疏》。这些本科毕业论文虽然尚显稚嫩，难免存在讹误，还需经过多年打磨，才能达到正式出版的水准。但本科阶段的经历对他们的学术生涯却至关重要——后来杨明照、王利器负笈北上，分别到燕京大学、北京大学深造，师从于郭绍虞、汤用彤、傅斯年等著名学者，在研究生阶段乃至此后一生的学术志业，却是以古籍雠校为主，并未因此出现大的转向。由此可见，学术发轫期的方法论和规范意识，对学者器识和格局的形成具有奠基作用，而且往往是在悄然之间完成的。

在四川大学读书期间，我曾被委任为杨明照先生的助手，有幸多次得杨先生亲炙，但因为才识驽钝，对先生的治学方法向来一知半解。上文关于向先生嘉言懿行的记忆，并非杨先生亲口传授，而是来自业师罗国威先生的转告。罗老师初问学于四川师范大学汤炳正先生门下，又转而供职于四川大学，长期协助杨明照先生，他从青年时代即以校理古籍为职志，因此对多年前向宗鲁先生的循循善诱，有着更为深切的体认，一经杨先生传授便牢记于心，并经常以此点拨新一代的青年学生。我就是谛听罗老师讲述多次，然后才"书于绅"的。

　　在攻读硕士学位期间，除了主修罗国威、刘文刚、张子开诸师的文献学课程外，我还旁修了赵振铎、宋永培、伍宗文诸位先生讲授的训诂学、文字学、音韵学，自感已具备古籍整理的基础，可当真正动手整理古籍时，仍感困难重重。在罗老师的指导和帮助下，我勉力完成了以《陶弘景集》为研究对象的学位论文，实际还有许多问题未能解决。所幸在硕士毕业后，又有机会赴南京大学深造，以原稿为基础不断修订和增补，最终完成了硕士论文的出版——《陶弘景集校注》，这便是我从事古籍整理的发轫之作。后来在程章灿老师的指导下，以"魏晋南北朝论说文研究"为题，撰写博士论文。再后来参加工作，隐身于教学和集体项目，感觉离自己钟爱的古籍整理事业正渐行渐远。直到"七十二家集题辞笺注"选题的出现和从事，我的学术志业再次出现转机。

　　《七十二家集》是明末人张燮编辑的丛书型总集，共收录七十二家唐前作家的别集，上起宋玉，下迄薛道衡，纵贯整个汉魏晋南北朝隋，并在题辞中评骘作家，细味作品，颇具文学史家的眼光，真知灼见俯拾皆是。张燮在全面搜采、细致辨伪、字词校勘和审定等方面做出了杰出贡献，大大推动了汉魏六朝及隋代集部文献的整理和研究。然而令人遗憾的是，《七十二家集》问世未久，即被张溥的《汉魏六朝百三家集》承袭和取代，其开创之功和辑佚成就从此沉湮后世。与此相应，张溥的《汉魏六朝百三家集题辞》备受重视，经过近人殷孟

七十二家集
题辞笺注

中国古代文学批评要籍丛书

[明] 张燮 著
王京州 笺注

伦先生的注释，更加不胫而走，俨然是汉魏六朝文学批评史上的重要文献，而张燮的《七十二家集题辞》仍散见于各集卷首，几乎被后人遗忘了。为了还原文学批评史的有机链条，焕发张燮题辞的熠熠光辉，我决定对其进行全面整理和笺注。

首先是将各篇题辞摘录出来，因为大都是手写上版，部分题辞的文字辨识颇具难度；录出原文后需反复涵泳，谨慎施加标点；张燮擅长融汇典故，题辞多用骈体写就，只有加以笺注，辞意始明。在中国台北"国家图书馆"意外发现《群玉楼集》载录全部题辞，不仅具备较高的校勘价值，可资澄清一些草书字体的疑难，而且还溢出三篇未见刻于丛书的题辞。此外我还于每篇题辞前均撰有作家小传，对每部别集在后世的流传和辑佚情况也都做了细致梳理，并于笺注后更设"总说"，对张燮、张溥两家题辞的宗旨逐篇加以比较。最后在校勘和笺注的基础上弁以"前言"，对张燮题辞创作的时代背景及其在文学批评史上的价值进行了总体评介。

这是我从事古籍深度整理的第二次尝试。从事斯役之时，正值我的母亲卧病在床，因此本书也是我的排忧之作。经过多次商订和修改，终于被上海古籍出版社列入"中国古代文学批评要籍丛书"出版，那一年我三十九岁，刚好还是一名"青年"学者，有幸膺获"宋云彬古籍整理青年奖·图书奖"，不能不感激命运女神的眷顾。转眼已不再是"青年"，但对所钟爱的古籍整理事业而言，仿佛才刚刚启航。从集部别集、诗文评跨越到子部类书类，我已做好了投身更广阔古籍整理事业的准备，这一次我想通过"古代类书总目提要"和"历代类书序跋汇编"的方式，虽然与以往从事的集部校注之学不同，但肯定也属于古籍整理的范畴。在我组建的"古代类书整理和研究"学术团队里不乏青年学者，热切期待古籍整理事业通过他们不断得以传承。

向宗鲁先生移砚四川大学的六年间，正值国难当头的时代，然而以向先生为代表的一大批学者仍然坚持学术研究，弦歌不辍。多年后我觉得向先生与青年弟子们的谈话，像极了沂水舞雩的场景。不同的是孔子让各人言志，最后总结说"吾与点"，而向宗鲁先生则是夫子自道，通过展示自己的人生志向和道路来示法。向宗鲁先生不愧是文献学史上的"大先生"，他所倡导的校雠学无疑是最具有中国特色的学问之一。

从向宗鲁先生到杨明照先生，从杨先生到罗国威老师，再从罗老师到我，整整经历了四代人。四代青年，同一使命。末学肤受如我，本不敢仰攀前贤，然而身为传薪者，又不能不指出火种所系。向宗鲁先生言犹在耳，八十年往事俱已成昨。在青年时代承接的学术薪火，还要在已不再是青年的手中，传递给更多的青年学者，这便是一个古籍整理人的"青年使命"。

上海师范大学　王　贺

王贺，文学博士，上海师范大学中文系副教授，上海师范大学数字人文研究中心副主任。主要从事近现代文学与文献、数字人文等领域研究。著有《中国现代文学编年史——以文学广告为中心（1937—1949）》（2013，合著）、《数字时代的目录之学》（2021）、《从文献学到"数字人文"——现代文学研究的典范转移》（2022），编有《中国现代文学文献学的自觉——陈子善教授荣休纪念集》（2020）等。

1.文献学是一个冷门学科，您是什么时候开始接触这门学问的？是主动报考还是调剂？谈一谈您对"文献学"的最初印象，现在的理解有没有变化？

我接触"文献学"比较晚，是从大学四年级才开始的，也不很系统，不是什么科班出身。从那以后直到硕士一年级、二年级，解志熙老师先后给我们开过"张爱玲研究""沈从文研究""1937—1949年文学史"等课，每门课都是以他刚刚撰写完成的专题研究论文、著作为基础开讲，他是很自觉地用"文献学"的一些方法来研究现代文学（史）。受解老师和邵宁宁老师的影响和鼓励，我从那时候学习"文献学"，一开始纯粹就是好奇，并没有所谓的"冷门学科"或边缘学科的意识，随后比较系统地阅读了近代西北报刊，整理了一些作家、学者的集外文，在这个基础上做了一些专题研究，还初步梳理了现代文学文献学史，部分已汇入《当代中国现代文学研究（1949—2009）》一书。但更深入地学习这方面的专门知识，是在跟陈子善老师读博以后。除了陈老师给我们上的"中国现代文学史料学""专书导读"等课程，他的文章、著作，包括私下里的谈话，时常给我很大的启发（见《陈门立雪小记》）。当然，说到对"文献学"本身的理解，可能一开始我也是将其作为一门工具性学科、辅助性学科理解的，但现在不会再这么简单地看问题，而是倾向于将其看作一个独立的学科、专业或研究领域，事实上，它和文学研究、史学等领域的关系并不是透明的、天然的、理所当然的，恰恰需要我们重新想象、思考。

与业师陈子善教授合影

2.毕业后又从事文献学研究和教学，您觉得涉古专业本科生学习"文献学"课程的必要性是什么？

因我主要从事近现代文学文献研究，没法回答涉古专业本科生学习"文献学"课程的必要性是什么这一问题。但对于有意专攻近代文学、现代文学乃至当代文学的研究者而言，我认为，学习文献学和学习西方文艺理论一样重要，文献学的核心是如何处理"文献"，这不仅是文学研究需要具备的专业技能，一切人文学术也都要面对这个问题。文献学关心、处理的"文献"，在文学领域是"文本""作品"或"研究资料"，在史学领域是"史料""证据"，彼此之间虽有不同，但分析、处理的方法和技术仍有很多相通之处。只不过这些年来，在我所在的领域（我们的二级学科，在政府部门颁定的学科、专业目录中叫"中国现当代文学"），由于种种原因，后者一枝独秀、一家独大，而前者没能普遍进入大家的学术训练和思想视野。我在别的文章里也说过："上世纪九十年代以来，文献学和实证主义史学影响下的现代文学研究虽已取得不俗成绩，但仍有许多人认为，文献学和一般的现代文学研究关系不大，而与古代文学、经学、历史研究更为相关，或者说，一个合格的现代文学研究者，只要学会利用文献史料及相关研究成果即可，并不必接受文献学的训练，当然，从事自己的研究也不必自文献学开始。"（见《"数字人文"视野中的目录之学》）希望我们年轻一辈，能够扭转这些偏见、成说，在这方面有所作为。

3.您的研究方向是偏向历史文献学还是文学文献？又或者说偏重目录、校雠和版本的哪个具体方面？请重点谈一下您在这个领域的治学心得？

我自己比较偏向文学文献学的研究，当然也做了一点历史文献方面的整理和研究，主要是博士后阶段的工作，但无论是专书，还是文献资料集，都还没有全部完成。老实说，我并不认为历史文献学或文学文献学之间的区分有多么重要。文学文献，从历史研究的角度来看，不也是历史文献吗？非得是研究政治史、制度史、社会史的文献，才能被称作历史文献吗？当然，在具体的研究中，我对版本、目录、辑佚、校勘、考证、辨伪等传统的文献学所建立的每一分支几乎都有所涉猎，近十余年来也实际做了一些文献整理、研究的工作，以后或多或少还会做一些。可是在近现代，其实还出现了一些新的现象和问题，或者让一些原有的问题变得更加突出，比如辑佚需要重视"常见书"的问题，近人全集如何编纂的问题，"非单一作者文献"、"非正式出版物"、"集外手稿"、数据库的开发与利用等等的问题，这方面我已经写过一些文章，但无疑还需要进一步地深入研究。

至于治学心得，当然还谈不上，但要说想法，多多少少还是有一些，以后要做的事情也有很多。概括地说，对于近现代文献学的研究而言，我觉得，我们既要向古文献学学习，也要向西方语文学、文献学、古典学等领域学习，对很多近现代文献问题的分析、处理，老老实实、朴朴素素、就事论事是需要的，但同时可能还要有更高的追求，从源头处思考、重新思考，不能太拘泥于古文献学的范围，要在实证研究的基础上，尽力融汇这几者，进而结合理论、方法层面的思考，提出一些新的观察和论述。

4.有人说"文献学"是个基本工具，算不上单独的"学科"，对这个问题您怎么看？如果是"工具"，是否应该有更广泛的应用？是"学科"，主要研究对象是什么？是否有瓶颈和走出困境的思路？

我前面已经说过，对"文献学"本身的理解，一开始我也是将其作为一门工具性学科、辅助性学科理解的，但现在不再这么简单地看问题，而是倾向于将其看作一个独立的学科、专业或研究领域。事实上，它和文学研究、史学等领域的关系并不是透明的、天然的、理所当然，恰恰需要我们重新想象、思考。这方面也已经有人在专门研究了（参陈峰：《文本与历史：近代以来文献学与历史学的分合》）。总的来说，在我看来，"文献学"不应该也不会是任何其他学科专业领域的附庸，而应该是有自己独立的研究对象、专门的一套研究方法和理论，当然文献学者内部并未就此达成完全清晰、明确的"共识"，但也许我们可以换一个思路，比如这样提问：什么不是"文献学"？"史料学"和"文献学"有何不同？……即便就像"有人"所认为的那样，它只是一个工具，那么，我们也不得不承认，它更广泛的应用已经发生了，特别是在这次冠状病毒疫情暴发后，可以看得非常清楚，但也可能大家还没注意到，我也写了文章，这里就不多谈了。

至于"文献学"的研究对象，当然前辈们已经做了很多定义，但随着传统的文献研究向近现代文献学的转型，肯定还需要发展，不断重新定义。我自己比较赞成史睿兄的定义，他提出，文献学研究应该包括文献的生产、流传与利用、管理三个方面。具体来说，"文献的生产包括著述、编纂、注释、校勘、修订等文献生成方式，文献记录、缮写、雕版、摹绘、复制、跨媒体转移的工艺过程以及任何一种方式或环节对于文本可能产生的影响和作用"。"文献的流传与利用应当包括传授、习得、诵读、编译等，也涉及文献的鉴定、消费和流通等社会性过程。""文献的管理则是指对于文献内容的著录、分类、索引、重组；也包括文献实体的典藏、借还、装潢、修复、保存、禁毁等。"（见史睿：《从传统文献研究到现代文献学的转型》）至于它的瓶颈和困境，当然存在，许多问题现在已经引起大家的注意了，最主要的可能还是被传统文献学、古文献学的框子给框住了，一时半会不容易跳出来。我认为，解决这个问题的关键还是"拿来主义"，但这个"拿来主义"不是像清末民初、20世纪80年代那样不加选择、随便翻翻，或随手引用、随意发挥，而是深入学习、理解其他国家和地区的文献学学术传统、范式、理论与方法，特别是把它们摆放在它们自身的学术脉络、原有的问题意识中去理解，既要"语境化"，也要"去语境化"，还要"重新语境化"，在一种比较宏大、远大的格局和视野中展开自己的研究和思考。这非常难，需要我们一生的时间去学习、体会，但正因为难也更值得做，如果是批量生产、加工，在低水平的层次不断地重复自己，即便隔三差五有文章发表，还是一个套路、一套流水线，又会如何呢？究竟社会要专业的学者干什么？我们的专业性又将如何体现？这些问题很值得大家一起思考。

5.结合自身的求学和教学，"文献学"的研究生培养上与其他学科有何不同，一般做些什么具体学术训练？他们应该具备什么样的基本素质？您对学生们有何期待？

这里也许需要区分将"文献学"作为一门专业课和将"文献学"作为一个专业的不同，作为我们讨论的前提。因为定位不同，培养目标、方案等也有所不同。在现行的学科建设框架下，我自己可能还是在近现代文学研究这一专业领域从事教学、研究工作，而"文献学"只是其中的一门课程，这门课在中文系、古籍所，也有同事专门讲授，可以让学生去修读。但从我自己的角度来理解，无论是将其作为一门专业课，还是一个学科、专业，比较理想的、具体的学术训练，至少应该包括这样几个方面：一、对古文献学的初步掌握；二、对西方语文学、文献学、古典学等领域的初步了解；三、对近现代文献学，尤其近现代文献学史脉络的把握；四、文献学理论、方法的习得；五、对数据库、"数字人文"、"数字文献学"等领域的关注；六、实际展开某一方面的文献整理和文献学研究，在实操、实做中训练自己。比较理想的学生是他的国文底子很好，外文也要好，最好是多学几门外语，只能看中文书，那太不够了。当然，学生们只要有兴趣、有毅力、有志向，还没有被那些做文献和当代社会现实没什么关系、做文献就是低人一等之类的说法完全俘虏，哪怕是"中人之资"，也完全可以进入这个领域，沉下心开始自己的探索，做出一番成绩。我们除了认真负责地上好课，在关键的时候，点拨一下就好了。当然也不必回避许多现实问题，比如论文发表难、查拍古籍包括晚清民国的旧书刊要花很多钱（现在有了数据库，要好很多）、从今年开始可能要持续很长一段时间的就业难以及毕业后普遍收入较低等等或大或小或新或旧的问题。我们大家都是年轻人、普通人，不要装大师，要和学生一起诚实地面对这些难题，不能因为自己走过了学生阶段，踌躇满志，就不知道做学生的苦。话又说

回来，好的学生，学习是很自觉的，他有什么想法、读书心得、写了文章，会主动跟老师讲，然后我们就可以探讨，互相学习。

我自己可能比较幸运，遇到对我影响很大的几位老师，几乎从来没有摆出过一副以学术权威自居、所见所言皆为真理毋庸置疑的面孔，更不会无端斥责、辱骂学生，让学生在一个普遍"低自尊人格"的环境中更卑伏到尘埃里去，不敢发表自己的创见或者一些可以发展为创见的、模模糊糊的想法，我们可以说是"谊在师友之间"。无论是在课上，还是课下，氛围非常轻松、愉快，时常能够体验到犹如《论语》所记"暮春者，春服既成，冠者五六人，童子六七人，浴乎沂，风乎舞雩，咏而归"的那种感觉，更不乏"旧学商量加邃密，新知培养转深沉"的许多令人难忘的时刻。我也有好几篇文章，就和陈老师的看法不同，甚至有一些可能是对他的学术判断的直接商榷，在别人看来，属于大逆不道，但老师兼容并包，宽容无私，从不以为忤。

实际上，我个人认为，对一个学者表达敬意最好的方式不是肉麻地吹捧、随声应和、无限崇拜或建立宗派、门户等等，而是严肃地、认真地对待其学术成果，在这个基础上进一步地有所发展、更新，将对某个问题、某一方面的研究带入一个新的阶段。学术上有争论，有异议，有不同的声音，不是很正常的事吗？但并不因此降低我们对老师和其他的前辈学者、同辈学人怀有的"温情与敬意"，才是我们做人、做事、做学问的根本。这一美好的传统，也希望在我自己这里能够延续下去。

6."文献学"专业的学生就业情况如何？论文发表难度？主要的就业方向是什么？

据我所知，"文献学"专业的学生就业一般是各类学校、出版社、报刊社和其他企事业单位如图书馆、博物馆、文化馆等，和其他放在中文系、古籍所的专业（如中国古代文学等）的学生没有太大的不同。但其论文写作、发表的难度，可能要较其他专业高一些。研究、写作方面不用说，很多人包括我本人皆视"三古"为畏途，相关领域出现的第一流的研究成果，也被普遍认为代表了中国学者在中国人文学术研究中所取得的最高水平，其难度可想而知；发表方面，专门发表古文献学成果的刊物好像不太多，近现代文献方面的刊物也不太多，但不是还有学报、综合类的社科刊物么？有一些学者主办的学术集刊么？不少学术集刊的水平很高。这些都是我们发表的园地。从今年开始，我和陈老师也将为一个刊物主持"近现代文学与文献"专栏，欢迎大家特别是青年学者、在读的硕博士生投稿。我们的想法也很简单，就是希望尽可能减少一些门户之见，或对出身、学历、职称等等的看似"合理"其实十分荒唐的要求，尽力做到唯文是举、唯才是举，切实有效地推动这方面的研究，培养这方面的后进。我和朋友们合办的《アジア評論》等刊物，以后也会酌情发表一些这方面的高质量稿件，可以是中文、日文、英文等语言。实际上现在我们的同事、同行有很多已经是90后，而学生大多是00后，他们对这方面的兴趣和专注、努力取得的成果，应该有发表的空间，有被大家看到的可能。

借此机会，我也想呼吁《文献》《文史》《中华文史论丛》《中国典籍与文化》《古籍整理研究学刊》等侧重发表古文献学论文的专业刊物，以及《文学评论》《历史研究》《哲学研究》等较综合的专业刊物，能够多开放园地给近现代文献研究者。因为无论从哪个方面来说，"文献学"都不应该是"古文献学"的代名词，它的研究对象、范围是极为广泛的，对近现代乃至当代文献的研究，也是其题中应有之义，并不是什么旁门左道。只不过由于我们关注的问题不同，研究的重心不同，有时甚至纯粹是因为讨论的方便，才有了文学文献、经学文献、历史文献、哲学文献或古代文献、近现代文献等等的区别，但无论是我们本国的漫长的人文学术传统，还是欧美汉学的传统，长期以来都是"一种对文学、历史和哲学不作明确区分的典型的语文学研究"（参沈卫荣：《人类会进入一个没有语文学的时代吗》）。至今那些享有崇高声望的、老牌的汉学刊物也还是这样，像夏含夷（Edward L. Shaughnessy）对上古文献的研究、韩大伟（David B. Honey）对经学文献、汉学文献学的研究，有不少就发表在这些比较综合性的专门刊物，如果是国内呢？我看有点悬。大家普遍好像都有种要把自己研究的某个极窄的领域变成"某某学"的冲动，一定程度上专业分化得太窄、太细，学术刊物也受此影响很大，这恐怕不利于学术研究的长期发展。我想我们大家都知道，"文献学"被建构为一个学科、专业是近代以来的事情，是很晚近的"发明"，但成为一个学科、专业，对它的发展带来的并不完全是贡献，还有很多的限制和束缚，其间的成败得失，还需要我们重新估价，不能太乐观。

7.请您谈一谈对文献学前景的展望，会向什么方向发展？哪些方面会引起更多关注？

这个问题可能太大了，我恐怕难以回答。仅就我相对比较熟悉的近现代文学与文献研究领域来说，现在已经被开发出来、未来将会取得更大成绩的方面，正如我曾经在别处说过的，可能有三点："其一是开始重视对档案资料、图像资料及其他此前较少注意及之的文献史料的搜集、整理与利用；其二是有关手稿、签名本、毛边本等的研究；其三是包括'数字文献学'在内的'数字人文'研究。"（见《中国现代文学文献学70年：回顾与前瞻》）但也不一定。关键就像胡适说得，"要怎么收获，先怎么栽"，我们自己的研究能不能在这些方面有所贡献，真正将"文献学"的现代、当代转型落到实处，进而开创出新的学术格局。不妨回想一下近现代那些我们耳熟能详的文献学家，或者从文献出发做文学、史学研究的大家，哪一个不是在某一方面有所创造、独当一面？但这些创造，在他们的成果未发表、出版以前，要么大家都还没意识到，要么有一点儿认识，但也仅停留在感觉、印象的层面，没有自己的深入思考，因此也就只能人云亦云、道听途说了。不过，有一点可以肯定，就是以后肯定会有更多这方面的研究，其中既有专门的近现代乃至当代文献研究，也有以文献为基础的文学（史）研究，比较实证主义的研究，而不是简单的"理论套文本"，从任何一种西方理论出发的，对一个或多个文本进行的文学批评，或是服务于一种理论的主观阐释。当然文学研究也好，其他领域也罢，都还是有它的复杂性、特殊性，不只限于文献、实证，如果能将文献、实证和理论、方法的思考结合起来，可能更有贡献。我们的很多前辈学者，对文献史料的谙熟程度令人惊叹，在他们那里，文献史料已经是一个非常广阔的知识网络，可以信手拈来、左右逢源，这样一种深厚的学术积累、功力，需要我们用一生的时间去训练、获得，但我觉得他们有时可能过于注重"文献学"的"实践性"一面，而疏于考察其"理论性"，还没能发展出一种更具批判性、思辨性的思想视野，因此也就时常被人误会为饾饤之学、繁琐考证或无足轻重、无关宏旨、可读可不读的小文章，未来的"文献学"要有更大的发展，至少应该在这两个不同的、交错的维度进行探索。

8.请您推荐一种"文献学"的必读书，简要地介绍一下内容及您的阅读体会。

如果只能推荐一本，那就是黄永年先生的《古籍整理概论》。在这个基础上延伸出去，可以读俞樾、叶德辉、陈垣、胡适、傅斯年、顾颉刚、余嘉锡、姚名达、陈寅恪、张舜徽、严耕望等近人的论著，包括当代学者的作品。但黄先生的这本《古籍整理概论》，写得要言不烦，实在精彩，虽然书名叫"概论"，是一本了解古文献学的很好的入门书，但也不只是"概论"，不只是教科书，其中既有对前人学术遗产的承继和批判性思考，更有他个人积年的治学经验、心得，可以说是一本名副其实的"大家小书"。一本只有"干货"、没有"注水"的好书，经得起我们的反复阅读、思考，也会启发、激励我们不断地和作者对话。现在有很多人批评当下的学风如何糟糕、学术体制如何不尽人意、C刊等评价体系如何不甚合理等等，从某种程度上来说，这的确也是事实，但别忘了事情还有另一面：我们每一个在体制中"讨生活"者，可能既是"受害者"，同时也是"共谋""同谋"。所有对外部环境、条件的批判，无一例外首先应该指向对我们自身作为的批判。当一个自从评了教授就松了一口气、"诗酒寄余生"的人，讥讽年轻的同事、同行汲汲于发表文章、申请项目的时候，他难道就没有想过，正是因为现行大学体制、学术体制对教授们无法做出要求，所以才将制造"学术GDP""学术大跃进"的压力转嫁到年轻的老师和学生身上这一体制性、结构性的原因吗？我也很好奇，批评者本人在这一过程中究竟付出了什么努力？有没有一次在院、校学术委员会或其他任何公开场合对这些政策的出台、畅行无阻提过反对意见，尽到自己作为前辈"肩住黑暗的闸门"，让自己的同侪"到光明的地方去"的本分？当批评者自己利用人脉为学生向核心期刊推荐稿件的时候，有没有考虑过被挤掉的那些没有被老师推荐写得很好的学生的论文的命运？有没有考虑过一丝一毫的学术正义、伦理、规范？真正的问题难道出在C刊、SCI等评价体系吗？"暗网"上可能每天都有人在犯罪，在进行罪恶的、惨无人道的交易，但我们能因此就说互联网是一个将我们带入万劫不复的深渊的邪恶发明吗？也因此，就像萨特所说，有时候我们不能选择自己会遭遇什么，但至少我们可以选择如何看待它。

　　换句话说，对现有的学术体制乃至政治生态、社会环境的不满和批判，不能成为我们对自己的学术研究降低要求、标准的借口，我们恐怕也不能总以"古今之变"还在进行、所为仍是"过渡时代的学术"这类光明正大的理由为自己卸责。从中国历史、学术思想史的视野来看，又有哪个时代是适合做学问的时代？不适合我们就不做了吗？不好好做吗？难道让后人想起我们的时候，只想起满地鸡毛、蝇营狗苟和党同伐异吗？当然，"一时代有一时代之学术"，每一时代都有自己要面临的学术、思想难题，要说悲哀，可能就是我们80后这一代人，已经看不到那些老先生了，没法切身感受他们那种纯粹为学问奉献一生、全身充盈着人文主义和理想主义精神的气息了，这是真正的悲哀。但不断地和包括黄先生等人在内的先贤、先进对话，也许不仅可以帮助我们抵抗学术研究中有时难免产生的焦虑、虚无抑或可能产生的幻灭之感，建立、强化自己投身学术工作的信心，还可以帮助我们自己逐步确立研究的主轴和未来发展的方向，努力做出一些新的开拓。学术研究，说穿了，不就是和前人、今人之间不断地对话么？在一定程度上，我们选择和谁对话，不就决定了我们研究的境界、水平么？

南京大学 卞东波

　　卞东波，1978年生。南京大学文学博士，现为南京大学文学院教授、博士生导师。研究兴趣主要集中于中国古代文学、域外汉籍与海外汉学。著有《唐宋千家联珠诗格校证》（凤凰出版社，2007），《南宋诗选与宋代诗学考论》（中华书局，2009），《宋代诗话与诗学文献研究》（中华书局，2013），《域外汉籍与宋代文学研究》（中华书局，2017），《域外稽古录：东亚汉籍与中国古典文学研究综论》（北京大学出版社，2019），《海外娜嬛录》（凤凰出版社，2021）等。编有《寒山诗日本古注本丛刊》（凤凰出版社，2017），《朱子感兴诗中日韩古注本集成》（上海古籍出版社，2019），《中国文集日本古注本丛刊》（合编，上海社会科学院出版社，2020）等。译有《中国美学问题》（江苏人民出版社，2009），《中国古典文学的新视镜：晚近北美汉学论文选译》（安徽教育出版社，2016），《中国古典文学与文本的新阐释：海外汉学论文新集》（安徽教育出版社，2019），《知我者：中唐时期的友谊与文学》（合译，中西书局，2020）等。

1.文献学是一个冷门学科，您是什么时候开始接触这门学问的？是主动报考还是调剂？谈一谈您对"文献学"的最初印象，现在的理解有没有变化？

上大学之前，我比较喜欢外国文学，想当一名作家，于是报考大学时填报的第一志愿就是南京大学中文系。考入南大后，恰逢学校从文史哲三系本科生中选录第二届文科强化班学生，遂有幸进入20多年前南大文科的一个"特区"。刚进入文科强化班，我就接触到了文献学。在课程设计上，文科强化班非常强调对原典的阅读，而且我们要同时学习文史哲三系的核心课，所以从大一开始，我们就陆续修习了"史学名著导读"、"古代文学名著导读"、"哲学名著导读"、"海外汉学研究"（英文）、"欧洲历史文献导读"（英文）等课

南京大学文学院

程，都是读原典文献。后来又修习了比较长时间的"古代汉语""中国古代文学史""中国通史""中国哲学史"等课程，还专门上了武秀成教授开设的"校雠学"。因为程千帆先生的影响，南大特别重视校雠之学，到了硕士生、博士生阶段，仍然要继续学习古典文献学，授课的老师都非常强调文献学的重要性，经过老师们严格的学术训练后，自我感觉受益无穷。

因为我在中学时代也喜欢古代文史，所以本科阶段接触文献学之后，并没有觉得枯燥乏味。业师张伯伟先生当时是文科强化班的班主任，记得甫一入学，伯伟师就给我们开列了大概20种的阅读书目，其中就有俞樾的《古书疑义举例》。一开始我也不习惯看没有标点的繁体竖排的古籍，经过大学四年的训练之后才逐渐适应。到目前为止，个人对文献学的理解并无太大变化，我的专业是中国古代文学，几乎天天与文献学打交道，所以我仍然认为文献学是研究古代文学的基础。当然也有一些认识的重要转变，即从前理解的"文献"仅是中国古典文献，而现在我觉得还应当包括域外用汉字著成的文献，即所谓的"域外汉籍"或"东亚汉籍"，以及海外汉学文献。

2. 毕业后又从事文献学研究和教学，您觉得涉古专业本科生学习"文献学"课程的必要性是什么？

博士毕业后，我长期承担南大文学院本科生核心课程"中国古代文学"的教学工作，在经过多轮教学之后，我有点不想再继续教这门课，因为课上讲的很多内容并非我个人的研究心得，而是参考了很多他人的说法，或是借用教科书的话语体系。非常遗憾的是，在我从事教学工作后，南大中文系的传统课程"古代文学名著导读"从课程体系中消失了，学生只能通过文学史的学习来接触原典，这其实是一件比较可怕的事。我自己越讲文学史越觉得索然寡味，以为还是回到古典文献本身比较踏实，应该通过阅读原典来真切地了解文学史的肌理与层次。所以，我后来在南大文学院开设了"陶渊明研究""寒山诗研究""苏东坡研究"三门本科生选修课，上课方式就是一首首地精读陶渊明诗、寒山诗、苏轼诗，使用的也是很"笨"的方法——标点、校勘、笺释尚未被整理过的古典文献。通过这些课程，教同学们阅读繁体竖排的影印古籍，甚至是古钞本材料，同时学习版本、校勘、注释等文献学技能（还包括系年、汇校、集注、集评等）。涉古专业的本科生学习文献学非常必要，这是通向学术研究的必由之路，也是将来从事更精深研究的基础。

3.您的研究方向是偏向历史文献学还是文学文献学？又或者说偏重目录、校雠和版本的哪个具体方面？请重点谈一下您在这个领域的治学心得？

我主要从事文学文献的整理与研究。在研究过程中，对目录、校勘和版本学都有所接触，比如2019年我在上海古籍出版社出版的《朱子感兴诗中日韩古注本集成》就附录了朱子《斋居感兴二十首》在中日韩三国目录中的著录，利用了中国刻本、和刻本、日本写本、朝鲜本等多种版本，也使用了对校、本校、他校、理校等校勘方法。不过，我对目录、校勘和版本之学并没有专门的研究。目前，我正在从事域外汉籍的整理与研究。域外汉籍汗牛充栋，刚接触时也有漫无头绪之感，这时就需要目录学来打开阿里巴巴宝藏的大门。一般我到海外图书馆第一件事就是到工具书阅览室看馆藏目录，以及书架上陈列的其他图书馆的目录。关于这一点，日本各大学的图书馆做得比较好，很多都编有本馆所藏的汉籍目录，其他的一些公立、私立图书馆，如国立国会图书馆、国立公文书馆（内阁文库）、静嘉堂文库、尊经阁文库、蓬左文库等也有非常厚重的汉籍目录。有学者正在组织编纂北美各个大学东亚图书馆的古籍目录，现在已经出版了耶鲁大学、俄亥俄州立大学、杜克大学等图书馆的中文古籍目录，而哈佛大学哈佛燕京图书馆、加州大学伯克莱分校东亚图书馆所藏的中文善本都有详细的书志，这为我们的学术研究提供了极大便利。

版本学是我目前接触最多的学问。因为研究域外汉籍的缘故，我比较关注中国古代文集的域外版本，包括和刻本、日本写本、朝鲜本、安南本汉籍。很多中国古代文集的域外版本具有不可替代性，换言之，就是这些典籍仅有域外版本存世，或者以域外版本为最佳。好友金程宇教授编纂的《和刻本中国古逸书丛刊》中就收录了很多这方面的文献。最近，凤凰出版社约我影印和点校南宋曾原一所著的《选诗演义》，该书就是唯一存世的宋代《文选》注释书，但在中国已经失传，仅有一部朝鲜古活字本藏于日本名古屋市蓬左文库。现存最早的苏轼《和陶诗》集注本——蔡正孙的《精刊补注东坡和陶诗话》也仅有朝鲜版残卷存于韩国。即使有些典籍有中国的刊本存世，但仍以域外的版本为优。如南宋魏庆之所编的诗话总集《诗人玉屑》，中国现存的传本从宋本到明清本，全部是20卷，而域外的日韩刊本则是21卷，我们现在读到的点校本就是王国维参校日本宽永本整理而成的，但王国维可能没有见到最早的21卷本，即五山版《诗人玉屑》以及以此为基础翻刻的朝鲜本，五山版、朝鲜本对于重新厘清《诗

《和刻本汉籍分类目录》

《内阁文库汉籍分类目录》

《名古屋市蓬左文库汉籍
分类目录》

人玉屑》的文本非常重要，这也是我正在从事的工作。

再如，陈与义是宋代著名诗人，被列为江西诗派"一祖三宗"之一，元代所刻的《须溪先生评点简斋诗集》保存了陈与义诗集的简斋手定本、武冈本、闽本等已经失传的宋本信息，还有胡穉注以及佚名的"增注"，又有刘辰翁、"中斋"的评点，这部书整合了汇校、集注、集评等古典文献整理的现代元素，很重要。本书最早的刊本是元刻本，为陆心源所藏，但我亲自到静嘉堂文库寻访后，发现元本已佚，幸有元本的翻刻本朝鲜本传世，国内的点校本参考了

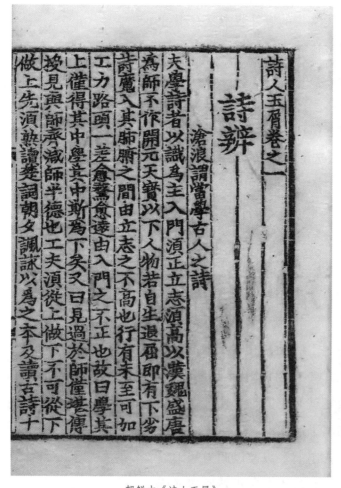

朝鲜本《诗人玉屑》　　　　　　　　　　朝鲜活字本《须溪先生评点简斋诗

北大所藏的和刻本，但没有人利用过和刻本的底本，即朝鲜本，朝鲜本的版本价值应该得到重视。举这么多例子，无非是想说明一点，即使研究古代文学，也切不可忽视版本学，而且要特别关注中国典籍的域外版本。如果我们忽视这些版本的存在，有时就会错失很多美妙的文学风景。

4.有人说"文献学"是个基本工具，算不上单独的"学科"，对这个问题您怎么看？如果是"工具"，是否应该有更广泛的应用？是"学科"，主要研究对象是什么？是否有瓶颈和走出困境的思路？

"文献学"是学术研究的"利器"（比"基本工具"更确切，所谓"工欲善其事，必先利其器"），这是任何从事古典研究的学者都不会否认的，没有文献学的基础，着手学术研究必然不能行稳致远，反之，扎实的文献学基础则是学术事业更上一层楼的保证。

若问"文献学"算不算单独的"学科"，这不禁让我想起法国年鉴学派历史学家马克·布洛赫（Mare Bloch）的名著《历史学家的技艺》（*Apologie Pour L' Histoire ou Métier d' Historien*），这本书又名《为历史学辩护》，现在我们又到了"为文献学辩护"的时刻。布洛赫说："即使历史学不具备任何促使行动的功能，它也有充分的理由跻身于值得我们为之努力的科学之列。它不是一个支离破碎、难以阐释的学科，而是一门分类适度、日益言之成理的科学。"（上海社会科学院出版社1992年版，页12）我们完全可以把上文中的"历史学"替换为"文献学"。"文献学"当然可被视为独立的"学科"，从其内在规定性和外在延展性而言，文献学都有其学科的属性和特质。

我的专业并非文献学，对文献学也没有什么研究。就我个人的看法，文献学的学科属性是由以下内容奠定的。首先，文献学有明确的研究对象、基本的研究史料、多样的研究方法，更有悠久的学术史；其次，文献学囊括或旁涉版本、目录、校勘、典藏、文字、音韵、训诂、辑佚等多种传统的学问，有丰富的学术内涵；再次，从广度来说，文献学可以分为文学文献学、历史文献学、哲学文献学、法律文献学、医学文献学、宗教文献学、通俗文献学等，并可以与写本学、古文书学、印刷史等学科门类互通；另外，从时间来看，也可以分为古典文献学和现代文献学；从国别来看，还可以分为中国文献学与国外文献学，"域外汉籍"也可归入文献学的范畴。文献学研究的对象很具体，即书于纸简、竹帛、甲骨、金石之上的文字。

　　文献学研究虽有瓶颈，但前景广阔。瓶颈主要表现在研究对象越发琐碎，形成所谓饾饤之学；研究方法越来越单一，比如我以前写过好几篇关于《全宋诗》辑佚的文章，无非是从域外汉籍中辑出一些宋人佚诗，虽略有补苴之功，但这种辑佚之法偶尔为之即可；研究的层次也有待提升，大部分文献学论文是就文献论文献，如果能够发掘出文献背后的文化史意义则善莫大焉。布洛赫在《历史学家的技艺》中说："由于没有明确的目的，人们就可能老是在那些深奥冷僻又无关紧要的问题上做文章，不冷不热的博学游戏无非是虚掷光阴，把手段当目的，为考据而考据简直是在浪费精力。"（页66）其言虽然不是在批评文献学研究者，但我们似乎应该引以为戒。同时，此语也一再提示我们，在从事文献研究时，应该有"明确的目的"，即鲜明的问题意识，"为考据而考据"不应该是研究的最终目的。在研究中国古典文献时，有时还存在着视野不够开阔的问题。如果我们将关注文献的眼光扩大到整个东亚汉籍，那么就会发现东亚汉籍研究可以丰富、深化我们很多传统的认知。比如，我前段时间在研究"假传"，中国从《毛颖传》以降有大量的假传文献，具有"以史为戏"的游戏性，但如果我们阅读朝鲜半岛汉籍、日本汉籍的话，那么从中也可以发现为数甚多的假传文献，甚至还有专门的"假传集"。比如我就在哈佛燕京图书馆发现了现存唯一一部日本汉文假传集《器械拟仙传》，全书为三十五种日常生活中的器物一一作传，而且有意识地模仿文学史上"神仙传""高士传"之类的杂传，此书既受到中国假传、杂传的影响，但又有日本的文化元素。这时我们应该从总体上观照假传这种文献，仔细分析中日韩三国假传的同与异及其背后的文学文化史意义。

文献学要走出困境，除了走内涵式发展的道路，即对传统的版本、目录、校勘之学进行深入地开掘与提升之外，可能还需要向外拓展，具体而言就是文献学可与思想史、社会史、书籍史等学科互动，将文化史的视阈投射到文献学之上，形成跨学科研究或文献文化史的研究。大约10年前，我在《宋代诗话与诗学文献研究》一书的后记中引用了韦勒克（Rene Wellek）、沃伦（Austin Warren）《文学理论》（Theory of Literature）中的一段话："学术研究的第一步工作，就是搜集研究材料，细心地排除时间的影响，考证作品的作者、真伪和创作日期。很多学者费了大量的心力和工夫来解决这些问题；尽管如此，文学研究者却必须认识到这些努力仅是最后的研究工作的起步……这些初步工作曾受过不应有的嘲笑，说它们学究气；也曾受到赞扬，因为它们据说有或者果真有其精确性。这些工作的条理性和完美性——某些问题是可随之解决的——对那有些喜欢有条不紊地拨冗理乱的人总是具有吸引力；但他们往往过分关注材料的搜集和梳理，而忽视从材料中可能获得的最终含义。"（第六章《论据的编排与确定》，刘象愚、刑培明、陈圣生、李哲明译《文学理论》，文化艺术出版社2010年版，页51）这段话对于古代文学研究者来说特别有警醒意义，传统的文献研究恐怕还是"学术研究的第一步工作"，切不可"过分关注材料的搜集和梳理，而忽视从材料中可能获得的最终含义"，还要通过文化史的观照向文献背后的"最终含义"迈进。

另一个就是引入"域外汉籍"的视角，即将中国古典文献学放到整个东亚汉籍的脉络中加以审视，譬如中国有悠久的目录学传统，其实朝鲜半岛古代也有众多的汉籍目录（参见张师伯伟所编的《朝鲜时代书目丛刊》，中华书局2004年版），同时日本也有强大的书志学传统（参见长泽规矩也、阿部隆一编《日本书目大成》，汲古书院1979年版；庆应义塾大学附属研究所斯道文库编《江户时代书林出版书籍目录集成》，井上书房1962年版），那么我们研究目录学时，是否应该充分考虑东亚三国目录学的共同属性与不同特质？讨论版本学时，域外汉籍研究也提供了很多可以进一步思考的课题。如我们传统认为，日本五山版对是宋元明版的精准翻刻，但在实物中，我发现五山版和中国的原版之间还是有一定的差异。另外，东亚汉籍中，还有不少日本江户时代翻刻的朝鲜版中国古籍，牵涉到中日韩三国的版本，那么在书籍的流动中，版刻有没有发生变异，这也值得放在东亚汉籍的整体视角中加以考察。关于以上两点，下文还会谈到。

我相信，只要肯下苦功夫、肯坐冷板凳，文献学必然会焕发出勃勃生机。文献不是冰冷的文字材料，文献也会思想。

5.结合自身的求学和教学，"文献学"的研究生培养上与其他学科有何不同，一般做些什么具体学术训练？他们应该具备什么样的基本素质？您对学生们有何期待？

南京大学文学院研究生教学中教授文献学有着长久的传统。中央大学时期，刘国钧、汪辟疆先生就曾讲授目录学，汪辟疆先生还著有《目录学研究》。程千帆先生晚年移砚南大后，在南大开设了校雠学课程，本课程迄今未断，已经延续了40多年。程千帆、徐有富先生合著的《校雠广义》是我院研究生的必读书，武秀成教授给研究生开设的"文献学的理论与方法""古籍校勘研究"都是硕博士生的必修课。南京大学古典文献专业和古代文学专业虽是两个不同的专业，但因为特殊的因缘，南大"两古"专业其实是一体的，密不可分，两个专业的研究生也学习同样的课目。南大"两古"专业的课程非常丰富，先后开设过佛教文献、道教文献、术数文献、石刻文献、目录学、校勘学、唐代文学文献、宋代文学文献、通俗文学文献、域外汉籍史料学等课程。

我院古典文献学教学的一个重要特色就是重实践，很多文献学课程就是直接在南大图书馆古籍部上的，与其抽象地讲文献学理论，不如让学生亲自翻阅古籍。除此之外，与本科生教学一样，研究生古典文献课程仍然强调原典阅读，重视对原始文献的标点、校勘、笺注、集评和阐释。修读"两古"专业的研究生首先要具备"文献学意识"，如在论文写作时，不能随便乱用版本；同时也要懂得"文献学方法"，比如说到一本古籍，就要知道如何可以找到这本书，如何找到不同版本，并判断版本的优劣，这就牵涉到目录学、版本学的方法了。这些方法最好在本科生阶段就已经获取，不要等到研究生阶段才开始学习。

我本人对学生的期待是，给学生一部没有标点的古籍，学生能够在一段时间内很顺利地将其正确标点，并作详细而规范的校勘，最后再完成一篇精深的学术性前言来研究该书。

6."文献学"专业的学生就业情况如何？论文发表难度？主要的就业方向是什么？

虽然我没有具体了解过学生就业的情况，但南大文献学专业的研究生就业情况总体还是好的。南大本科没有文献学专业，文献学专业的研究生就业渠道比较宽，有的成为公务员，有的成为中小学教师，有的成为出版社编辑，还有进入媒体领域的，也有不少同学选择深造，或负笈海外（如南大文献学专业研究生就有被普林斯顿大学东亚系录取为博士生的），或在国内继续读博。

有关文献学的论文发表普遍较难，想在所谓C刊上发表更是难上加难。这主要是文献学的研究对象比较冷门，征引率较低，同时文章选题可能也比较细琐，不受编辑青睐。但学术界对文献学依然比较认可，有不少文献学的专门刊物，如《文献》《古典文献研究》《历史文献研究》《中国典籍与文化》《中国典籍与文化论丛》《域外汉籍研究集刊》，另外像《文学遗产》《文史》《中华文史论丛》等著名刊物也都发表文献学论文。所以只要文章好、有深度，发表的机会一定是有的。

7.请您谈一谈对文献学前景的展望，会向什么方向发展？哪些方面会引起更多关注？

就前景而言，文献学不可能一下子成为火爆的专业，实际上，如果文献学像金融学、经济学那样热门可能也是不正常的现象，因为文献学呼唤的是甘于寂寞、自我边缘化、能够坐冷板凳（可能永远也吃不上冷猪头肉）的精神气质；但文献学永远不会衰落，更不会消亡，所谓"惟殷先人，有典有册"，只要"典册"还在，作为"典册"守护者、传承者的文献学学者就一定有"发潜德之幽光"的机会。

关于文献学的发展，我想以南京大学的文献学研究为例来加以说明。一是文献文化史的研究范式，程章灿教授主持了"中国古代文献文化史"的国家社科基金重大项目，已经深耕十年，即将在南京大学出版社推出系列成果。具体的理念，赵益教授在《从文献史、书籍史到文献文化史》[《南京大学学报（哲学·人文科学·社会科学版）》2013年第3期]一文中已详细阐述，这里不复多言。

文献文化史研究也有助于我们回应海外汉学家对"文献学"的疑问。相对于中国学者强调文献的稳定性与确定性，海外汉学家近年来也提出了一些问题。宇文所安教授在一篇小文章《关于"文献学"》中说："中国的文献学和考证学是传统文学史的仆人。它们所提出来的问题，都是文学史家想知道答案的问题：哪个文本是最好的文本？作者是谁？典出何处？何时所写？怎样把它放回到创作时的历史语境里进行考量？"（载傅刚主编《中国古典文献的阅读与理解——中美学者"簧门对话"集》，北京大学出版社2017年版，页13）随后，他对这些问题进行了解构性的思考，他认为，很多中国古典文献其实是不稳定的，许多"知识"都是"来自缺乏历史主义精神的后设观点"："对中国文献学、考证学和历史学最具有破坏性的力量，恐怕正是所有人都视为理所当然、未经检视的'知识'。"宇文所安教授关注的不仅是"文献学"的问题，也无法用传统的文献学知识来回答，他提出的其实是文献文化史的问题，牵涉到文献生成、传播、变异、增殖等方面。如果将文献看作是"活"的，并引入文献文化史的视角，或许可以回答宇文教授的问题。

另一个是业师张伯伟先生努力推动的域外汉籍研究。很多人可能认为，域外汉籍无非就是从域外发掘一些新材料而已，至多有拾遗补阙之功，其实并不尽然。个人觉得，域外汉籍中有大量的、未经充分认识的珍稀文献，其提出的新问题、实践的新方法皆有助于中国古典学的重建，同时可以丰富、加强传统的中国古典文献学研究。关于这些问题，我在新著《域外稽古录：东亚汉籍与中国古典文学研究综论》有所探讨。再如，我的专业研究方向是中国古代文学，近年来经常听到有一些学者、学生说，现在古代文学研究的空间越来越小了，可以做的课题越来越少。这当然不是事实，但也反映了某种学界普遍的焦虑。但是，若研究者把视野扩大到东亚古代汉文学，便会发现等待你的将是海量的新文献，以及众多值得钻研的新课题。

综上所述，我认为文献文化史和域外汉籍研究在将来可能会得到更多的关注。

8.请您推荐一种"文献学"的必读书，简要地介绍一下内容及您的阅读体会。

我推荐程千帆、徐有富先生的《校雠广义》，本书是有志于学习古典文献者都应该读的书。本书分为"版本编""校勘编""目录编""典藏编"四编，先有齐鲁书社版，又有河北教育出版社《程千帆全集》版，2020年中华书局又出版了修订本。该书是在程先生、徐先生授课讲义的基础上编写成书的，所以读起来非常清楚明白，同时本书也有很强的实践性，不是纸上谈兵，而是传授具体的校雠学方法。大家可能会发现，南大"两古"专业老师出版的著作，书前一般都是用"目次"，而很少用"目录"。因为受到程先生的教导，南大的学者都知道"目次"和"目录"是不同的。

这几年，我一直致力于编纂《中国文集日本古注本丛刊》一书，除了影印之外，我们还要给收入的每本书撰写详细的解题，关于解题或叙录的写法，各个学者操作起来，或有不同。《校雠广义·目录编》第二章第三节专门讲到"书的叙录"，说到叙录的写法云："综述体提要除条其篇目外，大致包括三个部分。第一部分谈该书的校雠情况。……第二部分介绍书的作者。……第三部分内容是评介书的内容。"这个总结简洁明了，而且操作性很强，对我们写作《中国文集日本古注本丛刊》的解题有非常大的指导作用。《校雠广义》体大思精，我们在阅读四编中的每一编时，都可以得到丰富的教益。

以上所言，皆为个人粗浅、不成熟的看法，请大家多多批评指教。

北京师范大学　方　韬

方韬，1978年生。2010年中国古典文献学博士毕业，2012年中国古代史博士后出站。北京师范大学文学院副教授。出版专著《杜预〈春秋经传集解〉研究》等。

1.文献学是一个冷门学科，您是什么时候开始接触这门学问的？是主动报考还是调剂？谈一谈您对"文献学"的最初印象，现在的理解有没有变化？

我本科就读于北京师范大学中文系，当时并没有文献学方面的课程。大二时，刘宁老师博士后出站，给我们讲授唐宋文学。毕业以后，刘老师开始开设"中国古典文献学"选修课，去蹭过一两次。蒙师兄俞国林推荐，我报考了北师大古籍所，师从韩格平教授。韩老师师从何善周先生，受过严格的古汉语与文献学训练。何先生早年毕业于北大，西南联大时期在闻一多先生身边做助教六七年，是闻一多晚年古典学术最重要的继承人之一。本科时，我对文学与思想更感兴趣。导师用了很多精力来改变我的知识结构，我也逐渐对文献学有了一点肤浅的认识。

导师的本行是训诂学，与古文献相结合就是注释学。他强调读懂古书，要非常重视细节。我在老师的指导下读《左传》杜预注，也尝试作一点古籍的今注，由此进入文献学。《左传》故事虽很有趣，但杜注并不易懂。研读古注的过程，我的感觉就是试错失败。为了挖掘点新意，我尝试了很多切入的角度。譬如杜注中的"亭"名，作了很多笔记，但缺乏系统的历史地理训练，最后不了了之，躺在某个笔记本里。折腾杜注里面的训诂问题，作了若干条后也没下文。再往后，发现敦煌本《春秋经传集解》似乎无人系统整理，于是用一个月以《敦煌宝藏》所收《春秋经传集解》残卷校以《四部丛刊》本、阮刻本等。校完后，同学告诉我李索老师的《敦煌写卷〈春秋经传集解〉校证》已出版，于是我将校过的材料也放弃了。很快，许建平老师有更精彩的校释。我还琢磨过杜注里的历法等问题，但多以失败告终。可见，我的古注阅读由乱战开始，但这些折腾并非毫无意义，至少起到了完善知识结构的作用。

2.毕业后又从事文献学研究和教学，您觉得涉古专业本科生学习"文献学"课程的必要性是什么？

古文献是涉古专业学科的基础，但开设文献学课程是高校自己的事。有条件开设更好，没有条件可在专书研读、古代汉语、古代文学史等课程中渗透相关的知识，逐渐培养学生的文献意识。

博士后出站

3.您的研究方向是偏向历史文献学还是文学文献学？又或者说偏重目录、校雠和版本的哪个具体方面？请重点谈一下您在这个领域的治学心得？

我主要关注古籍注释学与经学。注释是为了解决古籍阅读的疑难，但注释的意义又不止于此。可以说，注释的有无与注家的多寡是衡量一部古书经典化的重要指标。譬如，杜诗的经典地位与千家注杜是分不开的。如果将注释视为一种学术活动，那么注释随着时代学风变，又随着注释主体变。注释者的知识结构及其对注释对象的理解，很大程度决定了其注释目的。西晋司马彪、郭象几乎是同时代人，但两人对《庄子》的理解大不相同。抛开五十二篇与三十三篇的差异，看他们选择的注释点与注释内容就大相径庭。司马彪注释《庄子》中的人名、地名，很多古地名落实到西晋的郡县。郭象则完全不注，他明白《庄子》"寓言十九，籍外论之"，注释这些没必要。因此，他的注很像论体文，重在阐发《庄子》的思想。

这与南朝梁刘勰《文心雕龙》所谓"注释为文，解散论体"的说法接近。现在，我们几乎都认为郭象可能比司马彪更懂《庄子》。司马彪精通经史，但他对《庄子》文本性质的把握可能逊于郭象。黄侃先生说："《庄子》善言理"，郭象显然把握住了这个特点。当然，我们也要警惕夸大注家间差异的倾向。李若晖老师就指出，河上公注《老子》与王弼注《老子》内容上的差异实质很小。

《左传》杜预注与服虔注是清代经学的一个公案。杜注在继承汉儒旧注的基础上，发挥了自己精于史地的优长，这也更切近《左传》这部书的内容特点。从训诂上讲，杜氏一些注文是通过反复揣摩上下文做出的。清儒精于小学，更喜欢训释准确的服注。值得指出的是，现今服注的保存方式也一定程度上塑造了清儒对服、杜注的印象。裴骃《史记集解》保存《左传》服注三百多条，约占今存服注的三分之一强。裴骃集解的特点是服、杜注相同时取前者，因此我们看到了不少服、杜相同的条目。清儒据此指责杜氏抄袭，其实没多少道理。而《左传正义》保存的主要是与杜注相异的服注，这部分条目涉及经义，清儒讨论不多。有古籍注释经验的同行都知道，注释一般是继承比创新多，前人都错是不大可能的。

面对服、杜注，我们首先应看两者注释点的选择。出注点往往与注释者的知识结构、问题意识相关。考察《太平御览》保留的服本片段可知，服虔的注释点繁密，尤其对名物礼制十分留意。而杜预显然删去了不少服注。据我推估，今日所辑服注条目当不足原书的五十分之一。其次，注释无论古今，都存在底本选择与校勘的问题，因此，每个注本实质都是典籍的新版本。服虔只注《左传》，不注《春秋》经，但又将与传文相关的经文放在注中，方便读者。杜注本是分经合传，经传兼注，形成了经传分年对应的新文本。服、杜注释文本的不同，实质反映的是他们《左传》学上的差异。最后，是两人对待《春秋》《左传》的基本态度。服虔竭力调和《春秋》《左

太平御覽卷第一百四十七

皇親部十三

太子二

左傳曰初宋芮司徒生女子宋大夫……赤而毛棄諸堤下……

傳》间的矛盾，而杜预是《左传》本体论者，不惜以传非经，两人基本立场不同。如果服虔注本俱在，也许我们能看到更多不同。

4.有人说"文献学"是个基本工具，算不上单独的"学科"，对这个问题您怎么看？如果是"工具"，是否应该有更广泛的应用？是"学科"，主要研究对象是什么？是否有瓶颈和走出困境的思路？

如果从我们接触古籍的先后顺序来说，必然先是物质形态，这就有版本学；从整体上把握古籍的内容与分类，就有目录学；逐次向里就有编纂学、校勘学、注释学。到注释这个层面与文义思想关系就更大，最后可能还会涉及情感、史事、哲理。文献学处于最外层，离思想观念最远，但也最客观。我们不否认文献学的工具性，甚至在某种意义下还要强调它的工具性，能往里走一步也很不错。文献学就其基本范畴来说，主要还是版本、目录、校勘这几大块。

5.结合自身的求学和教学，"文献学"的研究生培养上与其他学科有何不同，一般做些什么具体学术训练？他们应该具备什么样的基本素质？您对学生们有何期待？

文献学的研究生培养可能先要解决研究对象"是什么"的问题，弄清楚文献的基本面貌，进而把书读懂，是最重要的。因此，版本、目录、校勘、辨伪、注释这些基本功需要加强。通过系统注释一部古书，可以积累很多知识。当然，我们必须保持开放性，与相邻学科保持交流对话，鼓励学生走出去，也欢迎其他学科走进来。我觉得，与其他学科相比，古文献专业需要耐得住寂寞，这是培养读书种子的沃土。

6."文献学"专业的学生就业情况如何？论文发表难度？主要的就业方向是什么？

古文献就业其实是很宽的，包括各类学校、企事业单位、媒体出版社、图书馆、博物馆等等。就业与继续做研究是两回事。传统文献研究方向的论文发表难度较大，新文献尤其出土文献会好一些。如果在文献的基础上做一些综合研究，可能会更适应当下学术的发展。

7.请您谈一谈对文献学前景的展望，会向什么方向发展？哪些方面会引起更多关注？

这个说不上。我觉得文献学不会吸引很多人来学。和其他事业一样，开发出新需求很重要。如果能在文献学中发展出有前景的新方向，使新一代才士投身其中，可能会形成新的热点。目前看来出土文献与经学文献的热度略高。

8.请您推荐一种"文献学"的必读书，简要地介绍一下内容及您的阅读体会。

很多老师推荐的《四库全书总目》确是最好的文献学门径书。从读传注的角度来说，我觉得朱子《诗集传》很好。它的阅读难度不如《毛诗传笺》大，但训诂、义理、辞章兼备，值得反复涵泳玩味。

扬州大学　孔祥军

孔祥军，70后，江苏扬州人。文学硕士、历史学博士，扬州大学社会发展学院教授。独立撰写《清人经解地理考据研究》《汉唐地理志考校》《出土简牍与中古史研究》《阮刻〈周易注疏〉圈字汇校考正》《阮刻〈毛诗注疏〉圈字汇校考正》《阮刻〈周礼注疏〉校考（外二种）》等书，整理《毛诗传笺》（中华书局"中国古典文学基本丛书"）、《辽史拾遗》（《厉鹗全集》本）、《晋书地理志》等，参加审定中华书局新修订本《宋书》，相关学术成果曾获"江苏省哲学社会科学优秀成果二等奖"等多项奖励。

四月十六号，收到江涛兄消息，邀请我就文献学的一些问题发表看法，此前王锷老师就曾对相关领域的名家学者进行了系列访谈，在公众号陆续推出并结集成书，分辑出版，在学术界产生了很大的影响，并仍在继续。这次青年学者的系列访谈，对深化和推动文献研究也必将起到很好的作用。这一思路也启发了我，模仿两位师友的做法，筹划了一个缩小版的学者访谈，已经陆续推出，在此向两位师友表示衷心感谢。

1.文献学是一个冷门学科，您是什么时候开始接触这门学问的？是主动报考还是调剂？谈一谈您对"文献学"的最初印象，现在的理解有没有变化？

我是在本科时接触到文献学的，20世纪90年代后期，我阴差阳错地考入中文系。古代汉语课上，班吉庆老师对《说文》进行了比较深入的介绍，激发了我的学习热情，于是便找来中华缩印的孙星衍刊本施加句读。与此同时，对训诂之学又产生了兴趣，尝试去释读一些古籍。当我接触到《老子》时，发现不同版本存在文字相异，这些异文又影响了对原文的理解，于是搜集了包括帛书在内的当时我所能找到的各种版本进行汇校，因为难度过大，在做了很少一部分后，就不得不放弃了，然而这个工作却让我大大深化了对版本校勘学的认识。读研时，有幸旁听了我最敬重的顾农老师所开设的一门古典文献学课程，使我有机会系统地学习了相关知识，并认真研读了包括《校雠广义》在内的相关书籍，翻遍了各种古籍目录，极大地拓展了我的视野，奠定了我日后的治学基础。当时，因为读了钱穆先生的著作，我对历史学产生了强烈的兴趣。钱先生在《中国史学名著》中提到了魏晋时期三部史学名著：《水经注》《世说新语》《高僧传》，于是我对这三部文献下了很大功夫，为了搞清楚赵、戴之争孰是孰非，我以殿本《水经注》为底本，取广陵重印《续古逸丛书》大典本与之对校，发现二者在文字上存在着极多的不同，几乎每一页都有大量异文。这在某种程度上证明了张元济在影印大典本《水经注》跋文中提到的戴震撒谎之事乃是不争之事实，这项工作王国维、孟森都先后做过，我自己再来做一次，发现其艰辛是难以用文字表达的，也让我对版本校勘有了更加切身的体验。虽然其后杭州大学出版社、中华书局陆续出版了以殿本作为整理底本的《校释》《校证》，但在汇校方面都做得十分粗疏，单单是大典本的异文就遗漏极多，标点方面的问题也很多，所以《水经注》的相关整理工作亟待重新来做。

考入南大历史系读博后，研究方向虽变为历史地理，但对古典文献一直保持高度关注。一方面我对历史地理典籍进行了一些研究，实际上是从历史地理的角度来做文献整理的工作。我在研究北魏政区变革的过程中，通过排出郡县政区省并废置表，发现中华旧版《魏书》整理者因为没有弄清楚《地形志》的书例，用今日语法理解旧志，从而导致了类型化的标点错误达四十多处，便撰写了一篇小文章发表，后来中华书局重新修订整理本《魏书》出版，采纳鄙见，并将拙文列入了参考文献。通过这项工作，我对文献学中古籍整理的认识不断深化，历史研究和古籍整理是互相影响、互相促进的关系，没有古籍整理作为基础，就无法深入开展相关历史研究，而没有历史研究作为基础，古籍整理也有可能出现问题。陈得芝先生就曾在复刊的《燕京学报》上撰写长文，对整理本《钱大昕全集》进行了严厉的批评，因为涉及元史内容时，整理者未能请教相关领域的专家，从而导致很多整理方面的严重失误。这给了我重要的启发，在做博士学位论文时，我便用沿革考证得出的结论，反过来判断文献方面的问题。如我在点读《四部丛刊初编》巾箱本《左传》时，将杜注所及所有政区信息全部辑录出来，再根据三国西晋政区郡县相属的考证结论以及杜预注书的相关史实，推断其标准年代为西晋太康元年，并按照《晋志》重排这份政区史料，然后反过来根据这份材料再对三国西晋政区地理以及《晋志》进行考辨，得出了全新的结论。通过这样的过程，使我对史地和文献之间的关系有了全新的理解，在稍后校注《晋书地理志》时，我便把沿革考证的相关结论全部纳入，从注的方面而言，应该算是比较充分了，这又反过来对原文校勘起到了重要的佐证作用。历史地理文献研究的相关论文，后来结集为《汉唐地理志考校》出版，算是阶段性的一次总结。另一方面，我陆续点读了《诗毛氏传疏》等经解文献，在此基础上撰写发表了系列提要。我读《诗毛氏传疏》就是想为其撰写提要，当年用的底本是中国书店单面影印三册本，因

为没有比较好的整理本，中华"十三经清人注疏"系列虽列有此书，但一直未出，所以只能自己来点。实际上民国时商务就出过《国学基本丛书》断句本，记得顾迁兄对我讲他曾在某处见过一部，有学者在页眉上做过密密麻麻的批注，可惜在后世重装时被横腰切断，前人心血付诸东流，甚为可惜。去年凤凰出了新整理本，蒙韩凤冉兄美意赠我一套，摩挲之际，心中颇为感慨，中华本竟不知何时能出了。我理想中的提要，不是《四库全书总目》那样的简短介绍，而是对著者创获心得、研究方法的全面钩辑和概括总结，目的是让其他读者通过我的提要，能用比较少的时间快速了解原书精华所在。清人经解大都无整理本，所以这项工作做起来既费力，又艰难，但对人对己都是自有其价值意义的。

2.毕业后又从事文献研究和教学，您觉得涉古专业本科生学习"文献学"课程的必要性是什么？

对于涉古专业本科生，文献学实在是太重要了。且不要说进行深入研究，就是对解决如何选择合适的阅读版本的问题，文献学也有很重要的作用。不用说《十三经注疏》、"二十四史"，就是最常见的《论语》，如果我们要读，到底该选择什么出版社的什么本子，都是文献学的问题。何况本科生还有相应的研究要求，还要撰写毕业学位论文。文献不知，则如夜登宝山、盲游学海，虽入其中而终无所得也。如果有比较丰富的文献学知识，那么自然在寻找和使用相关文献时，能随心所指、左右逢源。早些时候，好友明升兄便常说，他们古代文学博士专业最喜欢招文献学方向的硕士，这绝非无缘无故。最近看了一篇文献学方向的博士后开题报告是有关明代丛书文献研究的，可能因为该博士是艺术学专业，不但对丛书目录的概念不甚明了，甚至竟不知《丛书综录》之外，还有《补正》《广录》，这些基本目录当年可是从头至尾反复翻过的，最基本的文献学基础没有，又如何展开相关研究呢？所以说，涉古专业本科阶段，都应尽早开设文献学课程。

3.您的研究方向是偏向历史文献学还是文学文献学？又或者说偏重目录、校雠和版本的哪个具体方面？请重点谈一下您在这个领域的治学心得？

这个问题，其实问得挺好的，为什么要在文献学之前加上"历史"和"文学"两个字呢？那就说明除了纯而又纯地对文献本身的研究，要在文献学某个方面深入下去，就必须具备其他相应专业素养。正如我在上文中提到的，文献和历史是相辅相成的关系，没有文献整理，历史研究无从开始；没有历史研究，文献整理也没法深入。历史如此，文学亦然。我曾有幸旁听了莫砺锋老师为博士生开设的杜诗课，故对杜诗文献有了比较系统的了解，在学习过程中曾产生一处疑问，《至日遣兴奉寄两院补遗二首》有句云"有时颠倒着衣裳"，历代注家皆谓典出《毛诗·东方未明》，从文献学角度而言，此注应无问题，可《东方未明》与老杜句意全不相应，通过深入分析此诗创作背景，发现老杜心境颇与《世说新语·言语》边文礼答袁奉高云"尧德未彰，是以贱民颠倒衣裳耳"之义极为相近，于是写了一篇小文请莫老师指正，后来发表在《书品》上了。从作家心意旨趣和创作背景入手，而不是简单以文字比附作为依据，从而判断古代文学作品出典，或许更加可信。

对于文献学，我是实打实的外行，至多不过有一些非常肤浅的文献学知识，所以根本谈不上治学心得。但如果一定要说，我的经验就是"实战出真知"。我一直认为读再多文献学方面的著作，看再多版本图录、文献目录，不去动手校勘整理一本书，或是做类似的具体工作，就永远无法真正弄清楚到底是怎么一回事。写博士论文时，为了在最广泛的基础上使用最可信的史料进行考证，我对赵宋以前所有存世文献的版本情况做了彻底调查，这让我在文献目录学方面的视野有了极大的拓展。近些年，我致力于收集阮刻注疏，嘉庆初刻、道光重校、同治重修、光绪翻刻、日本重刊，靡不尽收，这又让我对此类古籍印本的用纸、用墨、版式、刻印、装帧、开本等版本学知识有了前所未有的深化。纸上得来终觉浅，绝知此事要躬行，古之人诚不余欺也。

4.有人说"文献学"是个基本工具，算不上单独的"学科"，对这个问题您怎么看？如果是"工具"，是否应该有更广泛的应用？是"学科"，主要研究对象是什么？是否有瓶颈和走出困境的思路？

对此问题，上文已作回答。在此需要指出的是，如果说文献学有困境，这个困境不是外在的，恰恰是从事文献学研究的人自己造成的。人能弘道，非道弘人。一门学问的兴衰，除了与其特性有关，更与从事于斯者的胸怀有关。有些人自视甚高，自诩为当行里手，而将其他学者，其他非其圈内者，统统视为外行，视为豺狼，将文献研究视为禁脔，别人都碰不得，不可以碰，好像别人发了一篇论文，出了一部专著，整理了一部文献，就是动了他的奶酪，夺了他的利益，出现了批评意见，更是不愿面对。这种心态，圈子心态，学阀心态，对文献学的发展有百害而无一利。可是防是防不住的，文献就在那里，谁都可以去研究，谁都没有权利阻止别人去研究，这是最简单的道理。无论是古委会项目，还是各级基金项目的文献类课题，都没有一条规定说非文献学出身者不得申报，所以正确的态度应当是，积极与其他领域的学者合作，大力提倡和欢迎所有有兴趣的朋友共同努力，这样文献学才能在与诸多学科的交叉碰撞中获得前行的动力。

5.结合自身的求学和教学，"文献学"的研究生培养上与其他学科有何不同，一般做些什么具体学术训练？他们应该具备什么样的基本素质？您对学生们有何期待？

能够独立完成一部古典文献的校勘标点整理工作，这是每个文献学专业研究生都应该努力完成的目标。

6. "文献学"专业的学生就业情况如何？论文发表难度？主要的就业方向是什么？

论文发表，尤其是想在高级刊物发表文献学论文是比较难的，但凡事有一个积累的过程，等到积累的水平达到了相应的要求，发表论文应该不是特别困难的事情。据我所知，主要就业方向，要么是继续深造，最后留在高校教学；要么是去一些文化单位，如图书馆、出版社等。

7. 请您谈一谈对文献学前景的展望，会向什么方向发展？哪些方面会引起更多关注？

文献学研究可能更多地向数字化方向发展，很多人工智能的新技术正在逐步应用于文献整理与研究之中，这无疑是时代的进步，也是令人期待的，但无论是数字化还是人工智能，都不能完全替代纸本文献和人工整理，所以纸本文献整理和文献学领域人才培养仍是非常重要的工作。纸本文献整理工作，应该利用目前便利的收集条件，对核心古典文献如诸经古注、义疏进行重新彻底的汇校和标点整理，从而为相关领域的学术研究，提供最可靠的文本，王锷老师即将出版的《礼记郑注汇校》应是经注整理的标杆之作，非常令人期待，杜老师主持的诸经注疏汇校已出"尚书"一种，期待其他诸经早日问世。为了适应广大读者了解传统文化的需求，应该在推行简体字整理本方面多做一些工作，《中华国学文库》做了很好的尝试，值得推广。

8.请您推荐一种"文献学"的必读书，简要地介绍一下内容及您的阅读体会。

上文提到了那位博士后开题时，我就推荐她细读杜泽逊老师的《文献学概要》，对于初学者而言，这是一本非常好的基础读本。如果我有机会开设文献学课程，我会选择此书作为教材。另外，在文献版本学方面，我推荐张丽娟老师的《宋代经书注疏刊刻研究》，张老师这本书是对一个领域的文献问题进行了近乎穷尽式的研究，是我个人读后收获最大的一部文献学专著。最后，我还想推荐一本《周礼正义点校考订》，此书对王文锦版《周礼正义》的整理问题进行了极为细致的梳理，所举实例达三千五百多条，其中所指出的很多错误都是我们在整理文献时非常容易犯的，是一本不可多得的古籍标点整理纠谬示范手册，所有想从事古籍标点整理相关工作的人都应该一条一条仔细读一读。

复旦大学　石　祥

石祥，1979年出生。复旦大学古籍整理研究所青年研究员。2006年博士毕业后，在天津师范大学文学院工作。2020年11月，开始在复旦大学古籍整理研究所工作。代表作，下一部。

1.文献学是一个冷门学科，您是什么时候开始接触这门学问的？是主动报考还是调剂？谈一谈您对"文献学"的最初印象，现在的理解有没有变化？

上学已是陈年旧事（惊觉自己已是老人），我用力回想对文献学的最初印象，也茫然无着落，或许根本没有什么"最初印象"吧，所以只能说些大学时代的记忆碎片。

我从小喜欢军事，热衷于历史上的打打杀杀。高考填报志愿时，本想报历史学系。但那一年（1997）北大在沪没有投放历史系的招生指标，遂选择中文系作为一志愿。

入校报到后没几天，系里给我们新生开会，要求大家自愿选报专业。当时中文系分文学、语言学和古典文献三个专业。我们刚进大学，对专业一无所知，那时互联网在国内刚刚起步，也谈不上什么上网寻找资料，甚至根本无此意识。所以，我们完全是靠老师的宣讲了解专业，再做选择。不用说，这样的了解与选择，当然非常肤浅而仓促。记忆中，文献专业由裘锡圭先生做介绍（文学专业是费振刚先生，语言学专业应该是陆俭明先生）。印象最深的一句话是"中文系不培养作家"，这大约是宣讲的第一要义与保留项目，看前后各级同学的回忆，无一例外，都会提到这句。

具体到文献专业，非常惭愧，裘先生讲的其他内容已无印象，只记得他说大三暑假会安排去西安、敦煌专业实习。大家对此颇感兴趣，议论纷纷，真有同学是为此选择了文献专业。我觉得文献似与历史颇有关联，便选择了它。我们97级文献专业一共12人，其中包括几位文科实验班的同学，他们上的课程与我们有所不同。

当时，校方将部分文科院系的大一新生安排在昌平园。昌平园在昌平西山口（现在地铁有此一站），相距燕园本部数十公里。校区北面靠山，南面是大片的高粱或者玉米地，往东（昌平县城方向）走一段距离，田地的内容由粮食作物变为经济作物，似乎是苹果或者桃子（本人完全没有不看果子只看树木便能分辨种类的能力），西面有小山和大坑。总而言之，那是个荒僻的地方，周边几乎看不到人，夜间四下寂静，不时可以听见远处传来的猫头鹰的幽幽叫声。

昌平园有几百亩大，学生大约七八百人，人均占地接近一亩。院内树木繁密，生物多样性相当可观，不时有同学声称目击了兔子、黄鼠狼、松鼠、蛇等等。此地的另一优点是有1个标准足球场和多个篮球、排球场，于是乎男生们非常愉快地实现了球类自由，加深了院系交流。当然，中文男足的失利史早在那时便开始书写，这是某公众号所宜及早开展的口述历史的好项目。

大一的课程，基本都是中文系各专业的通行基础课，如现代汉语、古代汉语。相对比较特殊或者说有专业性的，是中国古代史（文学、语言学专业不上此课），这其实是历史系的专业必修课，我们跟着历史系同学一起听讲。第一学期是荣新江先生讲授，第二学期是张帆先生。记得一学期末考试有一道大题，是评价秦皇汉武的历史地位（大意如此）。另一门比较特殊的课，是大一下学期的当代文学，专供文献与语言专业（文学专业的当代文学课好像是一学年制的），臧棣先生讲授。他是著名诗人，于是这门课实际被讲成了当代诗歌史。依稀记得他大概用两节课时间了结了小说、散文，还说了句"这个没什么可讲的"，带着诚恳而为难的神色。讲到80年代诗歌，臧老师提起，那时的某次大会上，有年轻诗人当面批评民国时已成名的某位老人，"你根本不懂诗"。然后，臧老师低头一笑，说了句"有些事心里明白就行了，何必说出来"，全场哄堂。

昌平园有一个图书馆，藏量当然很小，似乎只有一间大屋子的半边放了书架，上面有气无力的排了些书。因为还没上过真正的小专业课，我自然谈不上有意识地去搜寻专业书来看，不知为何，倒是将10卷本的《王蒙文集》看了一遍。教学楼的二楼有一间屋子，开办一家小书店，品种不多。当时，民国学术名著重印风潮初起，我在那里买了《经子解题》《中国新文学的源流》《中国近三百年学术史》之类的书。

大二回到燕园本部，课程逐渐以小专业课为主。版本学（王岚老师）、目录学（许红霞老师）、校勘学（倪其心先生）、文字学（沈培老师）、音韵学（耿振声老师）、训诂学（董洪利先生）、古文献学史（漆永祥老师）、四部要籍（各部分别为一门课，吴鸥老师、李更老师、陈晓兰老师分别讲授）、中国文化（杨忠先生），这些好像都是必修。至于专业选修，有李家浩先生的《说文》、孙钦善先生的《论语》（本科期间我选修的最后一门课），等等。

坦率说，我不是一个好学生，上课去否，随心所欲，去了也不怎么做笔记，有趣时则听，无趣时则神游。有一次，古文献学史课上，漆永祥老师发火，批评我们是有史以来最差的一届，声色俱厉，我紧张了三秒钟，然后释然。漆老师当年的火气，可能是老师们的共识。2014年，我回校看老师，陈晓兰老师、李更老师说："石祥，没想到你会坚持做专业，当年真是没有看出来。前后几级里还在大学做本专业的，可能就你一个。"足见在老师们心目中，我当年很不成样子，以至于让今天的他们吃惊。——在本系列访谈中，不少同仁谈及自己大一、大二时就树立了明确的专业意识与求学目标，从师问道，好学勤求，真令我无比汗颜。

当然，即便是我这样的不肖子弟，也还是有兴趣这样东西的。大三时，有版本学课（王岚老师讲授），也不知为何，我突然觉得刻本、抄本、活字本们相当可爱有趣。特别是最后一次课，王老师带我们去北大图书馆古籍部参观，古籍部老师拿出不少本子，一一讲解。具体是哪些本子，现在一个都记不得了，但想来应该是有宋元本的；之后又带我们参观善本库，里面清一色的樟木书柜（后来听沈乃文先生讲过这批书柜的由来），味道很大。我们当然觉得大开眼界兼无比神秘。

彼时，学校周边书店极多，较知名的有东门外的万圣书园、南门东侧的风入松以及南面的海淀图书城，还有校内的周末书市。在这样的环境中，买新书、淘旧书的癖好愈发加重。大二起，我接了家教的活，每周六下午去蔚秀园家属院，教一个男孩高中语文（家长似乎都是理科院系的老师）。每次一个半小时，报酬是50元，在当时大约是很高的标准。从蔚秀园出来，我直奔海淀图书城，买一两本书，惬意而归。

尽管平日听课时漫不经心，但毕竟一回生二回熟，好歹知道了一些人名和书名，选购时就有所留意。现在印象所及，《四库总目》《书林清话》《经籍会通》《书目答问》《国朝汉学师承记》《贩书偶记》，等等，都是当时买的。研究著作也买了一些。高路明老师的《古籍目录与中国古代学术研究》，被当作目录学课的教材使用；由此及彼，我又买了该书所在的《中国古文献研究丛书》（江苏古籍出版社）的其他若干种。《校勘学释例》《史讳举例》《宋版书叙录》等等，也是上课时听见，书店中发现，一看封底，价格不贵，在50块经费之内，便买下。此外，《藏书家》杂志那时正出了头几期，我看得津津有味。由此又知道了一些作者的名字，连类比物，黄永年先生的当时在市面上可见的几种书，黄裳、潘景郑的题跋，当时或之后在书店里见到，就陆续买下。图书馆剔旧，也是很好的入手途径。当时，每个季度有一次剔旧，书放在西面旧馆一楼的一个靠边小房间里，谁都可以进去挑书。我买过品相极好的80年代影印的《古史辨》，1块钱1册。——大概，乱摸书乱买书，是我本科时在专业方面印象最深之处了。

大三暑假，自裘先生宣讲以来，我们一直心心念念的专业实习来了，由李更老师带队。先去西安，参观了大小雁塔、碑林、骊山、兵马俑、陕西省博等等，住宿在陕师大校内招待所。最后一天是自由活动，我们几个男生很喜欢碑林，又去逛了一次。

从西安登上绿皮火车，一路摇晃到柳园站。敦煌研究院派了一辆中巴来接，在戈壁滩公路上继续摇晃了许久，来到了莫高窟，我们住在研究院内的一个小楼里。在敦煌大约有10天，主要内容是观摩洞窟，由研究院的老师讲解。我们不仅看了南区惊心动魄的壁画造像，还参观了北区洞窟。当时的印象是，古代僧人们住在一无所有、灰秃秃的洞里，真不容易。我们参观的很多洞窟，不对外开放，其中印象最深的当数北区465号窟，里面有男女双修的内容。那时，北区考古的成果正在陆续出版或发表，其中有一天的安排是讲座，介绍北区情况，樊锦诗先生致辞，彭金章先生主讲。我们对于灰头土脸的北区兴趣盎然，彭先生讲完后，大家提了不少问题。

四年的时间一晃而过，经历了很多，又似乎什么都没经历。等到在百年讲堂的典礼末尾齐唱《歌唱祖国》的时候，我才确实感觉到本科四年结束了。

四年下来，不知为何，我居然有推免资格。因为父母希望我回上海，在王岚老师的建议下，我与复旦古籍所联系，经面试，被录取。

复旦古籍所的做法是，一入校即分配导师。我的硕士导师是陈广宏先生。广宏老师主要研究文学。研一下学期，有他讲授的明代文学课程，形式是大家读书后做汇报。课上有件琐事，印象最深：明代诗歌宗唐风气，往往上推到高棅《唐诗品汇》，再由此及至闽中十子。我翻看了几本早期文学史，看到某书溯及十子之前的蓝仁、蓝智以及较蓝氏兄弟更早的某人，汇报时说起此节。陈老师是温润君子，面对我的荒陋，不以为忤，反而夸赞了几句。这门课最大的收获是：我切实认识到自己对文学毫无感觉，确无能力，更缺乏兴趣。我宽慰自己，如同色盲一样，这的确会造成一些阻碍，但不值得羞耻。**Just lose it!**

中国古典文献学专业，往往开设在中文系/文学院之下，即便是相对独立的古籍所，也大多中文气息浓厚，所以文献专业的很多学者会涉足乃至主要研究古代文学文献。而我几乎没有做过与文学或文学文献的研究，若说领域选择的契机，这门课是非常重要的节点之一。知道自己不能做什么，实在是非常要紧的一件事。

在研一和研二的两年间，几乎所里的每位老师都开过必修或者选修课，由于专业不同，我没有将这些课听遍，现在想来，很是遗憾。硕士阶段的第一门课程，名称已经忘却，由吴格先生讲授。课程内容当然非常丰富，因为文学专业的同学也一同上，吴老师肯定讲了很多文献学的基础知识。而我更有印象的是，吴老师旁逸斜出时随口提及的王欣夫、周子美、刘承幹等人的旧闻掌故。还有一次，他发下一篇别人寄来求正的文稿，内容是考述某图书馆新发现的春秋类某书的宋刻残本。吴老师命我们挑错，无论知识性、论述逻辑的，还是行文上的，但凡不妥存疑之处，皆可。我们回去准备了一周，挑的"错"或疑问，五花八门，自有很多可笑之处，却几乎未能指出真正的问题。吴老师先表扬了我们一番，然后谈了他的修改意见，并逐一讲解。

还有一门重头课"古籍整理实践"，为期一年，由钱振民先生、郑利华先生先后主讲，内容是点校一部明人文集。复旦古籍所创设时，承担了《全明诗》项目，所里有大量从各图书馆复制的明集（纸质件或胶卷），以及抄录的明集卡片。这门课的选材范围，就以此为核心。我信手而选卢楠《蠛蠓集》，此人经历坎坷，蒙冤入狱多年，集中哭诉喊冤的书信文章占了很大比重。我抱着看热闹不嫌事大的心态，当小说看。

当时章培恒先生年近七旬，仍担任所长，西装革履，日日到岗，几乎每天工作到夜间。我们入学后不久，便私下里知道他身患重疾，看到他如此不计日夜的工作，均觉不可思议。章先生对我们这些二十出头的小孩，很是和蔼，每次他慢慢走过楼道，我们问候"章先生好"，他必点头示意，缓慢而清晰地答以"你好"或"谢谢"。某次所里办会，章先生打电话到会务组房间，询问曹虹老师的房间电话号码。沪语的"曹""赵"发音相同，我对学界人物茫然无知，以为是"赵虹"，将会议名单从头翻到尾，一无所获，便告诉章先生，会议代表中没有姓赵的呀！章先生没有责怪我的无知，反而说是自己的上海普通话让我误会了，是曹操的"曹"。我大感脸红。——后来遭遇某些章先生学生辈的"大佬"，相其仪表，闻其言语，观其对待年轻人的态度，望之不似人师，便觉极不适应。

研一上学期末，所里筹划师生联欢，交给我们新生去办。我和两位女生提出去五角场的饭店AA制聚餐。那两位女同学是章先生的学生，却不敢邀请他，一个劲地怂恿我去。女士表示为难，是绅士登场的时候了。我横下一条心，敲开章先生办公室的门。章先生听后，表示此事很好，一定出席，从公文包里掏出一个信封，将里面的1300元钱交给我，说这是他的份子钱，学生们不应承担费用，不足部分由其他老师均摊。我出了办公室，拿着"战果"，得意洋洋地向那两位女同学炫耀，获得了她们的赞誉。那顿聚餐吃了几个小时，黄白红啤，花色俱全，席上章先生教我们如何品酒（病情所累，那时章先生已滴酒不沾），举座皆欢。我们大多吃醉了酒，从五角场开开心心地走回了武川路的北区宿舍。

章先生的威严之处，我只有很模糊的侧面印象。大约是博一，某天傍晚，刚吃过晚饭，陈正宏老师忽然打电话给我，问我能否立刻来所里帮忙。我觉得有些奇怪，便马上骑车赶过去。原来古籍所须向教育部递交年度工作总结，章先生命陈老师办理，陈老师因事忙忘记了。方才章先生问起，陈老师答以还没做。章先生用绍兴腔普通话缓慢地说："陈正宏，这个样子是不可以的。"（陈老师复述的情形，至今如在面前。不得不说，他模仿章先生的语气口音，非常精准，不愧浙江同乡。）章先生生气的样子，大约止于此。我帮陈老师弄电脑，复印文件，回复邮件……忙到九点半前后，章先生经过房门口，看了看我们，一言未发，走了过去。陈老师眉开眼笑，说这下可以了，领导看到我们这样卖力。那天差不多弄到10点，我们离开时，章先生办公室的灯还亮着。

在所里，吴金华先生的年辈仅次于章先生。吴先生给研一新生讲授古代汉语专题研究类的课程（具体课名委实记不得了）。第一堂课，他先问我们每个人的姓名，然后笑眯眯地逐一签赠大著《古文献整理与古汉语研究》。授课中，吴先生所举语例，多用《三国志》《世说新语》，如数家珍。之前我虽也翻过二书，《三国志》大约是草草过完，《世说》则未到尾；经吴先生一讲，顿觉亲切可爱，于是将两书从头再读了一遍。

古籍所的学生人数少，但讲座活动多。记得每个学期都有若干次，短者半天，长者持续一周，大多是章先生请来的专家。章先生的眼界既高且宽，印象中黄永年、吴哲夫、吴宏一、钟振振、姚小鸥、张伯伟、程章灿等先生都来过（必然还遗漏很多），外国学者则有森本繁、高桥智、王靖宇等等。

黄永年先生予我的印象最深。在复旦，我听过两次黄先生授课，所讲都是唐史，每次一周，连续五天。之前大三的专业实习，在陕师大招待所曾听过黄先生的讲座（这是北大古文献专业实习常年的必备项目）。那时，黄先生尚能徒步来回；复旦这两次（2003年前后），他走路已然困难，甚至站立稍久，便气喘不已。是故，正宏老师负责每天接送，我作为跟班，给黄先生推轮椅。虽然健康状况明显变差，但黄先生授课清晰明快，神色炯炯，闲谈犀利可爱，天南海北而又一以贯之，真是丰神俊采，光华灼灼。第二次授课中间，穿插过一次讲座，地点在第三教学楼的某间大教室，黄先生专讲买书故事，听者神往。

更有幸的是，我跟着正宏老师他们，陪过几次饭。其中一次，黄先生谈及版本学，极不屑地说某人"连石印本与刻本都分不清，居然也写了版本学的书"。另一次，正宏老师介绍说我是北大古文献本科，我随即说之前在西安听过您的讲座，黄先生突然问："你是否买线装书？"那时，我的确已开始买刻本，手头大约有五六册（其中一部是津逮秘书本《五代史补》《五代史阙文》，两种合在一册）。但转念一想，在他面前，称自己买书，不啻释迦面前说法，岂不可笑？于是答以虽有想法，奈何价格太高，穷学生无力举此。黄先生点头，表示理解，然后谈了他年少时的买书（捡漏）故事，最后以一句"你们现在是碰不上了"作结。后来有时不免会想，若那时答曰"买书"，又会引发黄先生如何一番高论呢？——顺便说一句，本科时的北大周末书市，确实偶有刻本出没，记忆中所见都是《四书备旨》之流，数册一小摞，要价几十元。彼时虽然无知，但也知道此类东西意思不大，所以一册也没买过。

其他老师请来的讲座或者组织的参观，也有很多。印象最深的是，陈正宏老师的版本学课，带我们去上图参观，听陈先行先生讲解。宋元明清善本摆了一桌，其中肯定有宋刻十卷残本《金石录》，陈先生讲了此本作伪与被识破的故事，至今记得。

研二下学期，有转为硕博连读的机会，我申请并通过。博士阶段的导师，转为陈正宏老师。正宏老师风趣活泼，而我胆大心也大，经常与他嘻嘻哈哈，没有大小。他很鼓励学生直率地说出自己的想法，然后他会一步步追问，打算怎么做，如果碰到困难甲，你打算如何解决，进而遭遇困难乙，又如何处理，直至将问题谈清楚。即便他倾向于反对，只要学生能讲出道理或者合理的解决路径，他也会认可。

此方面印象最深的是：毕业后的2014年夏，陈老师推荐我去学习院大学编明刻本图录，这是他与大泽显浩教授合作的项目。我写完初稿后，有一次类似于审稿会的讨论，陈老师、大泽教授以及参与此事的日方人员（大多是博士课程修了、在学习院大学做非常勤的年轻人）到场。从选目（陈老师、大泽教授先议定选目，我实际入馆调查后，提出某些品种可增入）、解题行文到排序（以版刻时代排列）、配图，逐一审查。陈老师先提出修改意见，我当然没有全盘接受，提出了不少反意见或辩解理由。我们有来有往，说得非常坦率，日方诸位瞠目。结束后，有两三位非常勤研究员，对我们的师生关系表示极大惊讶和羡慕，说他们决计不敢对自己的导师如此。

博士阶段，有陈老师的版本学课。他在各处尤其是日本，买了不少本子以及雕版、活字等物件，上课时作为教具。有一次，他拿出一折佛经，有不少蛀眼，外面裹着透明塑料纸，在所有教具中保护最为严密，是在日本买到的宋刻残叶（具体是何藏，已不记得）。他告诫我们要小心，因为下了血本。一般的清刻本、江户时代的和刻本，则随意摊在桌子上，让我们翻看。又有一次，他带着我们几个同学去某家旧书店，帮老板整理一堆残本，意在让我们多摸摸书。清理过程中，看到有值得一讲的本子，便将大家聚拢，讲解一番。我在里面翻出来三册嘉靖本，是孔天胤刻的《资治通鉴》，白棉纸，相对后印，有些蛀。我拿给陈老师看，他很高兴，书店老板的心情也不错，随口说了个价，卖给陈老师。后来，我评上副教授，陈老师将这书送给我，作为祝贺，还说"当初就是你翻出来的，理应归你"。——我有时买些刻本，作为教具，便是学习陈老师的做法。

此外，陈老师还组织读书会与讨论会，门下硕博士全部参加。读书会的内容是读《史记》，讨论会则是讨论论文。每次由一个同学做发表，事先将论文发给大家，可以是学位论文的一部分，也可以是单独的小论文，大家提出各种意见，作者回应。

博一开始，要考虑博士论文的选题了。我先想出选题，做调查评估，确定大致框架，然后与陈老师面谈。他从可行性等方面提出质疑，比如题目太大，无法按时完成，某部分似无必要，某部分需要强化，某问题应找何材料等等。如此这般，很快否决了几个题目，最终选定八千卷楼丁氏为题。我本想做大而全的研究，开题报告列了一个很"全面"的框架提纲。陈老师说，这难免人云亦云，反而冲淡主题；凡前人已有充分研究，或研究虽不充分，但受限于材料等，无法更进一步者，不提或少提；要将精力专注于新材料、新问题、新的论述视角的开掘，有所为有所不为，切忌面面俱到，处处稀松。吴格老师、钱振民老师也提出了类似的意见。——这是此阶段我所获得最重要的教示，遂将博士论文的论述范围选定为丁氏藏书聚散、《丁志》《丁目》等书的编纂、丁氏刻书三个板块。

方针既定，接下来是搜集材料。首先，当然是利用学校图书馆、

上图。八千卷楼旧藏绝大部分在南图，浙图也有一些。为此，我先后跑了两次南京、一次杭州，花了大约一个月时间，有针对性地提阅了一些丁家旧藏、丁氏著作的稿抄本，抄录了十多万字材料。吴格老师还为我写了一封古风盎然的介绍信，给南图古籍部。

初稿写好后，陈老师做了非常细致的批改，小到行文，大至结构调整，电子文档上标红拉黑，五彩杂陈。其中印象最深的是：丁氏所刻丛书底本考这一部分，我最初是按照丛书及其子目排序，先写甲书以何本刊刻，证据是何，再写乙书、丙书、丁书。陈老师说，丁家刻书几百种，如此写法，无异于菜市场里摆摊，太杂乱了，要求我有逻辑框架。我琢磨了一番，改为"以明刻本为底本""稿本为底本"，等等。

论文写完，需要送审。盲审无须操心，明审评委三位，上海本地的只有陈先行先生一位，所以约了时间，我直接送去上图。我本想上班时间不宜多扰，打算送到即走。说来也巧，我到上图时，陈先生正拿着极有名的宋蜀刻大字本《春秋经传集解》，和郭立暄师兄说话。我刚说告退，郭师兄拉住我，说一会有参观，机会难得，让我陪看。陈先生对我讲了一会蜀本《春秋经传集解》，参观者来了，好像是莱顿大学的两位研究者。拿出来的书，有唐伯虎藏过的书棚本《王建诗集》、元刻本《文心雕龙》、"老朋友"十卷残本《金石录》、翁家旧藏《长短经》，以及上百叶宋元残叶集锦。还有一些，书名已记不清，其中有一套，书衣颜色特别，郭师兄告诉我，这是项子京家特有的装帧。因为荷兰友人来得较晚，看完后已是下午，完全忘记了吃午饭。那是目前为止最过眼瘾的一天，盖因既多且精，又无玻璃柜台阻隔。

博士论文答辩也非常有趣。因为答辩委员人选有重合，无法同时进行，所以先是吴格老师门下的王立民兄、罗玲师姐，我的答辩放在下午。答辩委员里年岁最大的是沈燮元先生，沈老极健谈，以至于答辩主席严佐之先生多次说"沈先生，咱们回到问题上来/沈先生，该石祥回答了"。答辩至六点多结束，但我感觉自己似乎没有说多少。

现在回想自己从本科入学到博士毕业的九年间，只记得一些有趣或无关宏旨的场面，似乎很难回答访谈所设定的问题，只能说"反而求之，不得吾心"、"不知为何"吧。

2. 毕业后又从事古籍工作，您觉得涉古专业本科生学习"文献学"课程的必要性是什么？

前面已有不少同仁发表了意见。简单说，文献学课程除掉表面的知识性内容之外，旨在传授发现史料、梳理史料、批判史料与利用史料的原则与手法。古代文史哲的研究，无法脱离史料而展开，文献学课程的必要性也就由此确立。

3. 您的研究方向是偏向历史文献学还是文学文献学？又或者说偏重目录、校雠和版本的哪个具体方面？请重点谈一下您在这个领域的治学心得？

从兴趣上来说，我喜欢版本学。回顾自己做过或正在做的题目，八千卷楼丁氏的研究涉及藏书史、目录学、版本学和刻书史；鲁迅辑校古籍研究主要是针对辑佚与校勘的讨论；近期写的较多的，则是写样、试印等书籍刻印细节，可以说是书籍史性质的研究。此外比较成块、以后想写成专著的研究，还有版本学史的研究。另如域外汉籍、学术交流史研究，也偶尔做过一些。

个人的体会有以下几点：首先，要关注并尊重其他领域的研究。切忌移情与入戏过深，将自己研究的领域乃至人物或专书视为天下第一等大题目，其他皆不足道。否则，不仅会引发无谓的是非，也将局限自己的视野。

其次，不能脱离实物而言文献学，因此要与图书馆、文博界、古旧书业的同仁多交流，会得到很多帮助。两三年前，我去杭州市图看书，提阅的书籍都是写样本。古籍部前台的老师（本不相识，交谈后才知道她是彭喜双老师）主动提示："我们这里还有一个写样本，可能目录上没有反映出来，你要看看么？"差不多前后，我去北京中国书店，结识了刘易臣先生，他听说我对写样试印感兴趣，便以店中收储的试印本相示。像这样的帮助和机缘，不仅要感谢他们的热情，更是一般翻目录查数据库所无法提供的。

第三，之前似乎已有同仁指出，抄录材料（尤其是在图书馆看古籍时），不要怕麻烦，要尽量抄全，否则事后发觉有关键遗漏，再去返工，会多花不少时间和精力。我有过深刻教训。

第四，要勤于练笔。不要误信十年磨一剑、古人一书足以传世、大学者不轻易下笔之类的话，自我代入，自我宽慰。否则，当真要写时，便觉得笔头艰涩。一来我们不是古人；二来传世之作又谈何容易，不是人人所能写出；三来大学者恐怕大多经常下笔，一看王国维、陈垣、陈寅恪等人的文集部头，即可知此点。写作，是学术的实操，没有人可以不依靠实操或者极少实操，就能成为一流学者或者写出传世之作。

4.有人说"文献学"是个基本工具，算不上单独的"学科"，对这个问题您怎么看？如果是"工具"，是否应该有更广泛的应用？是"学科"，主要研究对象是什么？是否有瓶颈和走出困境的思路？

关于"工具"与"学科"之辨，之前很多同仁从多个角度写了很好的意见，我没有什么可补充的。

如何走出困境，如何面对学科弱势的挑战与困难，是同仁们一致关心的话题。2019年，北大古文献中心举办"中国古典文献学新生代研讨会"，即以危机、挑战和机遇为主题。我个人的看法是：文献学诚然也必然需要理论，必须持续地、坚韧地进行理论探索。但理论不能是闭门造车、悬空虚拟，而首先应放宽眼界，借鉴其他学科、其他领域一切可以借鉴引入、可以参照的理论。夸张地说，倘若占星术有助于版本鉴定，那么我将毫不犹豫地学习它。借鉴与引入，并不是学科无法自足、学科边界模糊的表征，更不是此学科研究者的耻辱。面临着理论的贫困与贫困的理论，却仍不愿广收博采，才是真的耻辱。事实上，借鉴与引入，是各学科普遍存在的现象与做法。它只会带来新的视角、新的问题、新的处理方式以及新的自己的理论。

其次，文献学是人文科学的一个门类。人文科学在追求科学性的同时，不可避免地具有艺术性的一面。而"艺术性"的欠缺，恐怕是造成文献学困境的重要诱因。如果研究者不能欣赏体味文献实物与文本之美，不能带着艺术的热情去追求著述之美，文献学的未来恐怕非常不乐观。人文科学永远不可能如自然科学（至少是其中的一部分）那样"科学"，进而又丧失了艺术性，又将如何立足自存？

5.结合自身的求学经历和工作，"文献学"的研究生培养上与其他学科有何不同，一般做些什么具体学术训练？他们应该具备什么样的基本素质？对有志于从事古籍编目和保护工作的研究生，您有什么建议？

关于基础的学术训练和知识结构，第一部分所讲的北大古文献本科课程，可以提供参照。版本、目录、校勘、文字、音韵、训诂，以及对四部要籍，均宜有一定程度的掌握。此外，将若干原典（具体书目可由个人兴趣而定）点读一过，也是极有必要的。不过由于开设文献学专业本科的学校不多，很多硕士生入学时未接受过系统的专业训练乃至基础的学科认知，以至于教师上课时不得不从头讲起，这是经常碰到的难题。实情如此，也没有良策，只能寄希望于同学们更加刻苦专注，弥补这个缺陷。

关于古籍编目与保护，当然首先是要多接触实物，而且编目的同学最好对保护（修复）有一定了解，反之亦然。保护（修复）方向的同学，还应多了解学习与之相关的科技知识。以现代科技完善古籍保护，将是以后该方向的重点之一。

6."文献学"专业的学生就业情况如何？论文发表难度？主要的就业方向是什么？

我之前指导过或相识的硕士研究生，毕业后的去向有出版社、图书馆、博物馆、中小学教师、公务员等，当然也有继续读博的。至于本专业的本科同学，更是天南海北，各行各业。个人感觉，文献学专业的就业方向，与中文系其他专业没有大的差异，或许在图书馆与文博系统还有一点优势。

论文发表难的解决之道，之前的访谈已讲了不少，我没有可以补充的。

7. 请您谈一谈对文献学前景的展望，会向什么方向发展？哪些方面会引起更多关注？

在版本、目录、校勘、辑佚等传统领域，研究会更趋精细深入。与几十年前相比，文献的披露量、查询检索与获取的便利性、新的辅助性工具，都有极大的提升。很多研究（或古籍整理），前人受限于条件而未臻完善，现在已具备展开再研究的条件。此外，明清刻本、稿抄本、地方文献、域外文献，都存在很大的可探索空间乃至空白。

与其他领域的交叉、引入新的研究方法与视野，也是今后可期的发展方向。比如说，书籍史就是一个比较突出的方面。当然，书籍史舶自欧美，西方与以中国为代表的东亚有着大不相同的书籍传统，如何调试研究手法，使社会科学的方法思路与中国古籍的历史现场相匹配，宜加深思与不断试错。

8. 请您推荐一种"文献学"的必读书，简要地介绍一下内容及您的阅读体会。

好书当然极多。大木康《明末江南的出版文化》，2014年上海古籍出版社出版译本，最近又重印。此书篇幅不大，行文亲切生动，材料的甄选使用与论述展开的角度别具手眼，显示出很好的思想锐度。日文初版发表于1991年，30年后的今天来看，整体思路框架亦不过时。我觉得，初涉文献学领域的同学们，看看此书，一定能体味到文献学研究的独到魅力与趣味。

中山大学　史洪权

史洪权，1974年生。文学博士，2007年博士后出站，回到中山大学任教，现任中文系、中国古文献研究所副教授，先后发表《石灰吟：从僧偈到名诗》《论元代采诗的新变》等论文。

1.文献学是一个冷门学科，您是什么时候开始接触这门学问的？是主动报考还是调剂？谈一谈您对"文献学"的最初印象，现在的理解有没有变化？

我是1998年来到中山大学读研究生后才接触文献学的。当时报考的导师是陈永正、吴承学两位先生，陈老师是中国古文献研究所的研究员，吴老师是中文系的教授，招收的方向是唐宋文学，但研究生阶段的学习内容主要是文献学各领域的知识。

当初对于"文献学"没有太深的印象，因为不了解。随着学术研究的深入，才真正理解并体会到文献学的重要性。华南师范大学文学院教授李光摩先生是我的同届同门，我们只要回顾硕博六年的读书生涯，都觉得当初陈永正师的《诗歌注释学》《〈汉儒通义〉校勘与整理》，吴承学师的《〈四库全书总目〉选读》等文献学相关课程使我们在之后的研究中受益颇深。

2.毕业后又从事文献学研究和教学，您觉得涉古专业本科生学习"文献学"课程的必要性是什么？

涉古专业本科生学习"文献学"课程的必要性，我觉得可以从学生的不同追求来阐发：其一，对于未来有志于从事学术研究的本科生来说，"文献学"课程是"读书之门径，治学之津梁"；其二，对于未来想要从事其他职业的本科生而言，"文献学"课程有助于培养严谨、求真、务实的品格。

3.您的研究方向是偏向历史文献学还是文学文献学？又或者说偏重目录、校雠和版本的哪个具体方面？请重点谈一下您在这个领域的治学心得？

我的研究方向比较偏重于文学文献学，对于目录、校雠、版本等方面都有所涉及，也发表过一些论文。本人才疏学浅，不敢说有什么治学心得，就谈谈自己的学习体会：

其一，一定要养成严谨求真的治学习惯。真相往往隐藏在细节之中，稍不留意可能就会失之交臂。我在写作《〈中华民国诗三百首〉文献问题探论》时，曾查阅比较权威的《民国时期总书目》，内云："《中华民国诗三百首》，诗学研究社编，杭州宋经楼书店1941年8月初版，1946年12月再版。"而宋经楼书店再版本也确实在封底标识"中华民国三十年八月初版，三十五年十二月再版"。两者完全吻合，看不出什么问题。于是我也认为宋经楼初版本确实存在，但始终没有找到。直到有一天

突然想起1941年的杭州早已沦陷，处在日寇严酷统治下的杭州，怎么可能出版国民政府主席林森题签、带有强烈反日宣传色彩的《中华民国诗三百首》，居然还"甫期月而争购一空"？思路理清之后，又得香港中文大学的程中山先生惠赐香港大公书局版《中华民国诗三百首》，该诗选的版本流传问题才得到了妥善的解决。

其二，一定要培养自己的问题意识。学生有没有问题意识，天赋是很重要的因素，但也有赖于培养。研修文献学的学生大多是中人之资，智商的差距微不足道。只要自己有针对性地去训练，基本都可以养成敏锐的问题意识。南京大学的一位世界史博士把问题意识概括为"我想做什么""我该做什么""我能做什么"三者的统一，我个人比较赞同，自己在学术研究中确实也是这么做的。比如我曾撰写《张习整理元明别集考》一文，起因即在于个别学者认为张习在古籍整理中存在着有意作伪的行为。我的博士论文做的是高启研究，对于张习多有涉及，知道他对于元明别集整理贡献甚夥，明代著名学者王鏊曾予以高度评价："（习）尤喜搜辑郡中遗文故实，一时号为博雅。前辈文集，多所梓行。"其间又得业师指点，他也认为张习没有作伪的主观动机。基于想替张习辩诬的目的，我开始奔波于国家图书馆、上海图书馆等场所，考得张习整理元明别集共计十三种，有刊刻、补刻和抄录三种方式，整理的成果价值一曰古，二曰精，堪称优秀的文献学者。在此基础之上，我逐条解释了《雁门集》《静居集》的作伪问题是如何产生的，基本洗脱了学界加之于张习的恶名，还是蛮有成就感的。

其三，一定要把文献学和古代文学研究相结合。文献学的工具属性很明显，可以有效服务于古代文学研究，实现研究价值和意义的倍增。前辈学者就曾利用"悠然见南山"中"见"字的版本差异，研究陶渊明的创作心理和美学追求，令人耳目一新。我个人也有类似的体会。2002年，我还在读博，偶然在明初僧人姚广孝《逃虚类稿》的《双莲忠禅师传》中，发现了最早作为僧偈存在的《石灰吟》："工夫打就出深山，烈火曾经锻一番。粉骨碎身都不问，要留明白在人间。"同门都劝我赶紧将它稍作整理，作为文献学的辑佚论文尽快发表。但我当时首先联想起邓广铭诸先生关于《满江红》作者的争论，困惑为什么一首僧偈被附会为民族英雄于谦的作品？于是决定暂不投稿，继续搜集材料，彻底解决这一问题。最终于2006年完成《〈石灰吟〉：从僧偈到名诗》一文，既从文献学的角度证明了《石灰吟》不是于谦的作品，而是宋末元初高僧释信忠所做的僧偈。明清两代，先后出现过于谦、李都宪和刘儁三位作者。又指出于谦说之所以成为共识，反映了古代中国对于"文如其人"的要求。《石灰吟》也因被归于于谦的作品而终成千古名诗。此文借鉴了吴承学师《人品与文品》的核心论点，实现了文献学与文学研究的有效结合，也得到了学界的普遍认可。

4.有人说"文献学"是个基本工具，算不上单独的"学科"，对这个问题您怎么看？如果是"工具"，是否应该有更广泛的应用？是"学科"，主要研究对象是什么？是否有瓶颈和走出困境的思路？

虽然中国古典文献学在教育部学科分类中归属于中国语言文学之下，是与中国古代文学、现当代文学等并列的二级学科，但我更倾向于将它视为基本工具。从某种意义上来讲，"工具"和"学科"

没什么高下之分，追求成为独立的学科只是为了生存需要而已。作为"工具"的文献学，目前已在文学、历史学、宗教学等诸多学科得到了广泛的应用。未来所应追求的目标当是如何将文献学和其他学科更好地结合起来，诞生一批极具学术价值和社会价值的优秀成果。程千帆先生曾提出"文学研究，应该是文献学与文艺学最完美的结合"的研究主张，且能知行合一，可资后辈借鉴。

5.结合自身的求学和教学，"文献学"的研究生培养上与其他学科有何不同，一般做些什么具体学术训练？他们应该具备什么样的基本素质？您对学生们有何期待？

我觉得"文献学"的研究生培养较之其他学科，主要有两个突出的特点：一是宽口径，二是厚基础。"宽口径"指文献学要重视学生的通识教育，文学、历史学、政治学、宗教学、地理学等学科知识都应该有所教授，务求博而不在专；"厚基础"指文献学仍要重视版本、校勘、目录、典藏等传统领域的基本功培养和训练，课堂教学与现场教学相结合，理论与实践

相结合。

在我个人的求学历程中，2006年是一个关键性的年份。当时从南京师范大学文学院博士后出站后，因为某些特殊的原因未能及时就业，于是参与陈永正师的《全粤诗》项目以维持生计。那一年主要做《全粤诗》的审稿、汇编、辑佚等一系列工作，将课堂上习得的文献学知识灵活应用于实践中，并随时得到恩师的指点，逐渐领悟到了文献学的真谛。目前许多高校的古籍所都承担有古籍整理和研究方向的重大课题，我建议学生积极参与，通过整理一部适当规模的古籍，既可以把目录学、版本学和校勘学的理论知识付之于实践，而实践本身又会促进自己对于基本理论的消化与吸收。

我非常喜欢中大的校训："博学、审问、慎思、明辨、笃行。"其他名校的校训更趋于抽象，而中大校训截自于《中庸》，是具象的进学之阶。广博的知识、详细的请教、谨慎的思考、明确的分辨与切实的力行，这是文献学研究生应该具备的基本素质，也是我对同学们的期待。

6."文献学"专业的学生就业情况如何？论文发表难度？主要的就业方向是什么？

中山大学中文系本科阶段没有开设文献学专业，只有硕士和博士阶段才有。他们的就业情况和古代文学专业的同学差不多。鉴于中山大学中文系在广东的影响力，硕士主要去珠三角城市的政府机关、事业单位或大中型国企，博士则仍以高校居多，但留在广州和深圳的难度愈来愈大。同学们发表论文的难度和古代文学专业的学生在伯仲之间。

7.请您谈一谈对文献学前景的展望，会向什么方向发展？哪些方面会引起更多关注？

伴随着古籍电子化的加速度推进，传统文献学的辑佚版块无可置疑地衰落下去，而版本、校勘、目录、典藏等科目仍有一定的生命力。个人觉得未来文献学值得关注的两个方面，可以概括为"入地"与"出海"。前者指出土文献，后者指域外文献。近二十年是中国城市化发展最快的二十年，也是出土文献海量增加的时代，每一次大型墓葬的发掘，都为我们的文献学研究提供了源源不断的新对象。近二十年也是中国与海外交流最为频繁的二十年，大量的域外文献被发现并得以影印出版，但除了南京大学等少数学校外，相当数量的高校虽然拥有丰富的典藏资源，却基本处于无人问津的状态。例如我校图书馆即拥有全套的《域外汉集珍本文库》《域外诗话珍本丛书》《燕行录全编》等珍贵图书，但近年来的文献学专业研究生宁可做那些无甚价值的传统选题，却对这些学术资源熟视无睹，这真的很令人遗憾。陈寅恪先生在《陈垣敦煌劫余录序》中曾说过一段话："一时代之学术，必有其新材料与新问题。取用此材料以研求问题，则为此时代学术之新潮流。治学之士得预以此潮流者，谓之预流；其未得预者，谓之未入流。"文献学研究生想要"预流"，未来可在出土文献和域外文献两大领域着力，必有创获。

8.请您推荐一种"文献学"的必读书，简要地介绍一下内容及您的阅读体会。

《四库全书总目》不但是中国目录学的集大成之作，也是"辨章学术、考镜源流"的学术史巨著。清人周中孚给予了高度的评价：

"窃谓自汉以后簿录诸书，无论官撰私著，凡卷第之繁复，门类之允当，考证之精审，议论之公平，蔑有过于是编矣。"涉古专业的学生读书治学，必以此书为门径，可收事半功倍的效果。

我的阅读体会主要有两点：

其一，欲治一代之文学者，最好从《四库全书总目》入手。《总目》的别集、总集、诗文评类提要均按朝代排列，且多由当时第一流学者撰写，其论断较之后世编纂的文学史更富有时代性、权威性和准确性。

其二，《总目》可以成为文献学研究生的重要选题来源。吴承学师曾借助《四库全书总目》进行文体学研究，先后完成《〈四库全书〉与评点之学》《论〈四库全书总目〉的文体学思想》等重量级论文。《四库全书总目》博大精深，可资开垦的处女地比比皆是。同学们完全可以借鉴前辈学者的成功经验，在《总目》中找到自己心仪的选题。

山东大学　江　曦

　　江曦，80后。山东大学中国古典文献学专业硕士、博士研究生，2011年博士毕业留校任教，现为山东大学儒学高等研究院古典文献研究所副教授。出版《清代版本学史》，发表专业论文二十余篇。

　　1.文献学是一个冷门学科，您是什么时候开始接触这门学问的？是主动报考还是调剂？谈一谈您对"文献学"的最初印象，现在的理解有没有变化？

　　2001年我考入山东大学中文系，2002年初山大古籍所从文学院分出，与其他几个研究机构合并为文史哲研究院，所以我们本科期间未开设过文献学的课程，也不知中文系还有一个古典文献学学科，更遑论主动报考文献学专业。大四保研时，我的成绩排名比较靠后，当时分管学生工作的副书记找我谈话，意思是我名次靠后，文学院留不下，希望我申请校外或者校内其他学院。于是我跑到和文学院一墙之隔的文史哲研究院报了名。我本来报的是古代文学专业。当时文史哲研究院古代文学专业只有一位老师招生，名额有限，我没有进入复试，只好又报了中国古典文献学专业。文献学当时真是冷门专业，每年第一志愿上线生都不够，复试都安排在所有专业之后，等着接收其他专业刷下来的学生。

由于大学时没有修过文献学课，我当时对文献学一无所知。为了准备复试，匆忙找来杜泽逊老师的《文献学概要》，从头到尾看了一遍。当时笔试只考了古代汉语，面试问了一个关于李白诗的问题，还让我识读了一首用小篆写的杜诗。因此，我当时认为文献学就是以古代汉语知识为工具，来研究古代文献。现在看来，这种理解不甚全面，但小学是文献学研究的基础，这一点还是正确的。

2.毕业后又从事文献学研究和教学，您觉得涉古专业本科生学习"文献学"课程的必要性是什么？

我目前承担的课程主要有研究生的"文献学"、"目录版本校勘学"中的"版本学"，本科生的"文献学基础与实践""文献学概论"等。我感觉授课效果中规中矩，主要是因为自己水平有限，也有一些客观因素，比如文献学课经常七八十甚至一百多名学生安排在一个班。我个人认为文献学的教学不太适合这种大班，比如我曾计划带学生去学校图书馆古籍部参观，和古籍部联络，人家一听一百多人就给拒了。所以我只好自带教具，主要是自己购买的一些线装书、

雕版、活字，来提高一点学生的学习兴趣。

本科生学习文献学是有必要的，特别是对于那些对传统文史哲感兴趣甚至将来有志于做研究的学生，文献学的学习会给他们提供一些帮助，能提升一些文献意识。现在的大学生读书，多是随便到图书馆找一个文本来读，上了文献学课后，就开始有同学来问读哪部书，选哪个版本。给本科生开设文献学，也有助于为这一冷门学科培植后备力量。比如以前山大中文系的学生在推免的时候很少有主动报考文献学的，开设文献学课之后，主动报考文献学专业研究生的学生明显增多。通过开设文献学，让学生了解古典文献的一些常识，还可以像人文通识课一样，使学生增强对传统文化的认识。

3.您的研究方向是偏向历史文献学还是文学文献学？又或者说偏重目录、校雠和版本的哪个具体方面？请重点谈一下您在这个领域的治学心得？

历史文献学是中国历史下面的二级学科，中国古典文献学是中国语言文学下面的二级学科，我们翻翻历史文献学和中国古典文献学的教材，就会知道二者同时注重目录版本校勘学。我的博士论文题目是"清代版本学史"，后来出版了，当然里面存在不少问题。近年来我基本没有在版本学上下功夫，因为我一直认为研究版本学，特别是实物版本学，对高校教师来说已经非常难了。虽然近年来影印了大量古籍，不少还有了高清影像，但影印本不少是经过了处理，难免失真。黄永年先生强调古籍版本鉴定比较可靠的依据有字体、版式和纸张，字体、版式看影印件和电子文本还可以，纸张就不行了，不能摸到原书，终有隔靴搔痒之憾。如果全靠影印本、电子文献，写一部古籍版本学讲义，恐怕写不出什么新东西。黄永年先生的《古籍版本学》之所以写得好，是因为他经眼了大量善本，能摸到古籍原件。当然这只是我个人的观点，未必大家都同意。

我个人感觉稍微有点心得的是目录学，目前正在编纂两部专科目录。我从2004年到2012年参与杜泽逊老师主持的《清人著述总目》编纂工作，项目组大概有上千种古今各类书目，而且经常查阅，对其内容和功用有了大致了解。同时，每天要解决大量古籍的著录和分类问题。所以我感觉学习和研究目录学，很重要的一点是要了解和使用古籍目录，还要有编目实践。

4.有人说"文献学"是个基本工具，算不上单独的"学科"，对这个问题您怎么看？如果是"工具"，是否应该有更广泛的应用？是"学科"，主要研究对象是什么？是否有瓶颈和走出困境的思路？

文献学确实是研究古代文史的重要工具，利用目录版本校勘等文献学知识，把古籍整理成文字准确、适合阅读的文本，通过辨伪学的方法对史料进行鉴别，为研究者提供真实可靠的文献，这些都说明文献学是一种工具。但是工具并不是说它不重要，学术研究是有分工的，做义理阐发的固然重要，做基础工作的同样不可或缺。就好比盖房子，没有建筑工具，是建不起高楼大厦的。我们可以说文献学是一门工具性的学科。所以在教育部学科体系中，中国语言文学下设中国古典文献学二级学科，中国历史下设历史文献学二级学科，这说明官方也承认文献学是学科。

　　我认为文献学的主要研究对象是文献的文本，即文献的形态、鉴别、整理和利用等，与古代文学、古代史、古代哲学重点研究文献的内容和思想是不同的。

　　我认为文献学没有瓶颈，现在越来越受到重视，每年国家社科基金重大项目立项中，有大量文献学或与文献学直接相关的题目。不管学界对文献学认识如何，重视也好，不重视也罢，都自觉不自觉地在运用文献学的方法来从事学术研究。

　　5.结合自身的求学和教学，"文献学"的研究生培养上与其他学科有何不同，一般做些什么具体学术训练？他们应该具备什么样的基本素质？您对学生们有何期待？

　　文献学是一门实践性非常强的学科，如果没有编纂过一部目录，很难对目录学有深入的认识。比如分类，我们通过前人的总结，谈古籍分类的沿革是很容易的，但如果给你一些具体的书，让你按四部分类法进行归类，就没有那么容易了。版本学，我们泛泛地谈版本鉴定有多少种方法，也不难，但给你一部没有明确版本标志的古籍，让你鉴定版本，可能未必能鉴定的出。校勘学，校勘四法背得滚瓜烂熟，真的要校勘一部古籍，可能也会不知所措。研究文献学，并不一定要求很高的智商，关键是要能坐冷板凳，要多实践。所以，我一般都会让我的研究生在读书的同时，参加《十三经注疏汇校》项目，参与古籍整理，做一些基础训练。

　　6."文献学"专业的学生就业情况如何？论文发表难度？主要的就业方向是什么？

　　文献学开设本科专业的只有北京大学、南京师范大学等几所高校，招生量好像都不大，其就业情况不甚了解，好像是升学读研为主。本人所在的山东大学中国古典文献学专业，博士研究生主要是到高校，也有到图书馆、出版社的。硕士研究生似乎和其他中文专业差别不大，就业方向主要是公务员、图书馆、出版社、中小学教师等。

至于发文章的难度，不是因学科而异，而是因人而异，再冷门的学科，也有发文达人。但总体而言文献学专业论文发表难度较大，特别是搞传统目录版本校勘学的难度更大，主要是阵地少。现在各高校博士毕业和教师评职称只认可CSSCI期刊，但在C刊中除了《文献》《文史》和少数图书馆类期刊外，综合类社科期刊、高校学报都很少发文献学专业论文。所以，发不出C刊是博士延期毕业最主要的原因。现在提倡不唯论文、不唯帽子，但真的去贯彻这两点非常难。山大中文专业近年修订博士生毕业条件，把发小论文的要求降低了不少，比如C集刊算数，和导师合作发表的第二作者也算数，甚至是论文报告会的一等奖可抵一篇C刊，力度非常大。

7.请您谈一谈对文献学前景的展望，会向什么方向发展？哪些方面会引起更多关注？

由于本人治学范围较窄，且研究不深入，没有能力展望。但个人感觉对于明清文献特别是清代文献的研究，可能会是一个增长点。清代文献数量庞大，绝大多数未经整理。如清代诗文集存世量非常大，据《清人著述总目》（未刊稿），清别集有7万余种，其中存世者在4万种以上，这些诗文集是一个巨大的资料宝库。近年来，学界已经开始关注清代诗文集，影印出版了《清代诗文集汇编》《稀见清人文集丛刊》等，但所整理者不及存量的十分之一。再比如现存古籍百分之八十以上是清刻本，但当前的版本学研究主要是关注明以前的版本，清刻本只是关注清初写刻本、殿本、乾嘉仿宋本、局本等几个点，大量的清刻本尚未进入研究视野，研究的广度和深度都还不够，对清刻本的研究可能是版本学的一个增长点。

8.请您推荐一种"文献学"的必读书，简要地介绍一下内容及您的阅读体会。

我推荐杜泽逊老师的《文献学概要》，这不仅是因为杜老师是我的硕士、博士导师，还因为这部书确实是文献学通论方面的力作，不然不会有这么多高校用来作为教材或研究生入学考试参考书。《文献学概要》内容系统全面，既包括文献学主干版本学、目录学、校勘学、藏书史、辨伪学、辑佚学等，也全面介绍了类书、丛书、地方志、家谱、总集、别集、出土文献和敦煌文献等各类型的文献。研究心得贯穿其中，比如文献的版本一章，对版本鉴定方法进行了全面总结；文献的辨伪与辑佚一章系统总结了文献辨伪的方法，都

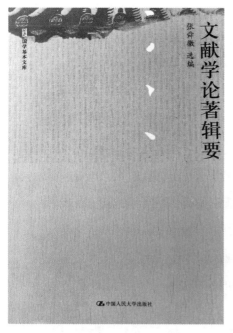

是作者潜心研究的心得体会，且附有版本鉴定和文献辨伪的具体实例。可以说《文献学概要》既是一部优秀的教材，也是一部高水平的研究专著。同时，《文献学概要》还能起到工具书的作用，如对于重要的丛书、类书、总集，以及出土文献、敦煌文献的汇编整理情况都有举要，可备查核。另外，张舜徽先生编选的《文献学论著辑要》也可一读，如果能把这部书认真读一遍，也可以对文献学有一个较深的理解。

浙江师范大学　孙晓磊

孙晓磊，1985 年生。文学博士、博士后。浙江师范大学人文学院副教授。先后发表《〈公孙龙子〉综考》《〈史记·律书〉"律数"发微》《〈屈赋音义〉材料来源及作者考实》等论文，出版有《〈史记志疑〉研究》（专著）、《屈原赋注》（点校）。

1.文献学是一个冷门学科，您是什么时候开始接触这门学问的？是主动报考还是调剂？谈一谈您对"文献学"的最初印象，现在的理解有没有变化？

我的本科专业是生命科学。我就读的大学，生物系分设生命科学和生物技术两个专业，前者是师范类，后者是非师范类。我在进入大学之后，发现自己对生物学始终没有太大的兴趣，这在开设的各门实验课中表现得尤为强烈。当时，我沮丧于自己的这种状态，曾询问学校有无调换专业的可能，结果被告知无法调换。后来，我得知可以跨专业考研，心中重新燃起希望，想以此来改变自己。我原计划是报考数学系，因为我所在的生物系也曾开设过"高等数学"这门课程，而且感觉自己的成绩尚可，所以想尝试一下。我自学《数学分析》（华东师范大学数学系编、高等教育出版社2001年第3版）之后，大概坚持了半年，便放弃了这一计划，当时我感觉自己很难靠自学来完全掌握它，生物系的"数学"和数学系的"数学"是完全不同的知识结构。

我在图书馆也经常浏览文史类图书，对中国古典文献学方面的书籍有着比较深刻的印象。当时，我只是粗浅地感觉学习中国古典文献学的思维方式比较契合理科生，需要较强的理性思维，所以便有了报考中国古典文献学硕士研究生的想法。我是主动报考的南京师范大学，承蒙各位老师不弃，将我录取。我的硕士、博士读书时光都在南师大随园校区，那是很美好的六年。

2.毕业后又从事文献学研究和教学，您觉得涉古专业本科生学习"文献学"课程的必要性是什么？

我进入浙江师范大学人文学院工作之后，每年都为学生们开设"目录学"这门课程。《汉书·艺文志》《隋书·经籍志》序文，以及《四库全书总目》重要典籍的提要，我们都会细读。清人王鸣盛曾说："目录之学，学中第一紧要事，必从此问途，方能得其门而入。"（《十七史商榷》卷一）这道出了目录学的重要性。文献学包括目录学、版本学、校勘学、文字学、音韵学、训诂学。目录学只是六大板块之一。高校通过相关课程的开设，可使研修该课程的学生初步具备深入学习我国古代文化知识的基础。

3.您的研究方向是偏向历史文献学还是文学文献学？又或者说偏重目录、校雠和版本的哪个具体方面？请重点谈一下您在这个领域的治学心得？

我的研究方向偏向于历史文献学。硕士和博士阶段，曾围绕《史记》《汉书》来开展学习和研究，主要是校对版本异同。近两年则在点校金履祥《通鉴前编》，稿件已交付上海古籍出版社。另外，我对《公孙龙子》也多有关注，目前正在撰写《〈公孙龙子〉汇校集释》一书。

校勘古书，撰写校勘记，是一种很扎实的学术训练。当然，我们若以某一颇具学术价值的异文为核心，上下求索，旁及相关诸问题，扩展证据，即可写就一篇较长的学术论文，而不再是简短的学术札记。

我的体会主要在以下三个方面：

第一，我们在辨正古书中的某一处异文时，往往会利用到作为旁证的他书，而这个"他书"也需注意版本异文。例如，当我们辨正《史记》中的某一处异文时，往往可以借助于《汉书》的用字情况，但我们也需注意该字在《汉书》不同版本中的表现是否一致。

第二，我们在点校古书时，有时不得不施加"错误"的标点。先秦两汉的典籍，历代都有大量的注释类著作。这种作品的文本在结构上至少有两层，一是原典之文，二是注释之文。注者在注文里多会串讲文意，当他对原典的解释与主流的看法不同时，那么他对原典的句读就有可能与主流的看法相异。这时我们就应特别留意，因为注者的这种句读极有可能错误，但我们仍应尊重、遵从注者的这种句读，将其如实地反映在原典之文的点校中，这样才能与注文的文意相谐，这代表着注者的理解，而不是点校者的理解。

　　第三，校勘古书的方法，陈垣先生在《校勘学释例》中将其分为对校、本校、他校、理校四法。当我们校勘先秦两汉典籍时，基于对校而产生的版本异文，辨正之后，可以作为依据来径改底本文字，同时撰写校勘记。否则，若没有版本依据，纯粹使用本校、他校、理校而产生的异文，辨正之后，可撰写校勘记，但不能改动底本文字。综合运用此校勘四法者，同理。古书会有作者的撰述之误、用字之误。我们只是校订古书在后世流传过程中所形成的讹字，以求恢复它的文本原貌，而不是任由点校者自己的判断去随意更改作者的文本，否则那不是作者的文本，而是点校者的文本。作者自己行文的错误，我们需要如实保留。先秦两汉典籍的版本，宋刻本之前，写本、抄本多不存于世，或有留存，亦是残叶。先秦两汉典籍的校勘，至多可以追溯、恢复到它宋刻本时期的面貌，但无法完全追溯、恢复到它的原始面貌，我们只能使新校本尽量趋近于那个原始的面貌。这实际上是一个集思广益、历时长久的动态过程。另外，我认为对校可以"穷尽"异文，这是从实际操作层面上来说，而本校、他校、理校则难以做到这一点。先秦两汉典籍的校勘，尤其是像《史记》《汉书》这种体量较大的古书，很难做到穷尽式的校订。

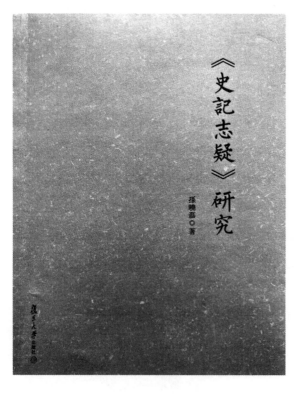

4.有人说"文献学"是个基本工具，算不上单独的"学科"，对这个问题您怎么看？如果是"工具"，是否应该有更广泛的应用？是"学科"，主要研究对象是什么？是否有瓶颈和走出困境的思路？

文献学有它工具性的一面，比如作为分支之一的目录学，工具性就很强。文献学的研究内容除目录、版本、校勘、文字、音韵、训诂之外，尚有辑佚、辨伪、装帧、典藏等，它有自己的体系，有自己独特的内容和范围，这当然算得上是一门学科。

5.结合自身的求学和教学，"文献学"的研究生培养上与其他学科有何不同，一般做些什么具体学术训练？他们应该具备什么样的基本素质？您对学生们有何期待？

文献学在研究生培养上，首先要培养他们的古籍版本意识，尤其是对先秦两汉的原典，应能大致区分出不同版本的优劣。若想熟悉版本，只有真正地接触古籍实物才会有比较直观的认识，但这个条件对于很多普通高校的学生来说很难完全实现。今天已非常普遍数字化古籍，从学生能力培养的角度来说，通过数字化材料来间接地接触、认识版本，虽不如具体实物那样真实，仍不失为教学过程中的有效手段。至于具体的学术训练，应多培养学

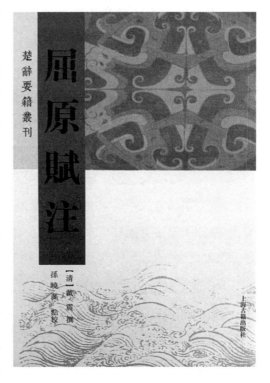

生古籍阅读能力，让学生尝试着点校一部古书，这是很好的学术训练。

6."文献学"专业的学生就业情况如何？论文发表难度？主要的就业方向是什么？

现在学生人数多，就业上确实存在着一定的难度，有较大的竞争压力。但这个现象是共性，而非文献学独有。我们解决就业压力的根本出路在于国家经济大环境的稳定、向上，只有经济繁荣才能促进各行各业的繁荣。

文献学发表学术论文的难度很大，但这也是各个专业的共性，身为青年教师，我感触颇深。刊物少，人数多。我个人的感觉，虽然困难重重，但不能轻易放弃，要坚持下去，发现问题就应写出来，保持头脑的活力、创造力。学术能力的培养，包括写出精彩的学术论文，从选题到论证再到结论的得出，都是一个循序渐进的过程。

文献学的就业，主要集中在高校、中小学、政府机构、出版社、图书馆、博物馆等等。当然，今时今日若想进入高校教师岗位，需要拥有博士学历。这一点，需要学生们注意。

7.请您谈一谈对文献学前景的展望，会向什么方向发展？哪些方面会引起更多关注？

文献学的前景应该乐观。古籍影印、点校、数字化，在未来一段时间内均会受到较大的关注。另外，出土文献日渐丰富，它们与传世文献所构成的"二重证据"研究，其热度也将会持续很长的时间。

8.请您推荐一种"文献学"的必读书，简要地介绍一下内容及您的阅读体会。

《校雠广义》，程千帆、徐有富撰著，分为目录编、版本编、校勘编、典藏编。近年，中华书局出版了修订本，非常有利于这套书的普及和使用。

《校雠广义》理论框架充盈、资料丰赡翔实。《目录编》从目录的结构、功用以及著录事项，再到目录的分类沿革、编制；《版本编》从文献载体、纸书的装式，到雕印本的品类、鉴定，再到版本的变异、传承；《校勘编》从书面材料错误的类型、原因，到校勘的资料、应具备的知识，再到校勘成果的处理形式；《典藏编》从典藏单位、图书收集、亡佚，到图书的保管、流通等等，皆有详尽的讲解。

南京师范大学　苏　芃

2018年3月27日，徘徊于汉长安城遗址

苏芃，1981年12月生于江苏徐州。2000年9月负笈南京师范大学古典文献本科专业，2010年6月博士毕业留聘任教至今，2019年晋升教授。一直以来的主要兴趣是先秦两汉古书的解读与传承流变，对古写本文献关注较多，发表过五十余篇考证论文及札记。曾获教育部全国高校古委会第十一届"中国古文献学奖学金"博士生一等奖（2010年），江苏省优秀博士学位论文奖（2011年）等。曾经有幸参与中华书局点校本《史记》的修订工作。

去年遵行师命，将读硕以来有关《春秋》三传的考证文章选编成一册，名为《〈春秋〉三传研究初集》，由凤凰出版社出版，因为疫情延宕，最近才上市。虽然这本书大体是我硕士论文的升级版，也不算是代表作，但毕竟是自己的第一本书，还是做个朴素的植入广告。

1.文献学是一个冷门学科，您是什么时候开始接触这门学问的？是主动报考还是调剂？谈一谈您对"文献学"的最初印象，现在的理解有没有变化？

答：我是从大学开始接触文献学的，这还得从更早说起。我小时候原先是想读美术专业的，因为家里画画的人很多，大姨父1950年代毕业于西安美术学院，学画比较便利，自己也很喜欢，姨父觉得我可以画下去，平日还常跟我讲王子云、赵望云、石鲁、何海霞等老辈的故事。可到了初中体检，才发现自己是红绿色盲/色弱，虽然单色分得很清，但面对辨色图，只会指"鹿"为"马"，姨父知道后也有点失望，说或许可以去搞雕塑或者版画，但他觉得除非有极大的毅力，否则没必要走这条路了。从初中到高中，我化学和数学成绩一直不错，又把考化学相关专业引为理想，但高一的物理老师是位退休返聘的宁波老先生，一口方言我听不懂，而且上课只讲难题，说教材上的内容自己看看就行了，结果我物理成绩每况愈下，想想自己色觉又有问题，不少专业限报，于是在高二文理分班时，干脆就学了文科，而且立志读中文系。

想学中文大概和从小读的书有关。我家住在大同街的徐州市图书馆旁，同学妈妈又是图书馆的，给我开绿灯，在闭架的1990年代，我可以进到书库去找书，再加上家里有很多古典名著和外国小说，课余沉浸其间。初中毕业时，语文老师（现江苏师范大学的步进教授）叮嘱我将来一定要读中文系。还有，我祖父是读中文系的，虽然他在我出生以前就去世了，但这对我也是一种敦勉，也是父母不反对我学文科的原因。高二时，参加全市征文大赛，有篇作文拿了二等奖，发表了出来，让我更加笃定要考中文系。

高考先填志愿再考试，我所有志愿填的都是中文系的专业，但莫大讽刺的是语文考砸了，150分只考了94分，全班倒数，阴差阳错按第二志愿读了南京师范大学文学院的古典文献专业，日后回忆，这都是命运使然。之所以会报考这个专业，其实很懵懂，填志愿时觉得"古典文献"这四个字看起来就挺有营养，进去应该能读不少古书，方便以后写小说。在20世纪90年代那个文化背景下，我幼稚地以为能写出畅销作品，再被改编成话剧、影视剧，可以寄托神思，在时空中延展生命的维度。然而现实是，我有位从未见过的大舅，曾是国防科委政治部的职业编剧，比我妈年长很多，1976年四十多岁就病逝了，所以我妈认为做编剧太耗心血，坚决不准我报考中文系下面戏剧影视方向的任何专业。我报古典文献，父母倒没有干涉，大概因为不懂，也不知这个学了能做什么，更不知道这个专业可能比做编剧更辛苦。在我录取后，他们才去问了一些朋友，听说这个专业打基础非常好，将来可以接着读研，也就默许了。

之所以有这么多拉杂铺陈，是因为时至今日虽然投身在自己喜欢的专业里，但我时常有出离感，会想起年少时的梦，心中总有一个平行时空里无法忘却的彼岸。这或许也不是坏事，在现实中不会入戏太深。

大一进来，老师就告诫大家古典文献这个专业是枯燥乏味的，是要坐冷板凳的，我心想我才不是来坐冷板凳的，后来渐渐发现冷板凳一定是少不了的。其实坐冷板凳就是要能沉下心来读书做研究，这个素养也需要慢慢磨炼，无论学什么，若要沉潜其中，都离不开冷板凳。今日的文献学，随着信息技术的进步，古籍数字化的飞速发展，变得比较多元，无论是古籍资源的获取与利用，还是学科内外的交流，以及专业知识的学习路径与转化应用，都与二十年前不可同日而语，虽然坐冷板凳的素养依然必不可少，但我并不认为这是一门枯燥乏味的专业，反倒在人文学科中，因为拥有海量的研究资源，不仅可以通过逻辑实证解决故纸堆里的真问题，而且极具激发活力的潜质。我跟学生开玩笑说，咱们是一门赛博朋克（Cyberpunk）专业。

2. 毕业后又从事文献学研究和教学，您觉得涉古专业本科生学习"文献学"课程的必要性是什么？

答："文献学"课程的必要性主要在于为本科生提供一张古代知识资源的地图，教会学生发掘、阅读、使用资源的方法。至于这张地图的比例尺大小以及层级多少，可以因材施教、因人而异，但地图一定要提供给有需要的学生，哪怕是一张分辨率不高的模糊地图。

3. 您的研究方向是偏向历史文献学还是文学文献学？又或者说偏重目录、校雠和版本的哪个具体方面？请重点谈一下您在这个领域的治学心得？

答：所谓历史文献学与文学文献学，这个区分或许并不存在。当年学科设置时，"古典文献"先设在中文系下，也就是一级学科"中国语言文学"下，后来由于一些人为的原因，"历史文献学"又设在历史系下，也就是现在的一级学科"中国史"下，其实两者并无太大区别。"历史文献学"的"历史"，并非 historical，而是 historic，历史文献学与古典文献学是同义词，像中国历史文献研究会，就包含很多中文系中国古典文献学专业的学者。但是因为一级学科归属的不同，历史系下的往往偏向史部文献研究，而中文系下的容易偏向小学文献、集部文献研究，我认为用经、史、子、集的古书四分法来看待文献学科的分支方向可能更加合理。

从我个人的研究兴趣来看，经部文献以及小学文献、史部文献、子部文献都有所涉及，集部接触相对不多。大四毕业实习时，也曾协助江庆柏老师整理过《陈维崧诗》，特别是将南京图书馆藏的清康熙六十年的《湖海楼诗稿》逐字誊录、校勘。这件事早已尘封在了记忆深处，前段时间有位朋友说他要重新整理陈维崧的集子，来问我当年的工作，一下激起许多在清凉山古籍部看书受挫的回忆。

具体来讲，我本科阶段读的古典文献专业，南京师范大学开设于1983年，由老一辈学者徐复、钱玄等先生创立，另外当年还有一些老先生对专业影响很大，比如像诸祖耿先生是江庆柏老师的硕士导师，对业师赵生群老师也指导尤多，大概因为这些老先生，奠定了我们的学术传统，如果攀附一下，应该是"章黄"后学吧，但因为我自己不成器，从来不敢自诩，生怕辱没了前辈令名。专业开设的课程，以先秦经典专书导读为主体，兼及文字学、音韵学、训诂学、目录学、版本学、校勘学这些基础课，这种课程体系对我个人影响较大，大二下学期坚定了研习先秦经典的志趣，后来又有施谢捷老师讲授文字学、出土文献课程，黄征老师讲授训诂学、敦煌学等课程，以及专业诸位老师课后的各种交流与指导，使我受益至今。

大学时还选修或旁听了很多专业以外的课程，包括现当代文学、文艺学这些方面的，当时南师的文艺学有很多国内活跃的学者，使我一度痴迷文论研究，很想跨考美学。如今回想这些课上的具体内容大都记不清了，但有些思考方法或许产生了潜移默化的影响。又比如，当时郁贤皓老师刚退休，主动提出到仙林新校区给我们全院开了一门《李白专题研究》的选修课，好像一共6周，主要是讲他如何做考证研究，这门课听到最后剩下的人不多，我是坚持下来的一个，因为缺乏基础，郁老师口音又重，不少地方听不懂，但他以身示范地强调学术攻坚要围绕经典，要解决难题，要挑战前辈大家，这些经验都像常识一样融入了我的意识里，自己年龄越大，越感受到这些学术取向的重要性。

硕士阶段，忝列赵生群老师门下，开始研读《左传》，之所以选择《左传》起先并非个人的喜好。大学时因为方向东老师的几门导读课，我本来最爱读的是《老》《庄》这些子书。又因受施谢捷老师影响，读了一些古文字的书，对李学勤、裘锡圭先生极为钦慕，发现他们两位前辈都强调治先秦之学，《左传》是必读书，而且要熟读。我考博时也报考过李学勤先生，但因为李先生在历史系招生，要考中国通史，我有两道大题不会，结果这门课没及格，又回来考了赵老师，被收留了，因此在南师读博阶段留级生的感觉特别强烈，看着身边的人一个个都毕业离开了，怅然自失，此是后话。

考上硕士，甫一入学，赵生群老师正在新注《左传》，我跟赵老师说打算跟他研究《左传》，赵老师听了很高兴，收下了我。虽然本科时上过赵老师的《左传》导读课程，选读过不少篇目，但编年体的书，真正通读起来，非常困难。杨伯峻先生《春秋左传注》的版式对初学者很不友好，正文、注文杂厕，字号接近，又没有颜色区分，《十三经注疏》等影印本就更难读了，当时只好把经传抄录下来，然后对照注文，再一点点弄明白，我记性又不好，看完即忘，如此反复，非常沮丧，将近一学期才读到文公。

这里说个题外话，有的老师强调读先秦古书开始要看《十三经注疏》，一些教过我的老师也爱这么说。学院里还流传着诸祖耿先生可以大段背诵《十三经注疏》的传说，老先生记忆力惊人我是完全相信的，我高中有位同桌，就可以过目成诵，新发下来的语文、英语课本，几个早自习下来，一篇篇背给大家听。但如果说从《十三经注疏》入门读古书，我忤逆地认为这是个误区。

古书的难易与阅读接受之间有种张力，越难读的经典，越复杂的文本，开始越要找最简明的版本来读，哪怕是一些现代学者的注本，比如李零先生的书，我就很喜欢，还有像唐明邦先生的《周易评注》、杨筠如先生的《尚书覈诂》、杨天宇先生的三礼译注都是很好的入门书，否则像《周易》《尚书》《仪礼》这类，开始就看古注古疏，或者集解之类，歧义纷呈，会磨灭阅读的兴趣，怀疑自己的智商，严重打击信心，以至于后患无穷。我在经历各种打击之后得出的教训是：在熟悉了经典文本之后，才适合去看详注。想想清人也是从四书开蒙，然后才进入经典，也没有说上来就读《十三经注疏》的，而且即便有了基础再来读，最好也要有老师带着讲，光靠自己啃下来，除非天赋异禀，否则事倍功半，多数劳而无功。我认为《十三经注疏》只适合围绕具体问题来查检，或者要有针对性地阅读，而不是通读、泛读，起码不能作入门书。像民国时黄侃先生指导弟子读十三经，也是要求用白文圈点。阅读是一件非常私人化的事情，自己能有收获，学有所得最为重要，千万不必拘泥于形式，要实事求是，切忌自欺欺人。最近看到一套明嘉靖时期的"魁本"大字刊本五经，那种版式带来的阅读快感，真是读《十三经注疏》无法体验到的。

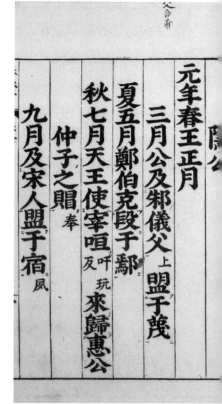

就阅读版式而言，数字时代应当有更多的探索，尤其是艰深古奥的文本，如何利用数字技术呈现，是值得大家思考的。我近年在教学中发现，"中国哲学书电子化计划 Chinese Text Project"网站（https://ctext.org/zh）等工具提供的文本具有"超文本"（Hypertext）的特性，便于阅读学习。例如，我们读《史记·高祖本纪》，利用"相似段落"功能，可以关联大量古书文本。诸如此类助益阅读学习的古籍电子文本，相信一定会越来越多。

回到读《左传》的问题，赵生群老师后来出版的《春秋左传新注》就

明嘉靖三十一年（1552）"魁本"《春秋》

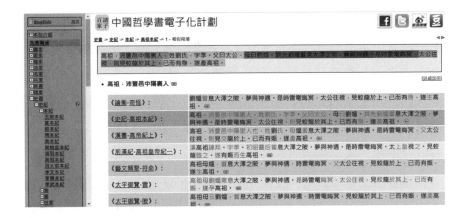

挺适合入门，可惜我当时没赶上，到我读博才出版，这书他最近两年在奋力修订，据说增补了不少篇幅，中华书局要出新版。硕士阶段，读《左传》的同时，赵老师命我细读清人著述，尤其高邮王氏

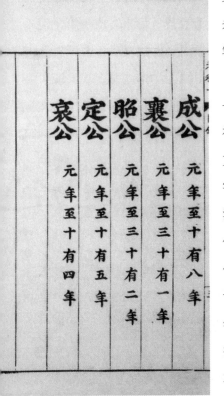

父子的几种书，《广雅疏证》我是一条条读下去的，每天还查阅其他文献做笔记，行此日课，几个月才读完。

我在不知不觉之中领悟：校勘是一个发现问题的好办法，清人特别重视通过校勘来抉发异文，然后考证异文，解释异文。校勘绝不止于校正文字错讹，更是一种文本比较的研究方法、文本细读的方法。校勘的过程就像进入了一个二次元空间，这里可以包容很多古典学术的内容，训诂、避讳、辨伪、断代等等这些不同类型的学术研究，都以校勘或者以异文为依托，异文就是一把钥匙。再比如说版本谱系研究，最理想的研究也要建立在版本通校之上。这些认识由来已久，从读硕士时校读《左传》萌发，到了博士阶段，正好遇上赵老师在主持修订中华书局点校本《史记》，给我指定了博士论文做南宋黄善夫本《史记》校勘研究，我在枯燥的版本异文比对工作中，也深化了认识，写到了博论里，后来在参编的《中国古典文献学》（项楚、罗鹭主编，中国人民大学出版社，2013年）的《校勘学》一章中专门也有论述，感兴趣的朋友可以参看。

受施谢捷老师影响，我在大学时学会了使用FlashGet等软件"批量下载"功能下载电子书，从他那儿拷贝了陕西师大汉籍全文检索系统2.0版，像是打开了一扇新世界的大门。读硕士时，也曾热衷于安利师友各种古籍数据库软件。读博时还有篇硕士时发表的论文获得了2008年第三届"余志明《文渊阁四库全书电子版》学术成果奖"论文类二等奖。因此，关于古籍的数字资源，我算是一个较早的使用者，也是受益者。这样一来，自然也会有反思，后来写成一篇《他校时代的降临——e时代汉语古籍校勘学探研》，发表在《中国典籍与文化》2012年第2期。今年4月参加一个线上学术沙龙，我又谈了一些自己近来关于数字时代文史研究的新认识，详见《E时代的文史研究③｜学术检索与文史考据》（澎湃新闻·私家历史 2020-07-04）。数字人文研究近年如火如荼，我感觉作为学术从业者的"用户反馈"明显不足，这方面古文献学者也应积极参与，说出自己的需求与意见，这样才能与研发者形成良性互动，最终受益的是我们自己。

4.有人说"文献学"是个基本工具，算不上单独的"学科"，对这个问题您怎么看？如果是"工具"，是否应该有更广泛的应用？是"学科"，主要研究对象是什么？是否有瓶颈和走出困境的思路？

答：这个问题好像之前的访谈者谈了很多，我和许多朋友一样，认为没有必要刻意强调文献学的工具性，甚至我认为这个问题混淆了一些基本逻辑。

文献学当然是一个学科，这毋庸置疑。我们如果试图区分文献学与其他学科，那么依据什么？界限在哪儿？我想主要看研究的问题是否和书籍本身有关，一方面是内在的研究，包含对书籍文本内容的解读与加工，比如传统的文字学、音韵学、训诂学、校勘学、辑佚学、辨伪学，以及古籍整理等等，这种文本解读如果延伸到语言学、文学、历史学、哲学等方面深入专门探讨，那可能就走出了文献学的边界，针对的核心问题肯定也不再是书籍的文本内容了，但用语言学、文学、历史学、哲学等视角与知识来解读文本，还是文献学，因为研究核心还是书籍内容本身，这里面也应当容许有一定的交叉地带；另一方面是外在的研究，包含对书籍形态、著录、流变等方面的考察，比如版本学、目录学等等，以及国内方兴未艾的书籍史研究或多或少也有关系。简单来说，文献学就是研究书籍从里到外的学问，古典文献学就是研究古代书籍文本内容、形态流变等相关"元问题"的学问，也包括在此基础上的古籍整理。我想这样很容易和其他学科做出区分，这并不是什么难题。

在现代学科划分的背景下，我们把自己划分清楚之后，有时甚至可以把问题丢给其他学科，比如文学是什么？注译一部古代诗集，真算作文学研究吗？又如历史学是什么？有关史书文字、标点的辨误考证，真算作历史学研究吗？我想相邻学科的困惑也会不少。这种困惑，主要是因为我们非要用现代学科分类体系来区隔，作为学者个人的研究方向和路径，有时是不必拘泥于此的，也无法做到泾渭分明。

需要明确的是，古典文献学专业虽然在创设之初是为了培养古籍整理的专门人才，但其实是继承了中国悠久文化传统的学科，是接续古代学统的学科，某种意义上也可以认为更倾向"旧学"。我们面对的问题，是用现代学科体系对"旧学"进行改造升级。近年有些学者陆续提出"中国古典学"的概念，不同学者的界定并不完全一样，有人认为也比较适合古典文献学，觉得也可以借用。其实，我们就用"中国古典文献学"，已经可以清楚明确自己的定位，未必要去正名。从近年的国家社科基金重大招标项目来看，古文献的"元问题"研究以及古籍整理似乎各个学科都在积极申报，一方面说明古文献的整理与研究有较多的空白亟待填补，成果体量可能适合重大项目；另一方面正也说明古文献学作为独立学科的必要性。

至于文献学的工具性，按照我的界定看，它是针对书籍本身"元问题"的研究以及古籍整理，书籍资源是其他所有学科的研究基础与前提，因此文献学对于其他学科而言，不仅具有工具性，而且更是一切诠释的起点。但不能因为带有工具性就否定了学科的独立性，工具性意味着其他学科可以借助我们这个学科的方法、成果等展开研究，是在我们独立性基础上的问题，而我们的独立性是建立在对书籍本身"元问题"的研究之上的。这种"元问题"的研究，其他学科可以利用，也可以参与进来，一旦参与进来，相关研究也应该归属于文献学研究。如前所述，这不是一个"我是谁"的问题，而是一个"他者是谁"的问题。换句话说，在现代学科分野之下，我们可以小众，但我们不应该感到弱势。分散在各个学科下从事古籍整理与研究的同仁，应当和衷共济地维护我们学科的主体性，建立真正的学术共同体，包括相对稳定的学者队伍、互动交流的期刊阵地、良性循环的内在制度等等。只有这样，在各种考核、评价机制下，我们才会有自己的话语权。

以上是我粗浅的认识和思考，期待讨论与批评。

5.结合自身的求学和教学，"文献学"的研究生培养上与其他学科有何不同，一般做些什么具体学术训练？他们应该具备什么样的基本素质？您对学生们有何期待？

答：既然讲学术训练，我们以文献学教材为例，翻开一看，往往都会有这些章节：目录学、版本学、校勘学、注释学、辨伪学、辑佚学等等。为什么要设计这些章节，背后的逻辑关系是什么？我想因为文献学是关于书的学问。书是什么？《不列颠百科全书》上定义说："一本书是手写的或印刷的，有相当长度的信息，用于公开发行；信息记载在轻便而耐久的材料上，便于携带。它的主要目的是宣告、阐释、保存与传播知识和信息，因其便于携带与耐久而能达到此目的。"这大概指出了书籍的三个要素：一是符号文本；二是物质载体；三是交流功能。文献学教材所设章节，正是围绕书籍这些要素展开的。校勘、注释、辨伪等都和符号文本有关，版本和物质载体有关，辑佚是物质载体没了，要还原符号文本，目录、版本及典藏大概都和交流功能有关。因此文献学训练，首先要掌握的就是和书籍有关的这些知识，不仅是三维空间里的从里到外，从内容到形式，更是四维空间里从古到今的知识与学问。为了读懂书籍，还需要不断地学习语言文字、制度、地理、物质文化等知识，并且要不断地积累经验。从书籍出发，可以拓展到古代文化的各个相关领域。

在此基础上，学生除了学习掌握具体的知识，还应该具备以下四方面素养：

一是对未知要充满好奇，这样才会有开阔的视野。黄季刚先生说："学问文章，当以四海为量，以千载为心，以高明广大为贵。"

二要有缜密的逻辑思维能力。现在很多中文系不开逻辑学课程，非常可惜，这方面自己要注意训练。

三要有一定的修辞能力。训练修辞一定要多写，不止要是写学术论文，各种文体都可以尝试。

四要自律，能够在一个时段里有效管理自己的时间。哪怕拖延症无法治愈，但内心还是要有阶段性的计划，要有一定的执行力。因为读古文献、做研究像跑马拉松一样，不自律的人，没法沉潜积累，恐怕是学不下去，也做不出成绩的。

这四方面能力都具备的学生，就非常值得期待了，如果能超纲一些，比如脑洞很大，善于发散思维，可能更好吧。

6."文献学"专业的学生就业情况如何？论文发表难度？主要的就业方向是什么？

答：就业问题其实是问"读古文献有什么用"，这个问题，从我上大学时，就被身边的亲朋好友追问，我只好说自己喜欢。刚进大一，年近九旬的徐复先生专程到仙林校区看望新生，我记得是在J2-105，徐先生讲完让大家提问，班上立刻就有同学站起来说："请问读我们这个专业有什么用？"徐先生沉思片刻说了句："你不懂，我懂，这就是有用！"然后就转移话题了，我想对于他老人家，这恐怕也是灵魂拷问吧。这个问题也困惑我很多年，做了老师后，又开始面对学生的类似提问。这二十年来，看到很多人给出的参考答案，但似乎也没有真正的答案。

我的认识也一直在变，也许潜意识中就是为了说服自己，获得对专业的认同，不断挣扎。最近几年的认识是这样：问有没有用，就是问有什么社会价值。其实无论人文科学，还是自然科学，社会价值都是人为赋予的，如果追问到底，一切有为法皆如梦幻泡影，我们看似"旁日月、挟宇宙"，其实也许不过是更高级文明写下的一串代码，什么都没有用，人生的意义可能只在于孜孜矻矻制造幻相。然而入世为人，先要"定乎内外之分"，才能"辨乎荣辱之境"，我们又不得不思考社会价值的问题。当下科技文明可以不断刺激人的欲求，比较直观，相比而言，人文学科看似就没有这么暴力，于是成了很多人嘴里的"无用之用"。但我们作为置身其中的从业者不应该自己去讲"无用之用"，如果给学生讲"无用之用"，光讲情怀，那是极不负责的，更不能自怨自艾，连你自己都不相信自己做的事情具有社会价值，如何去引导别人？我们需要探索知识变现的路径，找到自己所长和社会需求的契合点，去实现自身价值，这才是理性的积极态度，才能有说服力，这一点民国时期的学者做得比较好，至今仍有很多启示。

在我看来，人文学科最大的社会功用就是教书育人、传播知识。孔子之所以成为孔子，首先在于他是一位教育家。学习古文献的社会价值，实现途径也很多元，尤其今天这个互联网社群经济的时代，通过自己的努力，掌握古代知识资源，通过修辞训练，培养自己的表达能力，借助智慧把这些资源转化为对社会有用的财富，传播给更多需要的人。徐复先生讲的"你不懂，我懂"，这中间有一个非常重要的环节，如何刺激那些"不懂"的人的需求，让他们也想懂，那么"我懂"的社会价值才能彰显出来，这一点是要从业者共同努力争取的。小众不该是脱离大众的小众，也可以是兼容大众、启迪大众的小众。智慧的出口各不相同，不必因为各种成见限制了我们的可能性。

回到现实，古典文献专业的本科生毕业，还有个体制上的瓶颈至今没能解决，从我读大学时就已经很难能找到专业对口的工作。这是因为本来对口这个专业的文教、出版、文博等单位，招聘都要求硕士以上学历了，这使得本科毕业生非常尴尬，而我们的推免保研名额又非常少。我还记得大三时，赵生群老师鼓励大家说好好努力考研，要争取整建制读研，当时觉得这愿景恐怕赵老师自己也不会相信。我们班上20多位同学，最后读研的也就六个人，还包括跨考其他专业的。但赵老师这个期许，我们现在的古文献班基本实现了。大概从2015年以后，已经连续多届读研率在70%以上，有两届加上"二战"考研的以及去海外留学的，几乎100%的同学都读了研究生，去海外的不少也是涉古专业，比如有去京都大学人文科学研究所的等等。这其实是没有办法的办法，如果不接着读研，本科直接就业很难找到相关岗位，四年的专业培养基本就没有归属了。

　　我想这倒不是学科本身的问题，而是人为的制度设计问题。如今各类传统文化有关的实验班很多，比如人大、武大、南昌大学的国学班、中山大学的博雅班、山大的尼山学堂。这些班级从招生时，就明确有大量的保研推免名额，这样招生的基础学科才能给考生和家长一点未来的承诺，人家才敢来报考，才能使本科教育有效地延展到硕士阶段。相比而言，"古典文献"这种创建几十年的本科班，吸引力就弱了许多，考研的话，现在又都是考中文大综合，对于古典文献本科生很不利，这些恐怕是学科发展的上层设计没有解决好的问题，没有及时应对时代需求完成自身的转变，当同质化竞争出现时更加捉襟见肘。今年不少高校在搞古文字的"强基计划"，我认为中文学科下最应该列入"强基计划"的是古典文献班，因为这个班的将来出路的口径比较多元，升入文史哲涉古学科继续读研都很适合，有扎实的古文献基础，将来学什么都可以。比如我们学生近年也有考去中国美术学院读美术史的，国美的毕斐老师一直跟我说，希望硕士能招到古文献的本科生，后来总算有学生去报考了，毕老师特别欢迎，可见古文献专业的本科生如果选择继续深造，去向会很多，这也说明古典文献学才是最基础的人文学科，没有之一。

　　古文献硕士生毕业，以我们专业为例，多是从事文教、出版、文博方面的工作，文教主要是做中小学老师，以前不少同学考了公务员，近年似乎考公务员的反而少了，从事和专业相关工作的反而稍多了一些，或许也是近年来传统文化受到重视带来的社会需求。当然也有一部分硕士生选择继续读博，我的建议是：考虑是否要读博，要先衡量一下自己是否具备研究问题的能力和兴趣，如果连硕士论文写出来都很费力，自己又觉得很无趣，那最好还是不要继续往下读了。

　　博士毕业，基本就是选择高校和科研院所的工作，但其实是可以兼容其他工作的，关键还是在于自己的兴趣与能力，我有个师弟本科是读心理学的，跨专业来读了硕博，毕业去了南京外国语学校做了国际部老师，是IBDP中文文学教师、IBO认证考官，发展也很好，后来去了常熟的UWC，专业知识也照样可以派上用场，在国际学校常年开设《史记》导读的课程。

最后讲讲发表论文的问题。我个人从读硕以来，虽然也被不少期刊退过稿，发表论文相对还比较顺利。我觉得主要是两个要点：一是在论文选题与写作上，一是在对期刊的了解上。前者主要是要有问题意识，要能够解决自己相关领域的重要问题，写作表达上要为读者考虑，要让读者容易读懂你的想法和论证，要把论文写得具有可读性。后者要常翻翻专业期刊，了解拟投期刊的偏好与风格，这样会避免盲目投稿。有了这两方面的准备以后，知己知彼，自己心里其实最清楚自己的文章能发到哪里，能发到哪类级别的刊物，写出来后大概就有数了，被拒有可能，还可以投同一层次的其他刊物，顶多降低目标再投次一级的刊物，但不可能发不出来。自己感觉满意的文章，要敢于去投寄名刊，相比而言，越是知名刊物，审稿越规范。文史类期刊的周期都很长，从我读书时就是如此，读博时我有两年时间和教育学的同学住同一宿舍，他们投国内外的权威期刊，一两个月内就能收到终审意见，经常是一两周就有结果，让我无比羡慕。我又不愿一稿两投，当时想了个办法，就是在同一时段内完成两三篇文章，同时投给两三个杂志，如果被其中两个杂志退稿，再交换去投，这样虽然是"一稿一投"，但时效上和"一稿两投""一稿三投"一样，可以既科学又符合规范地缩短投稿周期。

从目前的学术评价体系来看，CSSCI期刊以及各个学校制定的权威期刊目录里古文献学相关的刊物少之又少，CSSCI集刊相对还多一些，我们即便在中文学科内部都很吃亏，相比现当代文学、戏剧影视学的发表平台，无论数量还是级别都要弱势很多，更不要说和中文之外的很多专业比，这个问题很普遍，也影响了我们学科的发展，无论引进人才还是评职称等以及各类竞争性考核，都非常吃亏。

有时候我安慰自己说，这可能是命运指引我们要好好努力，加大难度系数以提升战斗力，虽然我也很鄙视自己这种阿Q的想法。

7.请您谈一谈对文献学前景的展望，会向什么方向发展？哪些方面会引起更多关注？

我认为文献学的前景是比较乐观的。

首先，我们学科的评判标准是客观的，不太好弄虚作假。科学至上的今天，弄虚作假的研究早晚要被淘汰。一个学科的兴衰，至关重要的一点，就是学科本身有没有吸引力，是否能够持续吸引大量的优秀人才进入，然后从事推动学科发展的研究，这一点从近年来看，文献学在中文系里起码算是比较好的。当然，一个学科的繁荣，是需要从业者共同努力营造的，甚至不是一代人的事。

观堂先生说："古来新学问起，大都由于新发现。"新材料的学术价值，毋庸赘言。从认识论上来讲，人类的认知是主客二分的，要想获得新知，要么是主体革新，要么是客体革新，前者关联的是新理论、新视角、新方法，后者关联的主要就是新材料，而基于新材料的新认识，带有一定的可验证性，相对更加客观，也更有可持续性。我们所处的时代，由于信息技术的突飞猛进，一方面大量尘封已久的古书被扫描共享，足不出户就能获见各种新材料；另一方面，海量古籍资源经过了结构化处理，变成了可以检索的文本，为我们挖掘被忽视与遮蔽的资料提供了两千年未有之便利；再一方面，加上地不爱宝，各类出土文献的发现，为我们提供了大量未经后世改易的"同时材料"。这样的背景之下，新材料的大爆发成了我们的时代机遇。因此，以古代典籍为研究对象的古文献学，势必会受到越来越多的重视，也会有越来越多的新生力量加入。此外，知识生产方式的进步，尤其是书籍制造与传播方式的更新，会催生新的学术潮流，会加强对知识的重视，从而带来知识生产力的进步。造纸术得到推广应用后的魏晋南北朝，雕版印刷技术得到推广应用后的宋代，甚至于明代嘉靖年间版刻技术得到突破后的乾嘉学术，现代西方印刷技术得到应用后的民国学术等等，可能都是这种关联的写照。那么在不远的将来，我们应该也会迎来新的学术热潮，至少关于古文献的研究与整理，日趋繁荣是必然的，也许我们已经身处这场浪潮之中了。

新材料的极大丰富，让我们更需要思考研究的主次轻重。

我的认识是，最值得关注的文献是古代知识资源中的"枢纽文献"，这是我杜撰的一个词儿，指那些可以勾连许多重要问题的文献，辐射领域较广的文献，比如早期经典本身。当下的经典研究尤其儒家经典研究，似乎特别重视版本的梳理与校勘。然而在此基础上，古书的重新诠释与解读还有很大的空间，比如先秦经典的注译，至今多是陈陈相因，在各种新材料的参证之下，或许可以做出更加深入地解读，获得许多新知。这类研究虽然难度较大，但关联面广，意义重大，是非常值得期待的。

从当下的学术研究来看，还有三个可见的趋势：一是出土文献依然会备受瞩目，与传世文献的交互研究会越来越深入。二是经典研究，尤其建立在新材料（古写本、宋元刻本）基础上研究，参与的学者会越来越多。三是在传统的版本研究基础上，明清以降的书籍史与阅读史研究可能会成为一个关注焦点，其实这是一个与社会文化史等研究交叉的领域，已经溢出了纯粹的文献学，但是由于大量相关文献资源的公布，以及钩沉史料的便利，应该会推动这类研究的进展。

无论是以上哪个分支领域，都需要从业者建立一定的共识，大家能在共识基础上展开研究、交流与互动，形成学术共同体，这样才能良性发展，出土文献领域这方面做得非常好，可为其他领域提供借鉴。

8.请您推荐一种"文献学"的必读书，简要地介绍一下内容及您的阅读体会。

答：现在我给大一、大二学生推荐文献学的入门书，一般会选黄永年先生的《古文献学讲义》以及《史部文献要籍概述》《子部文献要籍概述》，这些好像前面接受访谈的朋友，许多人都提到过。

但黄先生这些书，我大学时都还没有正式出版，所以也没读过，真正读都是到了读博以后，甚至工作以后，所以是否真正适合入门，我担心会有认知偏差。大学时《中国古典文献学》课程老师用的自编教材，另外建议我们买了程千帆、徐有富先生的《校雠广义》，可是当时我根本看不懂，很沮丧，也很受打击。后来自己去图书馆翻找其他教材，找

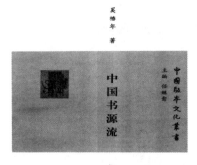

到一本奚椿年先生的《中国书源流》，图文并茂，一两天就看完了，顿时豁然开朗，再来读《校雠广义》就轻松多了。现在回头看，奚先生这书可能尚存一些不足，但瑕不掩瑜，对我而言，真是一本入门书。这书现在已经买不到了，网上可以找到电子版。

崔健的一首歌，有几句歌词，最后送给在学古文献和要学古文献的朋友：

蓝色的天空给了我无限的理性，
看起来却像是忍受。
只有无限的感觉，
才能给我无穷的力量。

2020年8月23日初稿
2020年9月27日改定

河北师范大学　杜志勇

杜志勇，1978 年生，河北
衡水人。河北师范大学文学院副
教授、硕士研究生导师。主要关
注领域：《汉书·艺文志》研究、
中国古代石刻文献研究。

感谢南江涛老师邀约，从四月份拖延至今，甚为抱歉。我不
是文献学专业出身，虽心仪于此，却只能门外狐禅，说一说我教
学和读书的一些个人体会，其中没有捷径，或有一点可取，幸甚
至哉。

1.文献学是一个冷门学科，您是什么时候开始接触这门学问的？是
主动报考还是调剂？谈一谈您对"文献学"的最初印象，现在的理解有
没有变化？

我毕业于河北师范大学，学的是中国古代文学专业。知道文献
学这个学科，是读硕士之后的事情，我的导师王长华先生为先秦两
汉文学方向研究生开设了"《汉书·艺文志》导读"课程，在准备相

关文献资料和课程学习的过程中，我才有了从《汉书·艺文志》，到目录学，再到文献学这个渐进的了解。

进入大学，我养成了周末逛书店、书摊买书的习惯。老师上课提到的重要著作，大家都需要借来看，当时学校图书馆实行闭架借阅，往往会出现暂时性的"供应不足"，而在旧书店、旧书摊三两块钱就能买到。我家里中华书局、上海古籍出版的基本文献，大多来自读本科、硕士时期的访旧之旅。在买旧书的过程中，有两个方面对我影响很大，丰富了我对于文献学感性层面的知识积累。

一方面，经常买书，与不少本地旧书商建立不错的关系，在他们那里遇到过几次大宗的图书流出，往往是得到消息马上出发，到晚上宿舍快熄灯才往回赶。在书商的仓库或家里，把书整体翻一遍，选出自己最需要的部分。在这个过程中，不管是某大出版社样本库的整体库存，还是某被裁撤资料室的三四吨台版书，或是某些学者身后散出的个人藏书，虽然我购买能力有限，但在书商善意默许下几乎全部过眼。这些信息与课堂所学相结合，头脑中涉古的基本书目得以不断填充，等于为日后读书买书建了个索引。基于这个经验，我现在上课会要求大一学生，拿出几天时间，把学校图书馆里的文史哲图书挨个书架看看书脊，感兴趣抽出来翻一下目录，不感兴趣就只看个书名、作者、出版社，不奢求记住，遇到相关书知道去哪里找就行。这种方式可以与电子检索结合使用。

另一方面，在买书的过程中，我接触到了刻本古籍和石刻拓本，触摸着这些形式各异的古籍，版刻样式、牌记、钤印、题跋等等使我有了朦胧的版本认知。由于写字比较丑，石刻拓本引起了我浓厚的兴趣。于是，作为业余爱好，或购买或存留照片，慢慢开始了拓本资料积累。

在聆听老师们的课堂讲授和图书馆借阅之外，买旧书成为我读书期间获取知识的重要方式，这也算是我与古文献的一点儿接触吧。

2. 毕业后又从事古籍工作，您觉得涉古专业本科生学习"文献学"课程的必要性是什么？

我所在的文学院，本科主要是汉语言文学教育专业的学生。另外，学校为文科专业学生在本科一年级开设大类平台课，不同学科的重要课程多在其中。在给本科学生上课的过程中，慢慢体会到文献学的基本知识应该是各个专业学习的基本修养，查找字词人名地名书籍等等，更是需要首先解决的问题。文献学相关课程在面对文科大学生时应该承担起这些任务。2006 年，我在文学院开设"文史工具书使用"课程，作为一门选修课，主要是为学生讲授工具书的种类和使用方法，并设置实践环节，带学生到图书馆使用重要工具书。这门课开设的初衷，就是源于在与学生课下交流时，发现他们除了《新华字典》《古汉语常用字字典》之外，对阅读文献需要用到的其他工具书知之甚少，就更谈不上使用了。何况《汉语大字典》等基本的工具书是需要置于案头，随时备查的。掌握了解决问题的称手工具，各门课程所涉及的原始文献的阅读也就可以顺利展开了。

其实，对于文史类的本科生而言（文献专业除外），他们最为迫切需要的可能不是版本、目录、校勘这种专业性很强的文献学课程，而是对古代文献基本知识的准确把握，这将是他们进行各专业学习，以及进一步到涉古专业深造的良好开端。在这方面，我很幸运在本科阶段读到赵振铎先生的《古代文献知识》（四川人民出版社 1980 年版），此书虽然出版于四十年前，但很实用，不过时。

3.您的研究方向是偏向历史文献学还是文学文献学？又或者说偏重目录、校雠和版本的哪个具体方面？请重点谈一下您在这个领域的治学心得？

在关注的领域里，自己成果不多，谈不上治学心得，如果有一点经验或感悟，也都是从老师们那里学来的。

目录之学，王鸣盛、曾国藩等人多次予以强调，他们说过的话，也早已成为教科书里时常出现的名言。我意识到目录学重要，是从跟随王长华先生研习《汉书·艺文志》开始的。王老师要求研究《汉志》，先从汇辑历代研究开始，对比不同解说的异同，同时与《史记》《汉书》及其他汉代文献对读，由书目而知人。辑释和对读相对枯燥，却加深了我对《汉志》及其研究史的埋解，尤其看到清末民国时期《汉志》研究的兴盛局面对目录学学科建立的巨大推动，于是便以"民国时期《汉书·艺文志》研究"为题跟随詹福瑞先生攻读博士学位。老师以身作则，我从事教学和研究工作的诸多方面，从两位老师那里受益良多。直至今日，《汉书·艺文志》研究是我一直关注的课题，写过几篇小文章，在相关材料的搜集归纳、学术史梳理等方面，还在尽力探寻。

2006年，夏传才先生主编"建安文学丛书"，蒙先生不弃，命我负责孔融、陈琳作品的整理注释，历时两年成《孔融陈琳合集校注》（河北教育出版社2013年版）。现在来看，此书还存在很多问题。但这个整理注释的过程，对于我来说却是一次艰难而必要的学术训练。从搜罗众本到注释繁简的标准，自己没有经验，判断并不准确。于是干脆把此事撂在一边，从基本做起。一方面把孔融、陈琳的作品通读若干遍，加深对作品的理解；一方面阅读相关理论书籍和古籍注释的经典作品，作为尺度和标杆来指导自己的注释工作。这当中令我受益最多的是黄永年先生的《古籍整理概论》（陕西人民出版社

1985年版）。除了这次注释孔融、陈琳的作品，夏先生还为我提供了多次磨砺自己的机会，如撰写古籍提要、辑佚河北古代作品等等，都促使我在相关领域多读了很多书，学到了更多，也加深了我对于文献学的理解，便利了之后的古籍整理工作。说到这里，夏先生的谆谆教诲如在耳畔，不禁想起《礼记·学记》所言"善歌者，使人继其声；善教者，使人继其志"，感恩先生！

我平时比较注意石刻文献的搜集，这些产生于不同制度背景下的文献，除了记录相应文献内容，还通过形式如实反映制度上的规定。石刻文献要素繁多，补经证史，多个维度都有深入研究的必要。就拿石刻的刻工来说，可以依据刻工所刻诸石，厘定不明年代石刻的大体刊刻时间；刻工与书家关系；刻工的地域流动等等。如果我们进一步考察，就会发现，传世的石刻拓本中有相当大一部分没有刻工姓名，其中当然有碑石不刊刻工姓名的情况存在，但还有相当一部分，应该是刻工将其姓名刻于碑侧，造成后人失拓。山东济南趵突泉公园的"鸢飞鱼跃"碑，即为一例。所以，石刻文献的研究，不能仅仅依靠传世文献记录或是拓本，有图不一定有全部真相，还需与实地考察结合起来。

我个人的兴趣比较杂，眼勤手慢，以至于读书写作只鳞片爪，有待改正。

4.有人说"文献学"是个基本工具，算不上单独的"学科"，对这个问题您怎么看？如果是"工具"，是否应该有更广泛的应用？是"学科"，主要研究对象是什么？是否有瓶颈和走出困境的思路？

关于文献学是基本工具，还是单独学科，感觉这二者并没有在一个维度上，放在一起讨论，很难有一个明确的答案。在我的认知里，文献学基本上还是由版本、目录、校勘、考据、辨伪、辑佚等板块组成，这些内容同时明晰了文献学的学科边界。对于瓶颈或困境的问题，我没有思考过。不管是对旧有材料的重新梳理，还是大量简帛、石刻等新材料的出现，都为我们的研究提供了更多可能。

5.结合自身的求学经历和工作，"文献学"的研究生培养上与其他学科有何不同，一般做些什么具体学术训练？

文献学专业研究生培养的问题，简单说就是理论联系实践。理论层面，只要学生结合课程努力读书，一般可以达到培养目标。实践层面则包括两个维度的训练，一为整理体量适中的古籍，在这过程中，版本、目录、校勘等文献学的基本内容都会涉及，可以说是对专业所学的实践检验。一为接触古籍实物，虽然受制于多种因素，还是尽量创造研究生参观甚至使用古籍原件（不是影印件）的机会，因为原件所附载的基本信息在复制过程中有可能会失真或丢失。比如说因过分修图导致与古籍原貌不合，因不录函套、书根等处图片，而遗漏重要版本、递藏信息等等。前两年，我在学校图书馆古籍阅览室研修间给学生上版本学课，馆藏的代表性古籍，可以提前登记供上课使用。学生在对照实物学习版刻特点的同时，学会翻阅古籍，学会为古籍撰写简单的提要说明，甚至通过细致观察，通过虫蛀在刷印古籍上留下的痕迹，辨别同一种古籍的先印后印。

6.请您谈一谈对文献学前景的展望，会向什么方向发展？哪些方面会引起更多关注？

就石刻文献研究而言，新世纪以来，全国各地所存石刻，纷纷以高清照片形式结集出版，关于石刻文献的各种电子资料库也在成规模地建设。这些新出版的石刻资料，把大量之前未进入研究者视野的文献推到前台，具体的补经证史工作，也会随之而来。同时，也为从地域角度或整体上把握中国古代石刻文献提供了可能（当然，这种整体把握还是概要性的）。应该会迎来一次中国古代石刻文献研究的热潮。

除此之外，新出简帛文献资料的公布，珍藏在海内外的古籍影印出版，流散海外的中国古籍的"回归"（比如最近在法国拍卖行出现的两册《永乐大典》）等等，都是需要关注的。

7.请您推荐一种"文献学"的必读书，简要地介绍一下内容及您的阅读体会。

于文献学专业的研究生，我推荐袁咏秋、曾季光两位先生主编的《中国历代图书著录文选》（北京大学出版社1997年版）。此书把官录史志及书录、历代图书著录名著评论以及私家撰述各类书目举要汇为一帙，以文选的形式把中国古代目录学的发展历程展现出来。通读此书，应该说既研读了部分原典文献，为日后读书提供了一个索引，又会在头脑中勾勒出目录学发展的大体框架。另外，作为此书的姊妹篇，《中国历代国家藏书机构及名家藏读叙传选》（袁咏秋、曾季光主编，北京大学出版社1997年版）也十分值得细细研读。

北京师范大学　李小龙

李小龙，70后。文献学博士，北京师范大学文学院教授，2008年入职。文献整理：《异闻集校证》（中华书局2019年版），校注《西游记》（人民教育出版社2020年版）、《西湖梦寻》（中华书局2011年版）、《武林旧事》（中华书局2007年版）等。

1.文献学是一个冷门学科，您是什么时候开始接触这门学问的？是主动报考还是调剂？谈一谈您对"文献学"的最初印象，现在的理解有没有变化？

我明确地知道"文献学"这门学科其实很晚，那是在硕士研究生时，上了郭英德老师开设的"中国古典文献学的理论与方法"课后才了解的。不过，如果不执着于名、实关系的话，应该说很早很早了，主要是因为我从小就喜欢书，而所谓的"文献学"，核心就是图书文献。记得在中学时，和朋友一起畅想未来，作为一个书痴，我能想到最好的工作都是与书有关的，比如说，我曾梦想开一家出版社，因为那样就可以大量出版那些自己喜欢却又买不到的珍贵书籍了；再比如梦想当一个作家，因为那样就可以写出很多书来给别人读；当然，我更希望做一个藏书家，这似乎与文献学关系更密切了——不过，藏书家好像并非职业，只能算自娱自乐。

另外，我自己的学术兴趣也不知不觉地向文献学方向靠拢。在大三的一门选修课上，老师布置的任务是"随便"，我十分高兴，就选择扬雄的《解嘲》一文来作注，这篇一千余字的文章，我注了数万字。那时还没有电脑，我是用一个笔记本来做作业的，记得每页只上面一两行写正文，下边二十多行都是注，甚至个别页的注会延伸到下一页去（上硕士后我把其中一些自觉有点发现的注整合成一篇文章发表了）。这算是我最早不自觉的一种文献学训练吧。

因为以上原因，加上对郭英德老师的敬慕之心，最后报考文献学倒也顺理成章。

对文献学的最初印象就是，这是一个要慢慢积累、刻苦用功的领域。如果说现在的理解有变化的话，那就是最初对这个"慢慢积累、刻苦用功"的估计程度还是偏轻了。

2.毕业后又从事文献学研究和教学，您觉得涉古专业本科生学习"文献学"课程的必要性是什么？

事实上，在我看来，任何本科生都有必要多少学习一些文献学的知识，涉古专业的本科生就更是如此。因为简单说，我们要学习的知识大多存在于文献之中，但我们应该如

何从庞杂的文献中去获得我们需要的知识？这就是文献学要解决的问题。如果说知识是藏在山洞中的财富的话，那么文献学就是那个"芝麻开门"的密码。

3.您的研究方向是偏向历史文献学还是文学文献学？又或者说偏重目录、校雠和版本的哪个具体方面？请重点谈一下您在这个领域的治学心得？

作为一个资深"文青"，我的研究偏向文学文献学。说不清楚在目录、校雠、版本三个重要领域更偏向哪一个，主要看研究问题的情况。

在文学文献学领域积累尚浅，不敢说有什么治学心得。一定要说的话，那就是：文献永远比我们想象得更复杂。刘慈欣的《三体》中有一句话非常经典，"弱小和无知不是生存的障碍，傲慢才是"，我觉得大刘简直就是在说文献学的研究。

4.有人说"文献学"是个基本工具，算不上单独的"学科"，对这个问题您怎么看？如果是"工具"，是否应该有更广泛的应用？是"学科"，主要研究对象是什么？是否有瓶颈和走出困境的思路？

或许与我的思维方式有关，对于这个较为抽象的问题，我基本没有思考过。因为在我看来，纠结这些似乎没有太大的意义。比如说有人认为文献学算不上单独的学科，或许是想把文献学的意义降低，其实我也同意"算不上单独的学科"的判断，但我觉得这一判断却应该提升文献学的意义，因为它几乎是所有学科的基础——任何学科都存在文献的问题。

文献研究的瓶颈是存在的，但要细说会比较复杂。在我看来，目前文献研究最大的问题来源于文化的因革：西方文化重"革"，而中华传统文化重"因"，结果是，在大量移植西方文化的当下，创新是主旋律，文献研究普遍被认为没有创新，从而在各个层面遭到有意无意地漠视甚至歧视。这种困境的改变不是一朝一夕的事情，只能希望从制度设计上有意进行一些调整。

5.结合自身的求学和教学，"文献学"的研究生培养上与其他学科有何不同，一般做些什么具体学术训练？他们应该具备什么样的基本素质？您对学生们有何期待？

这个问题比较难回答，毕竟学生培养是一个双向适应的过程。当然也可以尽量作一个简单的回答。

很多学科都注重学生的主观能动性，但文献学更重视。文献学是体验性学科，没有人可以把文献学的知识灌输给别人，只能指点门径，让学生自己去体验。所以，具体的学术训练就是要泡图书馆，把目录学中抽象的书名还原为真实的书，把版本学、校雠学中的概念落实到实际操作的层面。至于基本素质，个人觉得，笼统地说，热爱书籍既是最低要求，也是最高标准——所谓最低，指得是如果不热爱书籍，那就不必进来了；所谓最高，指得是在文献学研究里，能否坐得住冷板凳，要看热爱到什么程度。

学习文献学或许并不那么重视天分，但十分考验是否"真爱"。

6."文献学"专业的学生就业情况如何？主要的就业方向是什么？论文发表难度？

如前所言，文献学的境遇不太好，顺理成章地，就业情况也一般。但近些年国家在图书馆、文献学专业方面的政策有所倾斜，所以就业情况也有改善；攻读文献学的人也并不多，所以总体来看，就业情况在中文系也算平均水平。当然，如果具体来说，我们若把文献修复考虑进去的话，情况又不一样，其实全国很缺文献修复的人才，但现在绝大部分高校文献专业并没有相应的课程体系，所以这种紧缺还会持续相当长的一段时间。

由于前面说过的文化环境的影响，文献学专业在论文发表上有着无法掩饰的窘迫。比如说，在CSSCI期刊中，纯粹的文献刊物极少。在承担学术评价任务的期刊等级中，高级别刊物很难刊发文献学论文，目前的文献学研究主要由各种学术集刊来承担。虽然有很多集刊的质量相当高，为文献研究提供了难得的发表机会，但对于不少学者而言，仍然要面临学术评价的难题。

7.请您谈一谈对文献学前景的展望，会向什么方向发展？哪些方面会引起更多关注？

不敢说是展望，就算是希望吧。想要单独推尊文献学的努力或许是无源之水，因为文献学的内核与中华文化密切相关，所以，希望随着中华文化的继承与发扬，文化环境发生相应改变，慢慢营造出对文献学整体学术逻辑正向接受的社会氛围，这才是治本的办法。

个人认为，发展方向会在如下三个方面：数据化、大规模、精细化。

传世文献均以物理方式印刷在文献载体上，但在利用、检索、复制等方面均有短板。而文献研究的进展既寄希望于新文献的发掘，更留意于旧有文献内在联系的寻绎。所以，将更多传世文献按照一定的学理逻辑进行数据化整理，将仍是很长一段时间里文献学研究的基础工程。甚至可以说，这是学术"生产力"新的增长点。

学术研究从个人穷尽式阅读进入到以自己阅读为"人眼"，以电子检索为"瞄准镜"的时代，学者所能掌握的文献数量呈几何倍数增长。很多学术问题在"眼见为实"的研究时代根本不具备条件，但现在均可被雄心勃勃的学者拿下。因此，无论是上面提及的文献数据化，还是传统的文献影印、整理，甚至具体课题研究中对文献的处理，都水涨船高地要求扩大规模。因为很多学术问题，只有在更大规模的文献统合中才有研究的可能与意义。

当然，大数据不代表就不读书，只依赖检索讨生活；大规模也不代表就粗制滥造，弄些大部头唬人。在这二"大"的基础上，未来在文献学的具体问题上，还会有一个动向，就是精细化，也就是对一些重要文献会涌现出更加深入、精细的整理本。就好像《全唐诗》整理得再精细，也不可能代替《杜甫全集校注》，因为它们各有各的学术使命。

8.请您推荐一种"文献学"的必读书，简要地介绍一下内容及您的阅读体会。

文献学似乎没有必读书。本来，我很想推荐《四库全书总目》，但如果没有一定的准备，就是一字一句读一遍，意义也不会太大。只有真得对一部文献有所了解后再去读，才会有所发现。所以，文献学的每个层面都要求学习者有一定的基础，否则就变成了走马观花。

我对初入文献学领域的学子倒有一个建议：就是可以选定一部文献（可以考虑自己是否喜欢，篇幅、文献是否经典等各种因素），找到当下最好的整理本，将其校和注一字一字地读一遍；如果能找到其所用的校本，最好能自己参照着校一遍。这一遍过后，你或许对文献学究竟是什么就有所了悟了。

清华大学　李成晴

李成晴，山东淄博人。文学博士，清华大学人文学院写作中心副教授。研究方向为唐宋文学与文献。著有《集部文献丛考》。

承守"集部之学"的固有传统①

李白诗曰："却顾所来径，苍苍横翠微。"（《下终南山过斛斯山人宿置酒》）近年来，学界开始有意识地检视古代文学研究的"所来径"，同时也积极思索未来上出一层的可能性。无论是一位学者，还是一个学术共同体，当研究达到一定的进境之后，必要也必需的，便是对既往学术之路进行冷静近乎冷峻的省思。

通览多篇评议、笔谈后，笔者认为仍有一重公案未被诸家论及，有待提出和讨论，那就是在现代学术分科治学之前，我们固有的"集部之学"的研究传统，究竟能否在当下的学术研究中焕发出新的生命力？平心而论，答案是肯定的。概言之，承守"集部之学"的传统以从事古代文学研究，可关注以下几个角度。

---

① 本文原刊于《中国社会科学报》2021年1月25日，此次收录，略有增订。

重视"大经大典"

"集部之学"依托于传统社会人文、社群、观念的整块文化土壤。我们在过去百年的疾风骤雨中匆遽变身，因此未曾顾及对传统学术进行和风细雨般的现代转化。随着时间线的延长，根植于传统社会一些共识性以至"日用而不知"的学术思想，在后来所面对的已不是"不解"，而是"误解"，甚且是"不知有汉，无论魏晋"。钱基博是近现代明确标举"集部之学"的学者，并自评他与钱锺书先生"父子集部之学，当继嘉定钱氏之史学以后先照映"（《〈读清人集别录〉小序》）。他的这一提法也是渊源有自的，古人很早便意识到集部研究也有着自洽的体系，明人祝允明便曾说："凡典册不越经史子集，集亦学也。或以为为文尔，集固独文，其间用有与经史同焉，又乌可以不博。"（《答张天赋秀才书》）在一个多元的学术生态中，学术共同体应有宽容与自由的雅量：我们既乐见趋新者从事"新文科"建设，将科技手段引入文史研究；也宜尊重"返本"者接引四部学问固有的家法，"独抱遗经究终始"（韩愈《寄卢仝》）。

翻检古代学者的读书日录，可注意到这样一个现象，他们于集部所批读的别集、总集，皆是文学史上最重要的几部书。如黄震《黄氏日抄》记载其读"韩、柳、欧阳、苏、曾南丰、王荆公、黄涪翁、汪浮溪、范石湖、叶水心"之文集，何焯《义门读书记》载有读"昌黎集、河东集、欧阳文忠公文、元丰类稿、文选、陶靖节诗、杜工部集"之札记。钱锺书先生曾自述："西方的大经大典，我算是都读过了。"从《管锥编》中，我们也能发现，他集中讨论的也是中国四部典籍中的"大经大典"，对于很多杂书，不过取来作为经典某处的注脚。

随着学界对21世纪前20年古代文学研究兴味下移、琐碎的猛省，多位学者都在不同场合表达了应回归经典研究的呼吁。比如，刘跃进先生认为："今天研究唐代和唐代以前的文学历史，必须重新回到经典，回到中国立场。经典本身就是一个历史选择。"（《中古诗学研究三人谈》）对经典的研究水准，既是学者个人学术境界的体现，也是学者所处时代学术水平的标杆。因此，传统"集部之学"对"大经大典"的重视，对当下的古代文学研究有相当大的启示意义。

稔知文献原貌

文献是"集部之学"的文本基础，而一个众所周知但又容易被忽视的事实是，我们现在所读到的集部经典，是历经传刻、整理、校注之后的文本。每一次的传刻、整理、校注，都使这部经典获得

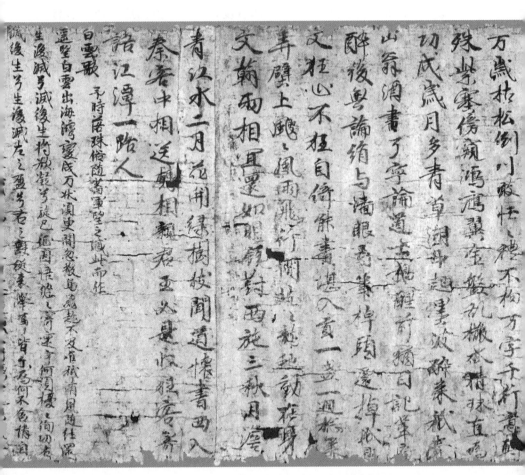

法 Pel.chin.2555V《诗文集》（8–5），敦煌写卷，法国国家图书馆藏

“续命”，不过同时也会或多或少剥离经典的本来面貌。陈尚君先生在校订、新编《全唐诗》的过程中，已对唐集的变貌有了颇多重要揭示，如他的《李白诗歌文本多歧状态之分析》等。笔者也曾撰文指出，传世的唐集文本，诗题、题下注、题序之间，实际上存在颇多错乱，其产生的原因即唐写本在后世传抄乃至衍变为宋刻本的过程中，作为题下注释的小字渐渐被抄刻作大字，并最终被羼入大字诗题。（《文本义例视域下宋刻〈杜工部集〉诗题、题注之复原》《李白集诗题、题下自注的写卷本原貌与义例》）。

这类问题在李白、杜甫、元稹、白居易、刘禹锡等唐代著名文士的作品集中以近乎“惊人”的程度存在着，然而历来研究者皆未系统地揭示这一问题。加之由于唐集宋刻本的权威性影响力，历代

宋本《杜工部集》卷十五，上海图书馆藏

学者尊信宋刻本便是唐集的文本原貌，而不去质疑宋刻本很可能只是将已经讹变的唐集抄卷加以"定型化"而已。此义既明，则文学史上很多问题比如"诗—事"关系、诗歌长题的衍变等，都值得重新思考。

辨明义例流别

在《〈读清人集别录〉小序》中，钱基博对"集部之学"的几个特性有所论及，分别是"昭流别""写有提要""以章氏文史之义，抉前贤著述之隐，发凡起例"。钱氏举了几个例子加以说明，如桐城派古文的体式流变，阳湖派恽敬、张惠言何以与桐城三家不同等问题。要解答这些问题，需要抓住传统文本分析的两个关键词：义例和流别。单篇文本有单篇文本的义例，汇次成一部文集后，又会赋得文集之义例（如集名例、以别集为子书例、压卷例等）。周裕锴先生认为，"阅读古代文本须知其'义例'，这是中国古代学术研究的一个良好传统"（《通读细读、义例义理与唐宋文学会通研究》）。知义例是基础性的第一步，并可进而通过一些基本的义例通则，发明形而上的义理。中国传统的经、史之学，已经积累了厚重的"义例学"成果，完全可以移用于集部文献义例的研究，而不是如孔子所比喻的匏瓜那样，"系而不食"。

黄庭坚说："读书如禹之治水，知天下之脉络。"对文学史流别承变的透彻把握，也是传统"集部之学"的重要关切。从挚虞的《文章流别论》、钟嵘《诗品》到唐人集序的"述文变"、宋人的"宗派图"，其内在文艺心理与华夏民族重视源流、谱系的文化心理究竟有何关联，在当下仍有值得横向推阐、纵向探赜的空间。

激活传统著述体式

"集部之学"固有的著述体式是颇为丰富的，但很大一部分在当代的学术环境中已渐销匿。在很长一段时间里，学术评价机制对"著作"的界定具有排他性，书名冠以别集、总集的"研究"便是著作，而某一别集、总集的"校注"便不算著作，而被归于古籍整理。回顾百年之前，尤其是学问征实的清代，集部研究成果的大宗便是历代文集的整理校笺，如王琦《李太白诗集注》、仇兆鳌《杜诗详注》、赵殿成《王右丞集笺注》等。在这方面，百年来几代学人踵继接力，不断有别集整理的精到之作问世。

集部专门著述在四部分类中大都收入"诗文评"一门之中。《文心雕龙》《诗品》之子书体，《本事诗》《唐诗纪事》之杂史体，《六一诗话》之诗话体，最具有代表性。这类著述直到20世纪上半叶，尚多有经典著述出现，如王国维《人间词话》、钱锺书《谈艺录》、唐圭璋《宋词纪事》等。在20世纪下半叶，也有多位前辈学人勉力承续，如钱仲联《清诗纪事》，但囿于学风转移、学人根柢不继，此类著述渐渐便成空谷足音了。

另外，研究集部并不一定只是援用集部的单篇文本或整部著述的体式（如诗话、评点、序跋），史部的笔记杂著类的札记之体，实际上颇便于记录心得、存留见解。很多时候，古人"集部之学"的单种著述，也完全可以推阐而发扬之，成为当下集部研究的新疆域。傅璇琮先生主持《唐才子传校笺》完成后，推延体例，又邀约学人撰写《魏晋才子传笺证》《宋才子传笺证》《明清才子传笺证》。元人辛文房《唐才子传》的著述体式有别于正史《文苑传》，是专为诗人作传的，循其体例，自然可以扩展到前后朝代而勒为专书。历代"才子传"系列正是在当代学术生态中以传统著述体式呈现研究进境的范例。

顾炎武曾论著书说："必古人之所未及就，后世之所不可无，而后为之。"（《日知录》）在古代文学研究领域，古人未就、后世不可无的著述，其实是在在多有的；循"集部之学"固有的著述体式而从事著作，既可摆脱从论文到论文集这种颇显单一的学术成果产出模式，也能站在另一维度提出有价值的问题。

承守传统"集部之学"，还要求研究古代文学的学人，应该能够写出工稳、合规的旧体诗文。这在当下看似门槛很高，实际应是文史学者该有的基本功训练。内具文学感悟力，外具文言驾驭力，大约才可称得上是古代文学研究层面的"知行合一"。当下，也有学人在学术写作时延续古法。瞥观所及，杜泽逊先生近年付梓的《书林丛谈》就有多篇文言学术写作，文气颇为从容，如《〈天津文献集成〉序》缕述地方文献的流别，恰得书序文体之旨；《长伴蠹鱼老布衣》一文，以行状体为藏书家张景栻立传，文末且曰"焉得皇甫士安复为立传乎"正反映出当下学术的另一现状：有关当代的学术史，史料以纪念随笔为主，大都率简，而像前代那样的系统的、经典化的学术史书写，其实是很少见了。文言书写相比较而言，更耐时间的磨蚀。俞国林先生《吕留良诗笺释》成，属郁震宏先生制序，仅千字而得尺幅千里之势，其中如"昔者新知，尚少陆士衡作赋之岁；今兹旧雨，已逾曹子桓老翁之年"，能把汉文言的独步之处淋漓发挥，更重要的是，这样的文字能够让读其书者体会到一种学术的庄严感。

总言之，近百年来，我们之于传统，隔膜日深。在探研"新文科"的时候，也宜给"旧传统"以空间——旧的传统，又焉知不能"其命维新"呢？陈寅恪先生所言"守伦僧之旧义"，也可断章取义，从这一维度去寻得一"了解之同情"。

河北大学　李俊勇

李俊勇，80后。文学博士，河北大学文学院教授、博士生导师。2009年参加工作，写过几篇文章，出过几本书。

1.文献学是一个冷门学科，您是什么时候开始接触这门学问的？是主动报考还是调剂？谈一谈您对"文献学"的最初印象，现在的理解有没有变化？

我不是文献科班出身，和文献结缘，完全是兴趣和研究需要。我接触文献学很晚，硕士二年级去天津跟刘崇德教授学习才知道有文献学这回事。但很早就喜欢繁体竖排的书，书名、作者和出版社这类信息几乎会自动记住。中学时受语文老师黄清奎影响，喜欢上了古代文学和西方哲学，他讲课从来都是大学老师的风格，跟我们谈古今中外的文学与文化，我也经常去他家里翻他的书橱，一起聊天。在他的影响下，我开始读《老》《庄》、读钱锺书的学术作品，读尼采的《查拉斯图拉如是说》、韦勒克的《文学理论》，背诵《古文观止》和《文心雕龙》。那时买过中华书局出版的《陶渊明资料汇编》《庄子今注今译》《老子注译及评介》《列子集释》《史记》《陈书》《谈艺录》《管锥编》，人民文学出版社的《文心雕龙注》《宋诗选注》《沧浪诗话》等。高考前一个月，别的同学紧张的复习，我却为了休养脑筋，给唐圭璋的《宋词三百首笺注》作"补注"。因为唐先生注得太少，对一个中学生来说很多内容不易理解，我就找来其他宋词选本，把别本上的注逐首抄到唐笺后面。

大学时受雷武铃老师影响，喜欢外国文学、哲学、艺术和诗歌写作，所以考研时一度茫然，不知考什么专业，最喜欢得应该是世界文学与比较文学。我的朋友都决定报考北大的世界文学专业，因为英语欠佳，我一直在犹豫。那时我自觉古书读得多一些，比较喜欢先秦和文论，就去重听李金善老师的"楚辞"课程，为考研作准备。李老师很谦虚，说你应该跟我的老师去学，给我推荐了刘崇德老师，并讲了学科的历史，我才知道我们学校有詹锳、韩文佑这样的大家，有詹福瑞老师、刘崇德老师这样的大学者。后来雷武铃老师也跟我说，考名校和投名师，你得占一个。我于是下定决心，要投名师，报考刘崇德教授的研究生。当时刘老师以词曲音乐研究出名，特别是校译了《新定九宫大成南北词宫谱》，我虽然不太喜欢戏曲，但坚定地认为，跟着一个人品好、境界高、有学问的老师读书，学什么都快乐。如果导师选得不好，即使研究方向很感兴趣，学习起来也不会愉快。那时古籍所还在天津的河北大学旧址，在保定上完了一年级的公共课，二年级就住进了马场道74号，一座两层的小洋楼，每周去南开区的导师家里上两次课，和老师品茗而谈，这种旧式师徒相承聊天式、漫谈式的授课让人倍感亲切。我们周一学习工尺谱和词曲音乐，周四学习古代诗文和文献，文献主要讲《四库全书总目》导读。在老师家，我第一次见到了大量的线装书，讲到某部书某个版本，老师从身后的书架上随手取来，从此我完全颠覆了大学时对古代文学和文化的理解，抛开了那些文学史教材、部分今人著作和整理的古籍，开始从原始文献读起。当时直接读线装书，觉得新鲜有趣，即便是读过的书，再读线装的，收获和理解也不一样，物质形态的变化对阅读的影响就是这样微妙。我们很少读研究性的著作，大概读了张之洞的《𬩽轩语》《书目答问》，张舜徽的《中国文献学》等，《四库全书总目》读得最多。更多的是亲炙古籍和影印件，老师推荐我们从《四部丛刊》读起，因为所里就有一套民国线装版的，借阅比较方便。这套书成了我研究生时期的主要读物，没有什么目的，纯粹出于兴趣，想读哪本就借哪本。除了古籍所的藏书，刘老师家的藏书包括明清刻本我们也可以拿回宿舍去看，天津图书馆和天津古籍书店更是经常光顾，古籍书店每次拍卖会前有两天预展，我们就去现场观摩，那些书都允许随意地翻阅。我记得我常常把书举起来，对着光，仔细观察纸张的帘纹，还替老师去买过几部书，有过几次拍卖会上举牌的经验。那时对文献学的印象就是好玩、有趣，知道了我们平时读的古代诗文词曲小说，它的原始形态原来是这个样子，知道了读书治学要从基本的原始文献入手，怎么去查找资料等等。因为专业是古代文学，并非专攻文献，对文献学的理解还谈不上深入和全面。近几年随着研究兴趣的转换，对古籍文献的关注越来越多，所写文章也大多与版本相关，对文献学的理解自然产生了变化，这些变化部分就体现在下面的回答中。

2. 毕业后又从事文献学研究和教学，您觉得涉古专业本科生学习"文献学"课程的必要性是什么？

我博士毕业留下来做老师的助手，在文学院的古籍所工作，学科是古代文学。由于时永乐老师的垂青，我同时在文献专业兼职，参加文献专业研究生的开题和答辩，给文献专业本科和研究生开设词曲文献方面的课程，后来又指导研究生。文献知识的熟悉和系统化，和文献专业的兼职分不开，也收获了友谊。具体技能的提升和见识的增长主要还是在刘崇德老师指导下从事古籍整理工作中形成的。这些年协助老师编纂了《中国古代曲谱大全》《碎金词谱全译》《魏氏乐谱今译》《现存日本唐乐古谱十种》《唐宋乐古谱类存》《中国古典诗词曲古谱今译》等系列古籍整理著作。我的工作主要是底本扫描、版本考证、提要撰写、校核手稿等，也参与翻译部分工尺谱。很多文献知识都是因为研究需要随时学习补充的。

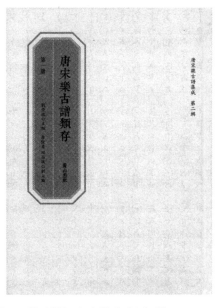

从我个人经历来看，涉古专业的本科生学习"文献学"相关课程极为必要，而且越早接触、越早产生兴趣越好，特别是目录学和版本学，这样他们在搜集材料，研读文献时就会少走弯路。涉古专业对原始文献的"依赖"程度很高，有些文献必须看原件或影印件，比如竹木简，仅看点校整理本是不够的。有些可以利用整理本，但遇有疑问，只能通过核查古籍来解决，所以即便使用点校本来做研究，阅读古籍原本、辨识手稿等技能也不可或缺。

我认为学习文献学课程最大的必要性在于培养学生的文献意识，即使他不能产生很大的兴趣，至少脑子里要有这个意识，这样他就知道怎么去查资料，会对版本敏感，遇到问题会想到去看原始文献。原始文献，是一切学问的根本，我们感谢点校整理本提供的便利，但整理本也会有意无意地过滤掉很多信息，使我们错过重要的发现或产生很多问题。看整理本，有时相当于在别人的视角下读书，思路不免受限。比如读宋词，很多人爱翻《全宋词》，这当然是整理得极好的宋词总集，但受体例所限，《全宋词》不收别集中常有的序跋，而序跋中常有词集的编纂、体例、宗旨，乃至作者的身世、交游等信息，对理解作品很有帮助，如果研究某个词人的作品，最好直接去读他的别集。对我来说，总集一般用于泛览和快速阅读，以及部分数据统计和作品检索。很多别集的编排都有特定的考虑，有的是编年，有的按内容分类，有的按词调分类，现代的整理本常常打破原有的次序，这些次序体现出的特定命意，所具有的学术价值，如果不看古籍就无从知晓，甚至造成误解、错解。

以南宋词人姜夔为例，今人研究白石词，一般都用夏承焘的《姜白石词编年笺校》，这是词集整理的典范之作，详尽的校勘、注释，又附录版本考、交游考、序跋资料等等，词作排序按编年考定，使用起来非常方便。但有两个问题，一是姜夔词中有十七首附有旁谱，夏书正文中都予删去，如果要研究姜夔词乐，必须另查古籍；二是姜夔原书《白石道人歌曲》的编排自有深意，夏书改为编年，和原书次序不同了。原书的编排涉及宋人的观念、"歌曲"与"词体"的界定、十七首词调的性质等等，改变原书次序，本来清楚的事就成了问题。《白石道人歌曲》宋刻今已不存，靠元代陶宗仪的抄本续命到清初，后来出现根据陶抄本及陶抄本的过录本刊刻的陆钟辉本、张奕枢本等。陆本并原书六卷为四卷，张本则保存了宋刻陶抄六卷的次第。张本的祖本是宋刻，这个宋刻本付刊时白石尚

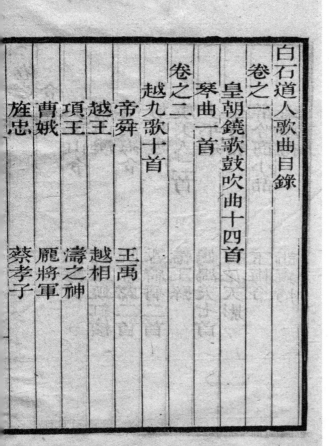

存，夏承焘先生定为白石手定本，其编排去取之间，自非他本可比。该书卷一为圣宋铙歌鼓吹曲十四首、琴曲一首，卷二为越九歌十首，卷三为令，卷四为慢，卷五、六为自制曲。有人说姜夔此集体例不纯，卷一、卷二所收作品非词体，实则姜夔此书名"歌曲"，是歌曲集，非词集。卷一、卷二为雅乐，虽非词体，却和词一样，都是乐歌。词为俗乐，自当编在雅乐之后。雅乐之中，圣宋铙歌鼓吹曲是进献给朝廷和皇帝的，赞颂开国帝业功勋圣德，属庙堂之音，故当置首。琴曲亦属雅乐，故附铙歌之后。卷二越九歌虽亦雅乐，却是姜夔依"九歌"之例，编曲作词的民间祭祀之歌，地位在庙堂之下。清人陆钟辉不明此理，将卷一、二并为一卷，因琴曲仅一首，调整到越九歌之后，纯按字数多寡编排。陆本传刻较多，又因《四部丛刊》的影印推波助澜，影响特大，如果不是有张本、朱本等六卷本的存在，原书编排的内涵恐怕就会被泯没。卷三到六为词体，按照音乐性质编排，令前慢后，所以卷三是令，卷四是慢，卷五、六的自制曲也都是慢。所谓自度曲即姜夔自创的词调，前人创调编在卷三、四，姜夔仅据前人词调填词；自度自制的编在卷五、六，自己既创调又填词。所以，姜夔原书编排，是有特别意义的。今天不少学者认为姜夔自度曲十七首都附有旁谱，十七首词附有旁谱不假，但不都是自度曲。收在卷五、六的才是自度曲，卷五、六共十三首词，有谱者十二首而已。其余五首见于卷三、四，其中《鬲溪梅令》和《杏花天影》是宋代流行词调，《玉梅令》是范成大谱曲，《醉吟商小品》和《霓裳中序第一》是姜夔译自唐代乐谱，均非自度曲。古人的集子仅编次一项，就包含这么多内容，所以，我认为涉古专业学点文献学，建立必需的文献意识，能够亲炙古籍，这是治学的正途。

3.您的研究方向是偏向历史文献学还是文学文献学？又或者说偏重目录、校雠和版本的哪个具体方面？请重点谈一下您在这个领域的治学心得？

我的研究方向是中国古代文学，偏重宋词和昆曲，文献学不是我的本行，但处处离不开文献，我做研究有一个"痼疾"，就是无论研究什么，一定先把文献搞清楚，特别是版本，如果不辨清各个版本之间的关系，不敢轻易下笔。我的研究生跟着我也都养成了这个习惯，在古代文学专业，我的学生都是未曾动笔，先跑国图。而版本和校勘又无法分家，版本之别除了物质形态上的差异，最根本的还是文字的不同，由文字的不同导致内容的互异。辨别版本源流，就要比对多个版本，比对的过程就含有校勘，有些书甚至要逐字比对后才能搞清版本的先后优劣，这相当于做了一遍或几遍全面的校勘。而要判断优劣，做出取舍，又非对全书内容精熟不可。有些版本问题，固然无须通读全书，但全面的版本研究，如果不对内容有充分理解，就无法深入。有些甚至不需通读，只需翻一翻就能避免出错。比如河北大学图书馆藏有嘉业堂旧藏清抄本《玉狮坠》一种，缪荃孙、吴昌绶、董康等所撰的《嘉业堂藏书志》著录："玉狮坠一本，旧抄本。张坚漱石撰。国初人，籍贯仕履未详。"实际上，在《玉燕堂四种曲》张坚自序及他序中，都记载他是金陵人，一生经历也有粗略说明，这些先生们连序跋都懒得翻两眼，直接写成"籍贯仕履未详"，虽然与版本关系不大，却关系提要的准确。所以，按照我的研究路数，把版本、校勘和具体内容紧密结合，势必导致研究范围的窄狭，因为通读全书，哪怕是跳读，粗翻一遍，也要耗费大量时间。因此，我一直没有做版本的通体研究，只在词曲和其他感兴趣的研究中，着重解决相关典籍的版本问题，进而做文学和艺术上的讨论。比如研究古代曲谱的版本，必须熟悉工尺谱才行，有些影刻本纸墨精良，甚至超过原刻，但板眼乱删乱改，如果不熟悉内容、不懂工尺谱，还以为是后出转精的善本，其实一塌糊涂，完全无法歌唱。对于有志于文献学研究特别是版本通体研究的同学来说，最好是兴趣广泛又有所侧重，经史子集都喜欢读一读，这样见了任何一部古籍，都会比较容易上手，研究版本时不犯常识性错误。有所侧重，就能在一个具体方向上有所深入，超越"版本概论"的层次，成为这方面的行家。

校勘工作我做的不多，但古籍校注本特别是词曲方面的书读了不少，感觉还是存在一些问题。究其原因，就是缺乏文献学的常识，这些常识自属老生常谈，却又不得不谈。一个问题是底本和参校本的选择不是建立在版本源流考辨之上，虽有一定学术依据，基础却不坚牢。一部词集，不同时期的各种版本，哪个是祖本，这个本子跟那个本子之间是什么关系，哪个本子从哪个本子出，哪些本子跟哪些本子完全一样，都要搞清楚。不是参校本越多越好，既要有所取，更要有所不取，不能因是古本就都拿来校勘。现在很多古籍的校勘工作，都犯着这样的毛病，选定底本之后，为了码字，或显得"详备"，其余诸本，尽数取来。实际上底本之外，参校本甲、乙、丙、丁四种，其中丙本、丁本都出自乙本，除了版刻形式和年代与乙本不同，文字并无区别，偶有异文也都是形近而讹，这时就在凡例或前言或版本考中交代一下即可，丙、丁两种不必参校，也省去校记的繁琐。更有部分本子，胡删乱改，虽然版本特色突出，却是十足的劣本，完全不具备参校价值，只能添乱，这样的本子更要舍弃。

尤有一种现象，就是将当代学者的点校本、校注本、汇校本以及各种名目的整理本当作一种参校本，称为张本、王本、李本、赵本，与古代的甲本、乙本、丙本、丁本并列。实际上这些张、王、李、赵诸本的底本跟你要整理的古籍选定的底本是同一个本子（或者这些张、王、李、赵本的某个参校本和你选定的古籍底本或参校本是同一个本子），这个底本今天还在。至于这些本子和你选定的底本有些异文，是整理者参校其他古籍对底本作的校改，这些古籍也无非是甲乙丙丁之类，你同样可以见到，也会用到。比如底本作"平"，甲本作"乎"，你又引张本亦作"乎"，实际上这个张本的底本跟你选的一样，至于为何不作"平"而作"乎"，这是张姓学者在整理时参校了甲本，据甲本改了正文的缘故。如此，引了甲本之外，再引今人"张本"就重复了，毫无意义。那么，今人整理本是否就不可取呢？不是的，如果一个今人整理的本子，他所依据的底本由于某种原因失传了，而他参校的本子，有存有佚，我们就可以称为张本、李本之类，并作为参校本使用，甚至用作底本。如果他依据的底本和参校本今日俱在，你同样可以见到，但他的校勘在你之先并有独到的见解，这时就要引用他的校记，但不宜称为"张本"，而是称作"张校"，是引用他的学术观点。仍以前例为例，底本作"平"，甲本作"乎"，张某已作考辨，认为当作"乎"，你认为他讲得对，就引用他的校记，说："底本'平'，甲本作'乎'，形近而讹，张校'……'，张校是，据张校改。"如果他在校勘中使用的底本和大部分参校本仍存，但参校的一个极有价值的庚本你无法见到或已亡佚，那么在凡例中交代一下庚本转引自何人何书，校记中可径称庚本，或直接在校记中称张校引庚本作某亦可，但较繁琐而已。一般情况下，今人所作整理本，其底本和参校本我们都可以见到，我们和他使用同样的材料，作同样的研究，只是由于我们觉得他做得不好或不够完美，需要对这些材料重新考辨，同时再增加新的材料，得出新的结论。所以，对今人的整理本，我们不能把它当成某本，而应视为一种研究，如果他的观点和结论可用，就予以引用，有时和我们观点相同，但出版在先，也要引用，詹镆先生一直主张"无征不信，片善不遗"，如有错误，可以辩驳。

4.有人说"文献学"是个基本工具，算不上单独的"学科"，对这个问题您怎么看？如果是"工具"，是否应该有更广泛的应用？是"学科"，主要研究对象是什么？是否有瓶颈和走出困境的思路？

"文献学"是一个单独的学科。它的研究对象、对象性质、学术价值等等完全符合现代学科的界定。古典文献学的主要研究对象是几千年的古籍，史料浩如烟海，涉及版本、校勘、目录、典藏、文化制度等诸多方面，彼此牵连，体系清晰，承受着传统文化研究和传承的不能承受之重，如何算不上单独的学科？

"文献学"同时也是治学的基础和工具，但不完全是工具。它和古代文学、语言文字学、哲学、历史学等一样，都是基础学科，只不过，文献学的部分内容具有更多的工具性质。文献学从来不只是一般的版本、校勘等基本原则和方法，而是有着非常具体的内容，那些近似工具的原则和方法是从文献学长期的具体研究中总结出来的，比如宋版的特点、校勘四法等等，这些概要式的东西既是文献学研究的对象，也是文献学研究的基础。文献学的深入探讨从来不能脱离具体内容，一定要和某部具体的古籍或某种具体的文献结合，比如考定一部诗集异文的是非，解决诗句理解的疑难，或者确定一本古典小说的刊刻年代，从而解决小说故事是受传奇影响还是传奇受小说影响的问题。文献学从来不是一部教科书，任何一门学科都有它的教科书，但教科书只是基础，不是这门学科最深入的学问。你学了"文献学概要"这门课程，背熟了教材和讲义，期末考了一百分，只能说明你掌握了一些文献学的基本常识，接下来才是从事文献学的研究，具体地去解决一些古籍中涉及版本、校勘等相关问题。正如你学了"中国古代文学史"只是知道了古代有哪些作家作品，有哪些文体以及大体的源流演变等常识，并不代表你就做了或懂了古代文学这门学问。曾有学生期末考试，古代文学得了九十多分，跟我说，老师，我古代文学学得特别好，我想考古代文学的研究生。我说你读了《诗经》没有，他说没有，又问读过《楚辞》、陶渊明、李白、杜甫、关汉卿、汤显祖、《红楼梦》没有，回答一概是无。我说你先好好读书吧，读教材和做学问是两码事。

以版本学为例，研究一部诗集的版本，有时需要把几个版本的异文全部校勘，才能确定几个版本孰先孰后、孰优孰劣，有些校勘或版本问题，必须把诗集中的作品读懂才能解决。版本的清理固然是文学分析的基础，但文学的解读也可以是版本判定的依据。并且版本问题还会涉及造纸业，需要化学的知识；涉及文化制度，需要历史的知识等等。如果我们以版本为研究对象，能说文学、化学、历史学是版本学的工具吗？反之亦然。之所以会出现这些问题，原因还是现代学科划分过细，学科划分有学科划分的好处，但也有它的弊端，人为造成隔阂。很多问题的解决，都需要综合的知识，在古人那里不成问题的今天都成了问题，比如我研究的曲学，本身就包含文献、文学、音乐、音韵、表演等多种因素，明人王骥德写《曲律》，清人徐大椿写《乐府传声》，民国时期王季烈写《螾庐曲谈》，谈到相关问题，都是顺手拈来，他们知识全面，完全没有学

科的桎梏。今天文学归了文学院，音乐归了音乐学院，表演归了戏曲学院，各陷一偏，再解决曲学的问题就需要学科合作，申报项目称之为"交叉学科"，其实"曲学"是老得不能再老的东西，很多时候我们提倡继承传统其实是为了接近真实，还一

门学问本来的面貌。我个人认为，你认为文献学是一个工具也好，是一门学科也罢，都没有关系，在从事研究时要淡化学科意识，增强问题意识，最重要的是去研究具体的学术问题，发现问题、解决问题才是王道。假使你给一部词集做了一个很好的校注本，里面既有版本考证，又有精详的校勘，还有准确的注解，在注解中对词意进行了新的考证和解读，还附录了研究该词人作品艺术与风格的文章，人人称道，你管它是属于文献学研究还是文学研究呢，你做了一件了不起的事。

5.结合自身的求学和教学，"文献学"的研究生培养上与其他学科有何不同，一般做些什么具体学术训练？他们应该具备什么样的基本素质？您对学生们有何期待？

文献学的基本理论和常识也就那些，读几部文献学概要式的著作，再加几本版本学、目录学、校勘学的书籍就可以解决，如果要精进，还可以再读一些谈论某些问题的专门著作，最主要的还是要接触实物，引导学生从古籍原件的阅读中发现学术问题，然后再查找资料进行研究并解决。

我一般注重学生对文献兴趣的激发，有了兴趣什么都好办。也会有意识地让学生去查阅一些古籍，结合教学和研究，给一些小题目，比如对比几个版本的异同，校勘一部短小的古书等等。有时也让他们参与我的研究项目，我个人有了新发现，也会和他们讨论分享，在实战中学习。我觉得学生只要细心、耐心、聪明就可以了，我不要求学生坐冷板凳，他只要有兴趣，进了图书馆古籍部，工作人员要下班了，赶都赶不走，他喜欢啊，他乐此不疲，何冷之有！他不喜欢，你逼他去坚持也没用。当然，前提是要有朴素的人品，文献学是实学，容不得半点浮华之物。

对学生的期待，我只可能说说对我的学生的期待，我期待我的学生都能和我成为志趣相投的朋友，有读书的热情，喜欢探讨学问。如果只是为了拿个学位，对读书没有热情，或者读书治学过于功利化，这样的学生肯定不是我的期待。我在文献专业教过的学生，也是我特别要好的朋友，他们有的在手稿辨识和文献敏感方面超过了我，有的在经学和历史文献方面早就把我甩了几条街，我觉得他们肯定会比我做得更好，虽然我也才人到中年（也许还算是青年吧，不然南兄不会拉我来充数，冲着"青年"俩字，也要来胡扯一通，满足自己仍然"朝如青丝"的妄想），还可以追着他们跑一跑。

6. "文献学"专业的学生就业情况如何？论文发表难度？主要的就业方向是什么？

我觉得就业情况还不错，大学、图书馆、博物馆、出版社、文化公司都可以去，如果他们去中小学当老师，也绝对是个爱较真的好老师，学这个专业，一是掌握知识和技能，一是养成严谨踏实的作风，知识和技能可能有助于进我刚才说的那些单位，而严谨踏实的作风，是任何一个单位都欢迎的。

"纯文献学"的论文发表可能难一些，主要是刊物较少，但关键还是文章的好坏。如果能发现一个极为重要的问题并解决了，我想这样的文章发表也不难。发表文章一是文章过硬，二是先要发出来，不必过度追求刊物的级别，你的文章好，发出来就会有引用和关注，甚至产生一定的影响。有了一定影响，再投知名刊物，发表的机会自然就多了。我建议研究文献学，包括写文献学相关的论文，最好还是结合具体内容，比如古代文学、历史学、哲学、艺术学等等，以古代文学为例，你可以考证一部古代诗文集的版本，由版本问题进一步阐释并解决作品中的一些问题，这样你的文章既可以投文献方面的期刊，也可以投文学方面的刊物，还可以投各大学的学报，范围一宽，自然增加了发表的机会。

7.请您谈一谈对文献学前景的展望，会向什么方向发展？哪些方面会引起更多关注？

不作预判。我想这是一个自然的演进过程，我们只需在当前的基础上努力推进就可以了，着力研究并解决问题。另外，答非所问地啰嗦几句：如果你喜欢文献学，觉得能给你带来快乐，那就去学。如果你对文献学好奇，愿意去尝试和探索，那也去学。只有喜欢的东西才愿意投入时间和精力，才能研究得深入和透彻，成为这方面的行家。任何一门学问，你把它"玩"透了，都会前途无量！你看王世襄先生、启功先生，这些大家，哪个会关注研究的前景、方向？哪个会关注他的研究是不是被人关注？他关注的只是学问本身，这个事情我喜不喜欢，喜欢它，愿意付出，觉得做这个事儿值，那就行了。一门学问的发展几乎都是由喜欢的人向前推动的。我的导师刘崇德教授经常跟我们说，学问都是"玩"出来的，你得有兴趣才行。刘老师写过一首诗，其中有两句特别好，引在这里："读书本是情性事，何可寸功利尺量。"

8.请您推荐一种"文献学"的必读书，简要地介绍一下内容及您的阅读体会。

必读书不少，好书太多了。我以为对于初学而言，最重要的是能够用简洁有趣的文笔写出文献学的常识，引发兴趣。判断一部书是否符合这个标准，就要看书的背后是否有一个有趣的灵魂，有或没有，开卷便知。写得简明、清晰、准确、有趣的书就是你所需要的。比如黄永年先生的《古籍整理概论》就是这样一本小而有趣的书，不过一百几十页的小册子，古籍整理的常识一气呵成，清清楚楚，要言不烦。如果读了这本书，引发了阅读的饥饿感，就接着读黄先生的《古文献学讲义》，涉及的方面更多些，目录、版本、碑刻、文史工具书都有介绍。此外，时永乐先生的《古籍整理教程》虽然顶着"教程"之名，里面的每一条都是真知灼见，有作者的研究，读来兴味盎然。如果要全面了解文献学都包含哪些内容，杜泽逊先生的《文献学概要》是个不错的选择，这部书几乎触到了文献学的每一个点，即便不能通读，随取所需地翻阅也很好。版本方面，有三部书是我的偏爱，毛春翔的《古书版本常谈》、黄永年的《古籍版本学》和李清志的《古书版本鉴定研究》。对于初学者来说，还有两部书，我觉得大家会喜欢，一是郑振铎的《劫中得书记》，一是林夕（杨成凯）的《闲闲书室读书记》，一并写在这里，供参考。

武汉大学　李寒光

李寒光，1987年生，山东临淄人。先后毕业于河北大学、山东大学、北京大学，师从时永乐、杜泽逊、漆永祥三先生。现为武汉大学文学院副教授，研究兴趣为目录版本校勘学、清代学术史。发表论文30多篇。

承蒙南老师抬举，命我回答几个问题，虽然还算不上合格的"青年学者"，但在多年学习与近年的工作经历中，自己对"文献学"这个学科略有心得，说与同道，权当茶余闲话。在回答之前，"书目文献"公众号已经连续推出几期，说者都是很优秀的前辈、好友，我仔细拜读一过，对他们的高见都很赞同。因此，有些话我就不重复唠叨，徒烦耳目了。

1.文献学是一个冷门学科，您是什么时候开始接触这门学问的？是主动报考还是调剂？谈一谈您对"文献学"的最初印象，现在的理解有没有变化？

2006年，我大学入学不久，学院为新生组织了一次专业指导会，就是请一些老师给我们介绍文学院的各个专业。介绍文献学的是一位身材高大、声音略显含混但铿锵有力的先生，就是时永乐老师。时老师慢条斯理地介绍着这个大家普遍感到陌生的专业，讲到文献学大有可为。但由于是冷门专业，所以老师的语气中明显带有一丝牢骚与期盼。

我想可能就是眼缘吧，时老师给我留下的印象非常深刻，让我感到很踏实，感到跟这样的老师做这样的学问，会很有收获，很有味道。于是，从一开始，我就把学习之路偏向了中国古典文献学。那时候河北大学是有古典文献学本科专业的，但一届有，一届没有，我那一届恰好没分出来。为了加深对这个专业的了解，除了时老师的"中国古典文献学"必修课，我还选修了张春国老师的"社科文献检索"，又到高年级旁听了时老师的"版本学""校勘学"。阅读杜老师的《文献学概要》也是从这段时间开始的。我还跑去旁观了文献学研究生的讨论会，记得那次是马学良师兄讲他关于哈佛燕京学社引得的研究。不过，直到毕业那年报考研究生时，我仍然是混沌的。我之所以报考山东大学，是因为时老师讲过好几次，当今学界研究古典文献的，山东大学有个杜泽逊，做得很好。因此，我对"文献学"的最初印象，就是时老师留给我的种种回忆。

老师于2014年辞世，我写了一篇回忆文章，题目是《书韵飘香教泽长存——怀念业师时永乐先生》，直到今天，我写上面这些文字时又止不住泪流满面，才发现老师对我的影响多么大。毕业时，老师很郑重地给我写了"文献学大有可为"七个字，成为一直激励我前行的箴言。只不过自己努力不够，无甚建树，有愧恩师。

2.毕业后又从事文献学研究和教学，您觉得涉古专业本科生学习"文献学"课程的必要性是什么？

2017年博士毕业，我到武汉大学文学院工作，承蒙古籍所的老师们信任，便承担了本科生的"中国古典文献学"课程。这个课以前是选修课，选课人数不过三五十，现在已调整为专业必修课。在前两年中，我主要是搬运《文献学概要》的内容，删繁就简地给同学们讲。2020年，由于疫情的影响，我们采取线上教学的方式，虽然多有遗憾，从没见过同学们，也没法把各种各样的书搬到课堂上，让大家感受实物，触摸文献。但无论是知识的传递，还是同学们的所得，都是效果最好的一年。这也令我坚信面向本科生的古典文献学课程，可以且应该让兴趣不同的学生受益。古典文献学的教学，不仅仅满足于知识的传布，更要致力于好的学习意识的培养与研究方法体系的构建。所以，文献学课程的开设不仅对涉古专业的学生很有必要，对现当代文学、语言学以及其他很多专业的学生都有好处。

比如追本溯源的意识，我讲到"文献""目录""版本"等各种概念，不仅要讲它们的起源，还要强调面对研究对象时，我们首先要运用何种方法找到它的本义。由于那年是线上教学，同学们都不开摄像头，为了督促他们好好听课，我大大提高了提问的频率，这种追本溯源的意识，就是在后来的反复提问中得以强化的。又如重视一手文献和原始出处，读书要选择善本、辨别真伪，任何学术研究都要利用好目录学等等。

在方法上，文献的钩稽、史料的排比、真伪的辨别、学术史的梳理、校勘的原则等，我都是在讲完本课程要点之后，刻意指明这些是各学科专业的通例，无论以后读什么书、做何种研究，都可以将这些文献学意识和文献研究方法迁移过去。

当老师的把思路打开了，不再固守古典文献学的阵地了，学生就会带给我们一个又一个惊喜。在上课过程中，抢答可获加分，我的初衷可能有点狭隘，但效果奇好，像古书散亡的原因、古书辑佚的来源、文本校勘的方法等问题，大家都争先恐后地抢答。到后来，我只好明确告诉几位同学，加分已满，不许再抢了。而同学们的抢答并不都是想当然的，比如对古书散亡原因的讨论，像文化禁毁、推陈出新、因人废书、典守自盗、藏家敝帚自珍等都答出来了。这些原因在我指定的教材《文献学概要》上并没有讲，我在课前也没有提醒同学们去阅读张舜徽的《中国文献学》等其他任何资料，完全是当场作答，这是令我十分欣喜的。这说明，一方面，同学们在我的高压气氛中主动做了预习；另一方面，也是思维得以刺激而开拓的效果。

当然，培养主动意识、传授研究方法并不是文献学课程独有的，但文献学课程的知识架构却天然更适合这些能力的提升。所以，我从没期待哪位同学听了我的课之后，致力于中国古典文献学的研究，我更愿意看到他们从此爱读书、读好书、会读书，做研究的同学能掌握科学、严谨的方法，在自己感兴趣的领域学有所成，越做越好。

3.您的研究方向是偏向历史文献学还是文学文献学？又或者说偏重目录、校雠和版本的哪个具体方面？请重点谈一下您在这个领域的治学心得？

历史文献学还是文学文献学，这个问题不好回答。我虽然在文学院，但做的肯定不是文学文献学。但我也不敢说自己做的是历史文献学。因为"历史文献学"这个概念有歧义：是历史类的文献学呢，还是历史上的文献学呢？有人会说，应该是后者，历史文献学就是古典文献学，而历史类的文献学实际上是史料学，是人家历史专业的事情。实际上，现有的几种教材，如杨燕起、黄爱平、张升先生的《中国历史文献学》的框架，都是类似于古典文献学的。然而，历史学院的"历史文献学"讲成史料学也完全没有问题。所以，概念的歧义并不影响教学与研究实践的开展。

我在山东大学读研究生，侧重于目录学和版本学，对经书版本学的兴趣更大一些。后来在北京大学读博士，漆老师是研究乾嘉考据学的巨擘，我的博士论文也是做的清代考证笔记的研究，所以我现在偏向校勘学的研究。

4."文献学"专业的学生就业情况如何？论文发表难度？主要的就业方向是什么？

我没太想过就业的事情，因为自己一路走来，人生几乎没有其他可能。我还不是研究生导师，不必为学生的就业操心，所以对文献学专业学生的就业没有什么感想。好像大部分人觉得这个专业不好就业，一是就业面窄，就业岗位不足；二是从事这一行会清贫一生，十分艰难。但我觉得所学专业与所从行业未必挂钩，如果我们培养的文献学研究生只会点校古书或考订版本，那这种教育应该是不够成功的。并不是每个人都要走上研究之路，大学中的专业教育应该是全面提升个人素质的一个范例，而不是大学教育本身。就像我们常被名人、大师的生平事迹所感动、激励，他们的精神品质是最值得我们学习的，而不是每个人都要去重复那样的生活。

要说对口就业的话，就我所知，出版社、图书馆、博物馆、学校等都很不错，我们中有很多同仁就在这些单位，做得很好，好像也不都是生活困窘。所以，视野放大一点看，文献学没有就业瓶颈，瓶颈只是个别人的瓶颈。

关于论文发表难，也是近年来的一个热门话题。有其客观原因，因为现在发论文已经是悬在青年教师和研究生头上的"达摩克利斯之剑"了，每个人都要发，还是急着发，当然会难。可是，这也不是文献学专业师生的"专利"，你说现当代文学就没那么难，那是因为只看他们发得多了，而他们每人都发得多，一比较起来，就得发得更多，也挺不容易的。

在我看来，比发论文难更值得思考的是写论文难。有很多人自己论文写不好，就去抱怨发论文难，说这不公平，那不合理。其实大可不必，我们该做的是把自己的研究做好，把论文改好。我有好几个很优秀的同行朋友，论文写得很有深度，很有灼见，他们好像也没觉得发论文是天大的事。

我在武汉大学古籍所曾经发起了一个研究生论文指导会的活动，每月一次，同学提交的论文不仅质量不过关，而且撰写态度很不端正，开口便错，满眼讹谬。这是发论文难的问题吗？还是写论文难，还是好好写论文难？这个活动因为疫情而停办了，不知以后还能不能继续下去。

5.请您谈一谈对文献学前景的展望，会向什么方向发展？哪些方面会引起更多关注？

我觉得文献学研究的前景当然是多元化的。文献学有自己独特的研究任务和目标，同时，文献学又是一门基础学科。先师永乐先

生曾说："文献学是国学的基础。"但我不认为文献学只是一种工具，或者把自己的研究局限于文献学的工具性质之内。进之先生曾要求我们要有自己的"专业"。我理解他所说的"专业"，并不是说我们的专业是中国古典文献学，而是指要对某一类文献有深入、缜密的研究，这样，就产生了文献学与其他学科的对话，在这种对话中体现文献学研究的生命活力。这种想法，我跟几位好朋友也都交流过，大家看法还是基本一致的。我觉得强调文献学学科的独立性，不是守住目录版本校勘，不越雷池一步。否则只是自娱自乐，淡出学术领域。你只有跟别人打成一片，别人才能感受到你的存在，你的必不可少。

所以，在2018年，我召开了一次"文献学与学术史青年学者学术研讨会"，请来了三十几位不同学科、不同研究方向的同仁，坐在一起争吵、碰撞，一同探索文献学发展的可能性。

可能这样讲还是说不明白。我读博士的时候，漆老师帮我选择了研究方向，就是清代考证笔记，这是一个宝库，有很多话题可以讨论。因为我是文献学出身，所以我与张舜徽先生《清人笔记条辨》的思路不一样，我不是去检讨清人考据成果是否正确，而更多的是试图通过这类著作的成书、编纂、内容、因袭等所表现出的文献层面的特征，去揭示清代考据学的细节，乃至发展规律。比如我对阎若璩《潜邱札记》、王鸣盛《蛾术编》的研究，就是借助文献学研究的方法思路，以达到解释清代学术发展脉络的目的。

仁者见仁，智者见智。任何有价值的研究都应该得到尊重，以上是我个人的感想。正是由于每个人的研究对象、研究思路各不相同，才组成了整个学术研究的全面图景。

6.请您推荐一种"文献学"的必读书，简要地介绍一下内容及您的阅读体会。

文献学领域有很多经典著作，各有所长。把这些经典放在一起，没有优劣比较的意义。既然几位同仁推荐了《四库全书总目》《古籍整理概论》《文献学概要》等，那我就另举一种吧。

我非常推荐张舜徽先生的《汉书艺文志通释》，读研究生时看过一遍，是华中师范大学出版社的《张舜徽集》本。这套书有一个致命的缺点，就是没有锁线，翻翻就成散叶了。我从图书馆借出来，已经是散的了，读着很好，就自己买了一本。我推荐这个书有三个理由：一是《汉书·艺文志》是中国目录学的源头，也是究治古代学术的首要著作，"辨章学术、考镜源流"就是从这里正式开始的。二是《汉志》中著录的书大多亡佚了，除了大小序，那些干巴巴的书名简直没法读，读了也不明所以，《通释》将相关史料辑录于各书之下，我们才能读懂。我现在教学、科研时也常翻此书。三是张先生思维活跃，按语很有启发意义。关于《汉志》的疏解之作，还有顾实的《讲疏》、陈国庆的《注释汇编》等，与这些注本相比，《通释》提出了很多卓有见识的观点，这些观点可能不全对，但详人所未详，发人所未发，这正是学术研究所要强调的精神品质。

中国人民大学　谷曙光

谷曙光，文学博士，中国人民大学国学院教授、博士生导师。担任中国梅兰芳文化艺术研究会副会长、中国韩愈研究会副会长、中国唐代文学学会理事、中国戏曲学会理事等。曾任日本关西学院大学客座研究员、台湾"中央大学"客座教授等。主要从事中国古代文学和戏曲的教学与研究。著有《梨园文献与优伶演剧》（中国社会科学出版社2015年版）、《贯通与驾驭：宋代文体学述论》（人民文学出版社2016年版）等，发表学术论文百余篇。文献整理方面，点校董理清代民国戏曲文献数百万字（担任《京剧历史文献汇编》的副主编）。国家社科基金重大项目首席专家。

1.文献学是一个冷门学科，您是什么时候开始接触这门学问的？是主动报考还是调剂？谈一谈您对"文献学"的最初印象，现在的理解有没有变化？

文章开始之前，仿明清传奇之"副末开场"，先说两句"家门大意"。南江涛兄策划的《青年学者说文献学》专栏，创意极佳，已推出多位文献学青年俊彦，传播既广，在学术界亦产生了良好的影响。我其实已经不算青年学者，本不该滥竽充数；但承蒙江涛兄不弃，给予一个"装嫩"饶舌的机会，让我游戏一回，何其荣幸（此处应有个鬼脸表情）！

我认为文献学确是一个冷门学科，一直以来对它怀有敬畏。我并非文献学专业出身，却深知其重要性，了解这是做学术的"门径"、基础。故从硕士研究生阶段开始，我就有意识地购买了很多文献学方面的书籍，加以研读。

如果分享"过来人"的经验，说实话，光看文献学的书，还是"隔"，有一种雾里看花的味道。不久以后，我认识到，"纸上得来终觉浅"，文献学应该是更鲜活、更立体、更具有现实关怀的。慢慢地，我从早先书本上"静止"的文献学，转而更多关注"活态"的文献学。换句话说，在读了文献学入门书之后，应更重视文献学的"实战"，侧重在做学问中文献学的知识如何运用。说句诛心之论，某些文献学教材讲版本，还不如古旧书店编的收购工作小册子来得实用。由此言之，学习文献学，更重要的，也许不是在书斋，而是在故宫博物院和国家图书馆的展览中，在各家图书馆的古籍善本室里，甚至在潘家园的地摊上、在孔夫子旧书网上……

我之重视文献学，推究起来，还跟我的淘书、藏书爱好，有着密切关系。不妨说点童年趣事。我从小喜欢买书，家里的小人书、连环画，比起同辈小孩，要多出许多。像那本彩色的《大闹天宫》，竟被我"翻烂"。著名的《丁丁历险记》，我都是成套的，当时小朋友来家里玩，我就在地上一字摆开，很是"壮观"，也颇感骄傲。上大学之后，买书日益增多，除了书架上，宿舍的床下也放满了盛书的纸箱……或许，喜欢买书的人，会对文献学有一种天然的亲近感吧？

2.毕业后又从事文献学研究和教学，您觉得涉古专业本科生学习"文献学"课程的必要性是什么？

我博士毕业后，进入高校，从事中国古代文学和戏曲的教学与研究。我所在的人民大学国学院，在本科教学方案中，文献学课程占据重要位置，如"文献学基础"、"小学基础"（早先不叫"小学基础"，直接是文字、音韵、训诂；版本、目录、校勘）等，一直是学科基础课和专业必修课。我本人虽然没有专门开过文献学的课程，却在教学中很重视文献学。比如，我讲杜诗课，首先就要介绍杜诗的版本和注本，而在具体作品的讲解中，又特别注意杜诗的异文及校勘，注意对古人注释的比较分析。有时，我还会拿一些跟课程有关的文献实物在课堂上展示。

我的老师已故吴小如先生，有句名言——"治文学宜略通小学"，我拳拳服膺，不但作为治学理念，而且贯彻到日常的教学、研究之中。我还听说，游国恩先生在世之日，时常会说"游谈无根"一词。这四个字，其实是很"重"的；而造成"游谈无根"的原因，不就是不重视文献、空发议论么？另，程千帆先生的重要观点——文学研究应该是文献学与文艺学的完美结合，传播广泛，而我亦极为推崇，在日常指导硕博研究生时，必定细加介绍。

3.您的研究方向是偏向历史文献学还是文学文献学？又或者说偏重目录、校雠和版本的哪个具体方面？请重点谈一下您在这个领域的治学心得？

我的学术兴趣比较广，主要在唐宋文学、戏曲和文体学，同时对晚清民国的学术变迁及近现代学人亦有一定兴趣。就文献而言，戏曲史料与域外汉籍，是我关注较多的方面。为什么会是这两个领域呢？我前面说了，喜欢买书。读研以来，以学术研究为安身立命之所，更要亲近书籍文献。我的想法是，最好把淘书兴趣与自己的研究结合起来。可惜的是，我们这辈人，已经买不起线装古籍了；而中国的藏书家，在1949年之后也基本断档（指古籍善本收藏）。时至今日，宋元善本连摸一摸，都不容易实现了（应该再来个鬼脸表情）。而有关上古、中古的文献，一般只能裨补阙漏了，想要有较大的发现和推进，已极困难。我后来思考，藏书与读书一样，不能"汗漫无归"；淘书、藏书还是应该注重专题，形成特色，并助力自己的研究。于是综合考量，把淘与藏的领域集中到戏曲文献与和刻本汉籍两方面，还兼及近现代的学人手稿信札等。

特别是在戏曲方面，近十余年来，我经眼的文献极多，更整理了近千万字，并撰写了数十篇论文。如果细究起来，拙文无一不是立足于文献。我不会去构建什么理论体系，也不搞什么宏大叙事；而是遵循从文献出发的传统研究路径，爬梳发掘新材料，进行文本细读，在一个个相互关联的具体问题上探赜钩深。当积累到一定阶段，汇聚诸多面向，则会水到渠成地形成立体而有深度的研究。呈现出来的成果，因建立在坚实的文献基础上，就不会是游谈无根的"过眼云烟"。这算是我多年治学的一得之愚吧。

近些年，在戏曲文献方面，我还提出了一个新观点——梨园文献。盖过往之戏曲文献，偏重抄、刻的剧本和曲话；但戏曲"非奏之场上不为功"（周贻白语），那些与舞台演剧和优伶密切相关的文献同样值得关注。换言之，梨园文献特别强调演剧，可包括文、音、图、像、档等，如老戏单、老唱片、老照片、老电影、老档案、手抄曲谱、身段谱、戏班文书、碑刻匾额等等，都属非书型文献，与传统的戏曲文献有着很大的不同，但却非常重要，足以彰显作为舞台艺术的戏曲的特色和性质。我的这一提法，颇得到一些学术界朋友的肯定。我想，治学不是"玩弄概念"，而是要立足学科，熟谙文献，才能扎扎实实地推进研究。

下面，我就想谈谈梨园文献中比较新颖而有特色的几个方面，比如老唱片。可能有的朋友认为，老唱片也算文献吗？我的答案是肯定的。老唱片是近代以来，科学技术昌明馈赠给人类的珍贵礼物。它首度记录人类的声音，这太重要了！我对老唱片的重要性也有一个认识的过程。罗亮生早年撰有《戏曲唱片史话》，吴小如师认为"其性质与作用殆与王国维当年撰写《宋元戏曲史》十分近似"。我当初看了，不以为然，甚至不能理解，认为言过其实。但是随着研究的深入，我越来越认同先生的判断了。其实，民国时就有人说："陈迹委于黄土，声音逝若白云。电光石火本不可留，今有戏片能留之，若自其口出，岂非一奇？书法之变，见于碑帖；唱法之变，见于戏片。故戏片之可宝，若碑帖然，千古不朽矣。"（峪云山人文）老唱片的珍贵和富于研究价值，实不亚于古籍善本。我近年持续关注老唱片，也写了几篇论文，特别是借鉴古典文献学，对唱片文献学（主要针对戏曲唱片）首次进行了理论思考和系统阐发。我提出，综合老唱片的版本学、校勘学、目录学、考据学、辨伪学五个方面，就是唱片文献学的系统立体呈现。所谈是否合适，还望学界和藏家指教。

客观讲，我的戏曲研究，颇受惠于多年来持续关注、访求、搜罗戏曲文献。再举例说明，老戏单是重要的梨园文献，与戏曲演出史关系密切；但因不过是一张张零星故纸，当代学者鲜有关注，甚至弃之如敝屣。而我考虑，以老戏单为基础去研究演出史，是非常好的新途径。个案方面讲，从老戏单出发，考察探究晚清以来最著名的梅兰芳的舞台生涯，亦是个颇具创意的新路子。我后来撰成图文并茂的《梅兰芳老戏单图鉴——从戏单探究梅兰芳的舞台生涯》（学苑出版社2015年版），成为第一部老戏单研究的学术专著。此书还得到日本学者的关注，并对他们的同类研究起了借鉴作用。2019年秋，我和日本学者联合策划召开了国际上第一次以老戏单为

梅兰芳戏单集锦

主题的学术研讨会，这恐怕也算是非常有特色的文献学方面的会议吧。

在梨园文献方面，我对梨园花谱的爬梳和研究也比较有心得。简单说，梨园花谱就是评判优伶甲乙、品鉴优伶色艺的"排行榜"。不用说，这种书"托体稍卑"，格调不高，在以前根本不被重视，存世稀少。民国时，张次溪独具只眼，搜集梨园花谱数十种，编成《清代燕都梨园史料》正续编，成为研治清代戏曲的必读书。之后数十年，梨园花谱的研究基本就停滞了。一直到十余年前，我借着搜集整理清代戏曲文献的机会，"上穷碧落下黄泉"，又新发现并整理了十余种梨园花谱，收入《京剧历史文献汇编》（清代卷），这成为继张次溪之后，对梨园花谱文献的最大推进。我本人虽然整理了许多梨园花谱，但文章却没写几篇。其实，这方面还有较大的开掘余地，可资戏曲、文学、社会学、性别研究等多领域研讨。我是希望更多研究者关注介入，"众人拾柴火焰高"。我注意到，香港大学的吴存存教授的研究就利用了我整理的梨园花谱文献。

至于版本，不但对古籍善本重要，有学者提出民国图书也应注意版本，我可以再追加一句：当代图书同样要讲求版本。譬如梅兰芳的《舞台生活四十年》，差不多有20个版本，我花了相当长的时间，把所有版本搜集齐备，从平明版、人民文学版、中国戏剧版、香港版、台湾版，到俄文版，甚至精细到平装和精装、初印与后印、单行与合订……摆放起来，亦是"洋洋小观"矣。在此基础之上，我比对众版，才开始撰写关于《舞台生活四十年》的文章（参看拙

乙装本　　　　　　　　　　平明社精装本　　　　　　　　　　人民文学版

香港天行书店　　　　　　　　　　香港百灵版

第三集

中国戏剧版合订精装本　　　　俄文版精装本护封　　　　　　俄文版精装本

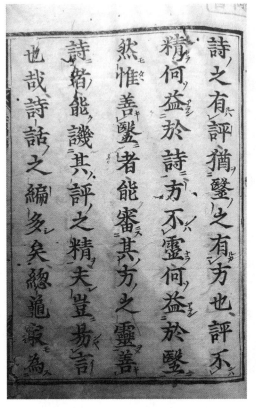

文《梅兰芳〈舞台生活四十年〉版本考》、《删改与重述：梅兰芳〈舞台生活四十年〉的异文和时代感》）。我感觉，这样才能谈言微中、游刃有余。

域外汉籍方面，我主要关注和刻本汉籍，还有日本汉学家的著述等，虽也搜罗了不少，做了一些笔记，但是暂未做系统性的研究。这方面近年学术界比较热门，关注者亦多。我因搜集了一些实物，时加摩挲，就发现，个别写域外汉籍文章者，可能根本没看过实物就动笔了，这恐怕是问题。关于和刻本汉籍，我还要再积累、思考，日后有暇，也会做一些专题研究。

值得一谈的是，在文献搜求和爬梳中，常会于不经意间发现一些有趣的问题，有时就像侦探探案一样，左图右史，上挂下联，"入之愈深，其进愈难，而其见愈奇"（王安石《游褒禅山记》），故文章选题，已不成问题。真可谓是深入故纸堆，"乐亦在其中矣"。

4.有人说"文献学"是个基本工具，算不上单独的"学科"，对这个问题您怎么看？如果是"工具"，是否应该有更广泛的应用？是"学科"，主要研究对象是什么？是否有瓶颈和走出困境的思路？

在教育部的学科分类表中，文学里有中国古典文献学，历史学里有历史文献学，还有图书馆情报与文献学，这些都是"板上钉钉"的，请问文献学不是学科是什么？只不过不是大的"学科"门类。当然，由于文献学的普适性、边缘性、交叉性，它有点尴尬，说句俏皮话，"文献学是个筐，啥都往里装"。记得前些年，有呼吁为"国学上户口"，其实就是要求确立国学学科和学位，但一时争议颇大。我想，文献学学科面临的瓶颈和困境，或许与国学有点类似，都太宽泛了。当任何学科都讲文献学时，反而令文献学陷入一种"囚徒困境"。大家都觉得文献学重要，可是归到哪里，却成为问题。总之，文献学想要成为单独的"学科"门类，其内涵外延恐怕还需要更多的科学论证和设计。

不必讳言，学习文献学专业的，总的数量毕竟不多；不过，学者治学，则一定要研读、利用各种文献。从这个意义上说，文献学是做学问不可须臾离的基本工具。文献不熟或缺失，研究甚至难以为继。总之，从不同的角度和层面，对文献学会有不同的理解。

我想，不必过于纠结文献学究竟是学科，还是工具。倒是各学科专业都应视情况，看有无必要设计相关的文献学课程，以引导初学者进入，并略窥门径。我记得人民大学研究生院，多年前就倡导每个学科专业都编所谓的"主文献"，我理解的这个"主文献"就是各专业的基本文献。

5.结合自身的求学和教学，"文献学"的研究生培养上与其他学科有何不同，一般做些什么具体学术训练？他们应该具备什么样的基本素质？您对学生们有何期待？

前面已经谈到，多年来，我指导硕博研究生，非常强调和重视文献，希望学生亲近文献，充分利用文献，去辨章学术，考镜源流。我指导的学生，虽然不是文献学专业，但是论文写作，一定要重视文献的，一个是文献综述，再有图书的版本、作家的生平交游、某些公案的考证等，都需要运用文献学知识。比如，我有好几位学生都做关于杜诗某一注本的研究。客观讲，不从文献上想办法，文章就容易空疏。

我们所处的时代，波诡云谲，变化极大。文献的电子化，就是其中一个小小的方面。现在很多学生喜欢阅读和利用电子书，要查某一本书时，首先是在网上搜电子版，实在找不到，最后才会想到去图书馆。这其实是读书做研究的一个很大的变化。而我，却"逆潮流而动"，鼓励学生去图书馆，查阅古籍原书，起码看看影印本；参观参观库本室，泛览一下；精读的书，最好自购纸本，在上面直接作批注……我想，这些传统的做法都是有好处的吧。电子书和数据库虽然是利器，但如就此抛撇纸本文献，会导致新的问题，我是很忧虑的……

6. "文献学"专业的学生就业情况如何？论文发表难度？主要的就业方向是什么？

文献学专业的学生就业情况如何，我不得而知。但人民大学国学院的学生，很多都是熟谙或研究文献的，他们的就业情况似乎还不错。现在全国有很多的图书馆、博物馆、展览馆、档案馆、名人纪念馆等文化机构，我想这些地方都是适宜文献学学生就业的。

纯文献学的论文，发表可能相对困难一些。我认为，文献不是目的，而是解决问题的媒介。就我自身的经验，那种立足于文献并以之真正解决学术问题的论文，是相对容易发表的，也是比较能够得到学界认同的。这一点，提醒学术新人们重视思考。总之，应鼓励发掘新文献，与此同时，解读旧文献而有新意，也值得提倡。文献本身当然重要，但文献背后的问题，更值得挖掘和揭示。应该注意的是，文献研究不是开"中药铺"，需要警惕那种饾饤细碎的倾向。有时陷入文献的"汪洋大海"，只关注细节，研究都是碎片化的，还不自觉，跳不出来，长此以往，恐怕就有问题了。

7.请您谈一谈对文献学前景的展望，会向什么方向发展？哪些方面会引起更多关注？

我认为，文献学在未来面临着巨大的"裂变"和挑战。新世纪以来，古籍数字化及由此兴起的数据库和E考据等，已经给传统文献学带来了前所未有的机遇和变化。我们今天面对的是海量的文献史料，我们能看到的、查到的、利用的，远远超过古人。

美国科学史及科学哲学家托马斯·库恩的代表作《科学革命的结构》有一个著名论断，即"范式转换"（Paradigm shift）。他认为，范式转换指新的认知、理论和科学方法的出现，导致了某一领域科学研究根本性观念的转变。因此，范式转换被认为是科学取得突破性进展的关键。由此言之，当代文献学的变革迁演，也会形成和建立一些新的规范和范式吗？E考据、数字人文研究，算是当代文献学变革的必经阶段吗？当然，文献学新范式的确立，还有待更多学者的思考、努力和实践。或许，我前面提出的唱片文献学，亦属于科技带给文献学的新领域和新思考？

总之，未来的文献学如何变革，我个人没有深入思考，不敢妄谈。但作为学者，一定要适应文献学的变革，充分利用新的时代"利器"，才有可能在未来的学术研究中"预流"，而不至于被淘汰。

8.请您推荐一种"文献学"的必读书，简要地介绍一下内容及您的阅读体会。

我很推崇程千帆和徐有富先生合著的《校雠广义》、黄永年先生的《古籍版本学》，但之前都有人推荐过了。那我就另推荐一种。吴小如师著有《中国文史工具资料书举要》，这是"文革"前他在北大讲课基础上整理成书的。一些北大早年的学生回忆，略识学术门径，就是靠了吴先生这门课的讲授。当然，如前所言，光看几本书，是无法通晓文献学的。古人说："知之者不如好之者，好之者不如乐之者。"应该在精读一两种文献学入门书的基础上，于日常学习、工作、研究中不断积累、思考、印证、比较，特别是把纸上文献学与实物文献结合起来，强调"目验""上手"，观剑识器，假以时日，才有可能在文献学的某一方面成长为真正的行家里手。

最后，我还要曲终奏"谦"（不是"曲终奏雅"）。我在文献学方面，不过是"一瓶不响，半瓶晃荡"，胡乱发了一通议论；但是，态度是朴拙的，求教之心是虔敬的，所谓"嘤其鸣矣，求其友声"，真诚地期待得到朋友们的批评指教。

北京大学 沙志利

沙志利，1977年生。博士，毕业于北京大学中文系中国古典文献学专业，2005年起供职于北京大学《儒藏》编纂与研究中心，从事《儒藏》的编纂工作，现为副研究员。古籍整理作品有《论语注疏》（与陈新合作）、《春秋左传读》（与田访、吴冰妮合作）、《重镌心斋王先生全集》、《清儒学案》（与张丽娟、李畅然、王丰先合作），都收在《儒藏》（精华编）中。业余从事一点有关章太炎的研究。

1.文献学是一个冷门学科，您是什么时候开始接触这门学问的？是主动报考还是调剂？谈一谈您对"文献学"的最初印象，现在的理解有没有变化？

首先感谢南江涛兄的抬爱，提供这个机会让我稍抒愚见！但同时也心感惶愧，愧的是，已年过不惑，还忝列于青年学者群中，但后来查得世界卫生组织已把青年的上限提到44岁，遂稍感宽慰；惶的是，学术上碌碌无成，恐怕提供不了什么洞见。但既然已经硬着头皮答应了，也就姑妄言之了。

我高中分在理科班，因为数理化一直是我的强项，还因为在我们县一中，学理科的话，考上大学的把握更大，目测很多县城中学都这样。后来考上了山东大学，念的是生物系。虽然是理科背景，但身在曹营心在汉，对文史之学一直抱有浓厚的兴趣。大三的时候开始认真考虑将来的出路，下决心借考研的契机来转行，所谓"学书不成去学剑"，于是报考了山大古籍所。之所以没考中文系，是因为他们开列的备考书目太炫目了，半路出家的和尚哪能念得了那么多经？而古文献的专业科目只考"古代文学"和"古汉语"两门，需要看的书很少，很适合我，所以我是投机取巧地主动报考的。没想到竟然考上了，于是1999年夏正式拜入刘晓东先生的门墙。跟着刘老师，得睹宗庙之美、百官之富，从此对古文献死心塌地，再无二心，因为它范围足够深广，容得下我可劲儿折腾。

回到提问上，入古籍所前，我对"文献学"说不上有什么清晰的理解，感觉学这个专业肯定能读点古书。考研前，承蒙李士彪老师开导，命读梁启超《中国近三百年学术史》，作为敲门砖。研一时，杜泽逊老师给我们开了文献学的课（后来讲义出版了，就是《文献学概要》），同时王承略、杜泽逊、刘心明三位老师共同开了一门"目录版本校勘学"的课，导师刘老师和刘心明老师则开了"汉语史"的课，讲授"音韵文字训诂学"的知识。可以说，我对"文献学"的整体认知就来自这几门课。到现在为止，对文献学的理解应该说深入了一些，但整体框架没什么变化，至少应该包括目录、版本、校勘、音韵、文字、训诂六大块。这几门学问是研究古代文献的基础，是古文献宝库的正确打开方式，是进一步深入下去的正途，是捷径。

读《中国近三百年学术史》所用的版本

2.毕业后又从事文献学研究和教学，您觉得涉古专业本科生学习"文献学"课程的必要性是什么？

凡是涉古专业都要面对古代文献资料，凡是阅读、使用古文献就应该有一定的古文献学修养，古文献学课程就是培养学生的这种文献学意识和操作能力，所以不言而喻是必要的。老一辈的文史专家大都没有修过现在意义上的古文献学课程，但他们或是有耳濡目染的童子功阶段，或是后来通过广泛阅读和摸索具备了一定的旧学基础。这种旧学基础就相当于我们现在所说的文献学，只不过没有被这样提炼过或理论化过。现在的教育体系，中小学阶段很难接受这种训练，一般要到硕士研究生阶段的古文献专业里才有较为系统的训练（少量高校在本科阶段就开设文献学课程），而各一级学科（文学、史学、哲学等）在本学科的课程设置里一般也没有文献学课程，这不能不说是一种遗憾。当然，这是目前的系科划分与传统的知识分类系统不兼容所产生的漏洞，而古文献专业的设立弥补了这一漏洞，涉古专业的学生都应该有意识地补充一些古文献学的知识。

3.您的研究方向是偏向历史文献学还是文学文献学？又或者说偏重目录、校雠和版本的哪个具体方面？请重点谈一下您在这个领域的治学心得？

我日常所从事的工作就是编纂《儒藏》，除了参与过几本书的校点，更多的是审稿工作。《儒藏》是儒家典籍的整理汇刊，从这个角度看，应该算哲学文献。审稿工作的性质很像出版社编辑，内容则涉及稿子的各个方面，从底本、校本的选择是否得当，到标点是否准确，校勘记是否精当，都需要检核。这些工作对于课堂上学到的古文献学知识来说，就像是一次次考试，会经常暴露自己的短板，

部分已经出版的《儒藏》(精华编)

逼自己充电。理论化的文献学知识更多的是归纳了古文献中的通例，但真正接触一本本生动具体的文献，需要解决一个个鲜活的具体问题时，就会发现到处都有特例，每本书都有个性，都有棘手的问题需要解决。具体到我个人，因为审稿有工作量和时间的压力，基本不允许有从容的时间去做长线的研究，审稿过程中当然可以发现、弥补一些校点稿的缺陷，但更多的时候，面对大家均感棘手的问题时，也会采取权宜之计把问题放过去。根据这一点，我觉得可以提供给初学者一点建议：如果你不知道研究什么课题，就挑一本自己感兴趣的书（最好是某一学科的要籍），从各种版本摸起，考察版本源流、做版本对校、标点、写校记，甚至是做注释、疏证，不要想着发表，只是一种锻炼。这样，即使有别的整理本在前，当你自己重做一遍整理工作时，往往就会发现有很多难题摆在你面前，前人的整理本也不那么完美了。那时候，伤脑筋的就不是研究什么问题，而是怎么解决问题了。

4.有人说"文献学"是个基本工具，算不上单独的"学科"，对这个问题您怎么看？如果是"工具"，是否应该有更广泛的应用？是"学科"，主要研究对象是什么？是否有瓶颈和走出困境的思路？

我觉得"基本工具"和"学科"这两个概念并不矛盾。

"学科"不过是对于知识的分类，分类的角度不同，所分的类别就不同。也就是说，学科分类不是绝对的，而是相对的，不是天然的，而是人为划分的。目前我们的系科划分与西方传统靠拢，古代学问被肢解。按照现在的学科分类，不管是文学、史学、哲学，甚至艺术、经济、法律等学科之中，凡是需要以古代文献作为研究对象或者资料来源的专业，其材料都需要文献学的相关研究先行。如果材料没有经过文献学上的整理和批判，又或使用者不具备一定的文献学知识（包括古文献阅读能力），被分散在新体系中的各部分古代学问的运转也会吃力，所以才会设立古文献学。古文献学的设立这件事本身就说明了这是一个学科，再加上上述的理由，它还是个不可或缺的学科。

文献学既然是深入研究古代文献的基础，它当然是工具。和"工具"相对的概念应该是"目的"。我觉得，文献学也是"目的"。古文献自身有一些规律性的东西：相对于现代汉语文献来说，古汉语文献本身有共性；古文献中，时代相近的有共性，论域相近的有共性。不仅是语言文字本身有共性，文献载体也是如此。这些共性的归纳与理论化，以及运用这些理论再深入到每一种文献，都应该是文献学研究需要承担的任务。这些方面好的成果多了，文献学自身就强大了。

古文献学各分支领域，目录学与现代系科中的信息管理搭界，文字音韵训诂与古代汉语搭界，文献研究要走向纵深的话，又不得不与古代文学、历史、哲学搭界，所以导致古文献学在目前的学科体系中位置貌似很尴尬，好像有些研究无法与其他学科割席（其实细说的话，互相搭界的学科也都有较大的区别，如文献学中的小学部分更多地为解读古书服务，而古汉语专业则以阐释语言文字现象为极则），形成自己的专属领地。我不知这是否就是提问中所说的"困境"和"瓶颈"。如果是这样的话，我觉得大可不必忧心。学科的设置只是人为的分类，而个人知识的增长，或者说学问的构成，不应该受到学科分类的限制。具备了古文献知识，相当于打开了通向多个学科的大门，多好的学科啊！至于当古文献专业毕业的学生写出了诸如"司马迁和莎士比亚的美学思想比较研究"之类的论文之后是不是加强了文献学本身的学科建设，或者是到底该归属哪个学科，这些问题还是留给后世的目录学家们去伤脑筋吧。

如果非要纠结于古文献学的学科建设，我觉得前段时间于亭教授在学礼堂访谈中所论古典学的建设是个非常好的设想。

5.结合自身的求学和教学，"文献学"的研究生培养上与其他学科有何不同，一般做些什么具体学术训练？他们应该具备什么样的基本素质？您对学生们有何期待？

我对其他学科的情况不甚了了，多为耳食。但大概说来，文献学的实操性比较强，以一本书为单位进行研究的比较多，先从各种版本摸起，自己做标点、校勘，或者进一步做注释、疏证，尽量熟悉这本书的方方面面。当然，不是说读每一本书都要这么做，但每个文献学专业的学生应该都有一本书或至少一卷书的整理训练。这种训练对于自身文献学知识的巩固和扩容，非常必要。

文献学专业毕业的研究生在从事古代文史的研究时，应该有较强的文献学意识，能够敏锐地提出文献学问题，并会用各种工具书解决问题。

我没学生，就不期待了。

6. "文献学"专业的学生就业情况如何？论文发表难度？主要的就业方向是什么？

就业情况不太了解，我身边的朋友似乎以就职于高校、科研院所和出版社的居多。论文发表难度也不太清楚。我自己经常苦恼的是写不出好文章。我觉得真有学术价值的文章应该好发，因为经常听一些刊物编辑说缺少好的稿源。如果大家都投C刊的话，肯定难发，不光文献学，据说哪个学科都不好发。如果有志于自觉抵制C刊制度又有好文章的话，可以试着投我们单位办的《儒家典籍与思想研究》，每年一期。

最新两辑《儒家典籍与思想研究》

7. 请您谈一谈对文献学前景的展望，会向什么方向发展？哪些方面会引起更多关注？

文献学专业的学者不能自我拘囿，除了做目录、版本、校勘、辑佚等无可争议地属于古文献学领地的学问以外，应该就自己感兴趣的方向深入开拓，不要怕越界。我看目前的古代文学、史学领域研究的文章，从版本源流、材料来源解析等角度入手的佳作越来越多，可见一般的文史研究对文献学越来越重视，与文献学的融合度也越来越高，这似乎是一种趋势。在经过较深程度的文献学批判之后，我们对很多古籍的认识会更加深入，发现一些更深层次的问题。

例如面对《五经正义》，比较表面的看法认为它是孔颖达的一家之言，现在大家普遍意识到它是对六朝经学的集成和总结。再如对于《左传》，很多学者愿意从史源的角度去解构它，也超越了左丘明一家之言的看法。我觉得这一类型的研究很适合文献学背景的学者参与，也很有意义。文献学背景的学者对于文史要籍的研究应该积极投身，主动参与，不要考虑学科界限，再说，那么多好东西如果落到不懂文献学的人手里，咱也不放心啊。成果多了，大家对文献学范围和效用的认识也必然会改观。

8.请您推荐一种"文献学"的必读书，简要地介绍一下内容及您的阅读体会。

必读书的话，文献学每个分支领域都有若干种，比如文字音韵训诂得读《说文》《广韵》《尔雅》，目录版本校勘得读《四库全书总目》《中国版刻图录》《校勘学释例》。我还是推荐一种适合初学者的入门书，也就是杜泽逊老师的《文献学概要》。这本书内容全面，实例生动，说理明白透彻，非常适合初学。我觉得概论性质的书，细读一遍，在心中搭建一个框架后，就可以暂时放手了，更多的时间可以用来读原典。但当你遇到具体问题时，再回头来选读相关内容，带着实际问题来重温书中的知识，印证书中的观点，加深理解，常读常新，效果应该更好。

上海师范大学　沈　畅

沈畅，80后。文学博士，博士后。上海师范大学人文学院讲师。发表论文较重要的有《论萃文书屋"木活字本"实无套格事》《现存旧称"南宋抚州公使库本"群经版本考》《明弘治十三年钞本〈说郛〉的重新发现及其文献价值——兼论原本〈说郛〉的版本源流》《张宗祥校本〈说郛〉考实》等。

1.文献学是一个冷门学科，您是什么时候开始接触这门学问的？是主动报考还是调剂？谈一谈您对"文献学"的最初印象，现在的理解有没有变化？

我接触文献学可能比同龄高贤稍早，高一的时候就开始翻阅中华书局版的《新编诸子集成》之类的古籍整理本，也是在同时买到杜泽逊老师的《文献学概要》，算是对文献学有了较为系统的自学。因为有这个经历，我在高考前，就对文献学有了较为明晰的认知。而且家长对我的高考比较重视，各种信息搜集的比较全，当时就知道"古典文献"本科专业，而且知道是国家布控专业，当时是6所。以我的成绩，北大是不敢想的，但既然认准这个专业，最初就想第一志愿报浙江大学的古典文献。但当时高考是"三加综合"，等到综合一门合卷的时候，合卷成绩明显下降，浙大是不敢报了，但除了北大、浙大，其他的原985学校就没有古典文献本科

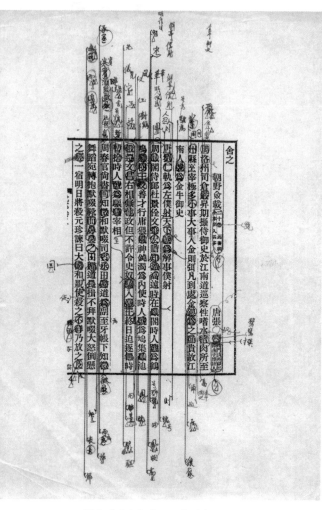

原本《说郛》整理汇校手稿

专业了。家长说，那你也得先考虑学校因素啊，于是家长做主，第一志愿报了山东大学，但是第二个我说必须是陕西师范大学，因为它家有古典文献专业，后面家长又给选了四个学校，两个湖南的和江、浙各一个。至于二本，作为保底，我就写了一家河北大学，也是因为它有"古典文献"专业。最后本科进了陕西师大文学院。进校才知道：1.陕西师大的古典文献专业跟着古籍所放在历史学院；2.当时陕西师大古典文献和博物馆学是轮流隔年招生，古典文献在单数年，我是双

数年级，当年轮空，于是转专业的希望也破灭了。不过还好，师大文学院的课程给我打下了文学特别是语言文字学的坚实功底，而且，我在大三的时候，打听到贾二强老师给下一级的古典文献本科班上古籍版本学的课，于是跨校区去旁听，后来贾老师又允许我直接接续旁听他给研究生上的古籍版本学。经过一个学期的系统听讲学习，我算是初步入了版本学的门。此后，本科论文做的版本学，接着报考文献学硕士、博士，直到现在做文献学的博士后。可以说，从此我就在文献学的门里没出来。由于我入门书看得早、路子正，所以至今我对"文献学"的理解只有补充，没有大的调整。

2.毕业后又从事文献学研究和教学，您觉得涉古专业本科生学习"文献学"课程的必要性是什么？

所谓"涉古专业"大概指汉语言文学（涉及中国古代文学史、古代汉语）、历史学（涉及中国古代史）、哲学（涉及中国哲学史）这三个本科专业。这三个专业中这几门课也就是二级学科所使用的基本材料都是古文献，想要学好这几门课，就要对这几门课所使用的材料有系统的认识。文献学既然是以古文献为研究对象，自然是了解上述几门以古文献为基本材料的课程或学科的利器，文献学对涉古专业的重要性不言而喻。对于涉古专业本科生而言，文献学要学什么？重点学什么？我个人的浅见是：涉古专业本科生要具备目录学系统知识与版本学基本知识。前辈学者都以目录学为治学入门之法，所以，目录学应该是涉古专业本科生学习文献学的重点。所谓目录学系统知识，第一要熟悉目录学基本典籍，对重要目录的体例了然于胸，会查历史上的重要目录，不至于犯去《旧唐书·经籍志》里找杜甫集的低级错误；第二要对存世古代典籍有初步的了解，大致知道涉古各研究方向存世的重要典籍都有哪些，如果能进一步知道某几个涉古研究方向存世重要典籍的内容特点则更佳。至于版本学，说基本知识而不说系统知识，则因为版本学深入研习就必须涉及版本实物，门槛太高，作为本科生知道基本知识便已经合格。所谓版本学基本知识：1.知道版刻发展史的梗概，不至于相信哪里发现所谓六朝刻本、唐代活字印本之类天方夜谭；2.知道重要类型版本的校勘价值，不至于闹出盲目奉四库本为圭臬之类的事；3.会查版本目录，既要知道可靠的版本目录，又能很快把握某一种古籍存世版本情况。

3.您的研究方向是偏向历史文献学还是文学文献学？又或者说偏重目录、校雠和版本的哪个具体方面？请重点谈一下您在这个领域的治学心得？

文献学在方法上不分历史与文学，中国古典文献学与历史文献学是个历史遗留问题，黄永年先生说得很精到，分不如合。至于目录版本校勘，我是靠版本学走进学界，最近因为接受约稿，在做一部大部头且版本较麻烦的古籍的点校整理，放在校勘上的精力逐渐多了起来。版本学的话，专栏里景新强学长说得很精到了，我就补充两点：1.版本学一定要看东西，实物最好，其次也得书影，所以版本学的深入研究有门槛；2.随着学科深入发展，版本鉴别已经成为版本学登堂入室的条件，版本学的深入研究需要精细化，这就需要综合其他人文学科甚至理工科的相关知识与成果。至于校勘学，我曾开玩笑说，这是个易学难精的玩意。黄永年先生说"对校，摆水果摊的人都能做到"，所以黄先生认为校勘学的精要是版本对比之后的东西，也就是段玉裁说的校勘之难不在于照本改字不错不讹，在于定其是非。这时候，是要综合语言文字、历史制度各方面的知识才能定的。举个简单的小例子，唐人张鷟《朝野佥载》记载一个"金牛御史"的故事，说一个叫严昇期的人为江南道御史，他爱吃牛肉，还吃请、收钱平事，百姓恨他，起了这么个外号。《朝野金载》原书已经散佚不存，群书所引这段文字，都说严昇期"于江南道巡察"，只有宋人朱胜非的《绀珠集》作"巡按"，不作"巡察"。到底是朱胜非偶误还是他一枝独秀，怎么确定？检阅史书，唐代到玄宗天宝五载才叫"巡按"，那时候张鷟已经去世，之前都是叫"巡察"，所以我们就知道，"巡察"才是《朝野金载》原文，而《绀珠集》的错是朱胜非或出版者没有弄准时代。这就是知其所以然的层次。

其实，不管目录、版本、校勘，在研习时都不能孤立于其他学科知识而存在。文献学是基础学科，它可以服务于其他人文学科，反之，它的研习必须涉及其他多个人文学科的知识。

4.有人说"文献学"是个基本工具，算不上单独的"学科"，对这个问题您怎么看？如果是"工具"，是否应该有更广泛的应用？是"学科"，主要研究对象是什么？是否有瓶颈和走出困境的思路？

说点浅见。"学科"与"工具"的对立，在人文学科中本身就是个伪命题。历史学是学科吧，语言学是学科吧？研究文学史、哲学史，难道不需要历史背景？至于语言学，尤其是汉语史的研究成果，更是一切涉古专业的基础背景。研究文学、历史、哲学的，遇到的历史词汇看不懂或者几个经常交替出现的词而不知实为通假关系的异称，难免要闹笑话。三古的人常说"文史哲不分家"，一方面说明学科划分本身就是舶来品，另一方面说明文史哲本身就互有工具性质。文献学作为学科，其研究对象就是知识的载体：文献，一切承载知识的物质都是文献，也就都是文献学的研究对象。最基本的研究方法就是目录、版本、校勘、辑佚、辨伪。至于其他新方法，可以结合文献学研究对象实际进行有益的尝试推进。方法与模式的革新不是那么容易的，你看物理学，牛顿之后300年才有相对论、量子力学和杨一米尔斯规范场论，近70年的物理学一直笼罩在这四个理论之下，哪有什么所谓的革新。

5.结合自身的求学和教学，"文献学"的研究生培养上与其他学科有何不同，一般做些什么具体学术训练？他们应该具备什么样的基本素质？您对学生们有何期待？

应该说，在大的培养方法上，人文学科都差不多，四个字"博观约取"。黄永年先生有两句话，被我师叔曹旅宁先生印在《黄永年文史五讲》的封底："宁可用粗的办法来实现博览群书，切勿只图精而变成了孤陋寡闻之士"，"做学问，除了读书、作札记，别无他途"。我们私下里说这是黄门祖训。刚刚入门时一定要广泛阅读，一方面，基本典籍要泛读，翻阅也好，知道有哪些书，都是说什么的；另一方面，要打破学科界限，多涉猎各学科的基本知识，这样以后思考问题的时候，视野会很开阔，同时也能尽量避免常识性错误。第二句话，也包含了我师伯辛德勇先生常常申述的黄先生的另一句话"读常见书"，这不光是北朝隋唐史研究的金科玉律，文献学也是一样。你靠发现一部稿本发表了篇文章是很不错，你能永远靠挖秘本过日子吗？又有多少个图书馆善本库可以供你挖掘？我理解这第二句话的另一层含义是：资料收集要主动、系统，初步确定一个大方向后，通过广泛阅读做札记搜集这一个大方向的资料，"宁滥勿缺"，在读书做札记的基础上发现题目、归总资料、写成文章。而不是想到一个题目，再去到处找材料，虽然现在有强大的数据库，但数据库只能机械检索，搜索词选取就是个大麻烦，实际检索过程很容易挂一漏万，又得返过去翻阅，结果写一篇文章刷一遍书，重复劳动。达到什么样的水平或素质，研究生自然要比本科生要求更高，目录学的话，对目录学发展史、重要目录要了然于胸，对重要

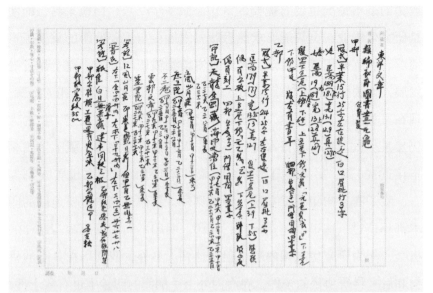

2017年6月22日在日本东洋文库查阅宋本《画一元龟》原件时所作版本书志手稿

2017年10月2日结束日本交换留学时在庆应义塾大学斯道文库做学术讲演

（图左为导师高桥智教授）

典籍的基本情况也要有扼要的认识。版本学一块，门槛太高，即使是研究生毕业，也只能要求熟悉版刻发展史与重要典籍的重要版本情况、熟练使用版本目录，至于版本鉴别或版本鉴定，完全靠自身发展，无法做硬性要求，这一点黄先生在日便是这么要求我的师辈，现在虽然图录、影印本、电子影像公开数量剧增，能摸到实物的人仍然是少数。我曾在日本待过一年，仅在静嘉堂文库，就上手明刻本接近300部，另外在日本各个收藏机构上手的宋版书也有20部左右，除了南宋初年蜀刻本这一种类型外，其他宋刻本重要地区的印本都算摸过，这里就包括宋印、元印、明印不同用纸用墨。这样的机会，作为研究生在国内恐怕很难遇到。另外，我利用在日本的机会和后来科研项目的条件，在海内外上手翻阅的明抄本也有数十部，这样的条件，在国内的研究生同学同样难以具备，不过，即使这样，我对明抄本的认识也只能说与清抄本区别起来比较干脆，具体再在明十七帝内断代，就感觉吃力了：还是看得少了。

6. "文献学"专业的学生就业情况如何？论文发表难度？主要的就业方向是什么？

就业其实是个选择问题，专业不对口的就业太多了，尤其本科。"古典文献"本科专业平行于"汉语言文学"，另外，"中国古典文献学"的硕士如果遇到公务员招考要"汉语言文学"的硕士学位，赶快去申诉，因为硕士学位没有"汉语言文学"，"中国古典文献学"作为二级学科，隶属于中国语言文学一级学科。据我所知，文献学的就业除了具有博士学位者大部分进入高校科研单位以外，主要以图书馆、博物馆、编辑出版为主。至于论文发表，同行认为的高水平论文是一回事，期刊能录用是另一回事。

7.请您谈一谈对文献学前景的展望，会向什么方向发展？哪些方面会引起更多关注？

还是现实点：深耕细作。精细化与条理化相结合。

8.请您推荐一种"文献学"的必读书，简要地介绍一下内容及您的阅读体会。

师门的两部书《古籍整理概论》《文献学概要》都被先行者给"抢占"了，我就再提一部黄永年先生的《古文献学讲义》（初版叫《古文献学四讲》），所谓"四讲"：目录学、版本学、碑刻学、文史工具书简介。黄先生的书，既有高屋建瓴的学科布局，又有简明扼要的学科构建。先生的目录学，与市面常见的以分类法流变为内容的目录学截然不同，而是以基本要籍的内容介绍和价值评述为内容，真正做到了"辨章学术，考镜源流"，"目而录之"。这是可以据以初步系统了解中国古代学术面貌的目录。版本学是黄先生文献学学问中最驰声学界的部分。黄先生的版本学分版本鉴别与版本史、版本目录两个板块，前者讲版刻发展史及版刻风格特点与演变，后者讲某一部书有哪些版本以及版本间的系统和优劣关系。近些年有学者提出实物版本学与文本版本学，这与黄先生的板块划分殊途同归。由于版本目录实际是个案的聚合，不具有系统性，所以在这一板块，先生只做了方法的介绍，因为个案的研究还需要学者们渐次填充完善。版本鉴别与版本史则具有系统性，正是先生版本学成就最高的一部分。在版本鉴别与版本史这一部分，先生在赵万里先生的基础上，充分分析时代地区因素，成功建立了以字体风格演变为核心的完整的版刻变迁史，完善了版本史框架，使得初学者掌握版本变迁史成为可能。如果深入学习，当学习黄先生另一部名作《古籍版本学》。所谓碑刻学，是研究刻有文字的石刻的学科，而区别于线条图画的石刻。碑刻学堪称黄先生的独门绝技，因为碑刻学自民国时在北大开设课程的马衡先生放下教鞭以后，中衰已久，先生继而兴之，先生的碑刻学分"绪论""分类""拓本""史料""书法"五个专题，其中"分类""拓本"最为实用，但先生最为看重也是价值最高的是"史料"，即碑刻史料在历史研究中对基本典籍的辅助功用，这也是碑刻学的归旨，算是回应了启功先生"几见藏家诵一通"的感慨。文史工具书简介虽以简介为名，却不局限于工具书内容的简单介绍，而是着重于工具书的价值与运用领域，很是启发初学。这里我只是简单谈一下我学习《古文献学讲义》的所得，零碎而浅薄，我的硕导郝润华先生和师伯辛德勇先生都给《古文献学四讲》写过书评，两位师长的水平比我高得多的多，我这里只是抛砖，大家可以参看这两篇书评以了解黄先生这部书的精髓所在。

北京大学　张学谦

张学谦，1988年生。文学博士，北京大学中文系助理教授。发表论文有《武英殿本〈二十四史〉校刊始末考》《东汉图谶的成立及其观念史变迁》等。

1.文献学是一个冷门学科，您是什么时候开始接触这门学问的？是主动报考还是调剂？谈一谈您对"文献学"的最初印象，现在的理解有没有变化？

我本科阶段在南京师范大学文学院古典文献专业学习，不过是大二才从商学院的经济学专业转过来。高考志愿填报可以选三个专业，我最初写的是汉语言文学、经济学和古典文献，后来在父母的建议下将汉语言文学和经济学的位次进行了调换，所以被录取到经济学专业。入学后很快就后悔了，发现自己并不喜欢也不适合这个专业。按南师商学院的专业设置和就业去向，我当时觉得以后大概有两个方向：一是继续深造，未来从事研究工作。考虑到自己平庸的专业课成绩，这条路显然走不通。一是本科毕业进入银行、证券公司等金融机构工作，或是考公务员，而朝九晚五、固定机械的生活又是自己所不喜欢的。两条路都不合适，所以当时非常沮丧。后来听说可以转专业，就通过面试转到了文学院的古典文献专业。自己从小对古代文史比较感兴趣，当时就考虑转到文学院或社会发展学院（历史系）。之所以最后选择古典文献，一是因为南师文学院的学术传统比较悠久，二是自觉文学感悟力较弱，还是希望进一个虽在文学院而又不那么"文学"的专业。不过，当时对何为"古典文献"完全没有概念。南师的古典文献专业传统上对小学比较重视，我转专业面试前去图书馆借了一本《中华文明史》，认识了一下戴、段、二王的名号，蒙混过关。此后硕士阶段到山东大学跟杜泽逊老师、博士阶段到北京大学跟刘玉才老师读书，再没有朝秦暮楚，一直在古典文献专业读了下去。

　　学生时代，作为一名"文献人"，每次被别人问起什么是文献学，总有一种不知从何说起的无力感。传统文献学重视目录、版本、校勘、文字、音韵、训诂六大块的学术训练，自然十分必要，但文字、音韵、训诂在当下又与古文字、古代汉语研究交叉、重叠，并非文献学的核心优势。再看看周围文献学专业师友的研究领域，似乎做什么的都有，远不如文学、历史学科的领域明晰。在这种情况下，难免会因学科边界的模糊而产生一种身份焦虑，搞不清自身的定位。近些年，随着学界讨论的不断深入，自己也偶有思考，感觉对文献学的认识逐渐清晰起来。文献学应该是一门研究文献生成、流传与衍变的学科，关注文本与载体两个层面。若以《史记》为例，历史研究主要关注其记载的历史内容，相较而言，文献学更关注的是：《史记》是司马迁是利用哪些材料编纂而成的？编纂过程中对原有文本进行了何种剪裁与改写？这是《史记》的文本生成问题。《史记》成书以后是如何流传的？从简帛到写卷再到刻本，从白文本到集解本再到三家注本，其文本内容及文本形式发生了哪些变化？也就是说，文献本体（文本、载体）才是文献学关注的核心。当然，这是从学科角度说的，个体研究者自有其研究兴趣，不必、也不应为此范围所限。

2.毕业后又从事文献学研究和教学，您觉得涉古专业本科生学习"文献学"课程的必要性是什么？

涉古专业学生从事古代文史的学习与研究，面对浩如烟海的古代典籍，首先需要了解如何查找文献、选择版本，其次需要对古代文献流传与衍变的规律有一个基本认识。我想，一位在本科阶段接受过系统文献学课程训练的学生，不论研究生阶段到哪个文史专业学习，都会一直受益于此。

对于文献学在文史研究中的重要性，多数学者都较为认同。尤其是近年来参与点校本二十四史修订工程的学者，在调查版本、追溯史源、校理文本的过程中更有切身体会，他们对文献学的思考来自具体实践，且有不少创见。相较而言，文献学界自身的发展反倒有些滞后。

3.您的研究方向是偏向历史文献学还是文学文献学？又或者说偏重目录、校雠和版本的哪个具体方面？请重点谈一下您在这个领域的治学心得？

历史文献学、古典文献学的名称差异主要是所属一级学科及所在院系的不同造成的，历史学及历史系下的叫历史文献学，中国语言文学及中文系下的叫古典文献学。基于所在院系的不同，教学科研人员的研究方向可能各有侧重，但研究方法上并不存在根本差别。至于文学文献学、哲学文献学、中医文献学、科技文献学等则是从属于各自学科的专科文献学，为本学科服务的目的性更强，独立性较弱。

我个人的研究偏重版本学及经学文献学，博士论文选择研究谶纬文献。我博士毕业才两年多，只是一个刚入门的研究者，没有什么治学心得可谈，只能讲一下个人的学习和科研历程。我硕士阶段在山东大学跟杜泽逊老师读书，参加杜老师主持的国家清史纂修工程《清人著述总目》和《清史艺文志》，有了一点编目实践，知道了史志目录的编纂方法，同时也熟悉了大量书目的体例与优劣，这都是十分可贵的经验。这两个项目基本完成以后，杜老师又开始带领大家做《十三经注疏汇校》，接续阮元的校经事业。因为参加项目，自然开始关注经书版本。当年的经学文献研究热度远不及今日，我在调查版本时利用的还是张丽娟老师尚未正式出版的《宋代经书注疏刊刻研究》。来北大读博以后，参加导师刘玉才老师的"《十三经注疏校勘记》研究"项目，与几位师兄、师姐、同门在刘老师的指导下整理阮元《校勘记》。我加入最晚，分到《周易》《孝经》《论语》三部。在此过程中，我对三经《校勘记》的编纂体例、引据版本、参考资料等问题进行了考察，写成三篇小文章，算是整理工作的副产品。当时的一点体会是，在清代，即使官高如阮元者，所能掌握的版本资源仍然是极为有限的，《校勘记》记录的大量异文都属转引，准确性难以保证，更不用说因误识版本、调换底本而导致的错讹，引用时一定要覆核原始版本。我的博士论文主要是从文献学的角度对东汉图谶的形成、篇目、流散、文本构成等一些学界尚未取得共识的基础性问题进行研究。谶纬文献除部分《易纬》篇目外均已散佚，相关研究不得不利用后人辑本，现在学界主要使用日本学者安居香山、中村璋八《纬书集成》。《集成》整合十余种明清辑本，又从各种日藏文献中新辑出不少佚文，确是"集成"之作。但两位学者并未检核原始出处，因此沿袭了前人辑本中的诸多缺陷，误辑情况十分严重，需要重新整理，我现在正在做这个工作。其实不只是谶纬，许多佚书的明清辑本都存在比较大的问题，值得全面检讨。原因主要是古人缺乏科学的辑佚原则与方法，表现为缺乏追本溯源的文献意识，转引的情况不少，与所注出处不尽相符。不注重辑佚来源文献的时代性，缺少断限，清人谶纬辑本甚至有以《康熙字典》为出处者。客观条件方面，明清人所能利用的文献较为有限，更无从得见敦煌写本、宋元刻本等善本，所辑文字的准确性难以保证。

4.有人说"文献学"是个基本工具，算不上单独的"学科"，对这个问题您怎么看？如果是"工具"，是否应该有更广泛的应用？是"学科"，主要研究对象是什么？是否有瓶颈和走出困境的思路？

不少受访老师将文献学与数学类比，我想还是有一定道理的。两个学科既是其他学科的基础工具，同时也有自身关注的核心问题，工具属性与学科定位并不冲突。正如唐雯老师说的，工具也有尊严。拿文献学当工具使用的学科更应给予这个专业相应的尊重，做人还是要厚道点。作为文献学的从业者，我们不必妄自菲薄，同时也要警惕自我边缘化，越做越窄，不与其他学科交流碰撞，我想这也不利于文献学的健康发展。只要论题重要、研究深入，文献学研究也会成为其他学科无法忽视的存在。文献学的瓶颈大概是自身的问题意识不如其他学科清晰、强烈。比如，对某一部书版本源流的考察，往往有一套固定的流程与操作方法，做完一种换下一种，陷入一种模式化的重复之中。如果你的研究对象不是一部重要典籍或具有特殊价值的文献，也就很难引起其他学者的关注。当然，学术研究不是为了博人眼球，模式化的基础训练对培养初入门的学生也十分必要，但对重要典籍的研究和重要论题的思考才能不断推动文献学学科的整体发展。

5.结合自身的求学和教学，"文献学"的研究生培养上与其他学科有何不同，一般做些什么具体学术训练？他们应该具备什么样的基本素质？您对学生们有何期待？

文献学更注重培养学生的追本溯源意识，以及搜检原始文献、细读文本、整理古籍的能力。文献学是一门重视实践的学问，条件允许的情况下，一般会鼓励学生选择一部篇幅适中的古籍进行独立整理。通过调查版本系统，确定底本、校本与整理体例，写定文本，撰写校勘记及整理说明等流程，学生才能获得古籍整理的真实经验，在利用他人整理的古籍时也能对其整理水平进行判断，避免一些误导。读书方面，注意博与专的结合，既不可泛滥无归，也不能株守一隅。研究生有各自的主攻方向，专的意义不必多言。但同时也应关注相关学科领域的进展，了解其基本知识，这样既可以拓宽研究视野，也能在自己的研究中避免因不了解相关知识而留下硬伤。

人是差异化的个体，学术也只是职业的一种，期待大家都能找到适合自己的事业与生活方式，我们都有光明的前途。

6."文献学"专业的学生就业情况如何？论文发表难度？主要的就业方向是什么？

本科毕业要找到专业对口的工作比较困难，不过这是当下的普遍现象，而非文献学专业的特例。硕士、博士就业方向有高校、科研机构、图书馆、出版社等，也有不少考公务员、做选调生的，去向还算广泛。至于是不是都能符合个人预期，那就人言人殊了。期刊版面有限，而发表需求不断增加，在这种无法解决的矛盾下，论文发表肯定越发艰难，谁邮箱里没几封退稿信呢？写作、投稿、被退、再投，这也是一个磨炼心智的过程。不过，只要是质量过硬的文章，总是有机会刊发的。尤其是最近十来年，不少权威刊物上青年学者和研究生的论文数量不断增加，显示了强劲的发展势头。所以，大家还是应该将精力放在打磨论文上。当然，文献学的期刊数量有限，尤其缺少权威刊物，如果论题相关，也不妨考虑其他学科领域的刊物，或是一些高水平的集刊。

7.请您谈一谈对文献学前景的展望，会向什么方向发展？哪些方面会引起更多关注？

进入新世纪以来，出土文献层出不穷，大量传世文献通过影印出版或在线影像的方式公布于世，我们所能掌握的文献资料急剧增加。另一方面，随着数字人文技术的发展，文献检索、分析也日趋简易。在现有的便利条件下，可以开拓的新课题和重新检讨的旧常识太多了，希望文献学能够多方面发展，不必集中在某一方向。比如，一些曾经整理的典籍，随着新资料、新版本的不断涌现，值得重新修订，点校本二十四史修订工作正在进行，其他部类典籍的修订也应加以考虑。新课题中，明抄本应该是一个值得研究的课题。我们都知道明人刻书而书亡的说法，有些典籍的宋元本不传或残损过多，今天只能利用曾经明人整理翻刻的文本，可靠性大打折扣。而不少明抄本是在明人刻本尚未出现时根据宋元版抄写的，更近于此书原貌，其价值自然很大。清人重新校理《北堂书钞》，利用的就是明抄本。以前明抄本的利用十分不便，具体研究也就相对滞后。随着当下条件的改善，我们应该加深对明抄本的相关研究。

8.请您推荐一种"文献学"的必读书，简要地介绍一下内容及您的阅读体会。

前面接受访谈的各位老师推荐了很多好书，不过似乎没人提到王欣夫的《文献学讲义》，我就推荐这本吧，适合作为文献学的入门教材。王欣夫早年从曹元弼修习三礼之学，又富藏书，对古籍文献极为娴熟，书中颇多经验之谈。《讲义》以目录、版本、校雠为文献学的核心内容，王先生在1959年所作后记中说本书"试学班固的方法，多采用前人的材料而加以整理，大都注明它的来源，而附以自己的管见"，材料原始，论述平实正是此书的最大特色与优点。

南京大学　张宗友

张宗友，金寨人。文学博士，南京大学文学院、古典文献研究所教授。主要研究经学文献学、史部目录学、朱彝尊及清代学术史等。著有《治乱交替中的文献传承》（南京大学出版社2021年版）、《尺牍·事行·思想：朱彝尊研究论集》（凤凰出版社2020年版）、《经义考研究》（增订本，凤凰出版社2020年版。中华书局2009年初版）、《朱彝尊年谱》（凤凰出版社2014年版）等。主持国家、省社科及古委会项目等多项。在《国学研究》《中国经学》《中国诗学》《中华文史论丛》《古典文献研究》等刊物上发表论文八十余篇。

1.文献学是一个冷门学科，您是什么时候开始接触这门学问的？是主动报考还是调剂？谈一谈您对"文献学"的最初印象，现在的理解有没有变化？

我本科就读于阜阳师范大学（当时是师范学院），学校前身为安徽师范大学阜阳分校，有一批学问、人品俱佳的老师。刚入大学，什么也不懂。修辞学家倪祥和先生为我们开设文献检索课，多年以后才深深体会到先生的良苦用心。大三时备考研究生，在张登岐先生指导下读了二十多本书，其中不乏学术史类著作。大四时由郑涛先生指导毕

倪祥和先生指导读书

业论文，就从查资料、做索引开始。在南京大学读研期间，师从徐有富先生、蒋广学先生，修读两位先生主讲的"治学方法""出版学""编辑学"等课程；同时旁听了武秀成先生开设的"校雠学"课程。后在徐先生指导下攻读中国古典文献学的博士学位，论文则以《经义考》为题。这部书是中国古代最大的一部经籍总目，在著录内容与学术体制上具有集大成的性质，正可作为进入文献学与清初学术的一个阶梯。因此，我个人对于文献学，有一个从无知到接触、研习的渐进过程。

文献学不仅是一门学科，还是一种研究意识与方法。近年拜读名家名作，从其论题之拟定、问题之引入、论证之取径、资料之抉择等方面分析，可知名家名作往往并不依赖于稀见文献，而是从常见文献中发现问题、提出问题。名家之所以能成为名家，无一不是数十年如一日，在文献上下了苦功，底蕴深厚，因而在视野、功力与成就上迥出群流。

事实上，但凡与学术有关的工作，小到做课程报告，大到撰写专著，都离不开文献学的知识、原理与方法，只不过大多数时候"日用而不知"，无须加以说明罢了。

2. 毕业后又从事文献学研究和教学，您觉得涉古专业本科生学习"文献学"课程的必要性是什么？

"文献学"课程讲授文献的产生、载体、分类与传承，是进入任何一门学问的基础。人文学科都要面对古代中国丰厚的文化遗产，涉古专业更要面对海量的古典文献。文献学课程的重要性不言而喻。

　　从历次研究生面试来看，国内古典文献学本科专业的同学，以及来自国学基地班的同学，在文献学知识的掌握与运用方面，往往较其他专业的同学更为熟练。据此可知，这些专业的课程设置十分精细，实际上是将"文献学"拆开来进行专业化的教学，其效果当然要比仅开一门文献学课程要好。

　　南京大学本科有中国语言文学等专业，没有古典文献学专业。经过不断的教学改革，现行本科课程体系内，"文献学"只是选修课之一。虽然各门课程的任课教师都是优秀的学者，对各自领域的文献非常熟悉，但是受限于课程主旨，不可能全面地传授文献学的知识。因此，将文献学作为一门课程进行系统性的讲授，仍然有其必要性。

　　南京大学及其前身一向重视文献学相关课程的建设，刘国钧先生、汪辟疆先生均曾主讲目录学课程。程千帆先生治学是从目录学发端的，主张文献学与文艺学相结合，在学界有深远的影响。

徐有富先生

传统的文献学课程，除文献载体之外，主要有版本、目录、校勘、辨伪、辑佚等分支。这些分支，其实都是一门门十分精深的学问。在现行课程体系内，授课者限于学时与学识，不可能面面俱到，必须在讲授内容上有所取舍。

我为本科生开设有"古代文献学"课程。由于目录学兼具学术史的性质，对于研治古代文史具有特别的意义，因此，我又开设了"古典目录学"的本科课程。这两门课程都是选修课。为了不流于"耳食之学"，我通常会设计三次左右的作业（如版本调查、文献校勘、提要撰写等），训练同学们动手实践的能力，消化理论知识，熟悉学术规范。选修这两门课程的同学来自全校不同的院系，其中不乏来自理工科的同学。作业中经常有令人眼前一亮的发现，作为教师，此时便十分欢喜。2018年秋季文献学课程作业总体上较为出色，我就择优编集刊印，取名《文献可征》，约有二十余万字。同学们也深受鼓舞。

3.您的研究方向是偏向历史文献学还是文学文献学？又或者说偏重目录、校雠和版本的哪个具体方面？请重点谈一下您在这个领域的治学心得？

由于文献学的基础性、重要性，许多学科都设有相应的文献学二级学科，如历史文献学、文学文献学等。这样做，是现行学科分割的结果。实际上，文史不分家，在实际工作中，一般都会根据论题本身的需要而选择文献，不会去区分究竟是经学文献、史学文献，还是文学文献。

文献学内部，分支较多，各系专门之学。版本学最为特殊，属于目验之学。精通此学，需要有相应的机缘与条件。我的学兄曹红军教授，在南图经眼古籍有年，对康雍乾时代的版本，如数家珍。我的同门丁延峰教授，对国图所藏的宋版书全部寓目，成果丰硕。如果没有目验的机会，纸上得来，人云亦云，终究是耳食之学，难以深入。近年大型古籍丛书的影印，在一定程度上弥补了这方面的缺憾。校勘、辨伪等，综合性强，同版本、目录等分支联系紧密，需要长期的知识储备与经验积累。相较而言，我个人比较喜欢目录学。因学殖浅薄，不敢说有什么治学心得。这门学问，经章学诚之标揭，"辨章学术，考镜源流"成为宗旨所在，人所习知。章氏八字其实也并不能涵括目录学的全部，因为目录学其实有不同的层次，要根据具体论域作有针对性的分析。

4.有人说"文献学"是个基本工具，算不上单独的"学科"，对这个问题您怎么看？如果是"工具"，是否应该有更广泛的应用？是"学科"，主要研究对象是什么？是否有瓶颈和走出困境的思路？

"文献学"的学科性毋庸置疑。任何一门学问，学人都可以拿来作为解决问题的基础、前提或方法，都有其"工具"性。"文献学"当然也不例外。脱离文献学而进行研究，这样的成果我还没有见到。

"文献学"当然要研究"文献"。"文献"含义的演变，一般教材都会涉及。作为一门学问，"文献学"主要研究"文献"的产生、载体、分类与传承，同时也会涉及制度与思想。学术研究总是站在巨人的肩膀上，不断地推陈出新。关于这个问题，刘明、孙显斌等学兄已有很好的讨论，这里不再赘言。

我对文献学的发展前景表示乐观。我还没有发现不重视文献学的学人。因此，与其说是"瓶颈"，毋宁说是"挑战"。对于研究先秦的学人来说，挑战往往在于文献不足征；对于研究清代的同人来说，挑战往往在于文献过于浩瀚。前者面对的是"少"的问题，后者面对的是"多"的问题。无论是哪个方面的挑战，关键都在于研究者是否具有文献学意识，能否提出有价值的问题并当行、出色地加以解决。

5.结合自身的求学和教学，"文献学"的研究生培养上与其他学科有何不同，一般做些什么具体学术训练？他们应该具备什么样的基本素质？您对学生们有何期待？

"研究"生当然要研究问题。任何有价值问题的提出，都离不开对学术史与学术前沿的把握。从这个角度来说，研究生培养都要遵循相同的规律，不同学科的差异性往往不是很大。

文献学专业的研究生，在文献的处理与运用上，要求可能更加严格。大到论题的选择、章节的设计、摘要的书写、参考文献版本的取舍，小到脚注的规范、标点符号的正确使用等等，专业老师们都会特别在意。

任何专业，都有一定的基本要求。程千帆先生曾说："研究古典文学的人，连《师石山房丛书》《四库全书总目》都不读，是不知道怎么'开步走'的。"（《治学小言·詹詹录》四）攻读文献学专业的学位，当然要具备必要的文献学素养。

作为从事文献学专业的教师，我们当然希望研究生在本科阶段已经有足够的学术训练。考研成绩只能部分地说明研究生所具有知识储备与学术能力。对于来自外校的同学，谈话之外，我首先会查看其毕业论文，从中不难看出他（她）所受到的学术训练与文献基础；指导教师的用心程度乃至该校的学术风气，也不难感知。不同高校所提供的学术训练存在不小的差异，有的高校甚至不开设文献学课程。对于这些同学，我通常会有额外的安排，努力进行"补课"。在好手如林的情况下，这些同学通常会承受更大的压力，需要付出更多的汗水。

研究生前程远大，远不止读书治学一条出路。研究生阶段，实际上是自我修行、自我突破的一个阶段。我当然期待同学们能够主动学习，有清醒的自我认知，通过努力而修行圆满，在眼界、能力上实现跃升，为将来的腾飞打好基础。

6."文献学"专业的学生就业情况如何？论文发表难度？主要的就业方向是什么？

影响研究生就业的因素有很多，比如国家、社会的大环境，比如学校与学科的层次、声誉与地域，比如考生自身的素质与能力等等，往往与二级学科（专业）的关联性不是很强。

论文发表的难度，同作者的学术水平、论文的学术贡献密切相关，同刊物编辑或审稿人的眼光、水平、态度也密切相关。研究生队伍在不断扩大，学术刊物之间的竞争也在加剧。因此，发表难度这个问题，不能一概而论。我只能说，选择有创新性的论题并进行高质量的论证，是论文顺利发表的前提。我不喜欢在论题上极尽炫技之能事的风气。

我没有数据分析，但根据经验，知道文献学专业同学就业领域是十分广泛的，而且因为受过系统的严谨的学术训练，在专业性要求较强的领域（如编辑出版、新媒体等行业，图书馆等事业单位），往往更具优势。

7.请您谈一谈对文献学前景的展望，会向什么方向发展？哪些方面会引起更多关注？

我眼界有限，谈不上展望。科学研究的趋势是守正出新、推陈出新，我对文献学的前景十分乐观。文献学的分支比较多，都会朝更加精深细密的方向发展。文献学具有很强的综合性，与思想史、社会学、文化史等学科将会有更多的交集与共鸣。

8.请您推荐一种"文献学"的必读书，简要地介绍一下内容及您的阅读体会。

学习文献学，从教材入手不失为一种选择。事实上，以"某某文献学"为名的教材很多，其中不乏高水平者，像张三夕先生主编的《中国古典文献学》，杜泽逊先生的《文献学概要》等，都是佳构。但由于文献学分支较多，而教材必须受到篇幅的限制，通常详于知识的介绍而略于理论的建构。因此，从教材入手，往往只记住一大堆人名、书名、术语，难以深入，效果必然受到影响。就此而言，再好的教材，最多只能充当查检的工具，细加研读的必要性不是很强。同人们都清楚，仅恃教材是教不好、学不好的，统一教材更非明智之举。

如果要推荐一种必读书的话，那么，我首选程千帆、徐有富两位先生合著的《校雠广义》。这部书包括版本编、校勘编、目录编、典藏编，建构了以"治书之学"为核心的理论体系。每一编的章节安排，严密自洽，又各成系统。在相关知识的介绍上，辨源析流，元元本本，脉络分明，极便初学。书中许多论断，如"读书应择善本""校书宜备众本""购藏宜鉴异本""科研注意版本"等，正是著者治学经验的总结，尤其具有启发性。书中大量征引的作为立论根据的第一手资料及其所从出的著述，也是通往文献学深处的津梁。

读者的基础、眼界、读书方法容有不同，但都能从这部著作里汲取有益的养分。顺便一提的是，此书出版于20世纪90年代，最初只有油印本，甫一面世即风行于时。我认识的一些学人，当年将此书视为进入古代文史的要籍，逐字将全书抄写一过。对于在大学阶段才接触到文献学的朋友来说，这部书当在必读之列。最近，该书修订本在中华书局出版，不难入手。

文献学分支较多，包罗极广，只读一种书还是远远不够的。我会建议同学们读一读余嘉锡先生的《目录学发微》《古书通例》。这两种著作，是余先生治学心血的结晶，篇幅虽小而内容丰富，想读懂、读通并不容易，需要反复研读。钱存训先生的《书于竹帛》是书籍史名著，对古籍载体的形制等问题有详尽的考察，值得参考。此前同人对这几种书多有述及，这里不再重复。

在目录学课上，我还要求同学们阅读姚名达先生的《中国目录学史》与王重民先生的《中国目录学史论丛》，以及李零先生的《简帛古书与学术源流》。

文献学最终要深入文献本身。对于有志于文史之学的同学来说，不妨从研读《汉书·艺文志》《隋书·经籍志》和《四库全书总目》开始。前两种要用中华书局的《汉书》《隋书》点校本，后一种建议用武英殿本（官修定本）。这三部书目的部类之序，大致可以视作上古、中古、近古时期的简明学术史。尤其是纂成于乾隆时期的《四库全书总目》，体制完备，提要精妙，一直被学界视为读书治学的门径之作。在四库学渐成显学的当下，《四库全书总目》引起了学人更多的关注。同时，读者应该注意到，虽然学界对《四库全书总目》不乏推崇之词，但该著是官修典籍，四库馆臣要受到极权统治者的操控与制约，在政治与学术的权衡中撰写提要，立场便不尽客观，因此要辩证地看待提要文字的参考价值（余嘉锡先生有学术名著《四库提要辨证》，不妨参考）。

近来喜读一些老先生关于治学方法的文章，从中不难看出先生们对于文献学的长期坚守与真知灼见。按理说，只有建树颇多的前辈才有资格对文献学论说一番。面对南江涛先生的盛情邀约，又有多位同人的珠玉文字垂范于前，我只好勉力从命，写下一些浅薄的想法，狗尾续貂，卑之无甚高论。期待朋友们不吝指正。

华中师范大学　陈冬冬

陈冬冬，80后，湖北武汉人。2003—2013年，就读于华中师范大学历史文化学院，获历史学学士、硕士、博士学位。2012年，台湾师范大学国文学系博士班交换生。2016年，四川大学古籍整理研究所在职博士后出站。2013年7月至今，任教于华中师范大学历史文化学院历史文献研究所，现为副教授、硕士生导师。研究方向为历史文献学与清代学术史，出版过《清代曲阜孔氏家族学术研究》《李道平及周易集解纂疏研究》等著作，发表论文20余篇。

1. 文献学是一个冷门学科，您是什么时候开始接触这门学问的？是主动报考还是调剂？谈一谈您对"文献学"的最初印象，现在的理解有没有变化？

我2003年进入华中师范大学历史文化学院历史学基地班学习。基地班从大一起为本科生分配导师，我被分到历史文献研究所一位老师名下。大一的必修课"中国历史文选"也由他教授，给了我90多分的高分。不过当时对文献学了解不深，却对古代史更感兴趣。大二申请转入一位古代史教授名下，由于名额有限被拒，被分配到另一位文献学方向的导师——李晓明老师名下。李老师是张舜徽先生的学生，学风严谨，对学生负责，每两周会固定见本科生一次，了解学生的学习与思想动态。在他引导下，我逐渐了解了张舜徽先生开创的华师文献学传统，学习了文献学基本知识和初步的研究方法。我本科后三年，以及硕士三年，都在李老师指导下度过。博士阶段，跟随周国林老师，继续在华师攻读，对文献学有了更深入了解。

由于华师历史系学生最早接触到由文献学老师开设的课程是"中国历史文选"，很容易从此课猜测，文献学就是读写繁体字、标点翻译史料。后来随着学习的深入，了解了文献学目录、版本、校勘的三位一体，回想起大一的认识，觉得非常浅薄。

2. 毕业后又从事文献学研究和教学，您觉得涉古专业本科生学习"文献学"课程的必要性是什么？

文献学对古字头专业，首先是一门基础学科和工具型学科。以历史学专业为例，学习目录学可以帮助学生即类求书、因书求学；学习版本学、校勘学能够帮助学生引用可靠版本、辨析史料异同。学生有无文献学功底，在论文写作中一望可知。

我校为历史学专业本科生开设有专业必修课"中国历史文选"，让学生能够了解史部要籍的作者与内容，同时锻炼阅读史料原文的能力。由于"中国历史文选"课程由历史文献研究所老师开始，在教学中也会补充一点浅显的文献学知识。我校为历史学专业本科生、历史文献学专业硕士生也都开设有"历史文献学"课程，目前均由我来任教。在教学中，我一方面希望让学生掌握好目录、版本、校勘等文献学基础知识；另一方面强调培养学生的文献学应用能力。期末作业一般是让学生选择一本自己感兴趣的古籍，首先查阅目录，寻找相关线索；接下来在图书馆及网上实际找到3个以上的版本，描述其版式；最后在其中挑选底本、校本，试着校对1、2卷正文，并撰写校勘记。通过这一系列的训练，让学生不仅掌握死的知识，而且通过实践训练，培养学生实际应用文献学的意识和能力。希望通过以上训练，学生在毕业时能显示出受过文献学训练的痕迹。

3.您的研究方向是偏向历史文献学还是文学文献学？又或者说偏重目录、校雠和版本的哪个具体方面？请重点谈一下您在这个领域的治学心得？

我研究的主要是历史文献学。在目录、版本、校勘中，对版本、校勘稍有心得。主要研究的内容和思路，就是应用经学史和文献学的方法，对清代学者的某一部经学著作进行考察。我之前对孔广森《春秋公羊经传通义》、李道平《周易集解纂疏》的研究莫不如此。心得也许是对初涉文献学的本科生、研究生来说，打好古汉语、文献学基础，从某一部古代典籍入手，有条件再扩展到某一朝代某一类著作，或某一学派著作，也许是一条稳妥而扎实的治学途径。

4.有人说"文献学"是个基本工具，算不上单独的"学科"，对这个问题您怎么看？如果是"工具"，是否应该有更广泛的应用？是"学科"，主要研究对象是什么？是否有瓶颈和走出困境的思路？

文献学既然分别是汉语言文学的二级学科古典文献学，中国史的二级学科历史文献学，本身也有固定的研究内容：目录、版本、校勘、辑佚、辨伪等，当然可以构成一个学科。文献学既可以作为研究古字头学科的工具，也可以通过研究文献学理论、文献学史直接作为研究对象。目前的文献学研究确实存在一些瓶颈，但如果吸收一些文献学大家的做法，适当扩展文献学的研究领域，并适当吸收其他学科的理论，可以取得突破。例如，在文献学的三位一体之外，张舜徽先生试图加入学术流变，程千帆先生则将典藏纳入其中，都是很有意义的想法。一门学科既要有其坚守的阵地，也要有适当的包容与开放，才能长盛不衰。

5. 结合自身的求学和教学，"文献学"的研究生培养上与其他学科有何不同，一般做些什么具体学术训练？他们应该具备什么样的基本素质？您对学生们有何期待？

个人认为，以历史文献学专业研究生培养为例，一要加强古代汉语，二要加强版本、目录、校勘等文献学骨干内容的培养。在此基础上，不管是直接研究文献学理论、文献学史，还是以文献学为基础研究经学史、史学史、思想史，都会有扎实的基础和独到的风格。我想文献学的学生不管以后从事什么行当、读不读博，写出来的毕业论文，让审稿专家看了说一句这个人有些根底、像学过文献学的，就具备基本素质、符合我的期待了。

6. "文献学"专业的学生就业情况如何？论文发表难度？主要的就业方向是什么？

华中师范大学是一所师范院校，历史文献学专业硕士就业去向以中学教师为主，博士主要去向是高校；也有部分硕博选择图书馆、出版社、博物馆、地方志编纂等单位就业。总体而言就业率尚可。

由于文献学论文写作难度大、周期长，学生发表论文不算容易。特别是每届博士生中，能满足学校毕业发表核心期刊要求、按期毕业的，往往只有一半左右。

7.请您谈一谈对文献学前景的展望，会向什么方向发展？哪些方面会引起更多关注？

我个人对近年文献学发展，主要关注了以下几个方面：其一，是文本理论与文献学研究的结合。研究者引入西方文本理论，对中国古代文本的生成、书写、传播等进行研究。如程苏东老师的研究，特别是《书写文化的新变与士人文学的兴起——以〈春秋〉及其早期阐释为中心》一文对我启发较大。其二，版本学研究的深化。研究者强调版本学学术性与文物性并重，或对某一朝代古籍版本进行细化研究；或将版本研究由笼统的某一版本，推进到原刻、翻刻、初印、后印层面。例如，张丽娟《宋代经书注疏刊刻研究》、郭立暄《中国古籍原刻翻刻与初印后印研究》、李开升《明嘉靖刻本研究》都是其中优秀代表。其三，版本学与清代学术史的结合。注意利用某一清代学者的稿本、抄本，与其代表作进行对比，考察其前后学术思想的变化。这样，该学者、学派的学术形象变得较为立体，而非仅仅立足某一定性著作，显得平面。特别是第二、三两点，我自己也在不断学习，试图加入自己的研究中。

8.请您推荐一种"文献学"的必读书，简要地介绍一下内容及您的阅读体会。

我最欣赏的是余嘉锡先生的《古书通例》。一方面是对前辈学者的致敬。余嘉锡先生是张舜徽先生的姑父，也曾对张先生治学产生了重要影响。作为华师毕业的学生，理应推荐余先生或张先生的著作。另一方面则是个人受此书启发很大。相比余先生《目录学发微》《四库提要辨证》等著作，《通例》只是一部10万字左右的小书。但书中对古书作者、书名、年代、构成、内容、真伪等问题均有深刻论断，并为20世纪下半叶出土古文献所证实。再者，该书涉及文献学亦即旧时称为"校雠学"或"流略之学"的基础知识。初学者阅读此书，会对作者、书名、书籍内容必是一一对应；作者与书能对应者为真，不能对应者为假等等这类粗浅的印象，产生颠覆性的认识。能促使我们无论是学习文献学，还是其他学科，都要立足于文献和历史情境，不断对所谓"常识"进行反思。

暨南大学　陈志平

陈志平，湖北鄂州人。博士，暨南大学书法研究所所长，艺术学院教授，文学院中国古典文献学专业博士研究生导师。出版有《黄庭坚书学研究》《陈献章书迹研究》《书学史料学》《北宋书家丛考》《唐宋书法史拾遗》等。

1.文献学是一个冷门学科，您是什么时候开始接触这门学问的？是主动报考还是调剂？谈一谈您对"文献学"的最初印象，现在的理解有没有变化？

我知道"古典文献学"这个名称源自20世纪80年代末，当时从一本钢笔书法字帖上看到著名书法家任平先生的个人简介，知道他在杭州大学从事"古典文献学"的教学和科研工作，当时对于古典文献学是什么完全不知情。可能是夙缘前定，在报考研究生时，本来想考武汉大学中文系，后来阴差阳错，上了湖北大学古籍所，由此撞进了古典文献学的大门。湖北大学古籍所的学风很好，有一群淡泊名利、潜心学术的老师。那时候的我，懵懂无知，对于古籍所的清冷寂寞和作为古文献研究生未来就业前景黯淡颇有些心理落差。好在我有一颗积极向上的心，很快就从古籍研究中找到自己的方向和乐趣。在湖大的三年，做了一些事情，现在还记忆犹新：一是和同学们一起点校整理地方志书《续汉口丛谈》、编制《〈尔雅诂林〉索引》，二是参与《中国书法全集》项目、编撰《李建中年谱》，三是确定了以黄庭坚为题的书法研究方向。现在看来，古文献专业除了在当时找工作不那么顺畅之外，其他的好处很多，特别是对于学术研究的奠基作用。在所有的学科门类中，古文献学恐怕是最为基础有效的。我后来的学术经历充分证实了这一点。

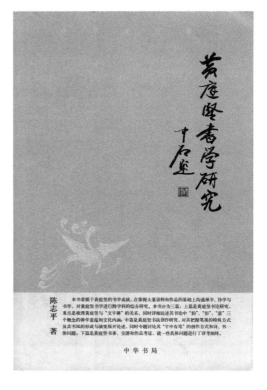

2.毕业后又从事文献学研究和教学，您觉得涉古专业本科生学习"文献学"课程的必要性是什么？

我硕士研究生毕业后，顺利考上了首都师范大学中国书法文化研究所的博士研究生，当时湖北大学的师兄弟考博命中率很高，这恐怕是我们学习古文献学专业的意外收获。博士毕业后，我来到暨南大学艺术学院，从事书法研究和教学工作，承担了一门"古典文献学"的课程。相对一般文史哲专业的本科生，艺术类本科生尤其需要学习文献学。这是因为文献学不仅仅提供学术研究的方法，还在于它可以一定程度上弥补艺术史方向学生文史修养的不足。而对于从事书法专业的本科生尤其如此，因为古代书法作品从本质上讲

就是古文献。如果把书法仅仅作为"艺术"去研习，就很难触及中国文化的深层，也不可能有学科高度。

为了适应书法专业学生深入古文献学的迫切需要，我自编了一本《书学史料学》的教材。我编撰此书的目的就是架设起一座引导书法类本科生、研究生迈入书法史研究的"津梁"。而我认为的书法史，不仅仅是艺术史，更是文化史、文学史、哲学史、文献学史的高度融合。

3.您的研究方向是偏向历史文献学还是文学文献？又或者说偏重目录、校雠和版本的哪个具体方面？请重点谈一下您在这个领域的治学心得？

我研究的方向是艺术文献，具体说来就是书法文献。除了从目录学的角度编撰《书学史料学》之外，还差不多花了十年的时间整理研究《墨池编》，旁及《法书要录》《书苑菁华》，对于版本校勘之学略有心得。目前书

清雍正就闲堂刊本《墨池编》

法文献的整理研究非常不尽人意，兹以学界推崇的成于20世纪60年代的范祥雍先生点校本《法书要录》为例，该书在底本和校勘本的选择上存在严重问题，更遑论其他的如《历代书法论文选》《中国书画全书》《美术丛书》等书论选编和汇辑之作。

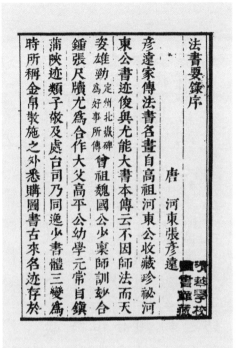

上海博古斋藏毛晋刊本《法书要录》

北宋朱长文编撰的《墨池编》是继唐代张彦远《法书要录》之后的又一部书论丛辑，目前普遍认为《墨池编》共有两个版本系统：一种为明刻本系统；包括明隆庆年间薛晨刊二十卷续编三卷本和明万历年间李时成刊六卷本（《四库全书》据李本收入）。另一种为清刊本系统。清康熙年间朱长文二十二世裔孙朱之劢据"家藏正本"所刊二十卷本附《印典》八卷，后来又多次翻刻，有所谓"就闲堂"刊本和"宝砚山房"刊本等，但是翻刻本除了极少数字款有所更正外，其版式均无任何变化。

我对《墨池编》的研究取得突破是从发现明横野洲草堂抄本《墨池编》开始的。明横野洲草堂抄本《墨池编》并不是一个孤立的存在，

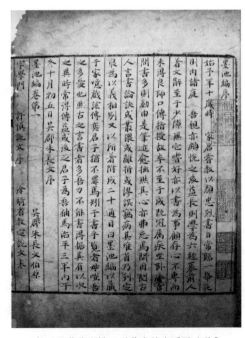

复旦大学藏明横野洲草堂抄本《墨池编》

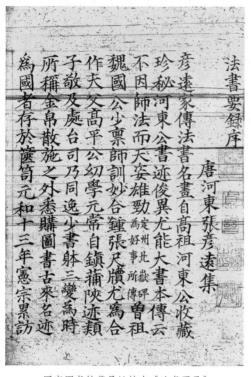

而是与"谭公度本"、《六艺之一录》本同出一源，而且还可以从《东观余论》《衍极》《古今法书苑》《古今图书集成》《佩文斋书画谱》诸多古籍中找到隐藏的流传线索。可以确认明横野洲草堂抄本是独立于以上两个传本系统之外的第三个版本系统。

传世《法书要录》有抄本和刻本两大系统，抄本系统有国家图书馆藏吴岫抄本、王世懋抄本和台北"故宫博物院"所藏明抄本三种。这三种为新近发现的版本，此前极少受人关注。而刻本系统有嘉靖本、《王氏书苑》本、

国家图书馆藏吴岫抄本《法书要录》

毛晋刊《津逮秘书》本等，至于《学津讨原》和《四库全书》所收乃据毛晋刊《津逮秘书》本而来。研究表明，新发现的三种抄本属同一版本系统，并整体上与明刻本系统区别开来。这一发现是《法书要录》研究史上的重大突破，对于唐以前书学文献的研究意义重大。

在整理研究《墨池编》的过程中，也有一些其他的心得，如考证出《墨池编》收录的欧阳修《集古录跋尾》71则，实际上是直接得于欧阳修的"集本"，在版本上早于周必大整理的《集古录》。朱长文也做了欧阳修《集古录》相类似的工作，编撰了《阅古丛编》五十卷（佚）。《墨池编》的"碑刻"两卷中收录古碑刻九百多方，这应该就是《阅古丛编》所载碑目的遗存。我对这九百多方碑刻进行了逐一检证，发现其中有300多方不见于传世所有的金石碑目，说

明《墨池编》一书不仅限于书法研究领域，而且对金石学研究的价值也不容忽视。

4.有人说"文献学"是个基本工具，算不上单独的"学科"，对这个问题您怎么看？如果是"工具"，是否应该有更广泛的应用？是"学科"，主要研究对象是什么？是否有瓶颈和走出困境的思路？

"文献学"现在当然是一个"学科"了，但是"学科"也只是一个"工具"，即是通往学术研究的方便法门。学科不是学术，就像学问不是学养一样。在中国古代，"学科"是客观存在的，但是其边界非常模糊，现在的"学科"划分最大的弊端就是忽视了这种模糊性和有机性，成了一个僵硬的"怪物"。当代"学科"的划分融合了古今中外的学术观念，乃时代的产物，从知识管理的角度看，有非常积极的意义。但是对于学者而言，谨守学科疆界是没有出息的。

"文献学"的工具性毋庸置疑，任何学科都具有工具性。工具性和目的性并不矛盾，此时是手段，彼时是目的。我写一篇文章，文章完成之日，是我的目的实现之时，同时也成为别人实现别人目的的手段。如此循环往复，才能形成学术的链条和网络。

去年在北大文研院访学期间，社科院的韩琦教授告诉我，有前辈学者跟他说文献学是"皮毛之学"，我初听此言，感觉非常刺耳。思索既久，觉得并非全无道理。盖因文献学多着眼于字词训诂、版本校勘，重在梳理源流本末，手段是圈圈点点、抄抄写写，多有着相的嫌疑。然而这不是说文献学不重要，就像皮毛之于人身而言，乃沟通内外的门户，舍皮毛，何有于身？另外，皮毛上的毛细血管也与心肝脾肺肾相联系，是通往人体中枢的桥梁，如此解释，才让我对"皮毛"之论非但闻之不嫌，反而欣然踊跃。

前辈论文献学，有高明和沉潜二途，高明者崇"独断"，沉潜者尚"考索"。说白了，就是存乎其人。心学家陈献章看不起经学大师郑玄，说"真儒不是郑康成"，这虽然反映了不同学术路数之争，但也提醒我们文献学容易导致支离破碎的危险。

相对于文学、史学、哲学等学科而言，文献学的学科瓶颈主要是在思维方式上，而不是在具体知识的撷取上。但是对于知识撷取而言，"古典文献学"也存在诸多需要改进的空间。冯国栋先生去年在《中国社会科学》上发表了一篇题为《"活"的文献：古典文献学新探》，概括出文献学具有的"文本性""物质性""历史性""社会性"四个特点。我私下以为，文献学最大的特性应该是"互文性"，即任何文献都不可能是纯粹的文献本身，而是与具体政治、经济、文化、教育、历史、地理、艺术等相关的具体的文献，所谓"文本性"是表层的，其本质应该是"互文性"。不存在一种通吃一切的文献学家，只有历史文献学家、文学文献学家、哲学文献学家。换句话说，整理一本《老子》，如果对于道家哲学没有了解或者了解不深的话，是不可能胜任这份工作的。从这个角度上讲，文献学家都是跨学科研究的专家。

此外，传统的文献学是不断提纯和紧缩的学问，漏落和抛弃了不少史料，如在雕版印刷兴盛之后对于手写文献存在一定程度的忽视，特别是作为艺术品和文物的书画更是被排除在文献学家的视野之外，这不能不说是传统文献学学科的遗憾所在。

就研究的角度而言，古典文献学的空间非常巨大，但前提是不能故步自封、自我设限。最近看到邓小南对《周易·家人卦》影响宋代女性行为的研究、刘静贞对《论语》"三年无改于父之道"与宋代太皇太后"以母改子"的研究、程章灿对南京诗影响南京地理景观形成的研究，皆可为文献影响、形塑政治和社会现实提供典型例证。而笔者《张旭悟笔因缘考辨》也试图通过还原文献产生的客观社会环境，去探寻文字记载背后的"达诂"，亦可视为将文献学介入书法史研究的有益尝试。

5.结合自身的求学和教学，"文献学"的研究生培养上与其他学科有何不同，一般做些什么具体学术训练？他们应该具备什么样的基本素质？您对学生们有何期待？

对于不同专业背景的研究生，文献学所起的作用各不相同。我在暨南大学所带的研究生分为三类，一类是文学院的美学专业，二是艺术学院的艺术学理论专业，三是艺术学院的书法专硕生。对于这三类学生，我都会给他们设计一些文献学的基本训练。我认为文献学之于学术研究的意义首先不在于是否要运用目录、版本、校勘等方法去做一些具体工作，而是要有"辨章学术，考镜源流"的学术意识，要学会查找和辨析资料。程千帆先生在指导学生时，强调将文献学和文艺学相结合，对此我完全赞同。不是任何研究都需要从头开始，很多时候，我们是站在文献学家的肩膀上，进一步去验证和推进既有的文献学的学术成果。前些年，我从事宋代书家年谱的编撰工作，一些年谱完成后，我会让学生去帮我查核原文，这对于不熟悉文献的学生而言，能快速进入古文献的世界。此外，我也会从《墨池编》中选取一些单篇文献，让学生去查找版本、从事校勘，同时进行史源

学的钩沉挖掘。

文献学本质上是历史学，将文献的文本内容进行查核考证，本身就是历史学研究的题中应有之义。因此对于学生而言，基本的历史文化常识，如年代、地理、职官等需要提前预知。我在指导研究生选题时，有所谓的"宋代文人与（笔、墨、纸、砚、阁帖、金石学）"系列。我同时在文学院古典文献学专业招收博士研究生，对于博士生，我贯彻书法文献研究的思路。书法文献既具有所有一般文献的特征，同时也具有特殊的生产、流通、鉴藏和发挥社会作用的方式，需要同时从文学、文物、文化、文献、艺术多个角度去进行探讨，这决定了书法文献研究必然是综合的研究，因而难度更大。

6."文献学"专业的学生就业情况如何？论文发表难度？主要的就业方向是什么？

一般而言，短线专业就业易，长线专业就业难。对于文献学这样的专业而言，就业肯定不会好到哪里去。前人有言"江山不幸诗家幸"，我则说"就业不幸学业幸"。近些年来，传统学术一直处于弱势地位，但随着经济水平的提高、文化自信的增强，这一局面正在得到改观。文献学的论文之所以不好发，原因不在文献学本身，而在于文献学家的文章是否通透。即使是资料性的考证，如果有深度、角度新颖，关涉面广，同样是好文章。从这一点出发，文献学者应该多从邻近学科中吸取经验。

7.请您谈一谈对文献学前景的展望，会向什么方向发展？哪些方面会引起更多关注？

文献学是一门具有广阔发展空间和远大前程的学科，只要学术存在，文献学就一定不会消亡。但是传统文献学的诸多观念理应与时俱进，以适应时代发展的要求。首先，以"文本"为主的传统文献学正在受到读图时代"图本"的严峻挑战。"图本"本应属于传统文献学的范畴，但可惜并没有得到应有的重视。我们不得不思考，"图形时代"的文献学该何去何从？其次，电子古籍事业的高速发展，高科技的介入，会对传统的校勘、版本、目录之学产生强烈的冲击，我们该如何回应？第三，西方文献学对于传统文献学而言，其借鉴意义何在？这些都是时代给予文献学家的新课题，传统认为"只要用功就可以做到最好"的观点似乎有些不合时宜了。

8.请您推荐一种"文献学"的必读书，简要地介绍一下内容及您的阅读体会。

我从不认为任何一种书是必读书，但认为想做古代的学术研究，古文献学的基础知识则是必须掌握的。一本书是否必读，取决于与你的现有研究的关联度。那种毫无目的地乱读书固然不可取，但是目的性太强的以"用"促"读"的方法也有局限。传统目录学的"即类求书""因书究学"是我们应该遵循的法则。以此而论，略通一点目录学知识是从事学术研究的第一要务。我在湖北大学读研究生的时候，老师劝我们阅读《四库全书总目》，说实话，我当时根本就看不进去，也没有认真去读。后来年岁渐长，越发觉得《四库全书总目》的重要性。十年前，我为书法专业的研究生和本科生编撰了一本《书学史料学》，白谦慎教授评价为"兼有目录学和史料学之长"，此书即是受到《四库全书总目》、余绍宋《书画书录解题》和陈滞冬《中国书学论著提要》等目录学著作的启发而作的。现在看来，此书虽然存在各种问题，但对于书法专业的本科生和研究生而言，尚不能说全无用处。因此若要我推荐一本必读书，还是《四库全书总目》，所谓"三折肱知为良医"是也。

江西科技师范大学　陈绪平

陈绪平，男，1980年生。文学博士、经学博士后，江西科技师范大学文学院副教授、硕士生导师、江右文献研究中心主任、研究员。主要从事《诗经》等商周文献研究，代表性论文有《郑玄及其传注学新范式》。出版专著《毛传郑笺补正》等。

1.文献学是一个冷门学科，您是什么时候开始接触这门学问的？是主动报考还是调剂？谈一谈您对"文献学"的最初印象，现在的理解有没有变化？

答：我是世纪初开始关心与进入这个学科的。我是研究生时报考了中国古典文献学专业。这样的选择来自一种"自觉"。在进入这个学科之前，我有长达十年的发烧友阶段，要从高中开始算起。那时出于对文史学问的热爱，读了很多书，都是今人的研究成果。当年流行"学好数理化，走遍天下都不怕"的说法，读大学选择了理科。在大学，我依然很喜欢读文史类的书籍。读来读去，就会有矛盾感出来，比如王国维这样看，钱穆后来又有新说，这就需要回到文献本身。所以，我是自觉选择了文献学专业的。最初的看法是：文献学是冷板凳，它又是真诚于学问的人必然要走的道路。今天也没有变化。无论从事的是中学、西学，还是古学、今学，文献学修养都是我们做学问的根本。根本是不可以动摇的，《论语》云"本立而道生"。根本一旦动摇了，我们的生存意义就荡然无存了。这个不存在了，做什么和获得什么都会感到无聊与累。

2.毕业后又从事文献学研究和教学，您觉得涉古专业本科生学习"文献学"课程的必要性是什么？

答：在本科阶段要开设"文献学"课程，如果条件不允许可以开设一门选修课。文献学有一个作用是"导引"。它可以帮助初学者建立一个宏观看法，比如认识到故国典册之富之美，还可以初步建立中国古籍种类等认识。知道有哪些书但在大学阶段没有去摸摸和根本就不知道是两类学生。就好像小时候被父母教育过但是没有成材和从来没有被驯服过的人是两种人一样。他们的底色不同。当然，也有开始的知识结构很好后来却一事无成的情况。

3.您的研究方向是偏向历史文献学还是文学文献学？又或者说偏重目录、校雠和版本的哪个具体方面？请重点谈一下您在这个领域的治学心得？

答：我做《诗经》《论语》等早期文献，是传统小学与思想史结合的一种研究。文史不分家，不好说具体是哪一门类的文献学。我比较侧重文本研究，具体来说是古书内容研究，特别关心古注及其古注变化对应的思想史变迁。这样研究必须关心经文用字，这和校勘紧密相关。要校勘，就必须懂点版本学的知识。不然，校勘容易成为一种体力活。要了解版本就需要点目录学的知识。这些知识都是紧密相连的，不好说具体做哪一种。

我起步晚，基础也不好，不敢说有什么治学心得，就说点体会。任何事物都是丰富的，文献也是如此。无论研究哪种学问都不要朝着专家方向走，孔子云："君子不器。"另外，如果有志于学，那么一定要在经典文献上下一次大功夫。最好是在硕士阶段。还有就是读书要细致（读书得间），并在读书中有思想史（学术史）意识。比如研究《论语》，不读点老子、墨子、孟子、荀子等，研究孔子很难做好。因为那些书是构成《论语》之所以为《论语》的"背景"。换句话说，事物的意义总是在同"背景"的联系与对比中彰显出来。比如"伤人乎不问马"，它的逻辑背景是有个"马"比"人"宝贵的情况。"子不语怪力乱神"，它的逻辑背景是"其他人"喜欢说那四种，而孔子不说。这样才有记录下来的必要和意义。研究文献也是如此，要把研究对象放在一个"背景"中观察。"通假字""俗字""避讳字""序跋"等这些文献细节往往和时代背景紧密结合，它往往是我们认识文献的重要途径。这就要求我们告别"专家"思维，孔子云"君子不器"。这样的看法意味着文献研究的功夫不在文献本身，汉语史、思想史、科学技术史、书法史等方面上的修养才是从事文献研究这门奢侈之学的重要素养，所谓功夫在诗外。未来的学术一定会走向更加深刻的道路上去。余嘉锡先生所说的"书衣之学"会没有市场，同样充满了假大空的文本内容研究也会失去阵地（版面）。

我还有一个读书体会就是要"多读古人书"。今天的古籍整理有几个毛病，第一是不会写"校勘记"，第二不懂"集解"的体例，第三"整理说明"写得太长。我现在的看法这都是古书读得少产生的毛病。比如"集解"，只要看看王先谦《诗三家义集疏》就懂了。王氏在"集疏"中引用过王念孙、王引之，在某些条目下又没有。这说明"集解"等并不是照单全收，是要有所择取的。同样，段玉裁是看过其师戴震的诗经研究成果的，在《诗经小学》中段氏也是有所择取的，这是我对读的结论。"校勘记"如何写，就说来话长了。

至于有些古书今人注就更惨不忍睹了。我在博士的学习阶段有过一个想法，即细致地读读《汉书》师古注，写一篇"从师古注看唐人的知识结构"的学位论文。但是考虑到学力与时间，最后改做了其他题目。但是当年那个暑假细致阅读师古注（大概读了十几卷）的过程帮助我了解了"注"之谓"体"。这个话题或许有争论，我的看法是该校什么不需要校什么，哪些该注哪些不需要，哪些要"集解"在某句之下而哪些又需要舍弃掉，这些都是有讲究的。不然，文献学真成了"体力活"，做之何益？

4.有人说"文献学"是个基本工具，算不上单独的"学科"，对这个问题您怎么看？如果是"工具"，是否应该有更广泛的应用？是"学科"，主要研究对象是什么？是否有瓶颈和走出困境的思路？

答：划分学科是大学教育的需要，或者说是科学主义管理学的需要。即划分也就是有个专业范围，以方便管理和教学。其实，严格讨论起来很多划分都是有问题的。数学、文学都一样。文献学是一种"学"，它是以"文献"为讨论中心的一种学问。它研究文献的生成、传布、典藏与保护等内容。它有工具性，是其他研究的基础，但它也有自身的内涵与外延。这些是明确的，但是现实操作起来，很多教材和很多学校的实际教学又把它搞成了"四不像"。这才是很多人诟病、质疑它的学科合法性的原因所在。很多教材和教法把它搞成了无所不包，有文学文献，有历史文献，也有美术、音乐等艺术文献，还包含了出土文献，域外文献以及电子文献等。看起来，什么都有了，其实在一个学期或者一个学年的时间里，什么都讲授和什么都不讲效果差不多。就好像中文系都要上《中国古代文学史》是一个道理。从先秦讲到清代，又要讲史又要讲名篇，结果什么都是讲了点皮毛。其实，我们要自信一点。因地制宜，每个大学条件不同，根据师资条件选择一段讲讲就可以了。比如唐宋段的老师多，就多上点唐宋。若先秦段的老师多，就选择先秦两汉文学史为授课重点内容，不必求全（都讲通史）。文献学开课也是如此，开课老师善于讲版本，那就讲版本，何必面面俱到，规定他把自己不懂的内容也讲了。特别是研究生教育，这点很值得注意。工业时代的教育也工业化了，教学大纲、课程体系，这些都是工业话语。统一教材、统一培养方案等都是"标准件"思维。文献学也是如此，看看后工业全面开始的时代，高校课程和未来学者做学问的方式能否有所改变。孔子讲"君子不器"有当下价值。

5.结合自身的求学和教学，"文献学"的研究生培养上与其他学科有何不同，一般做些什么具体学术训练？他们应该具备什么样的基本素质？您对学生们有何期待？

答：本科生阶段要完成繁体字的认读，完成古书阅读基本能力的培养。比如在大学四年里，至少看完过（我的意思是从第一句读到最后一句）一本经典。古人的注也要读。进入研究生阶段需要围绕一种书（或某一个时段的书）做一个系统阅读，搜集一宗资料，并自觉树立年代学、文化地理学的观念，还要学习与培养陈垣先生提倡的"史源学"的能力。如果要立志成为最好的学者（并不一定有名），那还要在传统小学上下功夫，特别是训诂学。没有这方面的能力和意识，我们面对古文献基本上很难做到第一流。这其实是要培育我们与古书、古人的亲近感。比如一提到阮元，我们可以很敏感地说出他一生大致的文化地理轨迹，在哪里遇到了谁，刻写了什么书，做了什么功业，写什么体的字，喜欢什么茶，喝什么酒。身后，谁帮他整理过集子等。别的我体会不多，如果您在硕士研究生阶段选择的是经学文献，我想对您说的是：您要吃比其他专业同学

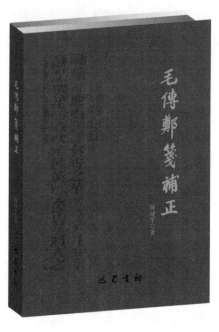

更多的苦。因为，学术从某种意义上看，就是一场智力竞赛。研究经学文献，我们最大的对手不是今人，而是清儒。研究生三年能围绕一经做点工作就不容易了。比如精读一次朱熹《诗集传》，把朱注同毛郑做一次细致比较就很好了，当然要写成学位论文，还要考察学术史在这个问题上的进展与成绩。如果研究版本，朱熹的这本书的流传也足够写一篇精彩的学位论文。因为它足够重要，且传承有序。如果说，"数学"是研究"数""数量关系"等的一种"学"。那么，我们也可以说"文献学"是一门研究"书籍"的学问。如果大家同意这个理解，那么对于文史专业来说：文献学研究的一个重要内容，或者说文献学教学的一个重要目标，就是了解古书（体例）、读懂古书（内容），进入古书的历史世界。这个目标是很难达到的，需要我们常年与古书为友，才可能慢慢进入其中，也需要我们具备各种专业技术。我们面对的主要是用汉字记录下来的古书，那么文字学、音韵学等技术就是必需的能力了。不了解这个就很难进入古代，尤其是先唐文献。比如《诗·云汉》有"靡人不周，无不能止"，毛云："周，救也。"郑曰："周当作赒。"这是声训之法。经文用"周"，毛郑分别读为"救""赒"，三字都是幽部字。再举一个训诂的例子，《抑》有"告之话言，顺德之行"的句子。毛云："话言，古之善言也。""话"字已见本诗"慎尔出话"，且毛传有"话，善言也"的训解。这里又解释一次。可见，在当时"话"之有"善言"的意思需要给读经的人注释出来。考之《说文》，云"话，合会善言也"，又《小尔雅》专列"话，善也"一条。理解这些内容都需要静下心来，慢慢进入其中才会发现其中的有趣。如果围绕一个问题，可以对读朱熹、戴震、段玉裁、王念孙、陈奂等多人说法，那就精彩纷呈了。读古书的乐趣之一就在这里。我们做文献学专业就是要进入古书中去。比如朱熹，很多人把他作为宋学的代表，清人又把汉学与宋学对立起来。其实，朱熹在经义解释上也是集大成又有新说的。诗云"有觉其楹"，朱熹云："觉，高大而直也。"如果读书细致，我们会发现朱熹恰恰兼容了毛郑。因为毛云："有觉，言其高大也。"郑曰："觉，直也。"再有"周公东征，四国是遒。"毛曰："遒，固也。"郑云："遒，敛也。"大家再看看朱子的注，他正说："遒，敛而固之也。"当然，朱子也有取毛郑一家或两家都不取而立新说的情况。限于篇幅，就此打住。如果哪位同学把毛郑朱三家逐条对读之后，以"朱子训诂与毛郑之关系"为题，写作一篇本科毕业论文，那将是大学四年甚为浪漫的事情。

6."文献学"专业的学生就业情况如何？论文发表难度？主要的就业方向是什么？

答：就业方向主要是进入高校，以及图书馆、博物馆等文化研究机构。

发论文是这个时代的大问题。哪个专业都不容易。特别是在读研究生。原因很多，最重要的原因是僧多粥少。研究人员越来越多，核心刊物就那几种。另外就是新人写作经验少，文章是好文章，但是表达方式不好。还有一个原因就是现在的全民科研和量化管理等又把这个问题激化了。文章不好发可以暂时不发，但是要坚持写，写好可以存在抽屉里。前者是不看低自己，发不了就多读书，没什么大不了，实在不行，出门做个兼职。后者是要自己通过写作和学术前沿保持同步。因为每次写作都要综述今人成果，综述的本质是让自己的研究进入学术史，而不是自娱自乐。当然，这是对已获得了稳定工作和稳定生活的同道说的。现在最糟糕的情况是要发论文完成考核保住饭碗，这就要求在短时间里"比赛效率"了。

7.请您谈一谈对文献学前景的展望，会向什么方向发展？哪些方面会引起更多关注？

答：文献学的前景会越来越好。因为我们国家开始走出贫困。很多青年学者一出道就展示了不俗的学问气质。这项奢侈之学会慢慢变得生动、有趣。近年大量影印书的出现且卖得很好都是好现象。80后、90后青年学者完整的知识结构，不俗的文化志趣（我认识几位博士，不找关系发文章，就是爱读书），社会常年的稳定都是这门学问走向更好图景的重要基础。高房价确实抹杀了很多人的学术梦想。但是据我了解，我身边的80后朋友大都解决了住房问题，孩子也到了读小学的年龄，他们会慢慢从繁重的"日常"中抽身出来，走向"古籍"是他们最好的一种选择。因为在言谈间，我发现这代人很苦很累，还好情怀一直都还在。未来的学术竞争会越来越大，文献学研究也会朝"深刻"方向发展。我们既要"揭示"，又需要给出"解释"。这就对研究者的要求更高。近年，经学文献、域外文献是热门，未来如何，我不敢说。我想分享的是初学者必须从研究"常见书"起步，正如裘锡圭先生说，今天研究出土文献的人很多，但是《说文》《左传》不熟悉，清人考据著作不了解，就去做古文字识读基本都是乱猜。这个忠告对于文献学专业也一样重要。年轻的朋友要学会辨识有些研究可能是为了研究而研究，可能为了完成一个项目，学术史未必需要。初学者尤其要注意这点，即不要被带错了道路，不要跟着跑偏了方向。

8.请您推荐一种"文献学"的必读书，简要地介绍一下内容及您的阅读体会。

答：《四库全书总目》。我买了四种（含台湾艺文本一种），放置在手边，干手头的活累了，就圈点几条。老实说现在也没有读完。每次都是翻读经部，偶尔读读其他部类，每次体会都不一样。它的意义巨大。我简单谈点自己的体会。第一，读这个书可以修改我们的"文风"。现在，今人写的古籍整理说明、古书提要都是"千言万语"。除了不入门之外，不够简洁的本质是不自信。我们面面俱到，其实是不知道该重点写哪几句。多读《总目》可以培养这方面的能力。第二，读这个书可以了解学术史，特别是可以帮助我们了解清人的学术趣味。体会这本书每个部类图书的排序与分类最为关键。所谓"类例既分，学术自明"。第三，古人讲"因书究学"。初学者可以遵循这个书，选择自己的学位论文题目。影印本也可以练习断句，希望有志于学术的朋友多在这本书上下功夫。另外，《毛诗》《左传》《史记》等经典最好熟悉一种，即便是做唐宋以下的学问。

四川大学　罗　鹭

罗鹭，1981年生，湖南新化人。2008年获得南京大学中文系中国古典文献学专业博士学位，现为四川大学文学与新闻学院教授、副院长。编著《虞集年谱》（凤凰出版社2010年版）、《〈元诗选〉与元诗文献研究》（巴蜀书社2010年版）、《采山楼藏稀见清人别集丛刊》（国家图书馆出版社2019年版）、《宋元文学与文献论考》（复旦大学出版社2020年版）、《中国古典文献学》（合编教材，中国人民大学出版社2013版）等。主要致力于印刷时代（宋元明清）的集部文献研究。

1.文献学是一个冷门学科，您是什么时候开始接触这门学问的？是主动报考还是调剂？谈一谈您对"文献学"的最初印象，现在的理解有没有变化？

我的文献学启蒙老师是原湘潭师范学院（今湖南科技大学）中文系的陶敏教授。陶老师是唐诗文献考据大家，大二时给我们上中国古代文学课程的唐宋段，经常在课堂上给我们讲他考证唐代作家作品的心得。因此，我最初对"文献学"的印象几乎等同于"文献考据学"，对文献考据的艰深充满了敬畏之心。大三时系里组织学生对知名教授进行采访，恰好分配我采访陶老师，于是有了当面请益的机会。记得我曾冒昧地提到如何看待"考据癖"与"考据繁琐"的问题，陶老师笑着回答说，一切文献考据，无论大小，都是有意义的，比如有人考证关汉卿或曹雪芹有没有胡子的问题，看似繁琐，或者觉得无聊，但如果要给他

们画像，这样的考据也是有价值的。陶老师的教诲当时对我有很大的触动，后来报考南京大学中文系的研究生，在准备复试时，我虽然已经听过陶老师的"中国古典文献学"本科课程，但心里还是没底，就再次登门向他请教。陶老师随手从书架上取出一本《中国古典文学史料学》（徐有富主编、程千帆先生校阅，南京大学出版社1992年版）赠送给我，称此书颇能代表南大中文系重视文献的特色与传统，可作为初学门径。陶老师又托我将他刚刚出版的《隋唐五代文学史料学》（中华书局2001年版）带到南京，送给南大古典文献和古代文学专业的诸位先生。经过陶老师的启蒙和接引，我正式迈入古典文献学的门槛，自此坚定了专业学习的决心与信念，至今已近二十年。

2. 毕业后又从事文献学研究和教学，您觉得涉古专业本科生学习"文献学"课程的必要性是什么？

2008年博士毕业后我有幸入职四川大学文学与新闻学院，一直

承担中国古典文献学专业基础课程的教学工作。我认为，文史哲相关专业的本科生和研究生，只有系统地学习"文献学"课程，才能真正步入学问的殿堂。从我指导本科毕业论文的经验来看，现在的本科生对古代文学作品的感悟力都很好，能够写出自己对古代作家作品的心得体会，但距离合格的学术论文还有一定差距。其中的主要原因是他们大多偏重于表达自我，而不完全具备独立的文献检索、资料搜集、史料甄别的能力。如果加强系统的文献学课程的学习与训练，必能如虎添翼，写出更加规范且不乏个人创见的论文。

3.您的研究方向是偏向历史文献学还是文学文献学？又或者说偏重目录、校雠和版本的哪个具体方面？请重点谈一下您在这个领域的治学心得？

我的本科、硕士、博士都就读于中文系，毕业后也在中文系工作，研究方向自然而然偏重文学文献学。南大的古典文献学专业师生素有编撰古代作家年谱的传统，周勋初先生有《高适年谱》，严杰老师有《欧阳修年谱》，章灿师的硕士论文是《刘克庄年谱》，等等。我在2003年准备硕士论文选题时，原本打算编撰《杨万里年谱》，但请教莫砺锋教授后得知，于北山先生已经有《杨万里年谱》书稿待版。于是，我只好将关注的重心从"南宋中兴四大诗人"移向"元诗四大家"，最终选择《虞集年谱》作为硕士论文题目。2004年8月，章灿师主办了"中国古代文学文献学国际学术研讨会"，其时我已完成硕士论文的初稿，受这次会议主题的影响，我将自己的研究方向确定为"元代文学文献学"，后来又以《〈元诗选〉与元诗文献研究》为题撰写了博士论文。古典文献学的研究，强调要竭泽而渔地占有研究资料，无论《虞集年谱》还是《元诗选》的文献研究，都让我接触了大量的第一手元代文学文献。研究过程中，我主要受益于版本目录学、考据学、史源学等传统的治学方法。

读研时初涉元代文献，我首先把《四库全书总目》中的三卷元人别集提要读了一遍，对元代的重要作家作品有了初步印象。然后参照周清澍先生的《元人文集版本目录》，自编了《南京大学图书馆藏元人别集简明目录》，并进而扩展到南京图书馆所藏相关文献。存世的元人别集大概只有三百余种，而我在南京图书馆翻检卡片目录时，意外地发现了一种不见著

录的稀见元人诗集——韩璧《云樵诗稿注释》，花费半个月功夫用铅笔手写抄录下来，并撰文介绍，后来刊发在《文献》杂志2007年第4期。由此可见，通过版本目录学能获知某种文献的流传存佚，判断其版本优劣与价值高低，进而展开深入研究。近十年来，出于教学研究的需要，我也特别留意收藏版本稀见的明清别集，不久前影印出版的《采山楼藏稀见清人别集丛刊》就收录了其中二十种，这同样得益于版本目录学的指引。

至于史源学的方法，其理论总结主要见于《陈垣史源学杂文》，应用于总集、类书、学术笔记等抄纂汇编类著述的文献研究往往卓有成效。我在元代研究方向的主要兴趣是元诗文献考据。在《全元诗》问世之前，康熙年间顾嗣立编纂的《元诗选》收录二万多首元诗，是元诗文献整理的集大成之作。我利用史源学的方法，基本还原了《元诗选》所收作品的文献来源，纠正了《元诗选》在编纂中的不少错误。例如，《元诗选癸集》（戊集下）收录陈良臣的《新年书怀》《题铁山卷》《题刘秘监为程如章作两山图》《环山楼》《题贵

妃洗儿图》《题范蠡图》等诗六首，编者自注来源于《文翰类选大成》，但覆核原书发现都是王璋之诗。在《文翰类选大成》中，陈良臣与王璋之间仅隔二人，所以出现误抄的情况。如果不采用史源学的方法，就很难发现这一文献讹误。

4.有人说"文献学"是个基本工具，算不上单独的"学科"，对这个问题您怎么看？如果是"工具"，是否应该有更广泛的应用？是"学科"，主要研究对象是什么？是否有瓶颈和走出困境的思路？

"文献学"既是基本工具，也是单独的"学科"。从事中国传统文化研究的学者都应该掌握这门工具，为各自的研究提供全面、准确的文献支撑。但要使这一工具革新和进步，离不开专业研究者对文献学基本理论方法的思考探索。作为一门独立学科的中国古典文献学，主要通过版本学、目录学、校勘学、注释学、编纂学（含辑佚学）、考证学（含辨伪学）等方法研究中国古代的文献，同时注重自身理论方法的总结与提升。文献学这一学科目前遇到的问题之一是文献学理论发展的缓慢与古籍电子文献激增的趋势之间的矛盾。20世纪八九十年代是文献学理论迅速发展的时期，出现了一大批文献学、版本学、目录学、史料学的研究成果。以版本学为例，就有黄永年先生《古籍版本学》（八十年代油印本）、严佐之先生《古籍版本学概论》、李致忠先生《古书版本学概论》、程千帆、徐有富先生《校雠广义·版本编》，曹之先生《中国古籍版本学》、姚伯岳先生《版本学》等。近年来具有版本学通论性质的著作则不多见，就我眼界所及，陈正宏先生的《东亚汉籍版本学初探》是比较具有代表性的一种。与版本学理论发展的缓慢相对照的是，古籍数字资源逐年递增，现在从事版本学的初学者都可以很便捷地浏览并下载数以万计的古籍善本。过去的版本鉴定在遇到困难时大多只能参考图录或文字著录，现在则可以利用电子图像进行全文比对，极大地提高了鉴定的可靠性。在此基础上，如果学界能够及时进行方法论的总结，甚至是联合建立涵盖所有古籍版本品种的图像数据库及刻工数据库、藏书印数据库等，或者引入电子信息技术来识别版本，版本学的发展必将进入一个全新的阶段。

5.结合自身的求学和教学，"文献学"的研究生培养上与其他学科有何不同，一般做些什么具体学术训练？他们应该具备什么样的基本素质？您对学生们有何期待？

文献学专业的研究生教学，最重要的是培养学生阅读和整理古书的能力，重点应当进行古籍标点、校勘、版本、目录等方面的学术训练。我在读研、读博期间，曾参与南京大学古典文献研究所承担的大型古籍整理项目——《册府元龟》的四校、五校工作，前后大概校对了七十卷、近百万字，独立补写了数十条校勘记。这段经历极大地提高了我阅读、标点古书的能力。文献学专业的研究生，在校期间可以寻找机会，积极参与导师或学校的古籍整理项目，为自己今后独立从事相关工作打下基础。版本目录学方面的训练，则可以利用寒暑假参加古籍普查志愿者活动，近距离地接触古籍原本，提高版本鉴定与古籍编目的实践能力。我对学生们的期待是，不管将来是否从事与古典文献相关的工作，在读期间所经眼的文献和积累的经验都能学以致用。

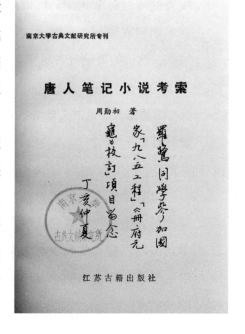

6."文献学"专业的学生就业情况如何？论文发表难度？主要的就业方向是什么？

文献学专业的博士毕业生，主要供职于高校、科研机构、图书馆、文博单位、古籍出版社等，继续从事与古典文献相关的教学、科研、整理、出版工作；硕士毕业生中的少部分进入上述专业对口的单位，大部分则与中文专业的其他硕士生一样多渠道就业；本科生则以考研为主，或者直接就业，少数进入古籍修复和保护、古籍数字开发、古籍拍卖等应用性的对口行业。

硕博士生发表论文都有一定难度，尤其是核心期刊，有的刊物还设置作者身份的门槛，比如要求作者为副教授职称、博士学位以上。还有的综合性刊物会限定文章内容与投稿方向，偏重于发表宏观研究的文章，而拒收个案研究的论文。但学科特点决定了文献学论文很多都是为了解决具体问题，比如考证某书的版本源流，辨别某书的真伪等等。这样的论文，如果不是重要作家的重要作品研究，发表的阵地越来越少，可谓在夹缝中求生存。当然，也有少数专业学术期刊或集刊，只看论文质量，不看作者身份，扶持青年学子的成长，这就需要研究者勇于尝试、积累投稿经验了。

7.请您谈一谈对文献学前景的展望，会向什么方向发展？哪些方面会引起更多关注？

文献学作为一门历史悠久、传承有序的学科，其前景是很值得期许的。毕竟我们现在获取文献的途径越来越便捷、处理文献的技术越来越先进。文献学在未来的发展，除了出土文献学、电子文献学之外，就我个人的观察，专科文献学和比较文献学也是两个重要的发展方向。

专科文献学在涉古专业的发展已经广为人知，如古代文学文献学、历史文献学（狭义的史学文献学）、宗教文献学、艺术文献学、中医文献学等，都已经发展得比较成熟，目前正以迅猛的势头向其他专业或二级学科拓展。比如，四川大学中国现当代文学专业就在近年新设了"现代文献学"或"现代文学文献学"特色招生方向。所以我在研究生平台"中国语言文学前沿"课堂上对学生讲，希望越来越多的中文专业研究生今后有志从事专科文献学的研究，除了古代文学文献学、汉语言文字文献学、现代文学文献学，比较文学与世界文学专业的研究者也可以从事英国文学文献学、法国文学文献学、德国文学文献学等国别文学文献学的研究，并写出相关理论著作，为初学者提供指引。这可以看作是文献学对中国语言文学其他二级学科的贡献。

比较文献学同样是文献学发展的重要趋势之一。因为同处汉字文化圈的原因，目前中国、日本、韩国的学者已经开始重视东亚文献的整体研究。过去的版本学主要研究产生于中国的古籍版本，但目前已经逐步拓展到和本、朝鲜本、越南本、琉球本的研究。日本的书志学尤为发达，能够给中国古典文献学的发展提供理论方法上的比较和借鉴。西方的校勘学理论也已有不少学者进行译介，还有学者写过中西校勘学比较研究的论文。此外，伴随着西文图书善本收藏的热潮，可以预见，西文图书版本学、中西版本学的比较研究等领域也会逐渐兴起。

8.请您推荐一种"文献学"的必读书，简要地介绍一下内容及您的阅读体会。

"文献学"的必读书很多，古典目录学名著《汉书·艺文志》《隋书·经籍志》《四库全书总目》《书目答问》除外，清代学者章学诚的《文史通义》《校雠通义》，现代学者姚名达先生的《中国目录学史》、余嘉锡先生的《目录学发微》《古书通例》、张舜徽先生的《中国文献学》，程千帆、徐有富先生的《校雠广义》、黄永年先生的《古籍版本学》《古籍整理概论》、杜泽逊先生的《文献学概要》等，都是公认的文献学名著和入门读物，前面的青年学者已多有推荐。如果一定要推荐一种不同的书，就对我个人治学的影响而言，首推梁启超先生的《中国历史研究法》及《补编》。该书虽然谈的是历史研究法，但其中的《说史料》《史料之搜集与鉴别》等章节对文献学的学习与研究也很有裨益，能提高我们对文献资料的搜集与鉴别能力。此外，《补编》中有专门章节谈到"年谱及其做法"，在我撰写硕士论文《虞集年谱》时有直接的启发和指引，所以郑重向大家推荐。梁启超先生是较早使用"文献学"这一术语的现代学者，他在《中国近三百年学术史》中认为广义的史学即文献学，结合《中国历史研究法》的表述，他理解的"文献学"应当接近后来所说的"史料学"。"史料"这一术语涵盖的范围比"文献"要广，既包括由文字记录形成的文献，也包括文献之外的文物与口述史料。傅斯年先生也提出过"历史学只是史料学"的口号。他们的共同点是重视史料的搜集与鉴别。梁启超先生除了在《中国历史研究法》中总结鉴别伪书的十二条公例外，还有专门的辨伪学著作《古书真伪及其年代》，主要汲取了传统文献学中的辨伪理论。重视文献考据的学者，往往醉心于清代乾嘉考据学与民国"新考据学"，梁启超先生的《中国历史研究法》《清代学术概论》《中国近三百年学术史》等著作，既总结了清代考据学的成就，也在"新考据学"方面有所开拓，因而是非常适合的文献学入门读物。

上海大学 郑 幸

郑幸，1980年生。复旦大学古典文献学博士，上海大学文学院教授，2019至2020年赴日本庆应义塾大学附属研究所斯道文库访学一年。曾出版《袁枚年谱新编》《清代刻工与版刻字体》《王昙诗文集》，并在《文献》《中国典籍与文化》《国学研究》《中国诗学》等期刊发表论文数十篇。

　　一直关注"青年学者说文献学"这一栏目，然而当石祥师兄邀我投稿时，最初还是拒绝的。理由很简单，我做研究并没有太多经世之抱负，仅仅是因为很喜欢、很享受沉浸其中的这个状态而已，并且也没有做出太大的成就，所以不敢以"青年学者"自居。然而石祥兄又强调说，女性学者太少。其实从事科研工作的女性学者并不少，只是翻翻此前诸篇，女性又确实寥寥可数。念及此，我也就爽快应承了。虽然我并不认为文献学有什么性别色彩，但对那些有志于文献学研究的女同学们来说，拙文或许能给她们提供一些小小的参考。

　　1.文献学是一个冷门学科，您是什么时候开始接触这门学问的？是主动报考还是调剂？谈一谈您对"文献学"的最初印象，现在的理解有没有变化？

　　我本科就读于浙江大学中文系汉语言文学专业，当时浙江大学是全国仅有的几个在本科设置古典文献专业的高校之一，所以我算是很早就知道了有这门学科，但也仅仅是知道而已。最初印象中，古典文献学的录取分数线比汉语言文学要略低一些，所以潜意识中觉得这应该是一个比文学还要冷门的学科。这个印象其实一直持续到现在，即便是在研究生大量扩招的情况下，文献学的招生情况依然还是不温不火（在这里顺便给上海大学文献学做个广告吧，欢迎大家报考，我们专业的老师都非常优秀）。不过我不觉得冷门是什么坏事。这个专业，最好是有足够决心、足够喜欢，并且耐得住寂寞的人来读才好。

　　大三以前，我感兴趣的其实是外国文学，读了很多西方小说。后来因为受几位同道的影响，又机缘巧合选修了朱则杰先生的《清诗鉴赏》课，兴趣就逐渐转移到古代文学上去了。我的硕士便是跟着朱则杰先生读的。朱先生是钱仲联先生的高足，专治清诗，这也使得我后来的研究始终围绕清代而展开，也算是不忘初心吧。

　　至于真正接触文献学，则是在考博的时候。为什么要考博士，现在回忆起来竟然已经模糊不清了。可能是读硕士这两年半来（当时浙大学制如此），在则杰师的关爱下过得实在悠闲惬意，以至于让我有一种做学术并非难事的错觉，因此不假思索就打算继续跟着则杰师读博，连博士论文的题目都商量好了。结果大意失荆州，十月份第一次报考竟因英语一分之差而未能上线，至今耿耿。只不过当年觉得意难平，现在想想却也是人生中难得的一段经历。幸亏当时浙大一年有两次考博机会（现在的考生就没有那么幸福了），因此次年三月，我又卷土重来。不过为了求稳，在浙大之外又同时报考了复旦。当时有个本科同学在复旦古籍所读研，我请她推荐导师，她毫不犹豫就推荐了陈正宏先生，称其学问极好，人又风趣。因为陈先生是在古典文献专业，我也就理所当然地选择了这个专业。复旦效率极高，先初试，再复试，结果都已经下来了，浙大这边居然尚未开考（现在各大高校也学聪明了，就不复有此种选择机会了）。而则杰师也并未计较我的"叛徒"行为，甚至觉得能去复旦读书于我而言也是一件好事，于是我就这样被命运之手推向了古典文献这个专业。好像是一次意外，又好像颇为自然。

不过学了几年文学，再回头学习文献学，总觉得有些次序颠倒。很多文献学应该具有的基本功，我都不懂，或者只是囫囵吞枣般学个皮毛。好在正宏师在教导学生上特别有办法，总是强调文献学是一门很好玩的学科，也带着我见识了很多新鲜有趣的东西，所以读博三年，苦当然是苦的，但居然也甘之若饴。最重要的一点是，我对文献学的兴趣算是建立起来了，这也是支撑我后来在这条路上持续走下去的最大动力。只不过现在回想起来，很多当年自以为懂了的东西，其实并没有真正吃透。所以要说现在对文献学的理解有没有变化，当然有，而且是一直在变化，可谓常学常新。不过这样也挺好。去年9月，我曾有幸前往日本庆应义塾大学附属研究所斯道文库访学一年，并

在斯道文库，2019年

跟随斯道文库的教授们一起进行古籍编目工作。虽然因为日语磕磕绊绊实在有碍交流，但能够近距离接触并学习日本学者的治学方法，感觉对文献学的理解和体悟又加深了一层，真是学海无涯啊！顺带值得一提的是，斯道文库的藏书量虽然不算特别大，但作为访问学者可以自由进入，随意翻阅架上古籍，这真是一种无比奢侈的幸福啊！

2. 毕业后又从事文献学研究和教学，您觉得涉古专业本科生学习"文献学"课程的必要性是什么？

毕业后我在上海大学工作。上大没有文献学的本科生，所以我一直承担的都是古代文学方面的课程。另外我也开设了一门与书籍史有关的选修课，其中不少内容与文献学息息相关，但选课的人不多（笑）。事实上，近年来上大也专门为本科生开设了古典文献学的必修课，只不过是由其他老师授课的。个人觉得，不管本科专业是什么，都非常有必要修读一门文献学的课程，因为它所传授的，是发现问题、解决问题的基本思路与方法，对任何专业都适用。

3. 您的研究方向是偏向历史文献学还是文学文献学？又或者说偏重目录、校雠和版本的哪个具体方面？请重点谈一下您在这个领域的治学心得？

因为本身是从文学转文献，所以选择专业时很自然地就选择了"文学文献学"。此后博士阶段是以"袁枚年谱新编"作为论文选题，工作以后又一直参与上海大学张寅彭教授主持的国家社科重大项目"清诗话全编"课题组，所以好像一直与文学有不解之缘。但说实话我在文学上的悟性一般，积累也不深，因此近年来研究的重心越来越偏向于文献，而与文学渐行渐远。事实上，诚如此前各位学者所言，文献学本身并无所谓"文学"与"历史"的分野，只是因为现代学科体系分出中文、历史、哲学等学科，所以才有了"文学文献学""历史文献学"之类的区分。如果回到文献学的基础层面，即所谓"目录""版本""校勘"，则不可能有文学、历史这样的学科限制。不过，因为在文学圈里待得久了，面对的大多是集部文献倒是事实。

而就文献学的几个方面而言，因为正宏师最擅长的领域之一就是版本学，博士三年耳濡目染，也算是受到了很多熏陶。来到上大以后，又一直给研究生们开设版本学的课程，自己近年来的研究课题也主要围绕版本学和出版史而展开，所以对版本学这个领域可能相对比较熟悉一些。心得谈不上，只能说通过不断的学习和研究，我对书籍、版本又有了很多新的认识与看法。例如所谓版本实物性的问题，此说发轫于正宏师，又在我的两位同门郭立暄兄与李开升兄的大作中被反复加以讨论与验证，个人认为几乎已经可以成为版本学界的一种新的共识。而文学出身的我（这时候我的文学底色又不由分说地跳将出来），有时会尝试将版本的实物性与文本结合起来，去解决一些文学史上的问题。例如袁枚《随园诗话》不同版本中存在的异文问题，仅仅用文本校勘的方法显然无法解决，以至于学界争讼不断（特别是红学界关于大观园的争论），但如果从实物版本学入手，找到被剜改、抽换版片之前的那个早期印本的实物，再结合文字校勘，就能基本还原整个文献变化的来龙去脉。如果我将来会回到文学文献学这一领域，那么用文本校勘结合实物版本学的方法去发现、解决诸多文学问

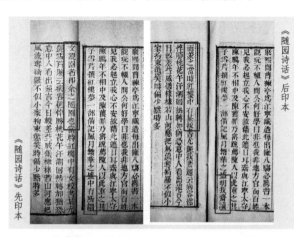

袁枚《随园诗话》先后印次的区别

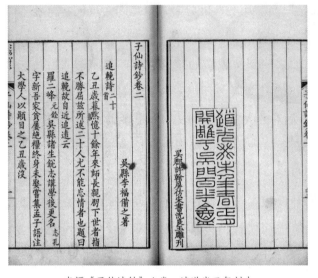

李福《子仙诗钞》八卷，清道光三年刻本

题，可能会是我的关注重点之一。

除此之外，近年来因为涉足较多出版史的研究，也有一些自己的粗浅想法。传统的版本学家多注重宋元刻本，这当然无可厚非。就文物性、审美性与文本的原始性而言，宋元本当然有着无可比拟的价值。但就书籍的生产与传播而言，窃以为明清刻本才是中国出版史的真正主流。很多出版史上的革命性变化，例如"宋体字"（其实我更喜欢称之为方体字）的最终定型，程式化"写体字"的逐渐产生，商业出版的日趋成熟，刻字业与书坊业的分离等等，都是在明清时期。但是目前学界对明清刻本的深入研究总体来说还是偏弱一些，明代还稍微好一些，清刻本的整体性研究则基本上还是停留在黄永年先生与黄裳先生的那个阶段，总觉得还有很大的研究空间。所以现阶段，我个人是把研究重点之一放在清代的出版史上的，虽然无法企望前人之项背，但如果真的能提出一些问题（哪怕不能解决），我想也是有益的。

4. 有人说"文献学"是个基本工具，算不上单独的"学科"，对这个问题您怎么看？如果是"工具"，是否应该有更广泛的应用？是"学科"，主要研究对象是什么？是否有瓶颈和走出困境的思路？

这个问题，前面的诸多学者已经讨论得比较多了，我就不多赘言。唯一想说的是，所谓瓶颈和困境，窃以为并非来自文献学本身，而是整个教育和学术环境被挤压而造成的。如果能从源头上解决一些问题，那么学科和学者们的焦虑自然就会减轻很多。

5.结合自身的求学和教学，"文献学"的研究生培养上与其他学科有何不同，一般做些什么具体学术训练？他们应该具备什么样的基本素质？您对学生们有何期待？

我读博士的时候，正宏师会分享自己收藏的各种本子给我们看，还会很大方地请我们摸那个宋刻佛经残页（笑），带着我们去上图听陈先行先生讲宋元本，去浙图做古籍编目实践。到我自己上课带学生，虽然无法媲美当年所享受到的视觉盛宴，但还是会尽量给学生提供一些书籍实物以供观摩参考，并带到上海图书馆古籍部做一次版本鉴定的实践（可惜现在因为疫情原因只能改为鉴定电子版古籍）。除此之外，我的课程作业通常是要求围绕一种古籍，完成从目录调查到版本鉴定再到文字校勘的全部流程。说到底，文献学特别是版本学光靠教是教不会的，一定要实践。很多理论知识，说起来都头头是道，用起来却似是而非，这显然就是实践尚未到位的结果。

6."文献学"专业的学生就业情况如何？论文发表难度？主要的就业方向是什么？

这一点此前的学者也说得比较多了，基本上差不多。什么时候文献学能够不单纯以论文来考核就好了（快醒醒）。不过值得一提的是，文献学的学生就业往往还不错，虽然不一定从事专业相关的领域，但文献学所培养的细致、严谨、条理分明等诸多专业素质，在实际工作中往往会有上佳的表现。所以担心学了文献学会找不到工作的，是大可放心的。

7.请您谈一谈对文献学前景的展望，会向什么方向发展？哪些方面会引起更多关注？

如果要说发展前景的话，个人认为文献学研究也许会更趋理论化、系统化和具体化。特别是版本学，前辈学者那种"观风望气"式的印象式、经验性总结虽然很重要，但我也期待新生代的学者们能以更广阔的学术视野，来深入讨论更多的细部问题。像郭立暄兄《中国古籍原刻翻刻与初印后印研究》、李开升兄《明嘉靖刻本研究》这样在大量个案研究基础之上所撰著的沉潜之作，希望以后能越来越多。

8.请您推荐一种"文献学"的必读书，简要地介绍一下内容及您的阅读体会。

如果就"文献学"的基础书目而言，我个人是非常喜欢黄永年先生的著作的。不过黄先生的书，此前诸位学者都推荐过了，那么

我就凭自己个人的兴趣，推荐乔秀岩、叶纯芳夫妇的《文献学读书记》。这本书所讨论的，正是文献学者的读书方法，以及在读书过程中的种种思考。此外，我很喜欢他后记中关于研究目标的一段话："要好玩，要创造，要永久。都不好玩，愁眉苦脸图什么？没有创造，不值得问世。希望最好几百年前、几百年后的人看到我的书都会觉得有意思。"这三个目标，实在是我心所向往之境界。聊存于此，以与诸同仁们共勉。

同济大学　赵成杰

赵成杰，1987年出生。文学博士、历史学博士后，曾任韩国首尔大学中文系高级访问学者，现任同济大学中文系助理教授。主要从事金石学、《尚书》学研究工作，已在《文献》《中国典籍与文化》《书目季刊》等海内外期刊发表论文多篇，出版专著三部，主持国家社科基金项目一项。

1.结合自身的求学和教学，谈谈最初的"文献学"积累和学术训练。

我的文献学积累是从古籍部里"泡"出来的。我硕士就读于东北师范大学，古籍部有两个阅览室，一个是线装书阅览室，一个是普通图书阅览室。在普通图书阅览室中，一半是港台书，一半是传统目录学、版本学以及大型古籍影印著作。从熟悉图书分布到"背书名"，再到掌握工具书的使用，都是文献学学习的基础。在读期间，熟悉了古籍部普通工具书的使用，《四库全书总目》及《续修四库全书》的编排，"四库"的主要系列，古文字、音韵类工具书的检索，人名、地名、字号辞典的使用等等。后来到港台部，熟悉港台的工具书以至海外学者的研究成果。最开始都是摸索，因为有太多要学习的内容，单是一本《经籍籑诂》就够琢磨一段时间的了。当时导师教导我们要重视序跋，所以每翻一书都要看序跋或是凡例，序跋交代了这本书的基本情况，包括作者、成书过程、成书时间；凡例则向读者说明了书的体例和检索方式。实际上，一本书的历代序跋就是这本书的学术发展史，如果再对应相关的学术编年，一本书、一门学问、一个学派的发展演进就一目了然了。

熟悉了古书的基本情况以后，就可以到线装书阅览室读书了，因为线装书很珍贵，如果没有积累就只能一通乱翻，不仅浪费了时间，还毁坏了古书，这是不可取的。在"背书名"这个阶段，《四库全书总目》、张之洞《书目答问》、梁启超《中国近三百年学术史》以及《中国古籍善本书目》是要经常翻的，哪些书是可以精读、哪些书是可以泛读，都是有侧重的，这样再到线装书阅览室，就可以有的放矢。由于兴趣所致，我只关注与文字学、金石学相关的著述，尤其是批校本和稿抄本文献。

文献学主要关注人和书两个方面的研究，以民国学者高步瀛为例，"人"的方面，我对他的交游、著述以及年谱都进行了粗浅的学术探索，又多方搜集他的佚文，最终形成了《高步瀛文集》（巴蜀书社，待出）。在这个训练过程中，熟悉了工具书的使用，又掌握了一些电子资源的检索。比如要查高步瀛，先看他本人的自述或者自订年谱，如果没有，再看他的亲属或学生的回忆文章，或地方志对他的记载，[民国]《霸县志》收录了他的不少文章，而他的学生也有回忆文字，就比较好梳理他的生平经历。至于高步瀛著作的梳理，先是查了"全国报刊索引"，初步筛选出他的文章几十种，之后又零星发现他的序跋，再进行录文、点校以及考证等过程，完成了高步瀛的系列研究。对"书"的研究方面，高步瀛的成名作是他的"举要"系列，但另一部著作——《古文辞类纂笺》，关注的学者较少，于是我从此书入手，考察成书、体例等情况，巧合的是，在吉林省图书馆又发现了它的姊妹篇——《古文辞类要》，将这两本书进行了对比，考察了高氏撰写此书的情况。在具体的学术训练中，不但熟悉了工具书的使用，还解决了一些小问题，这或许就是文献学的魅力所在。

文献学的学术研究非常注重"人"的考察，这里的"人"分"古人"和"今人"，"古人"的研究就是对研究对象的生平、交游、家世、著述的考察，这也是文献学研究的基础之基础，如果连一个古人都搞不清楚，何谈其学术贡献呢？"今人"的研究面就比较广了，主要是对现代学人及其学术史的把握，如某一类研究，有哪些学者，他们有哪些著作，特色是什么，如关于古籍的注本，哪些是权威的，哪些是最简洁的，哪些是资料性最强的，都应知晓；又如古文字学界的主要研究单位，代表学者、著作，研究特色等等，都要清清楚楚。

2.结合自身所学，谈谈您对文献学的理解以及需要具备的条件。

说起文献学，不外乎文字、音韵、训诂、目录、版本、校勘等类别，下苦功夫搜集材料是文献学训练的基础。我是从摹写《说文解字》小篆字形开始进入文献学研究的大门的，当时参与了六种大徐本《说文解字》小篆字头的整理，将每种大徐本的小篆逐一剪切出来（约六万个小篆），挑选出415种不同的小篆，研究它们的讹误情况。后来由小篆追溯至甲金文，对陈梦家先生的《殷虚卜辞综述》所著录的甲骨文资料进行的汇总，形成了《〈殷虚卜辞综述〉引卜辞来源研究》。2011年前后，开始留心《尚书》异文的整理，将敦煌本等传世写本中的《尚书》异文汇为一编，形成了《今文尚书周书异文研究及

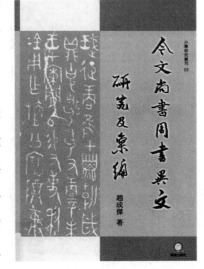

汇编》（兰台出版社2015年版），当时只做了《周书》部分。博士阶段，翻检工具书，编辑了有关明清时期江苏地方志所录《说文解字》的著录总表；博后阶段，又分别编纂了《云南石刻文献目录集存》以及《韩国所藏〈尚书〉文献存藏总表》。用表格来梳理文献，可以很清晰地发现规律、总结规律。通过工具书的编纂、文字编的摹写，不但能够增强基本史料的搜集能力，同时又可以对材料更加熟悉。

又如以编纂《云南石刻文献目录集存》（西南交通大学出版社2021年版）为例，不但熟悉了原始材料，还可以加深对石刻目录的认识。《集存》汇编了云南全省已出版的石刻目录及地方志、文物志等461种，其中地方志文献258种，石刻合集125种，文物志、文史资料等75种，谱牒类文献3种，辑录了云南金石15000多种，删除重复后，总计9070种。《集存》的编纂经历了四个主要步骤：一是确定收录文献来源，地方志、文物志、石刻汇编，形成《碑刻信息表》；二是校录著录项，包括碑名、撰者、刻工、时代、分类、尺寸、出处、地区等；三是系统筛查重复项，并校勘行款等；四是按时代排序，形成《集存》，并附主要按语。在这个训练过程中，逐步熟悉资料，考镜源流。文献学的研究都是扎扎实实的，一块碑、一篇文字

都要考察其来源，如有必要还需实地探访。将这些材料分门别类地放在不同的文件夹中，形成下一步学术研究的基本史料，是很有帮助的，例如对云南刻工的研究，通过云南石刻的梳理，考察出云南刻工计495人，再对其逐一进行考察就非常有价值。

文献学的研究，还有一点需要注意的，就是对电子资源的利用。知网、读秀、国学数典、国学大师、爱如生、台湾

学术期刊网自然不用多言，以上都是很常见的数据资源；较少用的数据库如中国地方志数据库、中国金石总录、晚清民国大报库等也应予以重视。但是海外尤其是日本、韩国开发的电子资源，是学界忽视比较多的，例如古代典籍综合资料库（早稻田大学）、东洋文化研究所汉籍目录（东京大学）、奎章阁原文资料检索（首尔大学）以及成均馆大学尊经阁等资源。这一方面，安徽大学唐宸老师开发的"中国古典文献资源导航系统"数据资源非常受用。

当然，数以千计的数据库资源，经常使用的也不过十几种而已，对文献学的学者而言，中国基本古籍库、学苑汲古、异体字字典以及国家图书馆的电子资源是最经常使用的，但是也不能忽视的是对经典工具书如《四库全书总目》《中国丛书综录》《中国古籍总目》的阅读。在现今的大环境下，有些学者的学术研究已经成了"检索"之学，有些文章一眼就能看出是从读秀检索而来，最明显的是论文中对历史人物的生平、著述的介绍，直接从读秀检索复制粘贴，就形成自己的"作品"，殊不知，不经考证的介绍往往漏洞百出。

3.您觉得涉古专业本科生学习"文献学"课程的必要性是什么？

大二时学校开设了中国古典文献学必修课，将《文献学概要》和《中国古文献学史》作为主要教材，这两部教材为我打开了系统学习文献学的大门。前一种是理论，要知晓什么是文献学，文献学的理论、方法和主要内容；后一种则深入到古典文献学的文本中"实地探索"。文献学分古典文献学和历史文献学，由于我对先秦史的兴趣，所以很早就注意到历史文献学的基本材料。基本材料实际上不是"读"出来的，仍然是"做"出来的，比如写学术综述，做年谱、索引，编目录，考察版本源流，点校古书等等，这些学术训练锻炼了我的文献学能力，又增强了文献学的意识，以至于现在读书、作文都非常重视目录、版本。文献学意识体现在对事物的追根溯源上，总是希望搞清楚一件事、一本书的发展演变，进而总结其贡献及意义。也许学过文献学课程以后很快就忘了具体内容，但培养的学术意识，如追溯源流、重视版本、列表格、做统计，乃至重要工具书的翻检和使用，都是一个优秀学者必备的素质。哪怕以后不从事文献学的研究，也会受益良多。

4.您的研究方向是偏向历史文献学还是文学文献学？又或者说偏重目录、校雠和版本的哪个具体方面？请重点谈一下您在这个领域的治学心得？

文献学的研究归根到底是为其他学科服务的，目录也好，版本也好，无一不是给文史哲等学科提供可靠的文本和详赡的资料。在金石学领域，集大成的资料便是清人王昶所撰《金石萃编》，是书一百六十卷，正文字数二百二十余万字，涉及碑刻一千余种，学科遍及文学、历史、地理等等，古代文学、古代史的研究都会经常查阅这部书。如能整理出完备的《金石萃编》，对相关领域都将有极大的促进作用。但是整理这部书是非常不容易的，录文、断句、校勘，每一步都要付出巨大的精力。校勘学实际上是一门综合学问，第一，要确定底本，同一部书先要考察它的版本来源，哪些是版本较早、讹误最少又能客观反映原貌的本子，这又涉及目录学的考察，有哪些题跋提及此书，对不同版本的评价怎样，后人有二十多种续补《金石萃编》的著作皆对《金石萃编》进行了增补，是否也需要关注？第二，进行文本校勘，涉及异体字、古今字、避讳字如何处理？《金石萃编》所收碑文也不完全录自精拓本，出现的错讹、缺字、空格都需要制定凡例，统一说明。第三，碑文的考释和汇录多

为清人所见刻本，与今人所见不同，而
不少材料今已无从查考，脱文、衍文
时有发生，有些不成句的如何点校？第
四，王昶的按语基本不见于其他文献，
除了本校法，似无他法，文中涉及人
名、地名、书名、文章名仍需确认，这
就需要对古代历史、地理、宗教等学科
的综合把握。所以说，校勘学是一门综
合之学，如果不熟悉古书，校勘工作确
实是非常难的。

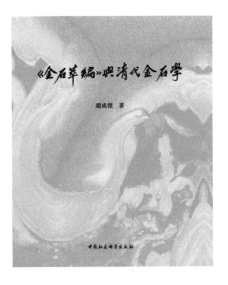

　　我的另一个方向是《尚书》学，近来尤其关注海外的研究情况。
2018年，我有幸到韩国首尔大学从事为期两年的访学工作。在韩期
间，探访了奎章阁和几个重要的大学图书馆，重点在《尚书》研究
方面，先是汇总了韩国所藏《尚书》版本四百余种，之后结合《韩
国经学资料集成》撰写提要。撰写提要的过程非常痛苦，一边读原
书，一边翻译韩文提要，初步梳理了朝鲜时代的《尚书》研究情况。
后来又参考了金学主、金赫济、李家源等韩文《尚书》注本。当然，
限于时间，这项工作仍在继续，可喜可贺的是，钱宗武教授主编的
《尚书学文献集成·朝鲜卷》（凤凰出版社2019年版）刚刚出版，可
资参考，为下一步考察《尚书》文献在东亚的传播提供坚实的文献
基础。

　　海外文献研究是近来的学术热点，美国、加拿大、西班牙、日
本、韩国都有中文古籍目录问世，不少学者能够通过目录考察古籍
存藏情况，有条件的还可以亲自检阅，尤其是批本、抄本的发现，
更具学术价值。我在东北师范大学读书期间，偶然看到了周祖谟批
本的《说文解字》，就着手对这本书的基本情况进行了概述。后来
在南京图书馆、上海图书馆、浙江图书馆等，陆续发现了《说文解

字》批本材料，逐步积累了《说文解字》批校本的材料。最近李运富教授编纂的《清代〈说文解字〉研究稿抄本丛刊》出版，收录了王筠、王念孙、严可均、姚文田、钱大昭等清代学者的稿抄本《说文解字》，这些材料都是可以深入研究的。目前，很多出版社都出版了大型稿抄本丛书，涉及金石学、文字学、目录学等领域，如果能够重视这些新见材料，无疑会使相关学科突飞猛进。

5."文献学"的作用？论文发表难度？

文献学是一门基础学科，熟悉了基本工具书的使用，具备了基本的文献学常识，才能在以后的学术研究中少走弯路。有不少学者，因为文献学的欠缺，在写参考文献的时候，将年份中的出版时间误写成了印刷时间，还有学者根本不了解"著""编"等基本术语的使用，更不用说古书中的"训""笺""注""疏"的含义，这些都是研究古文献需要学习的。还有不少学者，不懂版本学，引用古书的时候随便找一个整理本，这类情况比比皆是，这都是没有文献学意识的体现。

文献学专业纯粹对口的刊物如《文献》《古籍整理研究学刊》《中国典籍与文化》《版本目录学研究》等，都不太容易发表，文献学的论文还是要结合具体的学科投稿的，比如研究艺术文献，就可以投艺术类刊物，研究文学文献就可以投文学类刊物，不必专投文献类。对一些稿本、抄本等新见文献的研究还是有非常广阔的发表空间的，近来学者多关注海外汉学以及稿本日记的研究，也都是大有可为的。文献类的文章主要是材料搜集和运用，但是对新材料的使用尤其是出土文献的研究也存在一定误区，主要是对该领域陌生，以至于有了新材料也不能有新的突破，这是非常值得注意的。

6.请您谈一谈对文献学前景的展望，会向什么方向发展？

文献学的展望，主要的思考是结合人工智能和数据库的建设，全面梳理和整理海内外文献。中华书局已经在尝试电脑自动识别和标点技术，准确率非常高，但是对抄本、稿本、少数民族文字的识别和标点还亟待开发。在数据库建设方面，很多科研院所依托国家社科基金等项目进行数据库的建设，不少国家社科基金项目在原有论证基础上加上"及其数据库建设"，就增色不少，但能否做成，还有待检验。

7.请您推荐一种"文献学"的必读书，简要地介绍一下内容及您的阅读体会。

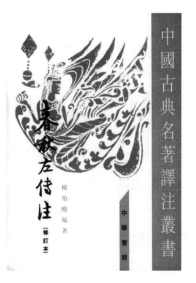

文献学的阅读，相比读一些类似于《四库全书总目》或《目录学发微》的著作，更推荐认真读一本今人译注的古书。读古书可以了解体例、知晓大要，还能熟悉本领域的研究现状。杨伯峻的《春秋左传注》是我非常推崇的，首先熟读杨伯峻的前言，了解《左传》的内容及其研究史，尤其要注意文中所列参考书目，这些经典之作不妨找来翻翻；继而从正文开始，了解其书体例，遇有不懂的先秦史问题，随记随查。将书读"厚"，就是在读古书的过程中，了解其背后的历史文化内涵。

兰州大学　赵宇翔

赵宇翔，1986年生。本硕博就读于兰州大学，从事宗教学、文献学研究。在《中国社会科学报》《中国学术》《中国道教》等刊物上发表论文若干篇，参与点校《中华道经精要》。曾任职于商务印书馆、甘肃文化出版社，编辑出版《清代河南碑刻资料》《中国历代官制大词典》《柴德赓点校新五代史》《近代甘肃政要施政文献选编》等书。

《道藏》文集与"集部之学"①

《道藏》的编目分类自刘宋道士陆修静创立"三洞"始，而后继之以"四辅"，"三洞四辅"遂成为后世道教徒修《藏》编目的圭臬。但是随着藏经典籍的不断丰富及对墨家、法家、兵家等诸家学说的收纳，原来的"三洞四辅"已不能满足其分类的需要。尤其是后世频出的道士文集，并不容易在"三洞四辅"中找到特别合适的位置。

《四库全书》也吸收了一些《道藏》文献，设道家类专题，附在"子部之末"，还有一些道士诗文集，散见于集部。对比这两类文献

---

① 本文原刊于《中国社会科学报》2021年1月25日。

书目，我们可发现，有些子部文献虽然在内容性质上归于子部，但在文本形制上却含有集部的元素。四库馆臣面对的这一局面，近代以来的道教文献学者感受尤深，他们大都对"三洞四辅"分类法进行了突破，并努力构建新的分类体系。在重新编目时必然会面临一个问题，即如何处理"文集"类文献。这就使在道教文献研究中引入"集部"这一概念变得顺理成章。

1991年，任继愈主编《道藏提要》，该书附录的《新编道藏分类目录》是首次打破"三洞四辅"框架的《道藏》总目，其中第九大类为"诗文集"，收《华阳陶隐居集》等30种。此后，朱越利的《道藏分类解题》（1996）第七部"文学"的第十四类为作品综合集，包括诗文集、诗词集、文集，共55种。钟肇鹏的《新编道藏目录》（1999）"杂著类"包括文集、诗词、赞颂等，共64种。丁培仁的《增注新修道藏目录》（2008）所收"文集"最为完备，约200种。由此可见，道教学界对《道藏》分类编目的研究在逐渐加深，然而在对道教"文集"进行归类时，依然无法很好地兼顾这些"文集"的内容性质与文本形制。

其实，在具体研究道教文献时，如果不涉及编目分类的话，可以直接把"集部之学"这一概念引入。我们不妨把《道藏》文集纳入"集部"之中，按照集部文本的研究模式对之进行分析和探讨，而不必过多考虑它们的内容性质，这样或可对道教研究和"集部之学"带来很大的拓展空间。

《道藏》文集研究可以与传统的"集部之学"研究互相参证、互相促进。首先，《道藏》文集可以丰富集部资源。仅以词学为例，由于"全真道士词在现存金词中约占半数以上，在元词中也为数众多"（蔡静平《瑶台归去恣逍遥》），所以明清词家在选录前代词作时自然会注意到道士词作。例如，明陈耀文《花草粹编》、清朱彝尊《词综》等皆录有著名道士葛长庚（即白玉蟾）的词作。后世词学研究者对道士词作的评价不尽相同，唐圭璋以为道士词作"皆炼形服气，怪诞不经之语"（《全金元词·凡例》）。况周颐却在评价丘处机的词时说："丘长春磻溪词，十九作道家语，亦有精警清切之句。"（《蕙风词话》卷三）无论臧否，道士词作已是不容忽略的词苑文献。

民国初年，词学大家朱祖谋在编辑《彊村丛书》时从《道藏》中选录了8种，包括丘处机的《磻溪词》、李道纯的《清庵先生词》等。唐圭璋在编《全金元词》时取资于《道藏》者亦复不少。由于以上两位词家所见皆是明《道藏》，所以清代道士词作并非他们辑佚的对象。学者如能从《藏外道书》（1992、1994）、《中华续道藏》（在编）中继续求索，当能发现新的资料以充实清词总集。当然，诗、赋、曲等文艺载体中也有不少道士的作品，皆可循此例而为。尤其值得一提的是，据预估，《中华续道藏》的体量可以达到明代所编《道藏》的3—5倍，所以辑佚道教诗文以充实集部，将是一个任重而道远的工作。

其次，《道藏》文集还可以促进"集部之学"研究的深入。例如，《彊村

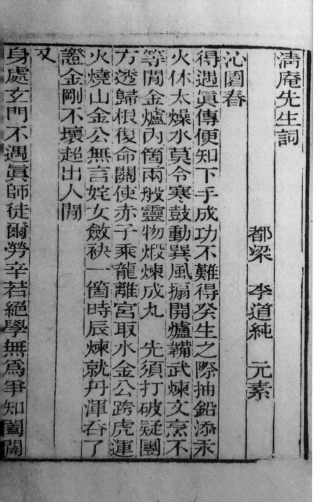

《彊村丛书》本《清庵先生词》

丛书》本《清庵先生词》付梓时，词学大家况周颐为之作跋，跋中考证：白朴《天籁集》有《水调歌头》两阕，因为梦中得"三元秘秋水"五字，所以两阕都以此五字为起句。李道纯的《清庵先生词》中也有《水调歌头》，其中《赠白兰谷》及《言道》《言性》各一阕，也皆以"三元秘秋水"为起句。况氏质疑白朴词明明是酬答李道纯之作，为什么还要托诸梦幻？与此同时，况氏也依据二人词作中的相关记载推断出，白朴与李道纯当日商榷文字，过从甚密。他的这一发现，可为词林纪事添一桩公案。

除此之外，《道藏》中的文本也是词家校订词集不可或缺的参照。例如，《彊村丛书》所用的《磻溪集》是晦木斋所藏旧钞本，唐圭璋特意用《道藏》本来校订它，校正旧钞本凡17处。《彊村丛书》所用的《清庵先生词》为元刊本，唐氏据《道藏》本校订元刊本凡13处。所校无不精当，可补前修之未密。

最后，集部之中也有不少道教资料，可以辑佚补缺，充实《道藏》文集，进而促进道教研究的深入。例如，陈垣在《南宋初河北新道教考》一书中将《道园学古录》中的《岳德文碑》与吴澄所撰《天宝宫碑》相互佐证，考订了宋元之际大道教派产生和发展的状况（白寿彝主编《中国通史》第八卷）。当然，最能体现"集部之学"对道教研究有巨大作用的是道教文学这一领域。例如，搜求阮籍、李白、苏轼等放达文人含有道教色彩的诗文，就不可不取资于浩如烟海的"集部"文献。

对集部之中那些道教或富有道教色彩的诗文，可以辑佚，也可以编纂。如朱彝尊《词综》卷二十四收录了几首道教词，其中有1首上清蔡真人的《法驾导引》词，还有1首乩仙词，张宗橚编的《词林纪事》卷十八又增录1首乩仙词。这些散落在集部之中的吉光片羽，皆可广泛辑佚，然后结集，以充实道教文献。又如《道藏》本《磻溪集》收录丘处机词作132首，《彊村丛书》本《磻溪词》则收词136

首，周泳先《唐宋金元词钩沉》又从《鸣鹤余音》中辑出8首。唐圭璋则考证出周氏所辑8首中的《黑漆弩·侬家鹦鹉洲边住》乃白贲所作，周氏所辑丘处机词实则为7首。唐氏又从《鸣鹤余音》辑出1首、《西游记》中辑出6首、《金莲正宗记》中辑出1首、《清河书画舫》中辑出1首，凡9首，所以唐氏所编《全金元词》收录丘处机词共152首，较之《道藏》本多出20首。后世欲编丘处机文集以入新《道藏》者，正可吸纳唐圭璋的研究成果。像这样以集部文献来促进道教研究的虽已有不少成果，但仍有广袤的待垦之田。最近，尹志华主持的"清代诗文集中的道教资料汇纂与研究"课题，即是从"集部之学"的视角拓展道教研究领域的一次系统尝试。

《道藏》中的文集与"集部之学"颇有交叉之处，传统"三洞四辅""经史子集"的分类法在处理二者交集时面临一些不易解决的困惑。但如果超越旨在编目分类的传统目录学框架，使二者互相参证，不仅可以开拓新的研究空间，而且也可循此思路，将传统目录学中被归入其他部类的"文集"类文献，也纳入"集部之学"范畴中加以考察。这样既可拓展传统"集部之学"的资料范围，也可用新的视角观照与之相关的知识领域，最终实现传统与现代的沟通和对话。

南开大学　赵建成

赵建成，1975年9月生。中国社会科学院文学研究所博士，复旦大学中文系博士后，南开大学文学院副教授，主要从事先唐文学与文献研究。著有《刘孝标年谱汇考》《刘义庆传》，参编大型古籍整理著作《文选旧注辑存》，发表论文《经典注释征引范式的确立与四大名注引书》《〈论语〉暨〈齐论语·问玉〉辑证及相关学术史考述》《〈胡非子〉小考》《〈论语〉二则考辨》等。

首先感谢江涛兄提携之美意。这个专栏既然叫"青年学者说文献学"，那么我似乎不是很合适的受访人选。一是我马上就四十五岁了，很不好意思还占据着"青年"的名头；二是文献学博大精深，浅陋如我者本不该信口雌黄于此。不过换一个角度看，在学术上我的确是一个仍未登堂入室的初学者，谓之"青年"，亦未尝不可。同时，虽鲲鹏抟扶摇而上者九万里，斥鷃、学鸠亦有自得之乐。故赘数语，聊供一笑耳。

1.文献学是一个冷门学科，您是什么时候开始接触这门学问的？是主动报考还是调剂？谈一谈您对"文献学"的最初印象，现在的理解有没有变化？

一门学科的"冷"与"热"，与社会发展的现实需要有关，也与具体时代人的价值取向有关。作为整理、传承"国故"的学问，文献学当然是"被需要"的，但从被需要的程度看，它又必然是小众的。虽然近年来所谓"国学热"盛行，但也在一定程度上存在娱乐化甚至妖魔化的倾向，与真正的学术繁荣还是两码事。从这个角度上讲，文献学确实是一个冷门学科。不过这并没有什么关系，对于喜欢它的人来说，它就是"热"的。

现在我们的大学里多数的中文系、历史系并没有文献学专业，我读大学时连文献学的课都没有上过。研究生时我读的是古代文学专业，不过我的硕士学位论文《刘孝标〈世说注〉考略》实际上属于文献学范畴，文章系统研究了刘孝标注的相关问题如性质、体例、作注时间、引书目录、引文处理等，并对部分史部引书进行了较为全面的考证。这篇论文算是当前学术界较早的关于刘孝标《世说注》引书的系统研究，但很粗浅，不过也引起了后来一些博、硕士论文对刘孝标注引书的相关研究工作。此前，我并未经历过系统的文献学学习与训练，不过为了撰写这篇论文，我到国家图书馆、北大图书馆复印了不少资料，如沈家本《世说注所引书目》《三国志注所引书目》、姚振宗《三国艺文志》、侯康《补三国艺文志》、丁国钧等

诸家《补晋书艺文志》、聂崇岐《补宋书艺文志》、章宗源与姚振宗二家《隋书经籍志考证》等，但凡觉得做论文能用得着的就都印了（其实有的书不需要跑那么远去找），装了满满一大纸箱，从北京带回哈尔滨，坐火车没买到座位，站了一夜。这算是我与文献学的"初相遇"吧。

"初相遇"后是"长相聚"。博士时我读的是中国古典文献学专业，当然是主动报考。不过也不是非学文献学专业不可，

而是我的导师刘跃进先生只在这个专业招生。我记得是在哈尔滨精华书店读到了先生的《中古文学文献学》，非常向往，毅然决定报考他的博士。竞争很激烈，那时我已在高校任教，教学任务很重，而中国社科院研究生院的博士入学英语考试向以"非比寻常"著称，几经挫折，幸运的是最终得以忝列门墙。

中国社科院的博士培养，是很宽松的，并不像高校那样有特别系统的课程安排，毕业也只需要有一篇任何级别期刊的学术论文（据说现在要求也提高了）。这给学生以更大的科研自主空间，当然也可以成为懒散的借口。刘跃进先生对学生的指导，除了少数的课程讲座，更多是在日常交流中完成的，办公室、家里、餐桌上、学术会议间隙，他把自己的治学方法、治学经验倾囊传授，有多少次这样的交流已经无法计算了，但很多的场景至今记忆犹新。这样的交流，氛围轻松愉悦，不是正襟危坐，接受效果反而非常好。不过我想说的是，由于博士学习已经过了专业基础教育阶段，老师的培养自然也不会从基础训练开始，所以我的文献学基础与文献学专业出身的师友相去甚远，在以后的学习中会着力补课。

虽然硕士时所做的工作偏重于文献，读博时专业为中国古典文献学，但我觉得和中国古代文学并没有什么根本的区别，只是每个人的工作重心不同而已。其实我们目前的学科划分对古代文史研究的整体来说，是一种割裂，古代文史的不同领域之间不但不是畛域分明的，而是相互依存的。不过这个话题也就不多谈了。

尽管我对文献学的认识缺失了"最初印象"，但现在的理解和十年前的理解相比，倒是确实有所变化。首先，文献学是有灵魂的，学习文献学也是要有灵性的。这句话听起来似乎有些空洞，但这是我切实的感受。文献学本身不意味着僵化与枯燥，而是丰富的、多彩的、富于生命力的，优秀的文献学研究成果，往往更能经受时间和空间变化的考验。

第二，文献学是思辨的，有逻辑的，具有科学性的。现在中学的文理分科、大学的专业选择，很多人的决定并不是由于对人文、科学的向往与对真理的追求，而是出于功利性的目的，或金钱，或名誉，或权位，这自然可以理解，但文科与人文素养，理科与科学精神不能画等号，也是没有问题的。实际上，文科与科学精神，理科与人文情怀，更不是互相排斥的关系。我常常听到有人说，自己理科不好，所以学文科的，或者说自己是学文科的，所以理科不好。如果这不是谦虚的话，我想他对文科的学习也必然受到很大的限制。逻辑与思辨的水平与能力，实际上制约着我们文献学研究所能达到的上限。

第三，前面说过文献学必然是小众的选择，事实是它也不需要那么多的人来做，它需要的是质量，所以文献学更应该是精英的选择。这是由其所承载的传承古典的历史重任决定的。这些年我们看到了太多粗制滥造的科研成果，重复研究、后出转粗，令人遗憾。或者一些价值并不甚高的非经典文献的点校整理，专业研究者信不着，一般读者不会看，意义非常有限。应该由一批有素养、有理想、有热情、有责任与担当意识的精英群体来从事文献研究与整理，出精品，面貌定然大大不同。

第四，对文献学的学习与研究，要以兴趣为出发点，更要投入感情，更要付出艰苦的努力。刘跃进先生、陈尚君先生在谈到一些学术问题时，常常会说"有趣""好玩儿"，到南开工作后，我也好几次听到陈洪先生这样说，这是以学术为乐。好之者不如乐之者，抱着这样的态度从事学术研究，取得成就并享受学术的快乐，是很幸福的事。钱穆《国史大纲序》云："当信任任何一国之国民，尤其是自称知识在水平线以上之国民，对其本国已往历史，应该略有所知。所谓对其本国已往历史略有所知者，尤必附随一种对其本国已往历史之温情与敬意。"我们作为古典文献学的学习者与研究者，更应该对其抱有感情。当然，这门学科尤重积累，所谓坐冷板凳，耐得住寂寞，当属常态，没什么可说的。不过，真得有兴趣，板凳也就不那么冷了。

2.毕业后又从事文献学研究和教学，您觉得涉古专业本科生学习"文献学"课程的必要性是什么？

这个问题所针对的应该是非文献学专业学生的学习问题。刘跃进先生有一篇文章《关于〈文选〉旧注的整理问题》（《中国典籍与文化》2012年第1期），其中概括了研究经典的几种方法，有一种是以严耕望为代表的集腋成裘式的研究。文章指出，严耕望先生的学问是有迹可循的，他也有先入为主的框架，但虽有框架，却不先做论文，他先做资料长编。比如《唐代交通图考》就倾其毕生精力。他做《魏晋南北朝佛教地理考》《两汉太守刺史考》，都是先从资料的排比入手，考订异同。刘跃进先生在谈及自己的治学经验时也曾不止一次强调整理资料长编的重要性，他在从事某项课题的研究之

前，第一步就是要尽可能穷尽该项研究的所有文献，进而开展具体的研究工作，如秦汉文学研究的一系列著作《秦汉文学编年史》《秦汉文学论丛》《秦汉文学地理与文人分布》等，都是这样完成的。当然每个课题不一样，长编的体例自然也各不相同，如何做资料长编，是有学问的，这就涉及文献学的知识和方法。

再举一个例子。"上穷碧落下黄泉，动手动脚找东西"，这是傅斯年的名言，陈尚君先生号称唐代户籍警，认识的唐朝人最多，从帝王将相、文人雅士，到民间工匠、学堂童子，了如指掌。他对唐宋文献有着全面、深入与精熟的把握，能够信手拈来。正是基于这样的文献素养，他写文章不但水准高，而且特别快，《唐代女诗人甄辨》一文，所涉文献十分复杂，但成文所花的时间大概还不到一个星期，后来加以补充后由海豚出版社出版，成为一部专著。他的《汉唐文学与文献论考》《唐代文学丛考》等著作的撰述，都是建立在对文献的广泛占有与深入理解之上。因此，对于从事古代文史研究的人来说，文献学的知识对他们掌握相关的资源和方法意义很大。

3. 您的研究方向是偏向历史文献学还是文学文献学？又或者说偏重目录、校雠和版本的哪个具体方面？请重点谈一下您在这个领域的治学心得？

我现在所做的主要工作，是以《文选》及李善注、五臣注与其他古注为核心的"文选学"研究，包括《文选》的文献学研究与文

文選卷第一

梁昭明太子撰

賦甲　賦甲者舊題甲乙所以紀卷先後今卷既改故甲乙並除存其首題以明舊式

京都上

班孟堅兩都賦二首　自光武至和帝都洛陽西京父老有怨班固恐帝去洛陽故上此詞以諫和帝大悅也

兩都賦序

班孟堅

或曰賦者古詩之流也　毛詩序曰詩有六義焉二曰賦故賦為古詩之流也諸引文證此賦為古詩之流也

而詩不作　昔成康沒而頌聲寢王澤竭而詩不作大漢初定日不

……至於武宣之世乃崇禮官考文章內設金馬石渠之署外興樂府協律之事……

学研究，这也是本人今后较长时期的工作重点。近几年的工作重心是，以李善《文选注》引书研究为中心，延展到先唐典籍与学术史研究。因此总体上算是偏重于文学文献学，但实际上涉及的文献范围显然遍及四部。目录、版本、校雠、辑佚自然也是都涉及的，尤其是目录。只是才疏学浅，所以是一边学习，一边做研究。

治学心得谈不上，说一下感受。一是即便在数字文献时代的背景下，笨功夫也肯定是要下的，决不能怕麻烦，还要有费了好大劲儿，做的尽是"无用功"的思想准备。二是从大处着眼，从细节出发。一个课题，一篇文章，要做什么研究，想做到什么程度，应该心中有数。但在具体的研究中必须注重细节，文本细读非常重要，很可能一个细微的文本差异就能反映或解决比较重要的学术问题。

三是"理性"与"非理性"兼顾。文献学的研究要有科学精神，特别注重逻辑的严密，但文献生产、传播、阐释的主体都是人，人并不是按照设定的程序工作的，所以会有主观性和偶然性问题，也就是说我们会在研究中发现规律，但也一定会有例外，不善于发现规律，无法有序、有层次地解决问题；不懂得例外，则可能会犯比较严重的僵化、教条性错误。四是要有广阔的视野，尽量避免成见。五是文献学研究应当是立体化的，一定要避免盲人摸象式研究，从多种角度，用多种方法，这样才能得出比较通达的结论。这方面可以举一个比较典型的例子，就是杨镰先生的《〈坎曼尔诗笺〉辨伪》（《文学评论》1991年第3期），真如老吏断案，非常精彩。六是要善于处理材料。文献学专业，洋洋洒洒、海阔天空地议论很难，但也容易犯堆砌材料的毛病，这种做法不但意义不大，而且有价值的发现也会埋没其中。七是学术研究其实很讲究灵性和机缘，同样的东西，不同的眼睛看，往往会有不同的感受和判断。

4.有人说"文献学"是个基本工具，算不上单独的"学科"，对这个问题您怎么看？如果是"工具"，是否应该有更广泛的应用？是"学科"，主要研究对象是什么？是否有瓶颈和走出困境的思路？

我想说的是，任何学科都不是单独的，甚至任何学科都可以成为其他学科的"工具"，文献学的方法自然可以用作相关学科的工具，所以不能从这个角度否定文献学的学科属性。当然整个中国古代文史的研究，并不是泾渭分明的，现代学科体系的划分，在一定程度上是对传统学术的割裂，我们随便拉出一位乾嘉学者，说他是做文献学的，恐怕他绝不会认同。从这个角度来看，我们的确应该对文献学的"学科"属性进行反思。我想可以这样看待这一问题，一方面，文献学属于古代文史研究中不可分割的内容或手段；一方面，在现代学科体系下，文献学有自己专门的研究对象和研究内容，即文献及其相关的版本、目录、校勘、辑佚等，两个方面不是矛盾的，而应该是相得益彰的。

至于瓶颈和走出困境的思路，我目前并没有高屋建瓴的认识。我的浅见是问题意识很重要，即要找到合适的研究课题。可能很多人都会经历选题的烦恼，或者找不到合适的题目，或者自己都觉得自己的选题意义不大。我想可以从几个方面着手解决这个问题，一是看自己的兴趣，二是了解相关研究的前沿与动态，三是要进行深入的挖掘，宝藏一般来说都是在表面以下的。其实文献学或相关的好选题是很多的，如傅刚先生的《〈文选〉版本研究》，是对《文选》诸版本及其相关问题的全面、深入考察与研究，奠定了他"选学"重镇的学术地位；李剑国先生对中国古代文言小说文献的整理与研究，可谓集大成，厥功至伟。

5.结合自身的求学和教学，"文献学"的研究生培养上与其他学科有何不同，一般做些什么具体学术训练？他们应该具备什么样的基本素质？您对学生们有何期待？

我觉得主要还是工作性质和工作内容的不同，文献学专业尤其重视严谨、科学的学术态度，有一分材料说一分话，来不得空言。因此最强调的还是基本功，首先是最基本的古文阅读、句读能力，然后是目录、版本、校勘、辑佚等基础训练，再就是一些专门的学问，如经学史、职官、地理、科技史常识等。

至于文献学专业研究生的基本素质，我想借用陈尚君先生的治学经验来回答：一通目录以求全面系统地占有文献；二明史源以做到有层次、分主次地使用文献；三不盲从前人结论，务必以自己的眼光读书，根据可靠文献得出正确、深入的见解（陈尚君、刘明浩《传统考据与现代学术——陈尚君教授访谈》,《学术月刊》1999年第9期)。

至于对学生的期待,倒也比较简单,就是无论将来的人生之路如何选择,在读期间态度端正地学习和读书都是有利无害的,另外也尽可能别太浮躁。

6. "文献学"专业的学生就业情况如何?论文发表难度?主要的就业方向是什么?

我觉得文献学专业的学生毕业后对口的工作领域其实很多,高校、研究机构、古籍出版、期刊编辑以及相关的政府部门与文化类产业及其他相关的文字工作等皆可胜任。不过具体的就业情况我不是很了解。

文献学专业的学生发表论文还是有一定的难度,尤其是在核心期刊上。当然不只是学生,教师也存在这个问题,很多刊物不是很喜欢发文献学方面的论文,因为这类文章往往不是论述性内容,更没有宏大的理论为依托,很多文章题目"较小",过于"专门"。陈尚君先生曾经指出,大约从20世纪50年代开始,资料就沦为论点的陪衬,学术界虽然也讲论点应当从资料中来,但资料考证一般不受重视(董乃斌、赵昌平、陈尚君:《史料·视角·方法——关于二十世纪唐代文学研究的对话》,《文学遗产》1998年第4期)。这基本就是文献学研究成果的境遇,不应该是这样的。这种情况,我们既要理解期刊的难处,现在期刊的生存,要有引用率,要吸引读者的眼球;但也还是想呼吁期刊工作者能够对文献学专业的学者尤其是博士生、硕士生,报以理解之同情,根据文章水平而不是文章性质及内容判断用稿的取舍。显而易见的道理是,不是研究重大问题的文章就是大文章,不是写小问题的文章就是小文章,哗众取宠、故作惊人之论的文章其实不会真的提高刊物的知名度,相反可能会沦为笑柄。

7.请您谈一谈对文献学前景的展望，会向什么方向发展？哪些方面会引起更多关注？

　　我们今天从事中国古代文史的研究，与民国学人及古代学者相比，当然有先天的劣势，中国传统文化的传承受到诸多因素的影响，产生了一定程度的断裂，我们的研究者在一些基本的传统文化素养上与民国及前代学者有着不小的差距，这是客观事实；但也应该看到，今天的学人也有着前人不具备的优势，如文献资源的丰富易得与广泛占有、信息的方便快捷与电子信息技术手段的广泛应用等。我们往往更注意到前者，因此多年来学术界以及社会上常常谈论的一个话题便是我们这个时代为什么没有大师出现。但实际上我们所具有的优势是非常富于潜力的，尤其是对于一些具体的研究领域，可以说现在是进行深入研究的最佳时期，我们的若干当代学人，实际上已经在自己的领域做出了极其卓越的成就。可以预见，大师就在其中，只不过大师的成就往往要经过沉淀才能判断，因此大师的地位也往往要确立于后代。

　　文献学未来的发展，由于现在国际学术交流的便利，当然应该包括对于西方古典学与当代理论的借鉴或参考，扩大视野、更新视角，但我本人于此全无所知，也就不说了，只想就今天所具有的优势条件略陈己见。

　　可以认为，文献学，或者说至少是很多文献学研究的具体领域，现在具备了最好的研究条件与契机。一是文献资源的极大丰富，传世文献的各种珍稀版本或已大量影印出版，或者可资查阅，出土文献、域外汉籍等大量发现；二是现代技术手段广泛应用于学术研究，如各种数据库及其他具体科技手段的应用等。文献丰富了，研究就能深入，能发现更多的问题，触类旁通，因此使得一些重要文献的深度整理，集成、总结性整理成为可能。刘跃进先生《文选旧注辑存》就是这方面的一个范例，我也很期待陈尚君先生校理全部唐诗文献的浩大工程早日竣工。未来的文献学研究，必将进一步走向精密化与立体化的发展道路，更加注重细节中透露出的信息，讲究逻辑的严密，进而综合运用各种方法与手段，进行系统、深入的综合研究。

再以我个人目前的学习与研究工作即李善《文选注》引书研究为例，谈谈其比以往更具有操作性与可行性的几点原因：一是《文选》版本的丰富，我们比清人掌握更多、更优的《文选》版本，诸如集注本、敦煌本、北宋本、尤袤本、奎章阁本、足利本、九条本等；二是自20世纪以来新发现的材料大量涌现，一些经典的早期写本、宋刻本等与李善的时代更为接近，更具有参考价值，如唐写本郑玄《论语注》，敦煌本《论语集解》，唐写本《说文》，敦煌本《周易》《毛诗》《尚书》《春秋》《三礼》，南宋黄善夫刻本《史记》《汉书》《后汉书》等，都是非常重要的文献。三是现代的数字化技术手段使得数据的检索与比对更为方便快捷。

另外，古籍数据库建设也是未来文献学领域比较重要的工作。我们现在已经有一些做得比较成熟、使用便捷的数据库资源，但主要限于原始文献，以后应该多着力于基于深度文献整理的数据库，这方面应该有很大的发展空间。

8.请您推荐一种"文献学"的必读书，简要地介绍一下内容及您的阅读体会。

如果有志于先唐文学与文献研究，那么我推荐曹道衡、刘跃进先生的《先秦两汉文学史料学》（中华书局2008年版）与刘跃进先生的《中古文学文献学》（江苏古籍出版社1997年版），后者的修订版也即将付梓。如果有志于唐诗文献研究，那么我推荐陈尚君先生的

《唐诗求是》（上海古籍出版社2018年版）。

就一般意义上的文献学学习与研究而言，我推荐清人姚振宗的《隋书经籍志考证》。中国古代史志目录以《汉书·艺文志》与《隋书·经籍志》最为重要。《隋志》著录周秦讫隋之典籍，"古人制作之遗，胥在乎是"，对了解先唐典籍及其源流而言是重要的参考文献。王鸣盛《十七史商榷》说："目录之学，学中第一紧要事，必从此问涂，方能得其门而入。然此事非苦学精究、质之良师，未易明也。"姚振宗是清末著名的目录学家，著有《汉书艺文志拾补》《汉书艺文志条理》《后汉艺文志》《三国艺文志》《隋书经籍志考证》等目录学著作多种，当以《隋书经籍志考证》最为成就斐然。其书卷首有《叙录》（叙四部源流、本志撰人、本志体制、诸家评论等），正文共五十二卷，诸书之本末源流、撰人爵里、著书旨归、佚文异文等凡可考见之处，皆推寻端绪，条举疏通，务使一书源委，大概可见。此书规模宏大，旁征博引，考证精审，多有创获，可谓辨章学术，考镜源流之力作。

当然，由于涉及的典籍与相关学术史问题过于繁杂，《隋书经籍志考证》也还是存在一些问题与错误，其所采用的一些前人研究成果，因为不可能一一验证，也存在不少不当之处，但白璧微瑕，亦属正常，自然不能求全责备。

南京大学　赵庶洋

赵庶洋，80后。博士，南京大学文学院古典文献研究所副教授，2012年入职。代表作《玉海艺文校证》（与业师武秀成教授合作）、《〈新唐书·地理志〉研究》。

1.文献学是一个冷门学科，您是什么时候开始接触这门学问的？是主动报考还是调剂？谈一谈您对"文献学"的最初印象，现在的理解有没有变化？

最初接触大概是在青岛的中国海洋大学读本科时期，当时就是爱买书，什么都买，没有选择，后来上了"文献学"课，才发现自己真正喜欢的是这些古代典籍。所以后来准备读研究生的时候就主动选择了南京大学的古典文献学，当时觉得自己的悟性有限，对文学理论之类的望而却步，文献学的研究内容比较扎实应该适合自己，还没想到能做什么。这十几年的学习和工作下来发现，自己当初的想法很幼稚，其实文献学的研究也是同样需要悟性的，且并不枯燥，幸亏是自己喜欢的，所以能够一路坚持下来。

其实文献学研究工作从宏观意义上讲也是非常"高大上"的，用宋人张载的话说，就是"为往圣继绝学"，我们国家现在也强调传统文化的重要性。在当今飞速发展的时代，中华传统文化受到了很大的冲击，这时候就需要有人出来为整理典籍、传承文化做工作。微观方面，就是选择一个自己真正喜欢的工作，即使这个工作在时下看来不那么热门，但是以后工作或生活压力大的时候都能够凭借这份热爱坚持下来。我也曾经跟一些做其他工作的朋友交流过，这种状态其实很难得，个人觉得这应该是健康社会中每个人都追求的事情。

2.毕业后又从事文献学研究和教学，您觉得涉古专业本科生学习"文献学"课程的必要性是什么？

文献是所有涉古专业的基础，我们的大学课程里有很多理论、学科史的内容，很多高校还开设原典阅读的选修课，但是大多各自为政，缺乏系统性，如果不结合文献学课程，往往会泛而无归。通过文献学的学习，可以将学到的知识分析整合、融会贯通，为以后的学习和研究打下坚实基础。

3.您的研究方向是偏向历史文献学还是文学文献学？又或者说偏重目录、校雠和版本的哪个具体方面？请重点谈一下您在这个领域的治学心得？

我在研究生和博士阶段主要研究《新唐书》的《艺文》《地理》两志，算是偏历史文献学。工作之后，开始转入

唐诗文献的整理研究，现在算是偏文学文献学。

目前的一点研究成果大多是在校勘中发现问题并加以解决的。现在除了专门的古籍整理著作之外，学术界并不特别欢迎校勘的成果发表。但是校勘是中国传统学问的基础，王念孙以《读书杂志》一书而闻名，近年学者已经发现了他曾经对这些典籍详细校勘的手稿，他只是选择其中重要的发现写成此书。王国维有一首《浣溪沙》词云"坐觉无何消白日，更缘随例弄丹铅，闲愁无分况清欢"，说的就是校勘工作，我一直很喜欢，可见像他这样的大学者的研究工作也都是从校勘做起，《观堂集林》中很多文章就是他这些工作的结晶。我个人在这两年的教学和研究中都比较重视校勘（附图是我用多个版本校勘过的《朝野佥载》），觉得这是准确理解文本的基础，也是文献研究的重要途径，不能因学术风气的转变而轻视或者放弃这一传统的治学方法。

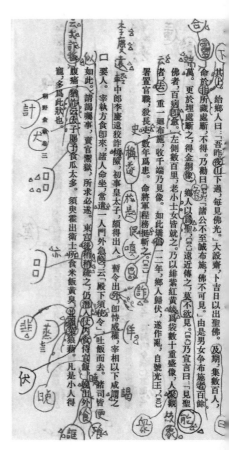

4.有人说"文献学"是个基本工具，算不上单独的"学科"，对这个问题您怎么看？如果是"工具"，是否应该有更广泛的应用？是"学科"，主要研究对象是什么？是否有瓶颈和走出困境的思路？

我不认同将文献学仅视作所谓"工具"的说法，同意文献学应是一个单独的"学科"，并且有自己的研究对象和研究方法。

将文献学视为治学"工具"的

观点或许是着眼于文献学研究的对象与文、史等其他学科的研究对象均有重合，其成果对这些学科研究有参考作用。其实这个观点反过来也成立，文、史等其他学科研究的成果很多对文献学研究也有参考作用，但是却不会有人认为它们是文献学的"工具"。文史研究本是中国古代的传统学问，其中文献学与文、史等学科的研究紧密结合，但是近现代以来兴起的学科分类强行要将之加以区分，所以才会有一些争论。

文献学的研究对象就是"文献"，"文献"的定义各种文献学教科书都有讨论，结论基本一致，此处不再赘述。我们今天的文献学尤其是古典文献学研究最主要关注的就是中国古代的典籍以及与这些典籍密切相关的人。

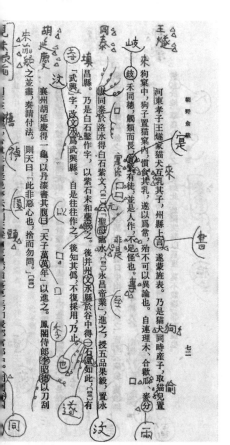

当然，学科有分类，但是治学没有必要画地为牢给自己设限，非本学科的问题就不关注，应该让自己的眼光尽量开阔，多多益善才能在以后的研究中左右逢源。

5.结合自身的求学和教学，"文献学"的研究生培养上与其他学科有何不同，一般做些什么具体学术训练？他们应该具备什么样的基本素质？您对学生们有何期待？

我个人感觉文献学的研究生培养一个很重要的特点就是实践性比较强，有时候甚至像旧时的学徒式一样，需要老师手把手地教。文献学的理论很多书本都能讲，也都容易理解，但是具体到书目的运用、版本的校勘以及研究等，如果没有良师引导，初学者容易摸不着门道，甚至误入歧途。很多文献研究论文或古籍整理作品一眼就能看出作者是否受过良好的文献学训练，原因即在于此。

结合我自己的求学经历，我比较期待学生能够静下心来从文献学的基础训练做起，不光学习目录、版本、校勘等知识，还要在自己的研究中学会正确地使用，不迷信理论，也不轻视实践，踏踏实实做整理和研究即可。如果毕业时能够独立整理出一部有一定难度的古籍并对之进行较有深度的研究，就算是合格了。

6."文献学"专业的学生就业情况如何？论文发表难度？主要的就业方向是什么？

硕士的就业渠道还是比较多的，升学继续读博、做中小学老师、进出版社、考公务员甚至去一些公司的都有，看个人的职业规划。

博士以进入高校和科研院所居多，进专业出版社也很对口，当然也有同学改作其他无关工作，我觉得很可惜，因为毕竟投入了六七年甚至更多的时间和精力作研究，导师也要耗费很多精力去培养的。

7.请您谈一谈对文献学前景的展望，会向什么方向发展？哪些方面会引起更多关注？

文献学的发展前景与社会以及科技文化的发展密切相关。

社会经济的不断发展，带来民众对传统历史文化典籍的全新阅读需要，虽然已经有一些经典的整理或者研究著作，但是与现代民众的接受水平之间有了一定距离，这就需要当代的研究者做出符合新时代需求的科学可靠的阐释以提供给普通民众。加之国家也在弘扬传统文化，国际学术交流日益密切深入，这些都需要当代的文献学研究跟上时代的步伐。

科技的发展为文献学研究提供了更加便捷的客观条件。例如现在影印典籍盛行，众多善本得以影印出版，国内外各大图书馆纷纷公布各自馆藏，加之近年来各种大型数据库的普及，使我们较之旧时学者更容易搜集到研究所需的文本。在这种情况下，一些传统的文献学研究方式如资料汇编式的搜辑材料学术意义已经不大（珍稀材料的搜集还是必要的），但是这并不意味着文献学的研究难度降低。面对海量文献，如何能取精用宏，解决前人留下的问题，开拓前人未曾涉足的领域，发掘有深度有价值的课题，更加考验研究者的深度辨析和宏观思考能力。

8.请您推荐一种"文献学"的必读书，简要地介绍一下内容及您的阅读体会。

《四库全书总目》。

这部书可以说是文献学最经典的一部书，涵盖了清代以前大部分的经典著作，并且适合各种层次的阅读。初学者读它可以略窥治学门径，对四部典籍有初步了解；随着积累的深入，能够慢慢理解其中的学术观点、学术思想；对其中著录的典籍有了深入研究之后，又可以回过头来与它对话。《总目》是一部集中了中国古典学术鼎盛时期最为优秀的一批学者学术成果的伟大著作，其中有丰富的学术资源，也有海量的学术课题，是所有治古典文献学者都绕不开的。

山东大学　姚文昌

姚文昌，1988 年生。山东大学文学院副研究员，先后发表《〈金石录〉"祝其卿坟坛"刻石新考》《蜀石经〈毛诗〉底本辨正》《乾隆石经磨改考实》等文章，点校出版《语石》《小沧浪笔谈　定香亭笔谈》等古籍。

1.文献学是一个冷门学科，您是什么时候开始接触这门学问的？是主动报考还是调剂？谈一谈您对"文献学"的最初印象，现在的理解有没有变化？

最早接触文献学是在大学本科三年级，那时候大家都在准备考研，我也就跟羊群，随大溜。我老说自己学文献学是"误入歧途"，这个"歧途"不是说文献学不好，而是跟我当初的理想不太一样。我本科时的兴趣在古代文学，在诗词歌赋，考研也就想报考古代文学。我的古代文学任课老师李士彪教授却跟我说："你报山大的文献学吧。古代文学竞争太大了，你又不好好复习，报了也考不上。况且古典文献就是古代文学，古代文学就是古典文献，一样一样的。"出了成绩才知道，如果报考古代文学，确实考不上。学了文献学才知道，不一样，一点也不一样。我本科毕业论文写黄景仁，知道他有一个同窗好友是洪亮吉。读研究生以后，洪亮吉抬头不见低头见，黄景仁再也没见过。文献学和古代文学的区别，大概就是洪亮吉和黄景仁的区别。

2. 毕业后又从事文献学研究和教学，您觉得涉古专业本科生学习"文献学"课程的必要性是什么？

涉古学科本科生有必要学习一点"文献学"课程，这主要是因为"文献学"的工具属性。举例来说，文献学有一个重要的分支就是目录学。目录学研究的是什么，是我国古代书籍的分类构成。学习目录学，可以对我国古代各个时期各个学科的著述情况有个大致的了解。当你确定了一个研究课题之后，目录学的知识可以给予你这个课题准确的学术定位。

不仅如此，目录学还可以让你快速地借助古籍目录将你需要的文献资料一网打尽。古人治学，没有今天的便利条件，之所以能旁征博引，上穷碧落下黄泉的爬梳文献，靠的就是目录之学。张之洞《𬨎轩语》说："读书宜有门径。泛滥无归，终身无得；得门而入，事半功倍。"张之洞所谓的"门径"就是目录之学。王鸣盛在《十七史商榷》里也讲："目录之学，学中第一要紧事。必从此问途，方能得其门而入。"尽管我们现在处于大数据时代，但不是一个"关键词"检索就能搞定所有事情的，毕竟古人不知道我们会检索什么关键词，没法提前给我们准备好。利用大数据搞研究难免"百密一疏"，目录学无疑会帮我们补上这"一疏"。因此，涉古专业在本科阶段即使没有条件开设系统的文献学课程，至少应该开一门"目录学"的课。

3.您的研究方向是偏向历史文献学还是文学文献学？又或者说偏重目录、校雠和版本的哪个具体方面？请重点谈一下您在这个领域的治学心得？

应该说更偏重目录版本学吧。做目录版本学是山东大学古文献学的传统，我的硕导刘心明教授参编的《二十五史艺文经籍志考补萃编》皇皇三十余册，博导杜泽逊教授主编《清人著述总目》，收录清人著作二十二万七千余种，这些都应该是目录版本学的传世之作。我算是背靠大树好乘凉。具体到研究对象，我的关注点大概是石刻文献和经学文献。

治学心得真是谈不上，不过这些年在两位导师身上看到了很多，自己也在努力看齐。现在可以和大家分享几点：第一，不放过问题。很多时候我们读书，都会遇到各种各样的问题，这些问题不要轻易放过，要尝试着把问题解决。解决的问题多了，再遇到问题，就会有对问题的基本判断，问题是大是小，有没有延展性，能不能写成一篇文章。有时候一个小小的问题，就像是桃花源的入口，看似不起眼，进去，就是另一个世界。第二，不回避材料。在解决问题的时候，我们很容易预设一个答案。而随着研究的深入，我们经常会遇到一些不利于我们预设甚至与我们预设相左的材料，不能回避这些材料。因为真相只有一个，只有你把所有的材料都进行客观的分析，得出的结论才最接近真相。第三，不哗众取宠。在解决问题时，我们会倾向于夸大研究的问题，以此来显示研究的价值，甚至会刻意提出一些新的观点，以求得与众不同。这显然是不客观的，也是不可取的。还是需要保有对学术最基本的尊重，以仁心说，以学心听，以公心辩。

4.有人说"文献学"是个基本工具，算不上单独的"学科"，对这个问题您怎么看？如果是"工具"，是否应该有更广泛的应用？是"学科"，主要研究对象是什么？是否有瓶颈和走出困境的思路？

说"文献学"是个基本工具，这一点不假，文献学的"工具属性"我在前面就说过了。但因此就说文献学算不上单独的学科，显然不能成立。不能因为一个学科在其他研究中扮演着基础作用，就否定这个学科。文字学就是做文献学的基本工具之一，我们能因此说文字学算不上独立的学科吗？相反，一个学科可以服务其他研究恰恰说明了这个学科的价值所在。

我想之所以有人认为文献学不算学科，是基于研究材料的角度。我国的典籍分经史子集四部，现在有做历史学的研究史部，文学的研究集部，哲学的研究经部和子部，还要文献学做什么呢？

衡量一个学科能否存在的标准是这个学科是否有自己独立的研究范畴。文献学的核心无疑是目录学、版本学和校勘学，外延还有辑佚、辨伪、典藏等学问。这些学问显然是其他学科所没有的。文献学究竟研究的是什么呢？是书籍的形式。研究不研究内容呢？研究。目的是什么呢？目的是研究形式。以阮元《小沧浪笔谈》一书为例，做文献学的看到书中收有孙星衍的《武亿传》，而武亿卒于嘉庆四年，可以判断雷梦水《贩书偶记续编》著录书为"嘉庆三年刊"的说法是错误的。做历史学的看到书中收有孙星衍的《武亿传》，而该书是嘉庆七年刻本，可以判断武亿去世不会晚于嘉庆七年。大家会用相同的材料，但关注的问题不一样。即使同样是研究书的内容，做文学和做历史的不都在研究《史记》吗？谁也不能因此就把谁给取缔了。

文献学的现状是什么呢？惨，惨不忍睹！看看现在，每年考察书籍刊刻、梳理递藏源流、辑录前人逸文成果数不胜数，古籍整理著作更是铺天盖地，说到底，走的都是文献学的路子。而这些人许多不是学习文献学的，也不认为自己是学习文献学的，但认为自己掌握了文献学。于是乎连学习文献学的我们也惊叹于各路人马的造诣了，以为自己看家的七十二绝学都被人掌握了，受尽屈辱，又打不过人家，那叫一个窝囊。怎么走出这个窘境？做文献学的人要努力，要自强，要耕田放牧打豺狼！

5.结合自身的求学和教学，"文献学"的研究生培养上与其他学科有何不同，一般做些什么具体学术训练？他们应该具备什么样的基本素质？您对学生们有何期待？

个人认为文献学的研究生要更加注重接近古籍，培养对古籍的感觉。最好多跑跑图书馆，多接触真实的古籍，退而求其次也要多看看古籍的影印本，这种体验不是看看点校本、译注本就能有的，再好的也不行，中华书局的也不行。这一点我自己就做得很差，到现在都深受其害，悔之晚矣。

具体到学术训练，鼓励大家尝试着做一些古籍点校工作，不是说非要出版或者干吗，这种实践会让人收获很多，这方面我是受益者。如果说学习文献学还需要具备什么基本素质，就是要专注，不做是不做，做就正儿八经的，就像听歌、看剧、打游戏一样，一包泡面一壶水，一坐一整天。

6."文献学"专业的学生就业情况如何？论文发表难度？主要的就业方向是什么？

就业难，但就业难的也不止文献学。既然你都沦落到考虑学习文献学了，即使不学文献学，你能选择的专业就业也不会比文献学好到哪去。发论文难，还是那句话，其他相关专业也不容易。关于就业的方向，从我师兄师姐师弟师妹的案例来看，大致有高校、出版社、图书馆、中小学、政府机构等等。偶尔也有在新闻媒体、银行、企业的，算是另辟蹊径了。

7.请您谈一谈对文献学前景的展望，会向什么方向发展？哪些方面会引起更多关注？

我对文献学的前景还是比较乐观的，因为文献学确实还有很多工作要做。文献学与文史哲的爱恨情仇就不说了，现在炒得比较热的海外汉学，相当比例是调查编目、撰写提要、影印回归，走的还是文献学的路子。就文献学本身的研究而言，古籍的调查分类等方面也有很多的工作要做，《清人著述总目》出版以后，大家会看到一个迄今为止最为详尽、最为科学的古籍分类体系，当然，也无法尽善尽美。此外，出土文献的不断问世也给文献学注入了新的活力，与近现代文献研究的融合、与西方书志学的比较、数字化智能化对文献学生态的影响等等，相信这些课题会越来越引起学者的关注。

8.请您推荐一种"文献学"的必读书，简要地介绍一下内容及您的阅读体会。

这个必须"举贤不避亲"了，我得推荐我导师杜泽逊教授的《文献学概要》。系统讲述文献学的著作现在应该不下数十本了，用我导师的话讲，你如果再写一本，不和别人重名都费劲。为什么要推荐这本呢？《文献学概要》应该是同类型的著作中可读性比较强的了，个人色彩要更加浓厚一些，读起来不至于太过枯燥，书中关于历代藏书家的介绍尤其生动。另外，书中推荐的古籍善本都是一流的，为出土文献、类书丛书撰写的解题也是提纲挈领，按断精审，可阅读，可查检，可引用。当然，实在不愿意读书的话，也可以去网络上观看《文献学概要》的课程视频。杜老师不仅声情并茂，娓娓道来，而且颜值在线，一度被网友戏称为"老年版王源"。当然杜老师也有自己的知识盲点，之前大家提起网友的评价，杜老师一本正经地问："王源是谁?"

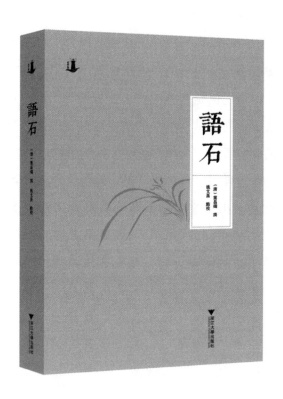

陕西师范大学　翁　彪

翁彪，80后。2015年进入陕西师范大学历史文化学院，担任古典文献专业讲师。没有代表作。研究领域是敦煌文献。

1.文献学是一个冷门学科，您是什么时候开始接触这门学问的？是主动报考还是调剂？谈一谈您对"文献学"的最初印象，现在的理解有没有变化？

我在浙大中文系读本科。大二结束前专业分流，除中文基地班，还有编辑出版、影视文学和古典文献几个方向可选。其他方向都能顾名思义，平常无奇，唯"古典文献"听起来酷炫神秘。又因中文系有个传奇的学长曾在这专业，我就慕名而去了。所以当时的选择不但主动，简直鲁莽。

对于专业研究人员，这个学科所指为何或许不言自明。但它与其他涉古专业到底有什么区别，何以要在此之外专设这样一个专业，大家似乎也只能拿"文史不分家"的老话来搪塞，少有人细究。而要向低年级的本科生或非专业人士作简洁的解释，基本上是不可完成的任务。——既然提到对这门学科的前后印象，我想还是应该把自己可笑的最初印象和至今不能释然的困惑坦诚说出来。

文献学最初进入高校学科体系在1959年（北大），却在1966年和1978年两度停办（又分别于1972年和1981年两次恢复），虽然存在具体的时代原因，但也可以说明这门学科的社会认知度和接受度较低并非今天才有的新状况。文献学的内涵、外延没有得到学理化的清晰表述，本身就是学科史和学术史悬而未决的问题，并不仅仅关乎个人学养。事实上，这也不是中国特有的问题。作为古典文献学家的尼采就曾吐槽过19世纪末的欧洲古典学界："我在对古典学者的追根究底中发现：1.年轻人对何为希腊人和罗马人没有一丁点概念；2.他无法知道自己是否适于探究这个问题；3.此外更重要的是，就他或许真正拥有的知识而论，他并不清楚自己在何种程度上适合成为一名教师。那么，他决定走上这条道路，并非出于他对自己或者自己的学科的认识，而是出于：1.模仿；2.继续自己在学生时代所做的事很方便；3.维持生活的念头。简而言之，百分之九十九的古典学者根本不应该成为古典学者。"最后这三条择业理由，相信中枪的并不只我一个。尼采这段牢骚，和当时《悲剧的诞生》被严重忽视的愤懑心情不无关系，但他揭示古典学者们在如何自处这一问题上的无知，却并非一时激愤之辞。

自古就有研究经典的学问，但专设一个学科，而与其他各种学术门类并列，则是社会现代性的结果，是以古代经典不再具有至高无上的权威地位为前提的。欧洲的古典学形成于18世纪末，我国的古典文献学形成于20世纪初，原因在此。古代文化遗产被整体切割出去、悬置起来，以基于当下需求重新整理和解释，是任何国家在社会现代化过程中都会面对的议题。谁来整理，为谁整理，如何整理，本是"古今之争"的题中之意，深刻触及社会、文化与政治的诸多问题。技术上的谨严细密是另一回事，但作为一门学科，古典文献学恐怕不应该被视为一种让人皓首穷经的饾饤之学，本身就充满着思辨与论争。

　　新中国系统规模地展开古籍整理事业、设立中国古典文献学专业是在20世纪50年代：这门年轻学科的诞生是以近代以来学者们对传统文化遗产的系统性批判为背景的。我们不能将古典文献学简单等同于"整理国故"运动、史料学派或古史辨派，但这些学术现代化潮流确实酝酿了这门学科基本的概念、方法与价值取向。我们当然还应承认这门学科对清代朴学的承继关系，今天被视为文献学基本内容的版本、目录、校勘与文字、音韵、训诂等学问，正是在这时候专业化的。然而，这种承继绝不只在方法论层面：与其像清人那样自诩"汉学"，不如将这一学术传统追溯至宋人对古典世界的智识兴趣与疑古思潮。这种对古典的智识兴趣恰恰与两汉学术的教化取向大异其趣，本身就预设了研究主体与研究对象的分离，划出了对经典文本和古典历史予以怀疑、批判的空间。考据，或作为一种工具的文献学，如果不以这种对古典的智识兴趣和怀疑取向为前提，就难以构成一门学科。在今天，一方面仍然可以见到那种对古代典籍的伦理兴趣、玄学解释，另一方面也可以见到批判与怀疑这一学术传统的失落，专业人士将文献学视为一种意义自足的方法，甚至一项高级的智力游戏，同时非专业人士将古典视为一种符号资本、审美风格或亚文化。我以为，同时直面这两种倾向，不断省思当下与古典的关系，批判地继承文化典籍遗产，正是古典文献学仍然构成一门学科的必要性。

　　一门学科的内涵及其价值，恐怕并不取决于它在那个象征人类知识整体的 Pie Graph 中究竟占据哪一板块（因为这种想象往往是需要被解构的），而要看它在形成、发展的历史过程中，如何与原本外在于它的那些因素相角力、纽结，并不断地发生重构。如果从研究对象的角度难以划清这门学科与文史哲等其他学科的边界，那么从学术传统的形成与阐绎来把握这门学科的特质，或许同样可以说明问题。

2.毕业后又从事文献学研究和教学，您觉得涉古专业本科生学习"文献学"课程的必要性是什么？

文献学训练对资料检索与文本校读有直接帮助，是文史研究的基本功。而今天高中毕业生既受应试教育挤压，又遭大众媒体蚕食，惯于依赖网络，两手不沾纸叶，古文献阅读水平或整体上较过去不如。在本科阶段开设相关课程，作技术上的训练，当然就更加迫切。这并无疑义，但我想再罗嗦几句题外话。

除了涉古专业会开设"文献学"的课程，目前全国有五所古委会直属的高校开办了"古典文献学"本科专业，分别是陕师、南师、上师、北大和浙大。必须承认，绝大多数本科生都对"古典文献学"这个专业非常陌生，在专业分流时感到彷徨、困惑，而选择了本专业的本科生毕业后仍然从事古籍整理和专业研究的比例也远比研究生低得多。因此，说清楚这门学科在技术层面对于专业的学术研究到底多重要，恐怕都不足以解答低年级本科同学在专业分流时的疑问。

我在浙大读大学，本科时就接触到古典文献学，现在陕师大任教，仍给这个专业的本科生上课。因此，和本科时就有志于学术研究或研究生阶段出于专业需求而接触到这个学科的朋友相比，我有一些不同的经验感受。我以为，对于古典文献的本科生，在技术训练的同时，我们也应该传递视野、价值和使命感。通过具体、扎实的文献细读经验来给古典祛魅，帮助学生理性客观地认识古今之间的延续性和断裂性，引导其不断反思古典文献与现代社会生活的关系，唯其如此，才能让这门学科更广泛、长久地发挥影响。

3.您的研究方向是偏向历史文献学还是文学文献学？又或者说偏重目录、校雠和版本的哪个具体方面？请重点谈一下您在这个领域的治学心得？

历史文献学和古典文献学虽名目不同，内涵并无差异。我以为"历史文献学"中"历史"二字，既不是"史部"的意思，也不是"历史学"的意思，而应是"历史上的""过去的"之意，与"古典"内涵重叠，没有道理将二者分别对应于文学研究/史学研究或中文系/历史系。黄永年先生早有文章提出，应将二者合并，持相同意见的学者也非少数。

我的研究方向是敦煌文献，尤其感兴趣的问题是敦煌俗文学材料的宗教属性。过去研究这些写本的学者多来自高校中文系，倾向于从白话文学史或俗文学史的角度予以解读和评价，但却不免忽视其实际的社会宗教功能。譬如变文写本就是这样，而王于飞老师就曾指出一些变文写本其实用于舍经入寺，是做功德用的。这些写本既是文学史材料，也是宗教史和社会史材料。需要努力克服文史哲之间的学科壁垒，对文献作综合性的研究，才能避免那种以今度古的认识。

我也对写本时代文献的异文问题很感兴趣，这或许属于"校勘学"范畴。但事实上版本、目录、校勘学总是相互为用，不大能截然分开。这里我想提一个不成熟的认识：文献学教材大都将文献学的历史上溯至刘向甚至孔丘，将目录、版本、校勘和音韵、文字、训诂目为六大法门，似乎这门学科历史悠久，早成系统。然而，就像音韵、文字、训诂被视为小学的三大板块，这其实是唐五代以后的新知识，而非汉儒的旧观念，而将目录、校勘和版本并列为文献学的三大板块，恐怕也是近代学者才逐渐形成的认知，既非"自古以来"，也不应构成现在、未来的文献学家自我表述的唯一方式。事实上，很多文献学问题就不能被这三者囊括，譬如古书通例、雕版印刷史、"经典化"问题等等。之前和很多朋友争论过"写本文献相比刻本文献是否更不稳定"的问题，同样不属于版本、目录或校勘学，或可置于西方媒介研究、书籍史的脉络里展开讨论。我想，文献学的内涵应该是开放的，研究方法也应该更多元。

4.有人说"文献学"是个基本工具，算不上单独的"学科"，对这个问题您怎么看？如果是"工具"，是否应该有更广泛的应用？是"学科"，主要研究对象是什么？是否有瓶颈和走出困境的思路？

在古书校读和古籍整理方面，文献学当然是基本工具，这没有任何问题。但在某些时候，人们说文献学是个工具，算不上学科，指的是这门学科提不出自己的问题，仅仅在回答其他学科的问题时被拿来使用而已。我认为这一定程度上是事实，但这个状况正在被改变。目力所及，近些年乔秀岩与史睿老师在文献学概念和问题的理论化方面已经有很多值得注意的推进，很多年轻学者也越来越注意学科问题域的建立。学科的成立，很大程度就依靠学术共同体在方法、学风等方面凝聚共识，对学科的概念、问题域做出整合。在这方面，或许可以做的工作还有很多。

允许我尝试着界定一下文献学的研究对象：从静态上讲，文献学研究的是文献的物质媒介与文本信息二者矛盾统一的关系（媒介即信息是传播学常识，而乔秀岩老师关于"版本"与"书"互相转化的论述也可以解释这一点）；从动态上讲，文献学研究文献（既包括信息也包括媒介）的生产（书写与复制）、消费（阅读与传播）与再生产（阐释与校理）的历史过程。这个说法简单粗暴，但或许有助于将这门学科与其他涉古专业区分开来。

从碑刻文献、敦煌文献到域外文献，如今文献学研究诸多领域都成果迭出，似乎不存在瓶颈和困境。存在困境的或许是文献学史和文献学理论的研究，毕竟文献学或者说古籍的校读与整理不仅有"如何"的问题，还有"为何"的问题，而后者更加关乎一个学科的自我表述和外界认知。要回答"为何"的问题，就不能不和其他学科相对话，回应当下共同的理论困境。譬如，今天的古籍整理工作，有低质量的问题，在特定领域也有"过剩"问题，而这与和历史学界所谓的"碎片化问题"、文化遗产保护和旅游资源开发的矛盾问题具有相关性，都可以视为后现代主义思潮下"历史记忆"问题在各个领域的体现。记忆主体的想象，记忆权力的争夺，记忆和遗忘的关系，这些问题在西方理论界一直被不断思考，国内学者也不乏批判性和创造性的吸收。古籍整理是否过剩，并非单纯的技术问题，而应该放在这个理论语境中来反思和回应。

季羡林先生晚年一次讲座上谈到中西文化比较的问题，切入正题前一再强调，自己本来是做语言的，不搞义理，但近来"思想不安分""胡思乱想"了，才讲起这个话题。季先生当然是自谦，但我们确实更倾向于把理论思考视为"不安分""胡思乱想"，这恐怕是数百年来思想审查的糟糕结果。我以为，文献学史和理论的研究要走出困境，或许首先应该敢于"不安分"，敢于"胡思乱想"。

5.结合自身的求学和教学，"文献学"的研究生培养上与其他学科有何不同，一般做些什么具体学术训练？他们应该具备什么样的基本素质？您对学生们有何期待？

我不是研究生导师，没有任何经验。但不久前读到黄永年先生一篇题为《培养文献学研究生的经验体会》的文章，在课程设置、讲授指导和师生交往方面都有非常细致的考虑，这里做一推荐。

6."文献学"专业的学生就业情况如何？论文发表难度？主要的就业方向是什么？

一类文科的本科教育，我想可能更应注重素养和关怀，不必决定一个人的职业选择。我的本科同班同学既有做有机农业的，也有从事广告设计的；目前本科学生里有做语文教师的，有进入互联网企业做产品经理的；顶厉害的师兄，本科计算机专业；朋友中最好的思想史学者，本科读化学。大家都有光明的前途。越来越多的本科学生选择考研、读博，这究竟是不是好的选择要看每个人的状况，倒不妨回顾一下前引尼采的那段话。

7.请您谈一谈对文献学前景的展望，会向什么方向发展？哪些方面会引起更多关注？

只能就自己关心了解的议题简单谈谈。我以为宗教文献在未来的研究空间比较大，这不仅因为过去的文献学者较少关注这个领域，而且因为宗教文献所蕴含的丰富问题，能够拓展文献学研究的方法和思路，加深对既有问题的认识。譬如基督教和佛教都存在大量的"伪经"材料，就对我们思考"经典化"问题有直接帮助。又如我比较关心敦煌文献中的疑伪经、俗文学与禅籍写本，利用这些材料来讨论大众宗教、流行文化与写本媒介之间的关系，似乎也颇有可为。而讨论这样的问题，我们就不仅要利用传统的文献学方法，也要借重西方的大众文化研究与传播学理论。方法的综合使用、学科的交叉互动，或许正是"走出困境"的契机。

8.请您推荐一种"文献学"的必读书，简要地介绍一下内容及您的阅读体会。

最近刚好读到内维里·莫利写的《古典学为什么重要》，含泪推荐。因为目前还没有一部《中国古典文献学为什么重要》，这本小册子或许可以视为"必读"。西方的古典学与我们的古典文献学当然不能等同视之：艺术和考古材料对于西方古典研究的意义与典籍文献是相当的，而中国发达的书写传统导致典籍成为古典研究不可置疑的核心。但二者在基本问题、方法术语与价值取向等方面都有值得对比之处。复旦大学的苏杰老师就长期在

做西方文献学方法论的引介和中西文献学的对比研究，给人颇多启发。这部《古典学为什么重要》并非方法论的导引，而是试图从学术传统中寻绎资源，回应欧洲"古典学"的价值危机。内维里同时反驳了现代人对古典的无视和浪漫化这两种倾向，探讨古典学在文化遗产的复原、接受等问题上的可能性。尤其发人深省的是，他指出古典学最主要的任务在于"回归事实，以重新凸显世界的复杂性和我们关于过去的知识的不确定性"。也许从"整理国故"运动和"古史辨"学派的学术传统中，我们可以找到中国古典文献学何以重要的理由。

辽宁师范大学　高明峰

高明峰，1977年生，江苏无锡人。扬州大学博士，北京大学访问学者。现为辽宁师范大学教授、硕士生导师，兼任文学院副院长、古籍整理研究所所长。入选2019年度辽宁省高校创新人才支持计划。主要从事清代文献与学术史、六朝唐宋学术与文学等方面的教学和研究。主持国家社科基金、教育部古委会基金等项目，在人民出版社出版《北宋经学史论》《北宋经学与文学》《江藩研究》等著作，编校有《江藩全集》（凤凰出版社）。在《文学遗产》《中国文学研究》《中国典籍与文化》《北京大学中国古文献研究中心集刊》《经学文献研究集刊》等发表论文近百篇。

走进文献学的经历

感谢江涛兄雅意，能有此机会谈谈我从事古典文献学学习、研究的一点体会。我攻读硕士学位的专业本是古代文学，与古典文献学分属不同的学科，但研究的对象都是古代典籍，只不过古代文学更侧重文学典籍而已，再加上我就读的学校，扬州大学有浓厚的重视文献的传统。任中敏先生就强调要文献先行，要对材料做到涸泽而渔，王小盾先生也曾把研究工作概括为三句话——"找得到材料，读得懂材料，能够分析材料"，所以，我在读书期间，有

幸学习了众多文献学课程，包括长于
清代学术史的祁龙威先生讲授的"考
证学"，长于音乐文学和域外汉文学
的王小盾先生讲授的"《汉书·艺文
志》讲疏"，长于六朝文学研究的顾
农先生讲授的"古典文献学"，长于
唐宋文学研究的汪俊先生讲授的唐宋
文学史料学，等等。尤其是业师田汉
云先生，长于古代学术史，有着丰富
的古籍整理与研究的经验，不仅开课
讲授清代扬州学者研究文献的成绩，
还带领学生整理扬州学派学者的著

述，我负责的《江藩全集》即是其中的一种，近期将由凤凰出版社
出版。通过理论的学习和古籍整理的实践，我逐渐走进了古典文献
学。博士毕业后，我开始招收古典文献学研究生，同时开设了"古
典文献学"这门必修课程，如此一来，就在古代文学之外，又形
成了"古典文献学"这个研究重心，当然主要是偏向清代经学文献
方面。

研究文献学的体会

从个人的学习和研究而言，文献学是学术研究的基础，自然也
是一门独立的学科。杜泽逊先生撰有专门讨论文献学理论与方法的
论文，发表于《文献》杂志，较为系统全面，可以参阅。当年顾农
老师给我们上课时，专门介绍了南大程千帆先生"文献学与文艺学
两条腿走路"的治学方法，给我很深印象。我的研究经历，也大致
体现了文献学与文艺学乃至更宏阔的学术史的结合。譬如，我对清
儒江藩的研究，就建立在对其著述全面整理的基础上，著有《江藩

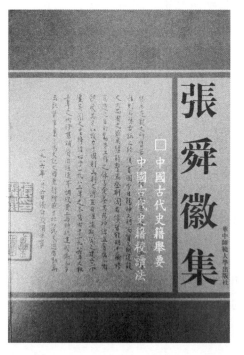

研究》一书，受到学界好评。再譬如，我的博士论文题为《北宋经学与文学》，着重探究北宋经学演进、经学特质与文学变迁、文学面貌之关联与互动，前期也运用文献学的方法，较为全面地整理了《两宋经学著述考录》，该成果后来附录于人民出版社出版的《北宋经学史论》一书中。总之，无论是研究古典文献，还是研究古代文学，都有必要打好文献学基础，这应该成为治学研究的前提。

培养文献学研究生的感想

从 2007 年带研究生开始，迄今已经十余年，有些许甘苦可以和大家分享。其一，做文献研究，基础一定要扎实，知识积累一定要丰厚，这样才能在研究中做到左右逢源、得心应手。所以，我一般会给学生开列一长条书目，且不局限于文献学，举凡史学、哲学、学术史等古籍和论著皆有涉及。其二，古典文献学的培养需要在实践中历练。诸如梳理一本书的版本系统并作一叙录、校点一部古籍、笺注一本作家别集等，是研究生培养期间的必修科目。通过具体的训练，学生的能力会得到切实的提高，也会改变以往对文献学繁难艰深或枯燥无味等看法。

文献学研究生就业和论文发表的建议

文献学研究生就业面相对广泛，举凡学校、科研院所、图书馆、出版社等都是对口单位。目前，文化事业在经济支撑下得到大力发展，只要业务过硬，是不愁找工作的。至于论文发表，由于文献学专业期刊相对较少，C刊只有《文献》一种，所以整体而言难度较大。但有些文史哲类综合性刊物如《文史》《中华文史论丛》等也发表文献学论文，还有文献类集刊如《北京大学中国古

文献研究中心集刊》《古典文献研究》《经学文献研究集刊》等，也颇受学界看重，均可尝试投稿。总之，只要论文质量过硬，最好在选题上能稍作延伸，将文献考据与文本传播、学术演变等结合起来，发表应该不是难事。

文献学研究的前景展望

文献学的前景是比较乐观的。无论是从传承、弘扬传统文化的需要，还是国家各级部门对文献研究支持的力度，都可看出文献学将来会大有用武之地。当然，当前的文献整理与研究也确实存在一些问题，颇受时人诟病，譬如盲目的重复整理，学术含量欠缺、版本价值不高、片面求大求全的简单影印，点校笺注质量粗疏，等等。

这些问题值得重视，需要学界和出版界共同努力，这就需要强化精品意识，要多出能够传世的精品力作。另外，随着出土文献大量涌现，域外汉籍逐渐回流，这些珍稀文献越发得到学界的重视，"取用新材料，解决新问题"当然值得肯定，但前贤读常见书的提醒也不应忘记，尤其是对于经典古籍，这些都是历史选择形成的文化载体，理应得到我们充分的、深度的整理与研究。

文献学专业的必读书目

文献学专业的必读书目很多，诸如《汉书·艺文志》《四库全书总目》《古书疑义举例五种》、清人顾炎武《日知录》、钱大昕《十驾斋养新录》、王念孙《读书杂志》、近人余嘉锡《目录学发微》、张舜徽《中国古代史籍校读法》等均富有价值，值得认真研读。20世纪末，齐鲁书社曾出版程千帆、徐有富二先生合撰的《校雠广义》，分目录、版本、校勘、典藏四编，内容较为全面，论述也比较深入，颇便初学者，近期又重印面世，不妨找来一读。

安徽大学　唐　宸

唐宸，1988年11月生。安徽
大学文学院讲师。2016年毕业于
浙江大学古籍研究所中国古典文
献学专业；2015年赴台湾中山大
学进行校派联合培养。曾获"中
国古文献学奖学金"博士二等
奖。主要从事版本目录学、三礼
经学、历代文学文献学研究，近
年亦关注数字人文领域。曾在
《文献》《孔子研究》《中国音乐学》《数字人文》等刊物发表过论文。
业余爱好计算机网页制作，创立"中国古典文献资源导航系统（奎
章阁）"（www.kuizhangge.cn）、"全球汉籍分布GIS系统"等网站。

1.文献学是一个冷门学科，您是什么时候开始接触这门学问的？是
主动报考还是调剂？谈一谈您对"文献学"的最初印象，现在的理解有
没有变化？

最早接触文献学专业是在大三上学期阮忠老师的《中国古典文

2015年在台北"国图"善本书室进行古籍版本调查

献学》课。当讲到汲冢盗墓者"烧策照取宝物，及官收之，多烬简断札，文既残缺，不复诠次"，阮老师那惋惜不已的神情至今留在我的脑海里。因先人曾数代担任徽州紫阳书院山长，我自幼趋庭鲤对，受到敬惜字纸家风影响，对古文献有着与生俱来的亲近感，因此考研、考博均是主动报考文献学专业的。

我对文献学最初的印象很幼稚，那就是我和别人学的东西完全不一样，似乎很特殊。现在的理解是：传统学问殊途同归、百虑一致，而文献学只不过是我们的初心、我们的原则，是一种内心深处的归属感和认同感。也许这就是见到文献学专业同行都会倍感亲切的原因。

2.毕业后又从事文献学研究和教学，您觉得涉古专业本科生学习"文献学"课程的必要性是什么？

很有必要。通过这些年的一线教学，我体会到当下本科生最缺少的东西有两样，一是严谨求是的学习与写作态度，二是博学多闻的阅读习惯，而这些恰恰是传统文献学训练能够带给他们的。文献学像一把钥匙，能够让学生初窥门径、登堂入室；同时也是一把锁，能够约束行为、提示异端。至于润物无声、潜移默化，达到"考文献而爱旧邦"之效，更是当前社会转移风气所不可少的。

3.您的研究方向是偏向历史文献学还是文学文献学？又或者说偏重目录、校雠和版本的哪个具体方面？请重点谈一下您在这个领域的治学心得？

治学心得谈不上，述闻而已。我的研究方向涉及经学文献学和文学文献学，偏重版本目录学，这是由我的求学经历决定的。我硕士期间跟随蔡锦芳老师学习元明清文学文献和杜诗；博士期间跟随贾海生老师学习先秦礼学文献和训诂学，同时跟随崔富章老师学习版本目录学、楚辞学和四库学；在台湾联培期间跟随简锦松老师学习唐诗现地研究和古典诗学：整体跨度很大，但终究是以版本目录学为核心。

文献学之用在于建立根本、培植元气，从而融会吸收各学门，最终形成自己独特的知识结构。《汉志》引《七略》说道家之学"秉要执本，清虚以自守，卑弱以自持"，若拿来形容文献学在传统学术中的地位，也未尝不可。文献学位属冷门、份属寂寥，即"清虚""卑弱"之学也，但"版本、目录、校勘"三位一体，若能"秉要执本"，便足以"自守""自持"。将来不论传统文史哲何门何派之学，均可自行化入其中，而"版本、目录、校勘"是其根本。金庸先生《天龙八部》提及道家武功"天山折梅手"时说："将来内功越高，见识越多，天下任何招数武功，都能自行化在这六路折梅手之中。"文献学就是传统学术的"天山折梅手"，诸位本科生同学，你学不学？

4.有人说"文献学"是个基本工具，算不上单独的"学科"，对这个问题您怎么看？如果是"工具"，是否应该有更广泛的应用？是"学科"，主要研究对象是什么？是否有瓶颈和走出困境的思路？

文献学的学科属性与定位问题，这些年业界多有关注讨论，有温和的，也不乏激烈的。此一问题本不是我等后生小子所应贸然置喙的，故不妨翻开手头的旧日记本，回顾所闻。

2013年9月我博士一年级入学不久，崔富章老师在《版本目录学》课上说："这门课叫'版本目录学'，其中的'学'字有时候我就省掉了（宸按：次年十月崔老师出版论文集，即题名《版本目录论丛》）。我感觉好像没有多少'学'，主要是应用。"又说："学版本目录学要动手，这不是理论问题，是实践问题、操作问题，不是说空话的问题。这是中国学问的优良传统，自孔子以来都是如此。孔子教学生六门课，大多要动手操作的。"谈及参编《中国古籍善本书目》的经历时，崔老师说："我本人学习版本目录学，也受益于参加此书的编写工作。当时我从事古籍编目已经三四年了（宸按：时为1977年，崔老师1973年1月调入浙江图书馆从事古籍工作，1984年起任副馆长。1986年10月奉调杭州大学古籍研究所，协助姜亮夫先生主持常务工作），编这本书之后，我更加了解版本目录学没有那么简单。"上述经验之谈，虽是针对版本目录学而发，但对于我们理解文献学的本质同样具有启发意义。

2016年5月我参加博士论文答辩，杜泽逊老师是我的答辩委员会主席。记得杜老师谈及《文献学概要》的框架设置时曾说："一个学科如果剥离了和其他学科重合的部分，没有自己核心的东西，这个学科就没有存在的必要；而剥离之后剩下的内容肯定是这个学科最核心的内容。"

综合上述两位老师的看法，我认为"工具性"与"应用性"是文献学的重要特点之一，但这一点并不会动摇它作为一个学科、拥有自身核心内容（版本学、目录学、校勘学等）的独立属性。不过，试看现在各大学的古籍研究所，还有多少硕博士在从事版本、目录、校勘等文献学核心方向的学习？似乎是越来越少了。我认为这个问题值得引起业界前辈和古委会领导们的重视。

至于文献学"是否有瓶颈"，这里面有学科发展因素，有学术环境因素，甚至有学者们自身的因素，需要一一区分开来。学科发展因素主要是中国古典文献学和历史文献学的专业分合问题，以及古籍馆藏保护（属文化和旅游部的图书馆系统）、古籍整理研究（属教育部的高校古籍所系统）、古籍出版（属出版总署的出版社系统）三者"政出多门"问题，这些都属于历史遗留问题，不易改变。学术环境因素涉及科研环境、期刊环境、中外交流环境等。举例来说，当年轻的文献学研究者希望以传统文献学课题（如版本目录之类）申请国家社科基金时，没有一个真正对口的专业选项，只能在"哲学""中国文学""中国历史""图书馆情报与文献学"中左右纠结。这一类现实问题，新人亟盼解决，而有能量的前辈们又未尝不曾叹息痛恨！

5.结合自身的求学和教学，"文献学"在研究生培养上与其他学科有何不同，一般做些什么具体学术训练？他们应该具备什么样的基本素质？您对学生们有何期待？

文献学的研究生应确保基础知识概念的精确化，多读常见书，多动手摸古籍、做一些点校工作，同时应熟练掌握各类电子数据库工具。

我这些年有幸转益多师，深刻体会到老一辈学者对基础知识和常见书的重视。戴震说"求十分之见"，是之谓也。在此不妨举几个例子：讲授"文献"的定义，我们都会引用《论语》"文献不足故也"云云。郑笺："我不以礼成之者，以此二国之君文章贤才不足故也。"这里的"我不以礼成之者"究竟什么意思？这关系到孔子说这句话的根本立场，很多人视《论语》的断章取义为常事，干脆略过不谈；谈及刘向所撰《别录》，我们都会引用他的模板式文句"皆以杀青书可缮写"，"书"字究竟属上读还是属下读？这关系到对刘向校雠"一人持本，一人读书"的关键解读，可不慎欤？诸如此类，在文献学课程的教学过程中比比皆是。四分法究竟始于郑默还是荀勖？印刷术究竟起源于何时何地？宋元本字体行款的地域性特征众说纷纭，是否可信？至于"辨章学术，考镜源流"云云，理想固然美好，但却很容易误导初学，试看《目录学发微》中指摘章氏谬误何其之多！章氏犹如此，我辈当如何？

　　古籍是文献学这门学科最重要的客观载体。研究生若没有经常亲手触摸古籍的经验，恐怕称不上是真正入行。顾廷龙、黄永年先生鉴定古籍可以"观风望气"，看似玄幻，其实不然。目录学、版本学、校勘学、辑佚学，无不根植于长期枯燥的古籍整理实践过程之中。以点校带动复习、加深理解、促进阅读，甚至发现问题、撰写札记，再不济也可"多识鸟兽草木之名"，养成坐冷板凳的"良好习惯"。我硕博时均接受过大量的古籍调查、点校整理和辑佚训练，倒谈不上有什么经验，最直观的改变可能是从此读竖排本比横排本的速度快上很多。

　　一代有一代之文献学。近些年计算机技术进入文献学领域，为这个冷门学科带来了根本性的变革：一是古籍的电子高清扫描改变了版本学研究面貌，古籍的"一书难求"现象得到明显改善。实物版本学并非人人能够做到，但海量古籍高清图片和PDF文档只需动一动鼠标。蔡邕万卷

中国古典文献资源导航系统（奎章阁）网站界面

之赠，今日一秒可得；二是古籍的OCR识别和全文检索极大地促进了传统目录学和考据学，更为辑佚学提供了千年未有的便利。马国翰若知此，真不知做何感想；三是数字人文延伸了文献学的边界。文本挖掘与标记、知识图谱与循证、AI自动句读与文本校勘、GIS与文献考证等等，无一不新人耳目。曾被认为是最

全球汉籍分布GIS系统网站界面

不可能的古籍计算机AI自动句读，如今在技术上也已实现。我建立的"中国古典文献资源导航系统（奎章阁）"目前已收录450余个古籍数据库，其数量还在急速增长。计算机手段固然不能取代读书思考，若研究生不了解这些时代变革，及时学习掌握计算机辅助文献学的有关技术，闭门造车，只能事倍而功半，更遑论"预流"。

6."文献学"专业的学生就业情况如何？论文发表难度？主要的就业方向是什么？

文献学专业传统的对口去向是高校、科研院所、新闻出版、图书文博、党政机关、公司企业等机构。不过如今已是"大就业"时代，专业与职业的"对口性"正在急剧淡化，文献学专业学生就业和中文系其他专业已无太大不同。本科生完全可以按照个人兴趣选择报考文献学专业。

文献学专业论文发表难度确实大于其他相邻专业。当年轻人希

望发表传统文献学论文以求晋升时，面临着对口 C 刊数量过少、刊期过长、字数受限等问题。

7.请您谈一谈对文献学前景的展望，会向什么方向发展？哪些方面会引起更多关注？

接下来的数十年将是文献学的电子时代、变革时代、黄金时代。一方面大众获取古典文献资源更加容易，文献学的门槛降低，和其他学科之间的壁垒将进一步削弱，甚至有可能走向普罗大众，改变人们的文化生活；另一方面，由于计算机技术飞速发展，文献学核心电子资源与技术的垄断也将逐渐加深。学者与学者之间的差距会拉大，不能跟上时代的年轻学者可能会被边缘化。

8.请您推荐一种"文献学"的必读书，简要地介绍一下内容及您的阅读体会。

文献学领域内似是而非、东抄西抄、误人子弟的书很多。如果只能推荐一种的话，那应该是余嘉锡先生（1884—1955）的《目录学发微》。

《目录学发微》全文仅十余万字，分为"目录学之意义及其功用""目录释名""目录书之体制""目录学源流考""目录类例之沿革"等部分，附录《古今书目分部异同表》，此书是余嘉锡先生1932年应陈垣先生之邀入辅仁大学教目录学时的讲义，未出版就被很多人传抄。1956年由周祖谟先生（余先生女婿）编辑出版。余先生还是张舜徽先生的姑父。

此书最大的特点在于理念先进、概念精准、考证可信，对前人误说多有辩驳，有正本清源之功。王欣夫先生《文献学讲义》的目录学部分即依据此书，此书之价值、地位亦由此可见。

复旦大学 唐 雯

唐雯，75后。博士研究生，复旦大学中文系研究员，从业十六年，代表作：《晏殊〈类要〉研究》、《云溪友议校笺》、修订本《旧五代史》（合著）、修订本《新五代史》（合著）。

1.文献学是一个冷门学科，您是什么时候开始接触这门学问的？是主动报考还是调剂？谈一谈您对"文献学"的最初印象，现在的理解有没有变化？

我大学时代好几位老师都是复旦大学中文系已故教授王运熙先生的学生，所以受老师们的影响，实际上当时对魏晋南北朝文学比较有兴趣，另一方面当时正值陈寅恪热，所以借着机会把陈寅恪、王国维等先生的文集挑着看了一部分，接着把乾嘉诸老的札记也懵懵懂懂地读了一些，然后发现自己比较喜欢读能解决实际问题的考证类文章。考研的时候虽然一开始报考的不是文献学，不过机缘巧合，最后被调剂成为陈尚君老师的学生，倒是和自己的兴趣点完美契合。从这一点也可以看出，文献学在大学生中的了解程度并不高，其实不仅仅当年如此，即使现在，文献学也并不是每年能收到第一志愿的考生，这其实也是我们文献学者需要反思和努力的。

我对于文献学最初的印象是来自于本科时读的余嘉锡先生的《目录学发微》、王欣夫先生的《文献学讲义》，还有孙钦善先生的《中国古文献学史》，我印象中王先生和孙先生都强调过广义的文献学，即万事万物皆可是文献，这一点对当时的我冲击很大，可以说书里许多具体内容都忘记了，但这个观点始终影响着我。最近十多年来，我的研究比较偏重于史学，当更多地接触到非文字的遗迹文物的时候，更能够体会到文献学并非故纸堆里的学问，而是天地万物皆是文献，无不可为我所用。所以我认为文献学者应该具有更广阔的眼界，去关注更多未必一定表达为文字的文献。

2. 毕业后又从事文献学研究和教学，您觉得涉古专业本科生学习"文献学"课程的必要性是什么？

文献学是一切涉古专业学生和研究者的基础，我甚至可以比较偏激地认为，不通文献学，不足以谈学问。有关古代的研究，无论历史、文学还是哲学，所依据的材料只能是历史留给我们的遗存，而其中多数是文字材料。这些材料的形成、流传、变形都有其自身的规律，如果不了解这些规律，我们就无法科学地利用这些材料，甚至连有哪些可以利用的材料也不知道，那就完全不能够展开相关的研究。举一个简单的例子，《唐会要》成书于宋代，但是它的主体部分是唐代苏冕的《会要》加上崔铉的《续会要》，其中的材料来源基本都是唐代实录或原始档案，而其中卷七、八、九、十这四卷系清人增补，而近年又有学者证明其卷九二的后半部分和卷九三、九四为清代冒入。这些都是有关《唐会要》的基本文献学常识，但是如果不了解这些情况，显然在使用此书的时候就会有误会与偏差，最终得到的结论可能离历史真实就有点远了。这只是一个最常识的例子，然而类似这样的例子可以说所在皆是，许多研究中的硬伤很多就和不通文献学有直接关系。

对于本科生而言，文献学也是一门实践的科学，它不仅仅能够教会学生具体的知识，更可教会他们学习和思考的方法。我们目录学说"辨章学术，考镜源流"。事实上这是一种思维方式，不仅仅是学问上用得着这句话，在工作中也同样用得上。任何一种工作，如果能够贯彻"考镜源流"的思维方式，运用文献学竭泽而渔式占有材料的方法，无疑会取得事半功倍的效果。

3.您的研究方向是偏向历史文献学还是文学文献学？又或者说偏重目录、校雠和版本的哪个具体方面？请重点谈一下您在这个领域的治学心得？

近十年来我一直参与二十四史修订工作，本身做的就是正史的再整理，所以很自然地会偏向历史文献学。和文学文献，尤其是中古集部书不同，历史文献，尤其是现存的中古时期的正史文献，它的成书过程相对比较简单明确，官方文献都记载得非常清楚，不像中古集部文献往往出自后人的多次纂集，本身形成过程就非常复杂，这是历史文献学相对文学文献好处理的地方。不过任何古籍整理，都需要综合目录版本校勘三方面的知识，二十四史的修订也不例外。我们从版本调查入手，往往会重新发现诸多善本之间有此前未被关注到的联系。虽然我们并不专门做版本研究，但多年的实践带给我的体会有以下几点：对于宋前文献的整理，首先要尽可能取得宋元善本，古本的意义再强调也不为过。其次需要对各种古本进行通校，即使不能做到通校，也必须抽取具有典型性的卷次，逐一比对。前代藏书家的记录虽然可贵，但是通校往往会提示我们更多有价值的信息。我自己体会，各个版本之间非大规模校勘不足厘清其源流关系，有时候甚至可以引入统计学的方法，量化地来看各本之间的异同关系。通过科学方法而厘清

版本源流之后，我们很容易找到源头性的版本，那么明清以后的下游版本基本就可以忽略掉了，较诸不加分辨地将所有版本等量齐观地作为通校本，这无疑可以起到事半功倍的效果，而从数个源头性的善本中选择一个更优者作为底本，也是水到渠成的事情。

另一方面，因为《旧唐书》和《旧五代史》本身与唐五代官方所修订的国史、实录有着密切的因袭关系，我会特别重视中古官修文献的源头文献，以及史官们对这些源头文献的处理。只有真正寻索出史书本身的源头文献，并了解史官们是如何将这些源头文献整合起来，才有可能重新对这些史料的价值进行恰切的衡量。因此在修订正史的过程中，除了运用目录、校雠、版本等传统方法进行整理之外，我会更关注史书本身的形成过程和所利用的源头文献，这样可以真正史源学的角度来审视其史料价值，而所谓史料批判和历史书写其实首先要经过一番文献学和史源学的审视。

4.有人说"文献学"是个基本工具，算不上单独的"学科"，对这个问题您怎么看？如果是"工具"，是否应该有更广泛的应用？是"学科"，主要研究对象是什么？是否有瓶颈和走出困境的思路？

文献学是一切涉古学问的基本工具，这个表达没错，但是工具也是有尊严的呀。一切工具都有它其自身的规律和发展历史，只有深入研究，并且掌握其特性，才可能做到善用工具。而这一切不就是一个"学科"成立的题中之意嘛。具体到文献学，我们知道文献学包括目录、版本、校勘三个部分，哪一个部分都有它自身成立发展的历史，以及其自身的特性和规律。不掌握目录学，我们如何知道去哪里了解某种古籍是存是佚，现存版本有多少，分别藏在哪些地方。不了解版本学，如何知道眼前的本子是何年代，有何价值，究竟该信取何种版本。不懂得校勘学，如何理解其文本致误的缘由，从而领悟其原始的面貌，而版本源流的梳理也同样需要建立在实际校勘的基础之上。而所有这一切都是古籍整理必不可少的环节，而每个环节中都有相当精微的课题值得深入探索。所以，对于我们所有涉及古代研究的学者来说，文献学本身既是我们倚靠的工具，同时也是自成体系的学科。

5.结合自身的求学和教学，"文献学"的研究生培养上与其他学科有何不同，一般做些什么具体学术训练？他们应该具备什么样的基本素质？您对学生们有何期待？

文献学其实是实践性非常强的学科，除了了解基本的知识以外，还是需要通过很多实际的操作来熟悉文献学各个环节，而很多课题也只有真正动手找过材料，看过文本以后才能显现出来。就我接触到的情况来看，因为文献学长期是中文学科下的二级学科，而许多中文系并未开设系统的文献学课程，即使有，相对的课程量也不会太多，最多只能给学生一些基本的常识，而本身文献的论文就比较难做，所以很少有学生主动在学年论文和本科毕业论文阶段选择文献学方向的题目，相应的硕士阶段主动选择报读文献学专业的也不多。所以我的硕士生往往一开始对相关的知识并没有太多了解，更谈不上系统训练，但从我有限的经验来看，只要学生本身比较沉稳好学，经过几年学习，一般都能拿出比较像样的研究成果。这几年我都会让学生选一部篇幅较小的五代至北宋的笔记作为研究对象，这些书之前只知道一些通行的丛书本，虽有整理本，但整体质量都不算很高。经过她们的研究，每一种书都找到了最早的源头性的明抄本，并且整理出了清晰的版本源流。可以说有了这些基础性的研究，这些书以古本为底本，重做新本是完全能实现的。这也启示我们，各大图书馆中的抄本资源实在是非常巨大的宝藏，而对它们的利用却实在太少了。不仅仅是这些规模比较小的典籍如此，其实大量极其重要的基本典籍，抄本的利用情况同样也是非常不够的，而它们所蕴含的巨大价值，目前来说还没有被我们清晰地认识到，这应该是我们文献学很重要的一个学术增长点。

我对于学生当然会有学术上的期待，不过这是随缘的，我更希望他们毕业以后能够去到适合自己，并且也真心喜欢的工作岗位，开开心心，好好生活。

6.“文献学”专业的学生就业情况如何？论文发表难度？主要的就业方向是什么？

就我们学校而言，文献学专业方向没有本科生，研究生如果有意识地让他们受一些系统的训练，对于专业出版社的工作是完全能够胜任的。我自己的几位研究生毕业之后都很顺利地进入相关的专业出版社，并且很快都取得了良好的成绩。学生论文发表难度肯定有，但其实已经比我们做学生的时候要好太多了，《历史研究》等权威刊物都会发表博士生的论文，这在我们读书的时候是不可想象的，其他一些重要期刊也都更加强调作者的年轻化，而且很多期刊的匿名审稿制度还是很严格的，当然也会屏蔽掉身份带来的可能的偏见。所以如果本身文章水平过硬，完全是有机会脱颖而出的。

7.请您谈一谈对文献学前景的展望，会向什么方向发展？哪些方面会引起更多关注？

我想文献学的前景还是很值得我们期待的，其实有很多我们觉得应该研究得很多的方面，真得深入进去，其实并不是那么一回事，所以哪怕是常见的书，都还有做的空间。而近十年来善本古籍大量影印和电子化也让我们比前辈学者更容易地看到之前秘藏于各家图书馆中的珍本，这就要求我们古籍整理工作者不能再仅仅满足于利用清代以来的通行本、丛书本，而是要在尽可能详尽的版本调查的基础上选择底本和校本，从这个角度来看，其实好多基本典籍都有重新修订，甚至重做的必要。当然这是我自己比较关注的方向，并不代表文献学发展方向，毕竟文献学博大精深，每一个分支其实都会有可以更加深入研究的话题。不过因为古籍整理是更为基础性的工作，一些最基本典籍，如果能有更可信任的新本，无疑会引起文史各界更多的关注，这就不仅仅局限在文献学科本身了。

8.请您推荐一种"文献学"的必读书，简要地介绍一下内容及您的阅读体会。

文献学范围内好书太多了，各有各的优长，各有各的经典，一时很难推荐，如果一定要说的话，那就推荐孙猛老师的皇皇巨著《日本国见在书目录详考》。孙猛老师是1979年复旦大学恢复研究生招考之后的第一届学生，他硕士时研究的是《郡斋读书志》，今天的通行本《郡斋读书志校证》就是孙猛老师在硕士论文基础上完成的。80年代末，孙老师赴日工作，因此把工作重点放在了《日本国见在书目录》的整理和笺释上。《日本国见在书目录》成书于日本宇多天皇宽平三年，相当于唐昭宗大顺二年，较《旧唐书·经籍志》成书早五十四年，载录图书共计一千五百七十九部，一万七千零六卷，数量接近《隋志》《旧唐志》的一半，且所载多数为玄宗以前之书，相当一部分不见于《隋志》《旧唐志》，无论我们研究写本时代的图书情况还是汉籍东传的历史都有着无可替代的意义。《见在书目录》国内通行的是《古逸丛书》本，但实际上此书所有传本的祖本——室生寺抄本尚存，此书的第一部分《本文篇》即以室生寺为底本重新标点了全书，为我们利用此书提供了最好且便用的整理本。第二部分的《考证篇》是全书的主体部分，体例大致承袭姚振宗《隋书经籍志考证》而大大加详，陈尚君师在本书的序中对《考证篇》有这样的评价："将《见在目》所收的全部著录书的著者、成书、存佚、内容、流布完全梳理清楚，尤其关注其传入日本前是什么面貌，传入日本者为何种文本，唐以后在中日两国的流传轨迹如何，若存者则追究其唐抄本、日本旧抄本、今存本以及其同异，已佚者则勾稽其散佚之轨迹，注意哪些佚文残本在中日两国有所孑遗，特别是残存于日本古籍旧抄而不为中国学人所知的线索。"这一段充分说明了《考证篇》的价值所在。而第三部分《研究篇》则是孙猛老师本人对《见在书目录》的研究，涉及此书作者、成书年代、版本、汉籍东传史等许多重要内容，全面厘清了这部书的各种问题，被陈尚君师誉为有关此书的"终极性的研究"。最后一部分的《资料篇》常规来讲只需要录一些版本序跋即可，然而他的这部分不仅包括此书所有版本的序跋，还整理了有关此书所有研究论著的目录，将本书引用到的日本文献逐一作了解题，可以说是我们读懂此书并且进行进一步利用与研究的津筏。所以孙猛老师这部书不仅仅是我们目录学的典范之作，也是我们了解中古书籍史、学术史、汉籍东传史的重要学术论著。

西北大学　景新强

景新强，70后。西北大学历史系讲师，从业十余年，代表作没有，相貌丑陋，照片欠奉。

1.文献学是一个冷门学科，您是什么时候开始接触这门学问的？是主动报考还是调剂？谈一谈您对"文献学"的最初印象，现在的理解有没有变化？

我是报考的。大学时乱读书，读野书，觉得该改改毛病了，就报考了黄怀信先生的文献学专业研究生。当时没敢报外面，老师中就觉得黄先生学问特立，做先秦古文献研究的，就报了他，没想到先秦史非常难。后来黄先生调去山东了，遥控指导我们几个。博士阶段跟随贾二强先生读书，贾老师是黄永年先生的弟子，很善于讲课、讲故事，这时候，才开始进入真正的文献学领域。

2.毕业后又从事文献学研究和教学，您觉得涉古专业本科生学习"文献学"课程的必要性是什么？

不消说，凡是有志于从事中国古代文史研究的学生，都必须经过

"文献学"相关知识的训练。我们是现代人，学习研究古代文史，就要脱下现代人的外壳，进入到古代人的知识、信仰和历史世界中去。而古人留下的那些文字作品，就是解读古代世界的钥匙。后人要站在古人的立场上去理解这些文字，就必须同情地学习。

3. 您的研究方向是偏向历史文献学还是文学文献学？又或者说偏重目录、校雠和版本的哪个具体方面？请重点谈一下您在这个领域的治学心得？

呵呵，这两个"文献学"，黄永年先生说，还是合并了好。过去设置之初的分立，是为了分灶吃饭，所谓学科名目的划分，也是这么回事。中国的古典学，还是按照自己原有的那一套去认识比较妥当。上学的时候，老师说，文字、音韵、训诂、版本、目录、校勘，六条腿走路，就是文献学。我受导师影响，喜欢版本、目录。古文字学是张懋镕先生教的，自己没学好，早就还给了先生，到现在遇到不认识的章子，还请教他老人家。音韵、训诂很难，没学到，只好弄弄简单易懂的东西。

治学心得谈不上。版本目录学过去很冷僻，现在稍微热络起来了，杂志上文章也多起来，是好事，说明大家更加注重文本了。古籍版本学，在20世纪完成了从经验到科学的转变，我在课堂上总讲这句话。为什么是从经验到科学？过去的藏书家、校勘家，零零碎碎地提出过自己对古书刊刻流传的认识，但尚不系统，难以称为科学总结，更难施之四海。《书林清话》可以看作是经验时代最好的也是最后的作品。20世纪，王国维和他的学生赵万里，相继完成了这里所说的从经验到科学的转变，这是伟大的成就。王氏的文章如《五代两宋监本考》《两浙古刊本考》，还有如给日本室町氏本《尔雅》等一系列古籍写的跋，这些文字，试图从版本流传系统角度构建版本史，搭建了后来版本学研究的基本框架，具有奠基性意义。赵万里先生进入北图工作的大半生中，相继完成的几次善本目编写、古籍采访入藏、巨著《中国版刻图录》编纂等等，是这一过程的标志性成果。特别是《版刻图录》，看似文字简略，其实别有深意，每一个爱好古籍版本的人都能从中读出真味。比如赵万里先生对图书刊刻地点的推论、对刻工群体的甄别统计、对刻书地域风格、刻书系统的认识归纳等等，无不是沿着王国维开辟的科学化方向深入展开的。所以，读者能感受到许多"版本学"教材都受益于这部图录的指示。赵万里先生的眼光能力也是卓越的，超过了旧式版本家、收藏家。大家可以去看《旧京书影》，书影图版的鉴定结论基本来自赵氏之前的张宗祥目，失误较多；而赵氏所编《1933年平馆目》均已更正，要知道当时的赵先生还非常年青。赵先生的事功，学界在纪念赵先生的文集中已经发表了很好的议论，可以参看。

　　从经验到科学的另一位代表人物，我觉得是黄永年先生。黄先生的版本学教材，宋元部分基本按照《中国版刻图录》来展开，明清部分则根据自己的理解叙述。特别是黄先生对清代学术文化很熟悉，书中谈了自己的很多认知理解，大体上把纷繁复杂的事态勾勒了一个脉络。这个脉络，从读者、初学者的角度是很合适的；但他还是谦虚地说，是为了讲述方便。大家在面对多种多样的版本学著作时，要懂得审辨醇疵。有的专书讲鉴定，总结了十几条甚至几十条规则，每每举好多例子，可是毫无伦次，陈陈相因，读者还是无所适从，只会觉得版本学好神秘、好可怕。要我看，抓住黄先生教材中讲的字体、版式、纸张原则，掌握主次和方法，多看图录锻炼眼力，就够了。有些人大言不惭，说版本鉴定不能望气而定，殊不知版刻风貌的时代特征和地域特征就是鉴别的牛鼻子，内行人才会望气而定。现在出了好多古籍图录，鉴定失误的例子不少，有些还在照搬序跋、牌记、款识。要知道崔建英先生在三四十年前就告诫过，古人翻刻图书频次高，序跋有先写有照刻，不能死看序跋年款。

学习版本学，大体上要过三关，眼力关、目录关，最后是考订关。版本学目录工具书，是近代以来渐次形成的，有哪些是什么性质怎么用，可以参考黄先生的教材。近年涌现出不少好的考订之作，反映了学界对一些基本主题的再认识、再挖掘，值得学习。如张丽娟、顾永新、李霖等先生相继对儒家经典版刻历史的研究，对版本史、经学史都很有意义。如刘蔷先生对天禄琳琅藏书的研究，不烦细密，钩沉索引，展示了极佳的版本文献研究能力。再如日本尾崎康先生对正史宋元版的研究，体大思精，系统细密。在研究中，尾崎康频频对赵万里先生的版本学体系予以致敬，频频对张元济、傅增湘搜集影印百衲本之甘苦予以肯定，频频利用细致的原版补版鉴别、刻工群体统计等方法，为读者重新绘制了一幅多彩的历代正史版刻画卷，允为巨作。若再结合乔秀岩先生对阿部隆一——尾崎康传承关系的解说，我们就知道原来日本学者十分敬重赵万里先生的学术，并能自觉地继承赵先生的方法做深入工作。

印刷术、印刷史研究也是版本学的一面，近年也出现了一些很好的研究。如辛德勇先生对印刷术起源的研究，在审查批判史料的同时，主张回到印刷术诞生的社会历史实际中去考察，实事求是，令人信服。又如艾俊川先生对印刷术产生的一条关键史料的批判，对活字印刷术的深入讨论，抽丝剥茧，不同于以往印刷术粗线条叙述。

近年版本学研究的深入，一方面是大型的影印古籍丛书、古籍电子化的推动，另一方面也展示了学术内因的自我审视和需求。我想，未来还有更多问题需要解答。比如，尾崎康先生在大作卷首赫然登载了北宋胡则施印的佛经（取自《白象慧光》），而正文内却不置一词，这是为什么？我斗胆猜测，这是个大彩蛋，反映了尾崎康先生的一个思考，即宋代浙本的风格是怎么产生的？什么时间产生的？要知道，胡则佛经是目前所见最早的有纪年的宋浙本风格印刷品；而早期的浙江地区印刷品与之全然不类（早期印刷品的研究参见宿白先生《唐宋时期的雕版印刷》）。关于北宋官办正经正史文献刊刻史，记载于《麟台故事》《宋会要》《玉海》等，给我们勾勒了一个官方校勘、写定定本、出资派员主持刊刻的郑重图景。我认为，浙本之所以为欧体字，是北宋馆阁的官书手们（他们均有科名出身），历史上（也许自唐五代即如此）、习惯上就训练出一种模式化的欧体书法，他们写定的样本，直接交给刻书工匠们刊刻，不许改易；朝廷屡次的官办刻书任务，交给浙江工匠操刀，就训练出浙江工匠们擅长欧字的特点，这样从上到下逐渐形成的一种固定化习惯和式样，欧体字就在浙江工匠中落地生根了（当然这只是一种模式化、匠人化的欧体字）。为什么交给浙江（《开宝藏》就交给了成都）？因为这些官书都是大工程，浙江人力、板材、经济、成品板子运输等占优势。再结合北宋邻居辽朝，这种模式似乎更加清晰了。辽代汉文化集中于燕云地区，现存辽刻本都得自寺塔，基本是官办佛经。辽刻本的风格特殊，字体有很强的北朝碑刻意味，方笔很重，笔力遒劲，结构重心偏左下。查许多现存的辽代帝王、皇后、贵族神道碑墓志铭哀册，其书法均肖似佛经刻本，如出一辙，而写手往往为乡贡进士等等。这种巧合，绝非偶然。乃是辽朝学习宋朝，豢养一批士子，习练书法，用于官书场景，官办佛经应也出自这群人手。到后来燕京地区坊肆崛起，刊刻民间俗书，也习惯地继承了这种风格，如木塔所出《蒙求》即是。这也是自上而下。又如，尾崎康先生说刻工几乎不识字，我读后非常震动。结合上述，和其他一些辅证，我对此有不同看法。雕字服从于写样，宋元那些时代特征、地域特征突出的印品何由形成？图书刻印手工业发达地区的工匠，大概应有兼擅写、刻的手艺。除非像文人们精心制作的印品（如近年所出《西湖昭庆莲社集》）用书法写版样外，均应出自匠手。

　　以上，即个人不成熟的看法，请批判。若身体条件允许，我会将自己想法写出，献丑。

4.有人说"文献学"是个基本工具，算不上单独的"学科"，对这个问题您怎么看？如果是"工具"，是否应该有更广泛的应用？是"学科"，主要研究对象是什么？是否有瓶颈和走出困境的思路？

基本同意。学科这东西，是外国人教给我们的，适不适用中国古典的情况，争论很多，但现在大体上这么办了。不必追求那些虚的名目，你看荣新江先生写的《学术训练与学术规范》，完全是文献学的方法，苦口婆心，掰开揉碎。

5.结合自身的求学和教学，"文献学"的研究生培养上与其他学科有何不同，一般做些什么具体学术训练？他们应该具备什么样的基本素质？您对学生们有何期待？

没什么不同，也许课程更多，可能更累。能专通一门，掌握方法，即很好。

6."文献学"专业的学生就业情况如何？论文发表难度？主要的就业方向是什么？

做教师，文博事业单位均有。

7.请您谈一谈对文献学前景的展望，会向什么方向发展？哪些方面会引起更多关注？

我没有资格发表展望。由于所学所知挂一漏万，只能就自己熟悉的领域关注，不敢旁骛。

8.请您推荐一种"文献学"的必读书，简要地介绍一下内容及您的阅读体会。

一种？太少了。黄永年先生的《古籍整理概论》。因为不讲空话，大家都看得懂，又很薄，没负担。黄先生的特点是快人快语，绝不拖沓，清晰明白，后人因此而获益。

北京大学　程苏东

程苏东，1986年11月出生，江苏东台人。文学博士，北京大学中国语言文学系长聘副教授、研究员、博雅青年学者，系副主任。入选中组部第四批国家"万人计划"青年拔尖人才。主要从事汉唐经学史、经学文献学、先秦两汉文学、早期书写文化研究。著有《从六艺到十三经——以经目演变为中心》等。

汉魏六朝古注疏义系统重辑的时机已逐渐成熟①

1.经学文献学相对冷门，您是什么时候开始接触这门学问的？又是如何深入的？

相对于专业的文献学研究者，我的"经学文献学"研究实在无法言"深入"，但我之所以始终将此视为我的研究方向之一，是因为这些年来，我从此研究路径中实在获益良多，因此，蒙孔祥军教授美意，我也愿意就此和朋友们分享一些拙见。

我本科就读于北京语言大学中文系，大一下学期教我们先秦两汉

_____

① 此文为孔祥军先生"青年学者挈经访谈录"之一篇,经程苏东、孔祥军同意收录。

文学的是方铭教授。记得有一次课上，他跟我们说，中华书局出版的《十三经注疏》只有两册，你们可以买一部回来，这样你们所有的儒家经典就都全了。我觉得这确实是很划算的事情，不过去书店一看，才知道这所谓"两册"原来是那么大的两巨册，而字却是如此之小！当时北大出版社已经出版了整理本的《十三经注疏》，但一套加起来，价格比中华版贵了不少；而且当时的心态，总觉得看影印本才显得有学问，放在书架上也显得比较有档次，所以，最后我还是决定听老师的话，扛回了这两块大砖头，这大概可以算是我接触经学的开始。

2007年，我有幸跟随袁师行霈先生攻读博士学位，专业是中国古代文学魏晋南北朝隋唐五代方向。最初，我并未打算以经学为研究方向，但入学后不久，因为协助袁先生做"新编新注十三经"的筹备工作，才开始真正接触经学的相关研究。袁先生主持这个项目的第一步，是要确定其所选"新编十三经"的底本和主要参校本，为此，整个项目组花了近两年的时间，每个月召开一次讨论会，专门围绕版本问题一部书一部书地讨论。每部书的负责人先做版本调查，撰写调查报告，据此提出底本和参校本的方案，经过项目组全体老师的讨论后最终议定。我负责撰写每次讨论会的纪要，等于是非常幸运地参与了老师们之间的一个读书会。为了能跟上他们讨论的节奏，我必须事前阅读相关文献，事后经常还要核对一些材料，这成为我读博期间最宝贵的学习经历。项目组集中了文、史、哲专业的学者，他们各有所长，其中孙钦善教授、董洪利教授、傅刚教授和刘玉才教授更是文献学名家，他们在甄别版本、确定体例、判定异文时的只言片语，都让我深受教益。正是在这个过程中，我开始接触到经学文献学，逐渐认识到版本、校勘等学问对于经学研究的重要意义。

此外，北京大学的汉语言文学与古典文献学虽然是两个不同的本科专业，但"三古"（古典文献、古代汉语、古代文学）教研室之间的学术交流很多。对于古代文学专业的学生来说，文献学基础是老师们反复强调的学术素养。袁师行霈先生做陶渊明研究，首先对陶集的版本问题进行全面调查清理，撰写了《宋元以来陶集校注本之考察》，在此基础上完成了《陶渊明集笺注》，因此他的文学史研究具有扎实的文献学基础。他指导研究生，也首先强调打牢文献学基础。我在博士期间还选修了傅刚老师的"《文选》学史"、杜晓勤老师的"隋唐五代文学文献学"、孙钦善老师的"清代考据学"和历史系陈苏镇老师的"魏晋南北朝史研究"，这些课程都使我意识到，古代文史的研究无论如何离不开文献学这一基础研究方法。我在杜老师课上完成的课程作业是《杨炯〈盈川集〉版本源流考》，通过这篇文章的撰写初步掌握了版本调查的基本方法和文献学论文表述的基本规范。文章写好后交给袁老师看，我印象中应该是袁老师第一次对我的论文给予肯定。后来，小文侥幸发表在《文献》上，当时给我很大的鼓励。

所以，当我确定了《从六艺到十三经》的博士论文选题后，就有意将文献学方法融入经学史的研究中。正好当时桥本秀美老师刚刚发表了《基于文献学的经学史研究》一文（《儒家典籍与思想研究》第1辑，2009），我看到题目就大为激赏，接着读到他文中的一段话："经学史研究基础薄弱，现在必须从每一部经学著作的文献学

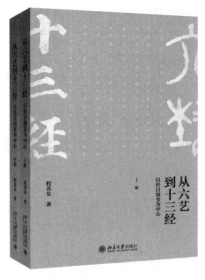

研究开始。'点'之研究未成，而急于划'线'、铺'面'，只恐落个自欺欺人。"我一想，这说的不就是我吗？当时受到的暴击和留下的心理阴影可想而知，大概也是这句话给我的压力太大，所以后来我一直不敢去听桥本老师的课，怕他问我论文的选题。但桥本老师的这句警语始终鞭策着我，让我在经学史研究中不敢稍离文献学而漫游。当时我关心问题之一，是在"四书五经"作为明清官定经目持续施行

的背景下，"十三经"之说究竟是以何种性质为朝野士人所认知。这就需要关注《十三经注疏》的汇印过程，尤其是其何时得到官方的认可，也就是出现所谓的官刻本。传统的说法多以初次汇印的"元刻明修十行本"即为"南雍本"，但我在研究中发现，清人对于"南雍本"的说法实前后相袭，中间存在不少模糊之处。于是我试图对此本的汇印情况做进一步的研究。当时《中华再造善本》的北京市文物局所藏《十三经注疏》刚刚影印出版，这给我的研究带来了较大的便利，尽管后来我意识到，仅凭影印文献进行版本研究，其实是非常不够的。不过当时的条件，确实也没有更好的选择，我每天在北大善本部翻看这套书，重点关注其明修板片的版刻特征，试图从中找到线索，中间一度觉得茫然无所得，后来逐渐意识到可以通过修补刻工的籍贯来考察其汇印地点，研究进程才得以加快。记得当时在古籍部负责提书的是一位女老师，她注意到我每天都在看这部书，所以问我在研究什么题目，我把自己的大概想法告诉她之后，她表示这个题目很有意思，鼓励我写出来之后可以给她看看。当时我并不知道，这位女老师就是后来在经学文献学领域鼎鼎大名的张丽娟老师，直到张老师调到《儒藏》后有一次开会，我才将她的大名与本尊对应起来，后悔当年真是有眼不识泰山。这也是我写这篇论文时一个有意思的插曲。这篇文章后来以《"元刻明修本"〈十三经注疏〉修补汇印地点考辨》为题也发表在《文献》上，我个人觉得，这是我才真正略窥经学文献学门径的开始。

2. 您所取得的主要研究成果是？目前在从事的相关研究内容是？将来的研究计划是？

我的研究成果实在不值一提，这里主要汇报一下目前的研究内容。我的教学和研究涉及经学和古典文学两个领域，当然二者之间也存在很多交叉的部分。在经学文献学方面，我目前主要有两方面的工作，一个是关于《毛诗》的校注，也就是前述《新编新注十三经》的一部分。袁先生已经带领徐建委师兄和我完成了《诗经国风新注》，2018年在中华书局出版，目前我们正在从事雅颂部分的校注工作。

我个人的工作主要是刘向《洪范五行传论》的重新辑佚，并希望以此为基础，推动汉魏六朝经学佚籍的系统重辑工作。我对于汉唐经学史一直抱有较大的研究兴趣，而对于这一领域的研究而言，面临的首要问题就是相关经注、疏义的大量散佚，除了进入"九经疏义"者以外，只有《韩诗外传》《焦氏易林》《论语义疏》等极少数经籍有完本流传，因此，传统的汉唐经学史研究，其实是以"九经疏义"为核心展开的，学者对于"经学"之内涵、功能、知识体系、表现形态的理解和预期，都受到"九经疏义"的影响。但事实上，大量在汉魏六朝时期影响广泛，甚至长期占据主流的古注、旧疏并未进入"九经疏义"之中，因此，如果仅凭传世的经注疏义来构建汉唐经学史，无疑是管中窥豹，很难不产生偏见。四库馆臣以《尚书大传》《韩诗外传》和《春秋繁露》"无关经义者多"，将其打入另册，仅列为"附录"，就是这种偏见的典型体现。因此，尽管困难，但对于汉唐经学史的研究仍应立足于对汉唐经学文献的系统辑佚，才有可能做出超越前人的成绩。事实上，清人已经做了大量辑佚的工作，其中以马国翰《玉函山房辑佚书》、陈寿祺所辑《尚书大传》、王先谦《诗三家义集疏》等最具代表性。但清人以一己之力从事辑佚，其接触的文献不可能十分完备，不仅有部分域外文献在当时尚未回传，而且受到知识结构的限制，清人辑佚经籍所用文献以九经疏义、史籍、类书等士人习用的文献为主，而对于早期数术文献的关注则比较有限，但事实上，近年来的研究已经显示，汉代经学与数术知识之间有着非常深入的互动，因此，诸如《五行大义》《开元占经》等数术文献中保留了相当多的早期经传说解，颇可补清人辑本之不足。总之，域外文献、少数出土文献和数据库的出现，使我们有可能更全面地掌握早期经籍中的佚文。这是我们系统重辑早期经学佚籍的第一个基础。

第二个基础则是近年学界对清人所辑经籍的系统研究。清人辑本中存在的若干误辑，以及在师法判定方式上的僵化、对诸书所见异文处理方式的失准等问题都已经为学者所揭示，这些也给我们重新辑佚汉唐经学文献提供了更多方法、体例层面的启示。因此，我们认为，对于汉魏六朝古注、疏义系统重辑的时机已逐渐成熟，期待有志于经学文献学、早期经学史研究的同仁能于此稍有着力，共同推进这一工作的完成。

3.请您谈一谈对经学文献学前景的展望，会向什么方向发展？那些方面会引起更多关注？

顾永新教授最近在《北京大学学报》发表了《经学文献与经学文献学刍议》，系统阐述了经学文献学的研究对象、范式和旨趣，很具有系统性，有志于此的同学可以找来学习。我很赞同顾老师的这些判断，所以下面只谈谈我个人对于经学文献学研究的一点期待。

在我看来，经学文献学研究的全部工作无外乎出于两点，一是古注疏的系统整理，二是新注的编撰。就前者而言，其中最值得期待的，我以为是《十三经注疏》的精校、标点和《十三经古注旧疏》的辑佚、整理。就后者而言，则是编纂出一系列可供高中以上不同层次文化水平的读者阅读的"十三经"新注本。

关于第一点，如果比较四部经典文献的整理情况，史部的"二十四史"，中华书局已开始推出修订版，无论是其组织方式，还是最终成果，都代表了当前古籍整理的最高水平；就子部而言，中华书局有"新编诸子集成"和"新编诸子集成续编"，将具有代表性的诸子注本尽数收纳；集部则有中华书局和上海古籍出版社各自编纂的"中国古典文学基本丛书",重要作家大多有一种以上的古注本或集注本。这些工作大多从20世纪五六十年代开始起步,通过国家规划、集体参与的形式,已经持续进行了半个多世纪,成就显著。但由于"经学"在近代知识转型中承担的负面形象,作为四部之首的经部要籍,特别是"十三经注疏"的整理工作直至20世纪90年代才逐渐开始。倒是日本学者自20世纪30年代即定下"十三经注疏定本"的整理计划,并出版了《尚书正义定本》(京都大学东方文化研究所,1939),不能不让神州学人赧颜。由于《十三经注疏》本身是一部由经、注、释文和疏文缀合而成的文本,各书体例又有不同,涉及单经本、经注本、单疏本、注疏合刻本等多个版本系统,其中每一种又涉及从钞本、石经到刻本的版本变化,体例纷杂,异文繁复,对经传疏文的异读、歧见更是随处可见,真可谓治丝益棼、动辄得咎。李学勤先生主持的"十三经注疏整理委员会"在20世纪90年代组织出版了《十三经注疏》的第一个整理本(俗称"北大版"),后来北大《儒藏》编纂与研究中心也推出了《十三经注疏》的整理本,近年来上海古籍出版社又陆续出版了由张岂之、周天游先生主持的"十三经注疏整理本编纂委员会"(始于1992年西北大学与上海古籍出版社共同成立的"新版《十三经注疏》整理本编纂委员会")整理的最新版《十三经注疏》。这些成果在给学界提供了方便的同时,也引起不同程度的讨论、商榷乃至批评,目前看来,恐怕都未能达到"定本"的水准。在可预期的相当一段时间内,"十三经注疏"的版本研究、校勘和标点仍将是经学文献学的"珠穆朗玛峰",将持续吸引这一领域内最优秀的学者为之努力,也最有可能产生研究视角、方法层面的新突破。刘玉才教授近年来组织整理了阮元《十三经注疏校勘记》,杜泽逊教授最近正在主持《十三经注疏汇校》,已经出版了《尚书注疏汇校》。去年不幸辞世的石立善教授生前曾立志编纂《日本十三经注疏文献集成》,已出版了《周礼经注疏音义校勘记》。孔祥军教授近年则致力于"阮刻《十三经注疏》圈字汇校考正集成研究"，已出版《阮刻〈周易注疏〉圈字汇校考正》。子曰："必也临事而惧，好谋而成者也"，相信这些工作的推进都将为一部真正可堪传世的《十三经注疏》精校本的形成打下坚实的基础。

关于第二点，无论是就经学研究的层面来说，还是就文献学研究的层面来说，完成一系列适合不同层次读者阅读的新注释本，也应当是经学文献学努力的方向之一。我们在学术界待久了的人，总觉得像"十三经"这样老掉牙的东西，只是象牙塔中的故纸堆而已。但如果走到社会性的书店去，或者在网上检索一下，会发现其实很多经籍还拥有广泛的读者市场，《周易》《论语》自不必说，即便是《诗经》《左传》《孝经》这些经籍，也有各种类型的出版物充于书架。但据我有限的观察，目前的大多数注释本都是对经籍本文的解释，对于历代经解、经说的利用则非常有限。以《诗经》为例，目前市面上流行的整理本，以程俊英、蒋见元二位先生的《诗经注析》，周振甫先生的《诗经译注》、马持盈先生的《诗经今注今译》、高亨先生的《诗经今注》、余冠英先生《诗经选》等影响最大，他们在注释、翻译方面各有特色，都是很受读者欢迎的注释本。但不能不注意到，受到时代学术观念的影响，这些注释本都强调《诗经》作为"诗"而非"经"的特点，旨在展现《诗经》的文学成就，至于其经学价值、文化价值，则不但少有揭示，甚至还常常被视为对诗文的"扭曲"而加以批判。严格意义上说，这些都是"诗三百"的注释本，而不是"《诗经》"的注释本。这当然有特定的时代背景，在这些著作的编纂年代，经学作为旧知识权威的影响还非常之大，为了给新知识体系留下生存的空间，民国时期的知识人不得不全面拒斥经学，将其从课堂、图书市场中排除出去，此时势使然也。但经过几十年的知识转型，当代读者对于"经学"已经非常陌生，以我在北大开设的面向理科生的"大学国文"课课堂调查来看，知道"十三经"具体所指的理科生基本不超过10%，"四书五经"会好一些，因为是高考知识点，刚入校的学生大多还能记得。可见，今非昔比，我们应该相信，现代社会的饮食男女对经说中君尊臣卑的"封建余毒"大多已具有了免疫力，而经说中其他更具价值的思想观念也就有可能以某种形式介绍给当代读者。仍以《诗经》为例，战国以来的经师对于《诗经》的阐述固然与诗本义之间存在一定距离，但他们尝试揭示《诗》文与人性、伦理、制度、社会风俗之间的相关性，在维系了《诗经》经典性、"时"用性的同时，也拓宽了《诗》的阐释向度，由此形成的一些诗说至今仍活跃在成语之中，比如"战战兢兢""如履薄冰""风雨如晦""切磋琢磨"等，不过今人多习焉不察而已。从这个角度来说，与楚辞以下的乐府诗、文人诗相比，《诗经》最大的独特性既在于它不仅拥有文本义，还拥有更丰富的经义、阐释义，它们依附于经本而流传，参与了士人精神与华夏文明的塑造，曹植、陶渊明、李白、杜甫、韩愈、苏轼等都是通过这样的《诗》学教育而理解"诗"的内涵、风格与功能。因此，理想的《诗经》注本显然不应满足于仅揭示《诗》的文本义，对于其经义也应有所揭示、采择。《周易》《春秋》等经籍的情况也是一样。前述袁先生主持的"新编新注十三经"虽然在经目的选择上较传统有所不同，但仍沿用"经"这一名称，其用意之一，就在于要继承传统经学中有价值的部分，使其为今日之读者所用。袁老师主持编纂的《诗经国风新注》在体例上设有"析疑"一节，专门梳理历代经说的演变过程，时加评骘，也是这种思路下的一种尝试。

4.请推荐一部"经学文献学"的必读书。

对于初学者来说，我的推荐是朱彝尊《经义考》。林庆彰先生主编有《经义考新校》，已由上海古籍出版社引进出版。关于这部书的编纂过程、价值以及问题，南京大学张宗友兄已有一系列深入的研究，见于其《〈经义考〉研究》，有兴趣的同学可以参看。我已经啰嗦的够多了，这里就不再饶舌了。

北京外国语大学　谢　辉

谢辉，1983年生，内蒙古海
拉尔人。2006年毕业于内蒙古师
范大学历史系，2006年至2011年
在北京师范大学古籍与传统文化
研究院学习，师从周少川教授，
2011年获历史学博士学位。2011
年至2013年，在国家图书馆古籍
馆金石拓片组工作。现为北京外
国语大学国际中国文化研究院副
研究员。

弁　言

南江涛兄创设"青年学者说文献学"栏目，约我写一文。我虽
然毕业于文献学专业，但于此道所得甚浅。特别是工作数年之后，
自觉越来越不解，毕业时尚可乱道数语，今则一语不敢发。然南兄
邀约甚殷，其情难却。谨因其所拟问目，每条略缀数语。皆为本人
主观感受与体会，并无深入思索与理论总结，不知者则直云不知而
已。实不敢妄侧于学者之列，但自觉本人遇到的一些困惑，可能在

当前文献学研究中普遍存在，提出可供大家思考。走过的弯路，亦可为反面教材，或可一定程度上避免后来人掉坑而已。

1.文献学是一个冷门学科，您是什么时候开始接触这门学问的？是主动报考还是调剂？谈一谈您对"文献学"的最初印象，现在的理解有没有变化？

我自幼喜读古书，先看明清通俗小说，至于无可读者，又开始看历史类书籍，如历朝正史与《通鉴》等。先秦诸子与《国语》《战国策》等，以及《太平广记》等文言小说，也看过一些。但都是纯属消遣，看过即忘，看不懂就扔下。因数学极差，高考时只考了五十分左右，报志愿时第一志愿为内蒙古师范大学文学院，第二志愿为历史系，实际分数都没有达到录取线，但恰逢当年历史系扩招，得以录取。上大学后一度对明清史感兴趣，看了大量的明清史料笔记，但同样是当故事书看。大概在本科前两年及以前，对文献学的知识基本为零。当时曾有一老师推荐我，去拜会本校图书馆馆长邱瑞中教授，邱老师为刘乃和先生弟子，即研究文献学。但我当时对此学问一窍不通，遂与邱老师交臂失之。大约在大三时，本系闫崇东教授开设了一些与文献学相关的课程，如史源学、古文字学等。闫老师为中国历史文献研究会老会员、常务理事，在课上常讲到文献学的相关知识。在闫老师指引下，我对文献学才慢慢有所了解。本科毕业时请闫老师作为论文指导老师，写了一个与《汉书·艺文志》有关的文章，算是初步尝试。闫老师后又推荐我到北师大古籍所就读，先后师从邓瑞全、周少川二位老师，逐渐进入这一学科。

最早接触文献学时，对此学科的认识很模糊，只是大概知道是研究古书的学问而已。此后上过各种文献学专业的课程，自己也讲过类似的课，看过各种的教材与著作，但对于文献学是什么，既没有认真思考过，也没太想明白，仍然只停留在之前的认识水平上。所谓以己昏昏，使人昭昭，每念及此，颇多抱愧。

2.毕业后又从事文献学研究和教学，您觉得涉古专业本科生学习"文献学"课程的必要性是什么？

我读硕士和博士时所在的北师大古籍所，以及现在的工作单位北京外国语大学国际中国文化研究院，都是大学的研究所，没有本科生。曾在北外试开有关中国古代典籍的通选课，效果亦不好，有些人甚至认为文献学是教授写论文时如何搜集文献的学问，故对此问题可谓全无认识。就个人的感觉而言，目前的学生课业负担似乎越来越重，本院硕士一年级，修习的课程就达到六七门，每天都在上课，几无喘息之暇，本科生可能课程更多。而且如许之多的课程，似乎没有哪个可称为不必要者。历史学专业八个二级学科，严格来讲哪个都应该认真学，但实际是达不到的。如果平均用力，今日学拉丁文，明日学文献学，结局大概率是两个都不能用。文献学在培养体系中的定位在哪里，是应该作为基础，人人都学，还是作为选修，愿学者学，是个值得讨论的问题。

3.您的研究方向是偏向历史文献学还是文学文献学？又或者说偏重目录、校雠和版本的哪个具体方面？请重点谈一下您在这个领域的治学心得？

我是历史文献学专业毕业，但毕业论文做的是有关元代易学发展的相关研究，勉强算学术史，与文献学和传统的历史学研究都有些距离。选择此题目时，曾犹豫颇久，后请教导师周少川教授。周老师未因其不在历史文献学范围内而否决之，反而颇多鼓励，谓张舜徽先生曾言，不论文史哲方向，只要选题好，能写得出来，无不可者。由此而言，文献学大约是个比较宽泛的概念，虽然因学科设置，分为历史文献学与古典文献学，但似乎差距不甚大。当然具体到个人，还是有些区别。比如古典文献学比较重视的文字音韵训诂等学问，我就基本不会。清人谓不认字不能读书，我即属于不认字者。目录版本校勘等，读书时相关的课程比较多，但我本人目前也只停留在能用的水平上。比如遇到古书读不通时，知道找个本子校一下。对这些专门之学本身，也实无心得。

4.有人说"文献学"是个基本工具，算不上单独的"学科"，对这个问题您怎么看？如果是"工具"，是否应该有更广泛的应用？是"学科"，主要研究对象是什么？是否有瓶颈和走出困境的思路？

目前文献学对我个人而言，更多的只是一种工具。掌握这种工具，可以使我在研究其他问题时，有更多的材料和角度。比如做元代易学的时候，如果会一点辑佚，就可以从《永乐大典》等材料里，辑出一些现在没有的元人著作，据以立论。又如在做明清之际西学

类文献时，如果会一点版本校勘，通过不同版本的比对及异文的情况，也能发现背后的思想变化。文献学是否应该成为一个单独的学科，我亦不敢妄论。因我目前对此学问的认识，大都自实践中得来，且各种实践经验都不太一样，如整理易学典籍的经验，付之于西学类典籍，似乎就不太好用。如果一定要按照现代学科的体系，分为理论、历史、专门之学等几大块，是不是就一定能涵盖这一学问的全貌，是否一定能促进其发展，也许不是太好说。中国传统的学术，好多都定位比较模糊，如四部分类法，有的类目界定其实很含混，但唯其含混，才一直沿用至今。西方图书馆曾经做过各种尝试，希望把中国古籍纳入到西方的学科分类法中，最后都以失败告终，近年又纷纷改编了四部分类法的目录。由此而言，文献学或许应该考虑从尊重传统的角度出发，建设一种有特色的学科，而不必拘泥于现在已有的框架和学科的定义。另外，学科与工具并不矛盾，即便文献学成为一门学科，也可以同时作为一种工具。

5.结合自身的求学和教学，"文献学"的研究生培养上与其他学科有何不同，一般做些什么具体学术训练？他们应该具备什么样的基本素质？您对学生们有何期待？

本人并未指导过文献学专业的研究生。个人的印象中，求学时似乎比较重视实践，比如版本学课程的作业是让大家考察一部书的版本，各种名著选读课程是让大家点读某部古代经典选段，并逐句讲解。犹记当时讲授版本学者为邓瑞全老师，曾言，我讲一学期，不如你亲自去看一眼。所谓字体颜中有柳意，不能亲眼见之，你一辈子也想不明白。但现在历史学的其他方向，也都有类似的课程，如元史也有《元典章》阅读班之类者。由此而言，似乎也说不上有太多本质的不同。

学文献学专业的学生，我想如果能达到各种专门之学均凑合能用的程度，就已很不容易。比如碰到一本版本不明的书，能大概定一下是何时所刻，碰到读不通的字句，知道想办法校一下，以及到哪里去找校勘的本子与材料。特别是对于历史学专业不甚擅长的文字音韵训诂等，如能有所了解则更佳。如学有余力，最好再认真学学外语。将来写英文摘要、出国交流，以及引用国外学者成果，均有好处。

6. "文献学"专业的学生就业情况如何？论文发表难度？主要的就业方向是什么？

本人所知，文献学专业的学生多前往高校、研究机构、图书馆与博物馆、出版社等机构就业，亦有到中学者。我有两位师兄在中学教书，均极有建树，胜于我在高校中碌碌度日者百倍。另有到公司中就业者，但为数较少。以我毕业时而言，因文献学专业招生不多，大部分还能找到一个相对合适的工作。近年情况则不知。

关于论文发表，本人在读的时候，如果写一个纯粹文献学的题目，如某某版本考之类的，可能不易发表较高等级的刊物。如以文献为基础，写一些其他方向的文章，还是有一定竞争力。此是十年前的情况，近年似乎更注重角度创新与重要问题的解决，如研究的是一个无足轻重的小问题，方法与观点亦老旧，哪怕用力甚勤，也不易发表。

7. 请您谈一谈对文献学前景的展望，会向什么方向发展？哪些方面会引起更多关注？

我对文献学的前景，实际谈不到什么展望。我选择此专业，本身也不是因其有什么前景，而是因我好读古书，且此专业主要和书打交道，不必见人，避免很多无谓的纷扰。我平生的愿望，就是能有一间小房，罗列古书于其中，读之自娱，发表论文和拿项目固亦是好事，但只是读书的结果，不是目的。故而我对这一专业的期望，不过"与己有益，与人无害"八字而已。王晶说，电影行业里面有艺术家，也有工匠。我想此语用之于文献学也同样合适，我大概只能作为一个工匠，研究一些具体问题。好在古书至死读不尽，总会有些题目留给我做。至于此行业将来的发展方向、学科的建设，需大手笔者为之，非我所能。

8.请您推荐一种"文献学"的必读书，简要地介绍一下内容及您的阅读体会。

我读书不甚细致，看得虽然不少，但多是看过即忘，印象不深。如必欲推荐一种，或可选择杨燕起、高国抗主编《中国历史文献学》。此书初成于20世纪80年代，由全国各高校文献学专业的专家分撰而成，后又修订一次。书中很多内容已经比较老旧，也存在一些错误，但好处是对文献学的历史及其所属各种专门之学，都做了简要的介绍。未接触过此学问者，看此书即可对文献学有初步了解。

东吴大学　赖信宏

赖信宏，1981 年生。台湾
大学中国文学博士，现为东吴
大学中国文学系助理教授，专
业领域为文言小说、小说文献
学。著作有《志怪到传奇的递嬗
研究——述异话奇的书写成规与
知识利用》《〈聊斋志异〉主体意
识的呈显与构设》，及《明末武
林书坊刊行丛书之板片重组与编
改——以〈唐人百家小说〉为中心》《孤本明代小说〈晋安逸志〉考
述》《〈湖海新闻夷坚续志〉补遗——兼议前、后集十二卷本之复原》
《〈汉武故事〉成书时代新探》等十余篇期刊论文。

1.文献学是一个冷门学科，您是什么时候开始接触这门学问的？是
主动报考还是调剂？谈一谈您对"文献学"的最初印象，现在的理解有
没有变化？

文献学在台湾一般附属于中国文学系之下，只有台北大学曾经

设立过古典文献学研究所。我接触文献学很晚，本科就读的东华大学以现代文学和古典文学批评为主，在古典小说课程中接触到王国良、李剑国等先生的相关论著，了解古典小说保存流传的情况，并开始阅读鲁迅《古小说钩沉》辑佚之作，当时接触的文献学较为粗浅，并没有深入相关学科的底蕴。博士班才在台湾大学修习潘美月老师的目录学、版本学，其间李剑国老师担任台湾大学中文系客座教授，我也旁听了目录学，才真正开始踏入文献学的领域。在台湾能够接触实体古籍的机会并不多，只有以研究对象为目的的零星访查，大多只能查阅胶卷。"中研院"文哲所博士后阶段，我曾到立命馆大学担任客座研究员，与芳村弘道先生前赴阳明文库、尊经阁文库、静嘉堂文库、公文书馆等地访查小说孤本、佚本，赴日访书期间，多方搜罗资料，积极补足相关的基础知识，也由此以小说文献学专业取得教职。

近年来文献学的研究范围不仅是版本鉴别、目录、校勘、辨伪、藏书家等相关内容，更成为汉字文化圈中交流的重要媒介。台湾80年代后期，在王三庆、王国良、陈庆浩等前辈学者的努力下，很早就留意到域外汉籍与域外汉文小说。"域外汉籍"近几年在南京大学张伯伟教授的推动之下，将视野放到东亚地区的流传，文献不再只是着眼于中国古籍之上，也触及朝鲜刻本、和刻本汉籍、域外注解本。域外注解本如汇集多种苏诗注本之《四河入海》，又如日僧万里集九对苏轼、黄庭坚诗所注的《帐中香》以及对《史记》《汉书》的注释，已经获得不少学者关注。另外，卞东波先生所编《寒山诗日本古注本丛刊》《朱子感兴诗中日韩古注本集成》《中国文集日本古注本丛刊》《日本世说新语注释集成》，为我们提供许多以往不易取得之资料。从中国典籍到域外汉籍，文献学串联起汉字文化圈，尤其日本对于中国古典小说的研究，多从文献版本的角度出发，从这个意义上来看，文献学可以说是热门学科。

2.毕业后又从事文献学研究和教学，您觉得涉古专业本科生学习"文献学"课程的必要性是什么？

东吴大学中文系是少数重视古典文献学的大学，每两年会举办古典文献学国际研讨会，迄今已有五届。丁原基先生常年在东吴大学开设目录学、类书的课程，而我的教学主要放在"治学方法"这门课，因应课程调整，拆分为"工具书检索与利用""治学方法与习作"两门。我认为文献学是阅读古籍、掌握可靠知识讯息的基础，从古籍的范畴、分类去了解其性质与内涵，而充分使用工具书则是进一步掌握古籍总貌的必备能力，因此包括传记检索、古籍调查、校勘实作等，都是我教学的重点项目。

3.您的研究方向是偏向历史文献学还是文学文献学？又或者说偏重目录、校雠和版本的哪个具体方面？请重点谈一下您在这个领域的治学心得？

我的研究方向为小说文献学，着眼于文言小说的研究，特别是受到李剑国先生所开启的"志怪传奇"系列研究的学风影响，李剑国先生广泛地爬梳唐前到宋代的志怪传奇之史料，其弟子陈国军、占骁勇又陆续开拓由明至清的小说调查。我在这些前行研究中进行拾遗补阙的工作，偏重在目录、版本的调查，比方说，对于《汉武故事》的重新整理与年代考订、对日所藏小说文献的调查等。相较于白话小说研究的盛况，文言小说相对较为边缘，散佚的情况相当严重。近几年我也针对明代书坊编纂文言小说选集的情况，讨论其别出心裁、陈陈相因、重新包装刊行之处，对此发表了系列文章。换言之，对资料的流传、利用的情况有所判分，才能充分评定文言小说的价值。

4.有人说"文献学"是个基本工具，算不上单独的"学科"，对这个问题您怎么看？如果是"工具"，是否应该有更广泛的应用？是"学科"，主要研究物件是什么？是否有瓶颈和走出困境的思路？

文献学既是研究的基本工具，也仍是一门专门之学，阅读古籍如果没有文献学为基础，在史料真确翔实的判断上便容易有误差，特别是明代版本层出不穷的改头换面。如李剑国判断现存明刊本《搜神记》《异苑》，属于明人辑录所得，掺杂半真半假之内容，利用上必须保持警觉，而这是不明小说文献者经常踩入的误区，如《法苑珠林校注》利用《搜神记》改动《法苑珠林》，即是未考虑到明代的小说刊本不可靠。这部分应当有基础认识，才知道如何利用前人的成果。文献学有其独立之重要性，在古籍年代的具体研判上，虽然可以透过牌记、字体、纸张具体判分，但如接触古籍不多者，就不容易判断书估改造、伪印、残本混充全本、稿抄本价值的判定等问题，这方面仍有赖于专家泛览的经验，才能进一步解决。

5.结合自身的求学和教学，"文献学"的研究生培养上与其他学科有何不同，一般做些什么具体学术训练？他们应该具备什么样的基本素质？您对学生们有何期待？

我认为即便不以文献学为研究对象，也应对古籍有基础之认识，比方说，对于"异文"的判断，如果没有实际校勘古籍的经验，即便阅读今人点校之排印本，可能也不容易注意各种异文背后的内涵。此外，史料的真确性要多方检证，包括作品系年，就需要基础的传记、制度、方舆知识的辅助，才能在疑信之间做出有效的判断。

6."文献学"专业的学生就业情况如何？论文发表难度？主要的就业方向是什么？

由于台湾的文献学被纳归于中文系的范畴，文献学在课程结构中相对边缘，相关专业的学生必须兼通其他领域，才容易取得教职。《书目季刊》为专门发行文献研究相关之刊物，不过如果要在核心或重点期刊发表，则必须结合新史料、新观点的发掘。

7.请您谈一谈对文献学前景的展望，会向什么方向发展？哪些方面会引起更多关注？

文献学需要透过广泛的资料比对，近期大套古籍丛书的编印以及中国国家图书馆、哈佛燕京图书馆等馆藏古籍影像大量公开，对于以内容取向的文献基础研究，具有相当大的助益。过去需要跨国、跨域的访书，如今因在线资料取得之便，为文献研究解决不少资料取得的疑难，不过

目前公开的情况还远远不足。当资料累积足够，将可以帮助古籍全文资源的整合，也同时成为庞大的汉语语料资源。未来传记、辞典、年历，甚至是地图，应该都可以和古籍全文的阅读结合为一，进行跨资源整合的研究，基础文献的问题将更容易被解决。人们可以从文献深化到内容判读的细致化，包括典故应用、意象分析、情志涵泳。

8.请您推荐一种"文献学"的必读书，简要地介绍一下内容及您的阅读体会。

文献学的入门书，我推荐陈先行先生的《古籍善本》，透过丰富的图例，可以看到文献学目录、藏印、稿抄本相关知识的具体应用，对于文献学这种亟待目验的学科是很好的入门书。至于小说文献学的研究，我推荐李剑国先生的《唐五代志怪传奇叙录》，该书基于唐五代志怪传奇的普查，提要十分严整，将各书的作者、卷次、版本及条目进行总体清理，亦可见古小说与《太平广记》《说郛》《类说》等小说文献之版本演变密切相关。这部书扩充了当年鲁迅《古小说钩沉》之文献工夫，彻底解决志怪传奇存佚真伪的问题，从中可知文言小说校勘、辨伪之难，透过这部书可习得古小说研究的基础治学之法。

台湾大学　简凯廷

　　简凯廷，1981年生。台湾"清华大学"中国文学系博士，专业领域为明清佛教思想史、近世佛教文献学，现为台湾大学中国文学系助理教授。著作有《嘉祥吉藏及其诠经设立》，及《被忘却的传统：明末清初〈成唯识论〉相关珍稀注释书考论》《晚明唯识学作品在江户时代的流传与接受初探》《明末清初唯识学在杭州的传衍：以绍觉广承法系为主的考察》《晚明义学僧一雨通润及其稀见著作考述》《空印镇澄对相宗学说之商榷》等多篇期刊论文。编校有《明清华严传承史料两种：〈贤首宗乘〉与〈贤首传灯录〉》（合编）、《近世东亚〈观所缘缘论〉珍稀注释选辑》（合编）。

　　1.文献学是一个冷门学科，您是什么时候开始接触这门学问的？是主动报考还是调剂？谈一谈您对"文献学"的最初印象，现在的理解有没有变化？

　　我接触文献学是在台湾大学中文系硕士班就读的时候。记得那

时候修习了潘美月先生的目录学、版本学以及古典文献学专题研究
等课程。印象中，后来也挑选了目录学作为硕士班资格考试的科目
之一。不过当时我主要是从林丽真先生学习魏晋玄学，是做思想研
究的，那时候文献学对我来说仅是一种知识。一直要到博士班的时
候，因有意以明清佛教思想作为博士论文主题，在接触过程中意识
到明清佛教典籍的研究中传统文献学的介入极为不足。除了各地寺
院及图书馆的大量存世文献无人闻问以外，对于流通的文献，版本
问题也很少被严肃对待，大有可为。我开始到中国大陆、日本各地
去访书，也重新回头拾起过往潘先生课堂上的讲义温习、参考。从
此，文献学对我来说不再仅是知识而已，它还有用、能用。把传统
文献学的意识与方法引到明清佛教研究的领域中来，能垫高整个研
究领域的研究质量。现在一直是在做这方面的努力。

2.毕业后又从事文献学研究和教学，您觉得涉古专业本科生学习
"文献学"课程的必要性是什么？

文献当然包括很多不同的类型。以书籍为例，我们现在所看到
的书，并不是恒常就存在那里，等着我们凭借着书中的内容直接与
作者进行心灵沟通。每一本书都有它成书、编纂、流传的一段历程，
特别是古书，流传千百年，以至于成为我们现在看到的样子。我觉
得研究学习古代知识、专业的本科生在直接拿起一本古书想要了解
古人所思所想之前，透过文献学的课程了解古书本身是怎样的一个
存在，是相当有必要的。

另外，我自己是做佛教文献的，所以在学院的教学与研究以外，
未来最想做的是看如何把传统文献学带入佛学院的课程中。台湾的
佛教学院的课程并非不重视文献学，但主流的所谓佛教文献学主要
对应的是西方佛教学术中的 Philology，处理的是梵、巴、藏等佛典

及其相关对勘研究。这当然是很重要的，但是也并不意味着汉文佛教文献就不需要文献学的基础研究，仿佛只要懂汉字，就能读懂古书，那是不可能的。我觉得培养整理古代汉文佛教文献的僧才是很重要的。不然一部《大正藏》、一部《卍续藏》，就以为是汉文佛典的全部。那是日本佛教界的功绩，很了不得，有其贡献，但也是有其局限。学术总是要讲求进展。

3.您的研究方向是偏向历史文献学还是文学文献学？又或者说偏重目录、校雠和版本的哪个具体方面？请重点谈一下您在这个领域的治学心得？

我只是研究生的时候修了几门文献学相关的课，算不上经过严谨的专业训练。反倒是在研究明清佛教文献遇到问题时，再去补相关的文献学知识，譬如说如何判断版本年代、如何撰写提要等等，算是从做中学。也因为这样，并没有特别限定是偏重目录、校雠或其他哪一块，只要有适当的地方，便会尝试引进文献学的问题意识或方法。

除了广检藏书书目以外，我较常做的一类工作是版本比勘，从中去发现问题。譬如我博士论文的研究对象，晚明的僧人空印镇澄，他的其中一个为当代学者所知的身份是万历二十四年本《清凉山志》的编者，但要到前几年才有号称据其原书的点校本问世。在此之前，坊间流传较广的是印光法师重修的版本。事实上只要稍微考究原书的内容便可发现，虽然镇澄的序题为万历二十四年，但是书中所收唐公靖《同李令君佩韦登南台书于月川丈室》一诗当撰于万历四十年以后，因此充其量只能称为万历二十四年序刊本而已。不只如此，这也不是镇澄编纂的第一部五台山志，第一部是万历十三年本《清凉通传》，现藏于北京大学图书馆，为李盛铎旧藏。而印光法师本《清凉山志》也不如序中所言"今依明志稍为考订增修耳"，而是用各种方式将自身推广的净土信仰融入书中，有编者的编纂意志隐身其后。以前的佛教学者大多是把山志、寺志当成史料来用，而比较少把书自身当成研究对象来研究。

4.有人说"文献学"是个基本工具，算不上单独的"学科"，对这个问题您怎么看？如果是"工具"，是否应该有更广泛的应用？是"学科"，主要研究物件是什么？是否有瓶颈和走出困境的思路？

因为上面说过，我是从做中学，所以文献学对目前的我来说，算是介入明清佛教研究的方法或工具。不过，我认为文献学当然是一门学科。所有我引介过来用的问题意识、理论方法与工具，在其学科范畴中，都有其发展的历史，是文献学作为一门学科所研究的对象。

我认为把传统文献学的方法与工具引进到佛教典籍的研究，还有很大的发挥空间，也能做出很多具体的贡献。另外，浙江大学古籍研究所的冯国栋老师早在2009年时已发表过一篇文章，指出汉文佛教文献学因与传统文献学及欧美佛教文献学除共性外有其殊性，呼吁建立成为一门学问的必要。时至今日，汉文佛教文献学若要建立学科，其内涵、架构等等，还有待学界共襄盛举，加以补足。

5.结合自身的求学和教学，"文献学"的研究生培养上与其他学科有何不同，一般做些什么具体学术训练？他们应该具备什么样的基本素质？您对学生们有何期待？

文献学作为一个学科专业，自然有它需要专门深入之处，但是作为一位文献学的研究生，也要对其他文史学科的知识有所认识与吸取。譬如研究经学文献则不能不懂经学、研究佛教文献则不能不懂佛学等等，诸如此类。在这个竞争激烈的时代，具备两种以上跨学科或学问的人才是比较有竞争优势的。

6. "文献学"专业的学生就业情况如何？论文发表难度？主要的就业方向是什么？

就业的情况我不是很清楚。这里想说的是，印象中，中国大陆的佛教专业主要是放在哲学系底下。除了哲学系，近来似乎有越来越多如历史专业或古文献专业的学者带着学生进入佛教研究的领域中来。更多元的问题意识与研究方法，我觉得是好事。除了学院的教研工作，中国各地无论是公家图书馆或寺院藏经楼，都还保存有大量的佛教典籍，非常需要佛教文献专业的人才来整理与保护。私心希望有关单位主事者能善用这些人才，续佛慧命。

7. 请您谈一谈对文献学前景的展望，会向什么方向发展？哪些方面会引起更多关注？

利用数位工具来处理文献似乎是一个有前瞻性的发展，不过我个人接触得比较少。另外，就研究议题来说，近世东亚佛教文献是一个未知的大宝库。过往的明清佛教研究容易局限在本土，其实我们应该把明清佛教置放于当时整个东亚来看待。明清佛教人物与书

籍在东亚内部无论是韩国、越南、琉球乃至日本各区域间的流动传播，当时的互动与影响远超学界目前的一般想象。还记得我当博士生的时候，有次在日本大津市叡山文库调查近世《观所缘缘论》注本时，从卡片中看到一本题为《观所缘缘论释义》的书，著录为江户抄本，未著撰人。原以为是江户僧人的作品，调出来一看，赫然发现竟是晚明一位叫作明宗广询的僧人的著作。当时的惊喜之情，现在仍记忆犹新。我原已从史料中知道广询著有此书，但从各书目文献中都未见其踪迹，没有想到竟然保存在日本佛教寺院的书库中。就我自己的访书经验，这样的例子并非孤例。

8.请您推荐一种"文献学"的必读书，简要地介绍一下内容及您的阅读体会。

我建议若对以传统文献学来研究佛教典籍有兴趣的学生，可以阅读陈垣先生《中国佛教史籍概论》一书。这本书针对中国历代三十五种重要的佛教史籍进行题录。当然从现在的眼光来看，特别是日本古写经等新文献的运用，陈垣先生的许多说法与见解应该修正。不过我认为学术贵在有所接承与延续。民国时期除陈垣先生以外，还有不少继承清代朴学传统的学人对于佛教人物、典籍进行过研究，如王培孙、陈乃乾等。这一传统文献学的进路应该被接续与发展，进而做出属于我们这个时代的贡献。

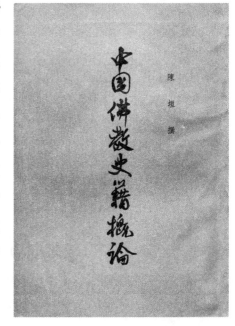

湖南大学　翟新明

翟新明，1989年生，山东泰安人。南京大学文学博士。2018年起供职于湖南大学中国语言文学学院，副教授。从事古典文献学研究六年，整理出版《骆鸿凯楚辞学论集》，代表作为《〈遂初堂书目〉类书类未著录〈文苑英华〉考》《〈七录〉总集、杂文二分及其集部文体学价值》《从小说到文史——宋代书目中诗话的归属与位置变迁》。

1.文献学是一个冷门学科，您是什么时候开始接触这门学问的？是主动报考还是调剂？谈一谈您对"文献学"的最初印象，现在的理解有没有变化？

我于2008年考入湖南大学汉语言文学专业，随即通过考试进入了文学院托管下的李达人文实验班。最早接触文献学，是在大学二年级的"文献学"课程，使用的教材是张三夕教授主编的《中国古典文献学》。不过课程采用开卷考试，授课教师的口音又是比较浓重的湘普，基本上只能以自学为主。

母校文学院虽然有民国间的辉煌文史传统，但因为历史原因，当时恢复建院才不过六七年，也没有在古典文献学方向招收研究生，强势学科是中国古代文学。我从大学三年级开始跟随郭建勋师学习，一直到硕士毕业，持续五年。郭师的重点研究方向是辞赋和诗歌，所以我的本科和硕士学位论文也都是古代诗赋研究。在本校继续读研后，除了完成学位论文需要涉及文献检索与考证，同时已经确定了要报考南京大

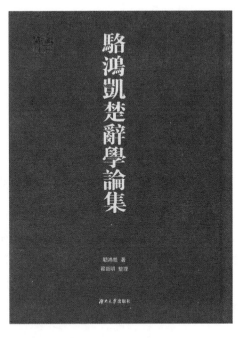

学的古典文献学专业。2013年底，南京大学文学院开始试行博士生资格考核制度（相当于国外的获取博士候选人资格），各个专业都开列了推荐书目，两古（古代文学、古典文献学）专业一共列具了三十种书目，我就提前从中重点选了十多种开始阅读，作为考博准备，尤其是文献学相关的书目，除《四库全书总目》只看了楚辞类和别集类部分提要外，其他基本粗略翻过一遍，算是打下了一点文献学基础。真正的文献学意识和研究，要等到2015年考入南京大学、跟随程章灿师读博以后，在博士生课程、师门报告和论文撰写中，才算正式开始。

最初对文献学的印象，大概就是古书和旧纸堆的学问，与当时所从事的古代文学研究是不同的。以前大概流传过这么一句话：文学研究是有一分材料说十分话，文献学则是有一分材料说一分话，甚至只能说半分话。这也是我在不同时期研究古代文学和文献学的感觉。当然，这是最早期粗浅的印象，不一定正确。阅读文献学相关书籍后，渐渐对文献学有了系统了解，也开始有意识地以文献学观念约束自己的研究。不过，有时候文献学研究也需要一些大胆、

高明而合理的猜测，尤其是在文献不足征的情况下。

程千帆先生曾提出文献学与文艺学相结合的两点论，程门弟子也遵循这一点，南京大学两古专业之间的区隔并不明显，文学与文献学的研究也是未曾分割的。程章灿师本科就读于北京大学世界史专业，又在南京大学跟随程千帆先生攻读古代文学专业硕、博士学位，后来包括石刻、海外汉学等在内都有涉及，门下弟子的研究方向也各异，与传统的纯文献研究有所区别，与文、史的关联更密切一些。程门有每两周一次的师门讨论会，可以让不同研究方向的同门各抒己见，从自己的研究视角关涉到其他方向，从他人的思路反观自己的研究，这对于跨学科观念的培养也是至关重要的。正是在这种长期的研讨与碰撞中，我对于文献学的理解也在一步步加深。

2.毕业后又从事文献学研究和教学，您觉得涉古专业本科生学习"文献学"课程的必要性是什么？

2019年开始，我为本科生开设选修课"文献学"，并在2021年

为本科生主讲张晖《无声无光集》，孙林摄

获批为湖南省社会实践一流本科课程，2022年开始改为必修课。对于汉语言文学专业的本科生，尤其是选择古代文学、古典文献学、古文字学作为学年、毕业论文方向或将来预备考研的同学来说，目前的"文献学"更像是一门指导应用性的课程，主要还是用于学习文献检索工具、掌握基本的学术规范；进一步还需要训练学生基本的学术能力，尤其是文献阅读、学术问题发现与解决的能力，也就是文献学意识的培养，使学生能够真正开始了解学术、喜欢学术、进入学术。即使本科生毕业后不再选择学术研究，这些学术训练对他们将来的工作也是至关重要的，尤其是涉及与文字相关的工作，更可以说是一种基本能力；对于人格培养也有益处，可以尽量避免人云亦云、缺乏主见、观点偏颇。总体来说，"文献学"对于三古（古代文学、古典文献学、古文字学）专业的学生来说，都是一门基础课程，也是获取规范的学术训练最直接的方式。这当然是更具工具特性的说法，但对于本科生来说，这种工具性的学术训练已经是比较难得的了。

3.您的研究方向是偏向历史文献学还是文学文献学？又或者说偏重目录、校雠和版本的哪个具体方面？请重点谈一下您在这个领域的治学心得？

很多学者已经谈到历史文献学和古典文献学区分的不必要性，古典文献学事实上也并不等同于文学文献学，只不过因为被划分到了中国语言文学一级学科下面，被想当然地与历史文献学相对比了。文学文献学的说法也不准确，无形中将古典文献学的研究范围缩小了。

我的专业研究方向偏重于古典目录学，尤其是其中的集部和类书文献研究。当然，版本、目录、校勘三者是一体的，须臾不可分离，这里的侧重，也只是说研究视角的偏重。古典文献学和历史文献学下面都有古典目录学，图书馆学下也有目录学，虽然研究对象有所重合，但研究方法、视角等多有不同，也有可供借鉴的地方。目录学本身经历了工具、目录学史、目录学理论、目录学与学术史等多重发展过程，就目前来说，在一般学术视野下，目录学虽提供了学术史研究的另一种视角，但还是普遍被视为工具而非学科，这与文献学的处境是相一致的。

　　个人真正进入文献学与目录学研究，不过短短六年，谈不上有什么治学心得，只能略述研究中涉及的一些所想。目录学研究，首先要做好版本、校勘、辑佚等方面的工作，借此明确研究的对象。明代以前的书目存留不多，综合性书目也才二十多种，而且大多经过较好的整理，但如《崇文总目》《遂初堂书目》目前还没有比较好的整理本，宋代的国史艺文志虽存有辑本，也仍有很多欠缺。因为这些欠缺，所以需要研究者到各个图书馆、博物馆去查阅相关文献，在阅览过程之中，就可以发现很多问题。比如北宋初年的《崇文总目》，只要到天一阁博物院去看看现存最早的众本之祖的明抄本，就会发现很多前人争论不已或有所猜疑的问题已经失去了探讨的必要性。又如向传《遂初堂书目》在类书类和总集类互著《文苑英华》的误解，就随着明抄本的发现和比勘而被消除，更进一步还可以去考察致误之由和背后的学术心理。再如国家图书馆藏有一册被著录为民国本的吴氏式古训斋写本《七录》，是目前所见最早真正从事《七录》具体文献辑录的辑本，但只要查一查徐乃昌的《积学斋藏书记》，就知道"吴氏式古训斋"是晚清藏书家吴丙湘的斋号，此本实际上是清抄本。所以，对于文献学者来说，文献尤其是新文献的利用是很有必要的，很多沿袭已久的"常识"还有值得商榷和进一步研讨的空间。随着国内外各种古籍资源的开放获取，文献的检索与利用已经比较方便了，当然，有些文献还是需要自己实地访查才更可靠。

　　除了新文献的利用，目录学主要还是要考察传统文献。相对于新文献的"发现"，如何在传统文献研究中有所"发明"，对于目录学者来说是更具挑战性的。一方面当然需要由小见大，依靠学术史知识的积累，敏锐地发现问题；另一方面，也在一定程度上要求我们跳出传统思维，关注到前人不曾或较少关注而又具有学术价值的领域。值得说明的是，与古代文学、历史学研究不同，中国特色的文献学尤其是古典目录学并不具备海外汉学研究的传统，海外提供最多的还是新文献（域外汉籍）的"发现"而非研究上的"发明"，在港台地区和日、韩等地外，甚至连相关研究都是缺失的（后承武汉大学韦胤宗兄指出，海外汉学也有自己的文献学传统，包括目录编纂与研究，中国古籍总目及其联机检索系统的研究，图书馆系自成体系的中文古籍编纂、著录与研究进路，以及图书馆馆员的基础整理工作和研究等；版本方面，涉及古籍电子化、写本研究、明清版本研究、出版学与出版文化研究等，都提供了他山之石的借鉴意义）。古代文学、历史学的海外汉学研究已经比较丰富，足可以给国内研究提供诸多借鉴，但文献学尤其是目录学的研究，还需要本土学者自身的努力。

如何创新与拓展，个人浅见，一方面，固然可以借鉴其他学科和海外学者的研究方法、理论体系；另一方面，也要关注到传统目录学自身的理论体系构建，尤其是古代目录学家在书目编撰过程中隐现的目录学观念，在传统的大小序、解题之外，更应该注意到具体的文献著录情况所反映的学术观念史，包括文献的收与不收、文献的出与入、文献的排序规则等，这也是我在攻读博士学位期间和目前的主要研究内容。也要注意目录学与文体学、艺术学等其他学科的跨学科交叉研究，由目录学反观学术史，就要求对其他学科进行观照，目录学具有丰富的文献资源，这是优势所在，也是我接下来的研究重心。立足目录学，目录学将不再仅仅是治学门径，更能真正实现"辨章学术，考镜源流"的学术史价值。

4.有人说"文献学"是个基本工具，算不上单独的"学科"，对这个问题您怎么看？如果是"工具"，是否应该有更广泛的应用？是"学科"，主要研究对象是什么？是否有瓶颈和走出困境的思路？

这个问题见仁见智。文献学除了被作为工具，还经常被视为方法。对文献学者来说，当然不能接受把文献学单纯视为工具的观点，但这个观点在其他学科还是非常普遍的，可以说是一种"学科歧视"，当然也是出于对文献学的不尽了解，把学科和研究方法相混淆。这也就需要文献学自身的发声，为自己"正名"。

文献学既然能被称之为"学"，自然是具有学科特质的，传统意义上的版本、目录、校勘以及辑佚、辨伪、典藏等众多分支共同组成了文献学，具有自身的理论体系和研究方法。文献学的研究对象当然是文献，如果可以无限扩充，那么，包含书籍、信札、石刻、碑帖、印鉴等在内的一切具有文字的载体，都可以成为文献学的研究对象，不过，这也就与其他人文学科比如文学、历史学、考古学、哲学、艺术学等产生了交集。所谓文献学的瓶颈，可能正在于与其他学科的交叉，其他学科都可以借助文献学来研究，对他们来说，文献学只是一种工具和方法，而文献学既无法直接超出其他学科以获取独立（比如在课题申报和期刊分类中，文献学往往与图书馆学、情报学放在一起；历史学下有历史文献学，而文学下则没有古典文献学），也无法逃脱"工具"和"方法"的刻板印象。跳出瓶颈、走出困境，也正是我们所期待的。

5.结合自身的求学和教学，"文献学"的研究生培养上与其他学科有何不同，一般做些什么具体学术训练？他们应该具备什么样的基本素质？您对学生们有何期待？

因为我目前供职的学院暂时还没有招收文献学专业的研究生，

也就没能开始文献学专业研究生的培养。这里简单以本科生课程和相近的古代文学专业研究生培养来举例说明。

纸上得来终觉浅，文献学学习最重要的还是在于实践，比如版本学知识的获取，除了教材或者著作论文的介绍，还非要经手几部古籍不可。目前国内图书馆对于普本古籍的开放程度是比较高的，善本也多有影印出版和数字化图像公布，学生学习版本知识已经比较便利，但不如手触来得真实，不过要想在图书馆直接接触善本，已经比较困难了。再如目录学，除了阅读经典书目和目录学著作，还需要进行书志解题的撰写、藏书的分类整理等，以便加深理解。校勘、辑佚、辨伪就更需要亲手将几个本子进行对校、他校、本校，对一部佚籍进行辑考，对一部著作真伪进行鉴定，以具体实践来印证理论。我负责的本科生"文献学"课程，除了理论授课和邀请文献学界同仁进行学术讲座，一般还根据版本、目录、校勘进行实践作业安排，比如要求学生考述一部著作的版本、撰写一篇解题、完成对二十四史之一的三则校勘，也有对教师藏书、购书的采访，对文献学热点问题的关注与思考等，将来还准备增加学术研讨会模拟，以及与图书馆、博物馆合作的具体实践活动等。从学生的反馈来看，除了基本的文献检索能力，还应当具备历史地理、文字学、语言学等各学科知识，从这一方面来说，文献学学生所需要的素养要高于其他学科。

对于古代文学专业研究生来说，研究的对象是作家与集部著作，必然要涉及作者生平、著述考察，以及著作的版本信息，个别情况下，还要求能够进行校勘、辑佚和辨伪，这也就要求研究生具备基本的文献学素养和意识。目前我所供职的学院，古代文学专业研究生开设了"中国古典文献学"课程，较本科生课程更加深入一些，也基本能够实现这一目标，尤其是任课教师向铁生副教授自己收藏有上百部明清抄刻本，也带领研究生前往湖南古籍书店等实地考察，触摸古籍，较之本科生学习更为直观。

我们于2019年成立了院级的古典文献研究所，并计划开始招收中国古典文献学专业研究生，课程体系将更加完善，包括版本、目录、校勘、古籍整理等课程都会陆续开设，也将更加强调实践性。对学生的期待，自然是希望他们能够借由文献学略窥学术门径，找到适合自己的研究方向，并在其中寻得学术乐趣。另一方面，接受过严格文献学训练的学生，无论是否选择继续从事学术，文献学训练都将成为他们一生的宝贵财富，将影响终身。

6."文献学"专业的学生就业情况如何？论文发表难度？主要的就业方向是什么？

就业情况应该还是不错的，方向一般以高校、社科院、图书馆、出版社、期刊社为主，职业包括教师、研究人员、编辑等。往大了说，一切与文字相关的工作，文献学专业的学生都应该是可以胜任的，这也是文献学专业培养的目标：经受过严格的文献学训练的学生，绝对可以胜任各类文字工作。

论文发表难度，要看自己的要求，大部分学校都取消了硕士生发表C刊或者核心期刊论文的要求，博士生的压力会大一些。如果一定要发表C刊，那么选择的余地不是很大。文献学专业刊物本来就较少，目前也只有《文献》属于C刊，集刊方面比如《古典文献研究》《北京大学中国古文献研究中心集刊》《历史文献研究》《历史文献》《经学文献研究集刊》《古籍研究》等，各有发表倾向和喜好。如果不强求一定要C刊，刊物的选择面还是比较宽的，专业类如《中国典籍与文化》《古籍整理研究学刊》《版本目录学研究》《文津学志》《古籍保护研究》等；港澳台地区的刊物也可以选择投稿，比如《书目季刊》《澳门文献信息学刊》等。论文发表的关键还是在于质量，好的论文，绝对不缺发表的场地。

7.请您谈一谈对文献学前景的展望，会向什么方向发展？哪些方面会引起更多关注？

前景首先要看从业者群体的交流情况。以前全国高校古委会是有青年学者学术研讨会的，但好像只持续了三届。2018年武汉大学文学院李寒光兄组织了第一届文献学与学术史青年学者研讨会，2019年华中师范大学历史文化学院陈冬冬兄组织了第二届，从参会学者提交的议题来看，并不只限于文献学领域，而是旁涉到了文史研究的方方面面，这也可以说是文献学研究繁盛的一种表现。北京大学也于2019年召开了中国古典文献学新生代研讨会，还有持续多年的古籍研究青年同仁联谊群，以及很多高校、研究机构召集的各类工作坊，为文献学者的交流研讨提供了很好的平台。在这些学术研讨与碰撞中，想必会催生出更多值得关注的学者和研究成果，养成更好的学术风气，促进整个文献学学科的发展。随着从业者的增多和在各个高校、科研机构的发展，选择文献学研究的学生想必也会逐渐增多。

将来的发展方向以及能够引起关注的领域，个人浅见，对于明清阶段来说，域外汉籍和各类新文献的发现与研究仍应会是热门，与艺术等领域的跨学科交叉也会长盛不衰；对于明代以前而言，恐怕还将以发明为主。另一方面，文献学也需要新的理论总结和指导，更需要与学术史形成呼应，与其他学科形成资源共享和观念互动。

8.请您推荐一种"文献学"的必读书，简要地介绍一下内容及您的阅读体会。

因为自己主要关注目录学，已有学者推荐过《四库全书总目》《书目答问》《目录学发微》《汉书艺文志通释》等书，此外还有如汪辟疆《目录学研究》、姚名达《中国目录学史》、王重民《中国目录学史论丛》、周彦文《中国目录学理论》等代表性著作，都各有特色。文献学领域，重点推荐张舜徽先生的《文献学论著辑要》，这是一部古典文献学重要篇目的汇辑，包括目录、版本、校勘、辑佚、典藏、辨伪、类书、金石、方志、甲骨、竹简、敦煌文献等在内的文献学各领域的重要篇目基本收录，可为初学者阅读文献学原典的书目指南。当然，这个选目也存在并不完备的情况，读者可以自行增补，也期待能够有一个更为完备的选目。说起来，张先生曾在湖南大学和国立师范学院（湖南师范大学前身）任教，更亲炙诸多湘籍学者，也算是一种学术渊源。

文献学之外，推荐程千帆先生《桑榆忆往》和周勋初先生《当代学术研究思辨》二书。《桑榆忆往》包括自身读书治学、师友杂忆、治学经验及友朋评议等内容，不仅可以略窥前辈学者风范，还可从中探得治学门径，尤其是程门弟子汇录程先生治学经验的《书绅杂录》，尤可反复阅读。《当代学术研究思辨》主要是对前辈学者治学和当代学术发展的介绍，并以王国维、陈寅恪论文为例，考察其治学方法，对于初学者来说尤为重要。周先生另著有《艰辛与欢乐相随：周勋初治学经验谈》，再比如南京师范大学王锷教授主持的"学礼堂访谈录"系列，也是金针度人之作。

其他如陈智超编注《陈垣史源学杂文》、葛兆光《中国思想史》、李零《简帛古书与学术源流》、荣新江《学术训练与学术规范：中国古代史研究入门》等，各是一个领域内的代表作，尤其是史源学训练和学术规范，也都值得文献学学生或者初学者关注。

香港中文大学　潘铭基

潘铭基，1977年生。香港中文大学中国语言及文学系教授、博士生导师、中国文化研究所刘殿爵中国古籍研究中心名誉研究员、世界华文旅游文学联会常务理事。研究领域包括儒家文献、汉唐经学、历代避讳、域外汉籍、博物学等。在校任教"论语""孟子""礼记""汉书"等科目。著有《贾谊〈新书〉论稿》《孔子的生活智慧》《颜师古经史注释论丛》《孟子的人生智慧》《贾谊及其〈新书〉研究》《〈汉书〉及其春秋笔法》《字书里的动物世界》《汉字里的动物世界》；散文集《烦嚣与寂静》等。获香港研究资助局优配研究金拨款主持"颜师古经学考""清代避讳学研究""日本所藏诸本《群书治要》研究"等项目。

访日本东京国立博物馆

参观山东嘉祥武梁祠

接触"文献学"的经历

在中小学的时候，按照香港教育的模式，能够接触到文献学的机会并不多。我在香港中文大学中国语言及文学系读书（本科、硕士、博士），在学校里，我们把本科生选修的科目分为四大范畴，包括了古典文学、现代文学、古代文献、语言文字等。当时在三年制的本科生课程里，除了必修的"古籍导读"（郑良树教授任教）以外，我还选修了"论语"（黄继持教授任教）、"孟子"（陈胜长教授任教）、"左传"（郑良树教授任教）、"史记""汉书"（以上两科由何志华教授任教）等属于"古代文献"的科目。学校里的科目以专书为主导，在研读专书之余，就文献学的各项议题深入探讨。例如修读《左传》的时候，就作者、成书年代，以至与《国语》的关系等，都会专门探讨。又如在"汉书"科里，会从互见文献的角度细致排比《史记》与《汉书》的文本，探赜索隐，奠定了日后研读古代文献时常怀翻箱倒柜式细读的心态。今天，我们知道文献学偌大的范围，任何事情的开端都很重要，从阅读一部古籍出发，进而了解它的一切，慢慢将阅读的范围扩大，圈划起一个属于自己的领域，这是我一直坚持的教研方向。

在学期间，蒙业师何志华教授的细心指导，因得阅读刘殿爵教授（1921—2010）的学术著作，更是获益良多。刘教授是何师的恩师，乃蜚声遐迩的著名学者，曾在伦敦大学亚非学院任教中文及中国哲学二十八年，是英国首位任讲座教授的华人。刘教授于1978年到敝校任教，在中大渡过三十二年的教研生涯。刘教授著作等身，我在读本科的时候已曾拜读其翻译的《论语》《孟子》《道德经》。至读研阶段，有两篇论文对我日后的研究影响深远，一是《〈夏人歌〉的拼合尝试》（收录在刘殿爵《语言与思想之间》，香港吴多泰中国语文研究中心1993年版），二是《秦讳初探》（《中国文化研究所学报》1988年第19卷）。两篇论文都是利用互见文献排比对读之法开展，这种不尚空谈两书关系，而让证据说话的研究方法，成为我日后在文献学路上的主导。此外，后来我会关注传统避讳学，亦与此密不可分。

与业师何志华教授（右一）、台湾大学佐藤将之教授（中）合影

对学习"文献学"课程的一些想法

不管学术兴趣是否文献学，修读文献学的学科还是非常重要的。无论将来从事哪一方面的研究，甚至没有研究的打算，文献学的学习其实等同打下扎实的根基。在文献学的讲授里，必然始于典籍的书写和分类。娴熟于此，便能按图索骥，打开文献学研究的大门。清人王鸣盛说："凡读书最切要者目录之学，目录明方可读书，不明终是乱读。"在文献学的学习里，目录学极为重要，能明四部分类可说是第一紧要事。在大学本科学习期间，学生要取得佳绩，贵乎能否自学。修读文献学科目，明白图书分类，重视基础工作，知悉校雠之重要性，然后可以培养出自学的能力，面对难题，自可迎刃而解。研读每一部古籍，了解它的内容是最基本的；文献学的阅读视角，教导学生竭泽而渔式地了解关于它的一切。读《论语》，我们可以了解全书486章的内容；有着文献学的视野，作者、编者、成书年代、版本、校勘、公私书目载录、歧解等，都纳入研究的范围。简言之，如果有人提问，说《三国演义》的作者是谁，没有文献学的

训练，便会答道"罗贯中"三字。这是中小学机械式训练的结果。有了文献学的锻炼，我们便知道有关《三国演义》作者的说法，有不少的争议，《西游记》《水浒传》《红楼梦》亦然。大胆假设，小心求证，最后不一定有必然的结论，却是治学必要的过程。如此，研读的层次便不一样了，思考会更为深入，少了无的放矢的状况，一切都只看证据。这是文献学训练最为重要的地方。

研究领域与心得

　　研究领域总是环环相扣，难以区分的。能够走进研究之途，很大程度上是因为在求学路上得遇良师，业师何志华教授是我的启蒙老师。我第一部研究的专著是在硕士阶段时候的贾谊《新书》。很多时候，我会跟学生说，决定研究范围之时，可以考虑的是一部书、一个人、一个时代、一种学术思想。然后，以这个选定的"一"为中心，慢慢将自己的研究范围扩大。贾谊《新书》历来有真伪的讨论，辨伪学、版本学、校勘学的知识皆不可缺；贾谊乃汉人，研读汉代文化、典章制度更是不在话下。当时研究的主题是贾谊《新书》与先秦两汉典籍之互见关系，因此，泛览先秦两汉典籍是必需的。专研汉代，《史记》和《汉书》是必读书，贾谊《过秦论》《治安策》见载其中，此乃贾谊《新书》研究的延伸。另一方面，儒家经学与经典是汉代学术思想的核心，贾谊《新书》有着儒家思想的倾向，以及《汉书》之经学特质，成了我在研究领域上的两大分支。贾谊《新书》与《左传》《荀子》《鹖子》《诗》《汉书》《新序》《说苑》等皆有互见关系，扩大了我的研究范围。从子部出发，因而入经，很快便离不开经部。汉代经学有今古文经的论争，这在处理贾谊《新书》时已有接触。经学历史成为不可不读的一段。研读《汉书》，自不离开唐人颜师古注，又因对经学文献有所关注，研究的范围便及至唐代。

　　《汉书》颜师古注是我在研究路上关注的第二个中心。从《汉

书·贾谊传》开始，
逐渐发展至研治颜
师古，我的博士
论文题目是"《汉
书》颜师古《注》
研究"。又因颜师
古参与了五经定本
的工作，以至《五
经正义》的编撰，
研究的重心遂有所
迁移，兼治唐代经
学。由于有上述研

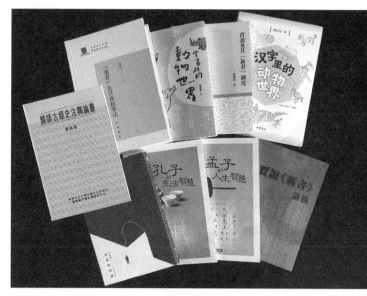

著作书影

治《鹖子》的基础，以及关注《汉书》颜师古注以前的旧注，唐宋
类书成为我关注的第三个中心。走进了唐宋类书的世界，对《群书
治要》《艺文类聚》《太平御览》等皆作研治的尝试。以类书作为研
究的工具之余，复就类书本身作了不同的探讨。唐宋类书也引领我
走到域外汉籍与博物学这两个领域里面，开拓了我的眼界，所以说
研究领域是环环相扣的。近年来，我特别关注魏徵所编的《群书治
要》，也就是过去研究中心的延伸。

　　现在回想，研究从"一"开始是没错的，但对初学者来说，不
要太早把自己的研究之门关上。可以专研某书，可是不要只关注某
书，文献学的范围浩如烟海，太早的故步自封对初学者来说实在是
一种危害。刘勰说："凡操千曲而后晓声，观千剑而后识器；故圆照
之象，务先博观。"诚为知言也！

"文献学"是工具还是学科？

　　这是一个循环往复的问题。文献学以工具的形式作为研究的开

端，钻研既深，它又成了一门不可或缺的学科。以《孟子》的研读为例，在披阅此书之初，学子多不明白何以要关注其作者是谁、赵岐注本的意义、历代书志的载录情况，以及其由子到经的升格过程；而一心只想阅读文本，感受孟子光辉伟大的人格。可是，久而久之，研读一书，不可能不了解其文献学的意涵，否则只能了解一书之皮毛。工具是它的开端，学科是它的终结。我们发现，细读历代书志，便会得知《孟子》书有内篇与外书之分，今所存者七篇，而外书四篇久佚。赵岐注释《孟子》，以为此书仿效《论语》，视孟子为亚圣，推高《孟子》的地位，开启了升格《孟子》的先声。对著作权的好奇，使我们可更为注意孟子提出"知人论世"的说法，更能深入了解此书，"颂其诗，读其书，不知其人可乎？"孟子也为我们上了重要的一课。目录学、版本学、校勘学似乎都是工具，但当结合了文献以后，便都独当一面，极为重要！

<h2 style="text-align:center">对"文献学"学生的期许</h2>

我在香港中文大学中国语言及文学系任教多年，重视学生的文献学知识。能对文献学重视，不单是对古代文献学生的诉求，更是所有志于学术研究的莘莘学子皆当视为第一紧要的事情。试想想，难道古典文学、现代文学、语言文字学的训练就不用文献学的特质吗？这肯定是不可能的。研读任何学问，始于对研究素材有多方面而彻底的理解；没有充分理解而展开的研究，其所得成果实在不必过分期待。文献学的学生应该像一只章鱼，伸出八只手，向四面八方的探索！

由于特别着重基本功的培养，文献学的研究成果不可能很快出现。因此，特别适合沉稳踏实的学生。在别人看来，文献学的工作极为沉闷，例如校勘一字，翻箱倒柜，比较众本，呆坐数天。乐在其中的人，会为解决了一个字而高兴大半天；不明所以的，会认为是微不足道。因此，当有研究生入学时，我都会跟他们说，好好享受在研究院的时间，这大概是一生中最无拘无束读书的日子，尤其是因为在香港读书的奖助学金支援比较丰厚。能够心无旁骛，专心致志，走进古人的世界，一点一滴的研读一部又一部的巨著。更先不要想毕业后的工作，日后仕途是否顺利，无人知晓，书读得怎样，却是自己终身受用。如果终日怀着"书中自有黄金屋"的心态读书，只会给自己徒添太多无形的压力。读书要有一股傻劲，文献学所需的傻劲更是傻中之极！

近年来，除非研究生已有心仪的研究领域，否则我都叫他们做一部类书的研究。为什么呢？因为这是逼迫他们多读书的不二法门。这些类书包括了《艺文类聚》《群书治要》《初学记》《意林》《太平御览》等，无论是讨论其中反映的学术思想、版本校勘、引书情况，只要主题是一部类书，便不得不处理类书及其所引书，以及文献学牵涉的其他问题。曾经，有研究生跟我反映过，他的阅读量要比其他同学多好几倍；我说，这就是我的原意。文献学的学生应该要把自己的研究圈划得更大，这样对日后的教研之路，只有好处，没有坏处。

"文献学"学生的教研前景

本科生有了文献学的训练，能够培养出处事缜密细心的特质；怀瑾握瑜，求职自不成问题。培养研究生从事文献学研究，特别重在其阅读量的累积。如前文所言，读研阶段虽说繁忙，但总不及日后工作与家事两忙。因此，在研究院阶段多读书，日后得执教鞭，并不见得立刻任教完全跟自己研究方向配合的专科，如有多读书的基础，自必更容易找到合适的教席。读书为的是装备自己，文献学的学习更是便利于修身养性。如果求学之时经常怀着问舍求田之心，必有所蔽，犹有未备。"道高则禄来"在今天的社会固然不可能出现，但将求学的中心放在求学，不是更好吗？

　　海峡两岸的学术期刊不少皆有接受研究生的文献学论文投稿。很多时候，自己一头栽进去某一课题的研究，钻之弥深，不能自拔。我时常跟学生说，好的论文，贵乎可以小见大，就某一论题作深入而细致讨论，然后可以就此得见普遍的状况。要就微细的问题抽丝剥茧并不难，但容易流于曲高和寡，只能以小见小，缺乏普遍性，不能提炼出学术高度，这种论文一般很难得到学术刊物的垂青。在香港读研究院，有一点跟国内不一样，就是没有说在学期间要发表多少篇论文的规定。但是，我会鼓励研究生多参会、多投稿，不单是海峡两岸，甚至是欧美的会议。能够在读研的时候增广见闻，开拓学术的视野，诚为美事！

　　在香港，要觅得专上院校的教席并不容易，情况跟世界各地都一样。研究院毕业生有些会到中学任教高中课程，有些会在专上院校或者社区学院里任教一些语文基础科目。要一步登天走上研究的路成为教授，并不容易；但不要放弃在研究路上的梦，如有研究心得，必须下笔成文，投稿发表，假以时日，总有机会来临的一刻。

"文献学"的发展前景

　　这个问题可从深度与广度两个方向讨论。先论深度。在前人研究的基础上，接续下来的研究将后出转精，更深入探讨文献学各方面的议题。在新见资料不断涌现的情况下，包括出土文献以及一些过去未能得见的抄本、稿本等，必可令文献学有新的发展。举例而言，传统文人在强大记忆力的驱使底下，对校时使用的异本，他校时使用的互见文献，在版本校勘时都可以顺手拈来，成就斐然。今天，我们不可能，也不必跟古人比拼记忆力，唯有出奇制胜，以电子数据库和检索功能另辟蹊径，开创新途。善用计算机，弹指之间可解决许多问题；当然，不少学术研究上的问题有待研究者深入的分析,并非计算机可以解决。只是我们有前人学者没有的工具,可以在文献学的研究路上得到崭新的辅佐。近世地不爱宝,出土文献甚夥,更为文献学带来前所未有的机遇。百年以来,传统文献的研究有了出土文献的支援,昂首迈步,长足发展。20世纪20年代,王国维提出了"二重证据法",主张以"地下之新材料"印证传世文献的记载。80年代以来,饶宗颐先生提出了三重证据法以至五重证据法,将各种证据灵活运用,构成了文献学研究进一步的深入发展。

再论广度。从现在的研究情况看,由于互联网使用的方便,研究的无远弗届已经出现。其中,域外文献的研究更是前人所不可奢盼。举例而言,近年来我多关注唐人魏徵所编的《群书治要》,此书在宋代以后,即在中国散佚,至清嘉庆初年,方从日本回流。《治要》引书较少改动原文,故能呈现典籍在唐初的模样。如清人卢文弨抱经堂校定本《逸周书》无缘参考《治要》,而王念孙尝就《治要》引文批评卢校,后出转精,据此可见《治要》的校勘作用。然而,嘉庆初年回传中国的尾张本《治要》,尝经回改,未能保留《治要》存旧之真。近年来,随着域外文献数据库的出现,以及互联网使用的便利,日本所藏诸本《群书治要》,包括平安时代九条家本(现藏于东京国立博物馆,其全文影像可在"e国宝"网站上浏览)、镰仓时代金泽文库本(1989年日本东京汲古书院影印出版,全本可于宫内厅书陵部图书寮的网站浏览)、元和二年铜活字骏河刊本(日本各图书馆多有藏本,东京大学东洋文化研究所汉籍善本全文影像数据库可供浏览)等,皆可多加利用,且无地域限制,极为便利。得见诸本《治要》,不但可以深化前人的研究,更可就前人未尝关注的课题加以讨论。

"文献学"必读书推荐

如果只能推荐一种的话,那便会是程千帆、徐有富的《校雠广义》（齐鲁书社1998年第2版）。此书有四册，分别是"版本编""校勘编""目录编""典藏编"。此书内容丰富，涵盖了文献学的各方面，遇上了不同范畴的疑难，看看目录，几乎都可以找到解决方法。看原文的时候不要忘记翻查原典，或者是此书的资料来源。这样按图索骥的话，自必大为丰富有关文献学的阅读量，所得匪浅。以"版本学"一册为例，全书分为七章，各章标题为"版本学的名称与作用""文献载体""纸书的装式""雕印本的品类""雕印本的鉴定""非雕印本的区分与鉴定""对版本的记录和研究"，每章以下又有若干小标题。此书于版本学的主要议题皆尝作讨论，读之而必有所得。

此外，还有几篇论文我觉得应该细读。除了上举刘殿爵教授的《秦讳初探》以外，还有：刘教授的《扬雄〈方言〉与〈孟子〉》（《中国文化研究所学报》1992年第32期），吴宏一教授《温庭筠菩萨蛮小山重叠金明灭相关问题辨析》（《香港中文大学中文学刊》1997年第1期），陈胜长教授《〈说文〉所说字义或非本义考辨并论所谓"微辞"问题》（《中国文化研究所学报》2003年新43期），何志华教授《〈尚书〉伪孔〈传〉因袭史迁证》（《中国文化研究所学报》2000年第40期）。这四篇论文都是刊登在香港出版的期刊，其中处理文献的方法、考证之细、推敲之妙，适足为有志于文献学之学者所参考。

青年馆员

嘤其鸣矣

敦煌研究院　王　东

王东，1980年生。历史学博士，2013年毕业于兰州大学敦煌学研究所，现就职于敦煌研究院敦煌文献研究所，研究馆员，敦煌研究院学术委员会委员，兰州大学、西北民族大学兼职教授硕士生导师，中国敦煌吐鲁番学会理事，研究方向为敦煌文献与西北民族史，在《文献》《中国藏学》《敦煌研究》《图书与情报》等核心期刊发表论文数篇，偶被《中国社会科学文摘》《人大复印报刊资料》转载。

1.文献学是一个冷门学科，您是什么时候开始接触这门学问的？是主动报考还是调剂？谈一谈您对"文献学"的最初印象，现在的理解有没有变化？

2000年，我考上了安徽大学历史系历史学专业，由于专业性质，开设有"历史文献学"这门课程，这是与文献学第一次亲密接触。

因高考发挥不好，服从专业调剂到了历史学专业。最初，心理上对历史学还是有些抵触的，感觉人生突然没有意义了，上课也属于左耳朵进右耳朵出的那一类学生，所以无法回忆出当时学习的情形。在我的印象中，"文献学"就是过去老学究们戴着厚厚的眼镜片，扎在故纸堆中逐字逐句研读的情景。进入硕士阶段，开设有"历史文献学"的课程，并且老师要求根据研究方向进行文献研读，因撰写论文的需要，强迫自己去研读相关文献，在文献中寻找对自己写作"有用"的只言片语，不知不觉竟然喜欢上了文献学，努力发掘文献背后"隐藏"的历史信息。博士就读于兰州大学敦煌学研究所，敦煌学研究所前身为1983年筹建的敦煌学专业资料室，1999年成为首批教育部人文社会科学重点基地，敦煌学研究所自成立以来就具有浓厚踏实的学风传统，老一辈学者将这种学风传递给了每一位在敦煌学研究所的求学者。在敦煌学研究所求学的三年，无论是从学风还是从知识方面，都是我受益终身、难以忘怀的三年，同时这三年也使我对文献学的情谊得以巩固升华。"文献学"是我们从事历史相关问题研究的最为重要的敲门砖，没有文献学的支撑，恐怕历史研究将无从谈起，就成了无源之水、无本之木了。总之，对于文献学的学习与研究，贵在持之以恒。

2.毕业后又从事文献学研究和教学，您觉得涉古专业本科生学习"文献学"课程的必要性是什么？

我个人觉得涉古专业本科生学习"文献学"课程十分有必要。我没有给本科生上过课，但通过这几年给硕士生上课的最深体会是，当下学生缺乏对文献学知识的基本认识，尤其是专业跨度较大的学生甚至不知道怎么查找文献和利用文献，更缺乏对传统学术训练的敬畏，非常之"随性"。如果能够对文献学的重要性有着充分认识，那么至少在阅读相关文献方面不会存在太多障碍，更有利于解读和利用文献去解决一些问题。因此，在与文献学有关联的专业课程设置方面，需要进一步加强对该专业基础课的设置。

3.您的研究方向是偏向历史文献学还是文学文献学？又或者说偏重目录、校雠和版本的哪个具体方面？请重点谈一下您在这个领域的治学心得？

从2010年博士入学一直到现在，我所关注的对象主要是出土文献（诸如敦煌吐鲁番文书、黑水城文书）与西北民族历史文化，相关研究成果基本围绕这个方面展开。恍如昨日，不经意间已过去了10余年，但内心中依然保持着最初接触到影印版敦煌吐鲁番文书时候的那种敬畏，并且会在今后继续研读学习。就此而言，我的研究方向更偏向历史文献学。

至于谈治学心得，我一直对学术心存敬畏之感，诚惶诚恐，觉得尚属于刚入门的小学生之列，谈不上对治学有什么心得。我就简单谈一谈个人感受。尽管现在许多文献已经数字化，可以借助网络工具和大数据很快得到自己想要查阅的文献资料，但毕竟古代典籍浩如烟海，需要"上穷碧落下黄泉"的勇气和态度，否则无法真正体会到文献学之乐。对于文献学的研究，需要"大小"结合。所谓"大"，也就是说对一个问题的关注，要着眼于整个大背景下的相关研究也就是我们经常所谈到的学术史；所谓"小"，就是从细微处入手，当下学术研究，主要是从新材料、新问题和新方法三个方面着手，而对大家都熟知的文献已经被众多学者广泛研究使用，那么只能从新问题或者新方法的角度重新解读文献，辅助研究，努力寻找提炼文献背后"隐藏"的信息，可能会有意想不到的收获。

4.有人说"文献学"是个基本工具，算不上单独的"学科"，对这个问题您怎么看？如果是"工具"，是否应该有更广泛的应用？是"学科"，主要研究对象是什么？是否有瓶颈和走出困境的思路？

对于"文献学"是基本工具还是学科的看法，我个人更倾向于"基本工具"。其他方面，前辈专家多有高论，我就不再赘言了。

5.结合自身的求学和教学，"文献学"的研究生培养上与其他学科有何不同，一般做些什么具体学术训练？他们应该具备什么样的基本素质？您对学生们有何期待？

我觉得"文献学"的研究生培养与其他学科最大的不同在于"博"，文献学看重多学科知识的积累，诸如文学、历史学、民族学、宗教学、地理学等学科的知识都要涉猎，同时对于传统文献学基础的培养也是必需的，包括版本、校勘、目录等方面。

单单依靠课堂上的教授与学习是无法直观体验"文献学之乐"，需要将所学知识付诸实践，参与到一些文献整理的课题中是最好的学术训练。我攻读博士学位期间，参与了冯培红教授主持的教育部哲学社会科学重大课题攻关项目《法藏敦煌汉文非佛教文献整理和研究》，在不定期举办的读书班上和大家一起研读文献、辨析俗字等，通过参与科研项目，感觉研读文献的能力得到了很大提升，工作后申请的一些课题也多围绕整理文献的方向展开的。通过参与课题的具体实践，进而将所学的文献学知识与理论消化吸收，不再是一种"纸上谈兵"的状态。

6."文献学"专业的学生就业情况如何？论文发表难度？主要的就业方向是什么？

通常看，文献学专业的毕业生就业情况一般，如果是博士毕业相对好一些，但就业并非看自己所学的专业，更要结合自己的特长，因人而异。现在论文发表都比较难，评职称、项目考核等都需要发表论文，造成了"僧多粥少"的局面，加上一些刊物基本上不刊发学生或者副高职称以下的论文，论文发表更为困难。主要就业方向是高校、科研机构、图书馆、出版社等单位。

7.请您谈一谈对文献学前景的展望，会向什么方向发展？哪些方面会引起更多关注？

首先，我觉得民族宗教类文献在未来研究空间比较大，因为这一类文献关注的人相对较少，但却蕴含着十分丰富的内容，不仅仅限于单纯的民族或者宗教相关问题的研究，而是民族交流、交融、互鉴等方面，更能延展对民族宗教历史问题的研究，有助于推动外来宗教中国化、文化交流互鉴、中华民族共同体意识形成等相关问题的深入。譬如敦煌文献中有大量的骰卜文本，而这些骰卜内容很多与日常生活有关，涉及卜占财运、婚姻、子息、权势、家产、经商、诉讼、军功等方面，是社会各阶层生存状态的真实体现。那么我们通过骰卜内容可以了解当时人们日常生活的相关信息，不再局限于文本外在所展示出来的内容。

敦煌文献 ITJ738（2）骰卜文本（图版来自 IDP 网站）

其次，地域性文献的不断涌现，补充了传统文献典籍中讹误、阙失等不足，诸如敦煌吐鲁番文书、黑水城文书、徽州文书、循化厅司法文书等。这些具有地域特色的文献记录了同时代官方行政运行、民间生活等信息，更能直观地重现历史影像，属于第一手资料，有助于我们从纷繁芜杂的历史记载中寻求历史真相。

再次，传统文献研究与现代科学技术手段相结合，研究方法和学科交叉互动优势逐渐凸显。文献数字化趋势已经凸显，并给广大研究者们带来了极大便利，甚至可以通过特别设计的程序而为具有特殊需求的群体提供文献资料，最为简洁的莫过于"字段"的筛选检索，以后甚至会出现以表达特定情感词汇的选择而去判定古人的内心世界。

8.请您推荐一种"文献学"的必读书，简要地介绍一下内容及您的阅读体会。

张舜徽先生著《中国文献学》（有中州书画社、华中师范大学出版社、上海古籍出版社、东方出版社等多个版本）是我系统学习文献学的第一部著作，这部著作是张先生对其多年来文献学研究的集大成之作，也是其文献学理论的总结，对中国文献学研究进行了系统梳理，构建了基本框架，包括文献理论、文献研究、文献整理、文献学史诸多方面，循序渐进，从宏观到微观，结构严谨，条理清晰，非常适宜初学者的学习。张舜徽先生指出文献学的基本任务就是对文献进行整理，将校雠学等同于文献学，"我国古代，无所谓文献学，而有从事于研究、整理历史文献的学者，在过去称之为校雠学家"，通过文献整理工作为研究者们提供文献上的便利，文献学和史学是不可割裂的。因此，我们在历史研究中离不开文献学的方法理论的支撑。

中国社会科学院文学研究所图书馆　刘　明

刘明，文学博士，现为中国社会科学院文学研究所图书馆副研究馆员。主要从事版本目录校勘学、古籍整理与汉魏六朝集部文献研究。求学及毕业以来一直与图书馆古籍相伴，至今已有十七年，做好古籍本职工作之余，汲汲于古籍文献的整理与研究。

沧海浮槎蠹鱼情
——我与古籍文献学的结缘及体会

在进入拙文开篇之前，先就稍显冗繁的副标题做适当的解释，以免引起不必要的"误导"。众所周知，在作为一级的中国语言文学学科下有二级学科"中国古典文献学"，成立至今已经有六十余年的历史。花开一甲子，古典文献学学科的设立体现出在一定历史背景下，擘画学科设置以推动中华优秀传统文化建设与发展的智慧，也凝结为一种学科范式和学术话语，其中有丰富的经验积累值得总结和发扬。这里使用了"古籍文献学"的称谓，并非对"古典文献学"之称的剥离和不尊重，更非要刻意制造新的"术语"，而是结合自己的切身经历而提出。掐指算来的十六七年间，自己从事古典文献学的学习、工作及研究一直未离开过图书馆，与图书馆所藏实物形态的古籍可谓朝夕相伴，甘苦相随。如果说有点学术感悟和收获的话，也是基于图书馆古籍业务实践而获得，就像鱼儿离不开水。因此就自己而言，更喜欢使用"古籍文献学"这样的称呼，它点明了我工作、读书和研究的具体对象。古籍浩瀚无涯涘，自己又专注于集部古籍也就是文学古籍（偏重在汉魏六朝段）的研读，可以说是乘着集部之"槎"漫游于古籍之"沧海"。这注定是一辈子的缘分，其间对古典文献学也有些微不足道的体会。兹结合个人的古籍工作及研究，拉杂道来，不妥之处敬祈方家教正。

"古典文献学"的称呼，结合了两个很有学术积淀的词汇"古典"和"文献"，照字面理解是古代有典范意义的"文献"，是能够代表中华优秀传统文化的经典著述。或者这么讲，"古典文献学"首先需要关注的是国家和民族传承下来的经典文献。举例而言，如清代的阮元主持校勘整理《十三经注疏》，形成至今还在普遍使用的"定本"即通行本儒家经典。之所以花这么大的气力去做这样"流芳百世"的工作，因为《十三经》本身就是中国经学的经典著述。再比如新中国成立初由国家组织、古籍整理出版规划领导小组具体实施的"二十四史"点校工程，可谓是党领导下的古典文献整理的典范，同样因为"二十四史"是公认的史学经典著作。因此"古典文献学"首先要面对和处理民族文化中经典著述的保存和传承问题，这一点应该是没有疑义的。这么说来"古典文献学"并不"高冷"，是在与有着深厚文明积淀的古人经典著述进行对话和交流，选择一部经典去阅读、整理和研究，会终身受到它的文化滋养和精神陶冶，何乐而不为！也就是说，不论是本科生（全国仅有六所高校设有古典文献学本科专业）还是研究生选择了古典文献学专业，至少是意味着以整理及研究古人的经典著述为志业，在传承文明的血脉，又是一件多么有意义的志业。这样理解"古典文献学"就具体也亲切了很多。

毋庸讳言，"古典文献学"这个称呼本身也隐含着一些缺陷及不足，并由此带来了诸如课程设置、培养目标及学术评价等诸多值得反思的问题。比如"古典文献"之称相对宽泛，如果不事先对学科内容做出界定和说明，会形成范围浮泛乃至空泛的印象，造成一定的学科危机。直接表现就是缺乏明确的对象和操作路径，设定"古典文献学"的初衷是培养古籍整理人才，"古典文献学"等同于古籍整理。但在此后几十年的实施过程中却出现了偏差，"古籍"缺位，导致古典文献学学科理解的片面化，偏于"内容"而忽略了"形式载体"。任何学科都具有内容与形式相统一的特点，但在古典文献学这个学科上尤其要注重两者的统一。古文献学界前几年有"伪校点""伪整理"的批评声音，问题的症结就出在"古籍"缺位上，拿着已有的古籍整理本再作"二次整理"，即从整理本再到整理本，而忽略了充分的古籍版本文献调查工作。回到《十三经注疏》和"二十四史"点校，他们的工作程式首要在广备众本，至少重要的版本不会漏过。新近出版的《文选旧注辑存》，同样是在占有重要的古刻、古钞《文选》版本的基础上方能够完成，形成文学经典著述《文选》的新整理本。只有充分占有古籍文献，才可能具备超越前人整理工作的可能性。"古籍"缺位暴露出古典文献学课程设置的导向不足，强调概论知识的传授，而忽视古籍实践环节，以至于个别古典文献学专业的学习者，从未"摸过"线装古籍，甚至连古籍的基本术语也比较陌生，就要反思培养环节的问题了。事实上，设立古代文史专业的高校及研究机构的图书馆，都或多或少藏有古籍，或者所在地市的图博等公藏单位也会有古籍收藏，另外古籍影印出版以及数据库的开发也有大量的数字化影像，实践的机会还是有的。

有鉴于此，笔者比较倾向于将"古典文献学"理解为古籍整理，在古籍的层面上也可以说是"古籍文献学"，这样对象相对比较明确，培养目标也有清晰的地位。在学术评价上，也部分地避免了用理论学科的思维及评价标准来衡量古典文献学学科。

如果将古籍视为"古典文献学"的重要内容，将"古典文献学"近同于"古籍文献学"，那么本科和硕士阶段如何开展学习呢？况且其中有一部分同学还有志于继续从事该学科硕、博阶段的学习。建议古典文献学专业学生（或其他古代文史专业对古典文献学感兴趣的学生），除需要学习基本学科知识的课程之外，还要自觉注重古籍实践环节。补充说明的是，既然是"古典文献学"的学科或专业，况且还要将古籍作为重要的学科内容，便不宜离开版本学、目录学和校勘学这三种专业知识的学习。而现实的情形是这三门专业课都不同程度地受到忽视，或者笼统并入到"中国文献学"之类的课程里予以解决，在高校里能够独立开设这三门课程的屈指可数。为了充分强调此三门专业课程的重要性，宜将之合称为"基础文献学"，但课程各自独立设置。因此介绍所学习的基本学科知识及实践环节等，主要围绕此三门专业课展开，详而言之可分为三个层面：

其一是基础层面，选择合适的专业教材比较系统地学习学科知识，尤其要加强古籍载体（形式）方面的知识学习。版本学方面不妨推荐魏隐儒的《古籍版本鉴定丛谈》和黄永年《古籍版本学》两种教材，前者比较适合古籍实物载体（形式）层面的知识学习，通过该著可以基本把握如何用规范的术语描述古籍，古籍领域有哪些基本的概念和专门用语等等。俗话说到什么山上唱什么歌，各行都有行话，要会使用这些古籍的"行话"。后者即黄老的《古籍版本学》，该著用朴实简洁而又精准翔实的语言构建了"版本学"的新面貌，尤为可贵之处在于将版本学置于规律性的总结和学理性的框架内，具有鲜明的学科追求和建设意识。我与古籍的结缘，就始自读魏老的《丛谈》，而在业务工作和研究学习中则受黄老《古籍版本学》沾溉颇多。目录学方面推荐姚明达的《中国目录学史》，该著除介绍传统目录学源流外，又在倡导基于图书目录的实用性思维，体现出识与用相互结合的目录学风格。还有一种余嘉锡的《目录学发微》，学有余力的本科生可以阅读学习，重点是推荐给研究生作为必备必读的参考书。校勘学方面则推荐陈垣的《校勘学释例》，及程千帆、徐有富合编的《校雠广义》之《校勘编》，两部著述合着看庶几可把握校勘之学的识与用。另外就是推荐比较综合性一点的必读书，包括钱存训的《书于竹帛》、张秀民的《中国印刷史》和王重民的《中国善本书提要》。钱、张两著可以起到扩展视野的作用，了解中国学者和国际学者是如何看待并研究中国古籍的，揣摩两种不同的学术眼光和范式。推荐王著，主要是着眼于领会并掌握如何去给一部古籍撰写叙录或者提要。上述是最低限度的必读书，进入以古籍整理、研究为目标的古典文献学专业的本科和硕士生应该通读或精读、细读，有必要还可以随手做读书报告。敝帚自珍的是，北京联合出版公司2020年11月出版了拙著《中国古书版本笔记》，是我在国图从事古籍善本工作十余年的积累和总结，感兴趣的同学也可以

一读，能够学会如何去描述一部古籍，这也是进入古籍研究的一项基础性的工作。

其二是实践层面，能够运用所学到的基础知识与古籍实物（或影印本、数字化影像等）、实践操作结合起来，避免学与用两张皮。版本学方面的实践，能够照着实物的线装古籍熟练说出诸如鱼尾、边栏、版心、天头、地脚、行格、包角、书脑、内扉页和卷端等所指的位置，能够手工制作线装古籍，或者至少会手摹古籍的一张书叶，并标出涉

及的术语名称，能够对着实物古籍或影印本或影像大致判断出古籍的版本时代。目录学实践方面，能够熟练说出一部古籍所属的四部分类，会针对一种古籍进行编目并写成卡片，会进行目录之间的款目组织。说点题外话，现在古籍编目普遍采用机读编目，有各种编目格式，但卡片式目录是基础，与机读编目是相通的只是操作形式不同。伴随着我们国家的经济实力和国际地位的逐渐提高，一些流散海外的古籍或者有了进行调查的经费条件，或者有些海外古籍又重新回归国内，国家有关部门也策划了国内古籍普查、全球汉籍调查等项目，所以学会古籍编目还是会有不错的工作机会的。校勘学方面，选择一部某版本线装古籍里的文章，能够全文抄录，抄录过程中随文标点。抄完之后比对原书，核校抄写过程中是否出现讹字和错字。然后是利用古籍书目工具书或者古籍书目数据库，选择该种古籍的几个不同版本，对所抄录文章进行各种不同版本之间的对校，能够熟练并规范地列出校勘记。在出校勘记的过程中，对各种版本之间的文字优劣有初步的判断。

其三是提高层面，在此层面就不宜再区别版本学、目录学和校勘学三者的界限了，而是你中有我、我中有你，综合运用所学到的知识和实践技能独立处理古籍"课题"。该层面也供古典文献学专业博士生阶段的同学参考，同时与从事古籍业务工作的同行交流。比如到某图书馆从事古籍整理的任务，面对积满灰尘、插架满目的古籍能够有条不紊地清理出来，编订出某馆藏古籍目录，并尝试以该古籍目录为基础，策划并组织进一步的古籍整理选题，包括图录、影印出版、点校整理出版、书目提要撰写、数字化和古籍保护等方面。比如选择某一种经典著述如曹植集，根据古籍书目按图索骥，进行版本调查，形成现存曹植集版本目录，并在目录的基础上对每种版本撰写叙录，形成类似曹植集版本叙录的成果。也可以将叙录撰写锁定在某一更大范围内的专题，如王重民的《敦煌古籍叙录》、袁行云的《清人诗集叙录》。比如选择某部著述进行校注整理，在校的层面能够在广备众本的基础上确定底本和参校本，在注的层面能够疏通文义，注出用典。比如可以按照某一专题，将该专题范围内各种版本的古籍所载序跋进行辑录，如曾枣庄的《宋代序跋全编》。比如进行断代文献的校录整理，如杨镰的《全元词》。当然还有其他的各种方式，发挥各自的学术兴趣。具有了上述这些古籍实际工作的基础，结合个人的心得和资料积累，再进行更深入的专门论文或研究报告的撰写。这样会有助于研究工作的开展，要做"有米之炊的巧妇"；有"米"还要"巧"就是能够将文献与理论结合起来，提升古籍文献整理与研究的学术境界。总体来说，对于以古籍为主要内容的古典文献学而言，上述三个层面是比较常规，也是打好基础进而提高学术能力的重要途径，对绝大多数人都是适用的。有了这些基本功的具备或储备，可以根据个人的兴趣及专长采用不同的方式，古籍文献学的研究也在共性的基础上而呈现不同的个性面貌。

要之，如果将古籍整理作为古典文献学的重要内容，即采用"古籍文献学"的理念，不仅可以明确学科的对象，还能够界定好学科培养的目标，对于避免"古典文献学"的学科空心化有一定的助益。当然，由于自己主要偏重在集部古籍也就是文学古籍的学习及整理，以上所谈难免以偏概全、挂一漏万，仅供诸位有志于从事古籍整理和研究的同道参考。需要特别指出的是，近些年来党和国家非常重视中华优秀传统文化的继承和弘扬，并且提出了"创造性转化"和"创新性发展"的命题。"古籍文献学"的任务不仅要在弘扬的层面挖掘整理好古代的经典文献著述，还要在继承的层面做好包括经典文献著述在内的所有古代典籍的揭示和保护课题。

接下来再来谈谈个人从事古籍工作及学习研究的体会，仅供大家参考，并请批评指正。古籍文献四部兼包，人的精力是有限的，即便是经典著述哪怕毕其一生恐怕也是读不完的，更别说是四部古籍了。在这种情况下，建议还是要做专题层面的古籍文献研究，至于专题的设定及范围则因人而异。自己选择集部古籍作为专题，当然与古代文学专业的学科背景有着直接的关系，自然会对集部的文学古籍感兴趣。实际在图书馆业务工作过程中，四部的古籍都要做的，不可能选择性地做工作。只能说集部古籍是自己业务工作中比较留意的方面，同时也是业余时间集中学习和研究的对象。但集部古籍范围也还是大一些，遂又确定在汉魏六朝这一段的集部古籍。汉魏六朝集部古籍包括别集类、总集类和诗文评类，这七八年间一直在主攻汉魏六朝别集的研究。首先做的工作就是将该时段重要作家别集的存世古籍版本，进行了相对充分的调查工作。主要依据《中国古籍善本书目》的著录，摸清了"善本"层面的版本情况，并形成了一份版本调查目录。该目录里，既包括文献价值比较高的刻本、稿本和抄本，也有名家批校本等。对于藏在外地的版本则待有机缘时访书，期待大德届时提供便利支持。恰好在此期间，有幸参加了刘跃进先生主持的国家社科基金重大项目"汉魏六朝集部文献集成"的二期工程"汉魏六朝集部文献丛刊"子课题，策划出版"汉魏六朝集部珍本丛刊"，便需要对包括别集在内的汉魏六朝集部典籍的重要版本有总体的把握。根据刘老师的安排和要求，在课题组成员孙少华老师选目的基础上，又根据自己的版本调查目录做了适当的补充。《汉魏六朝集部珍本丛刊》在去年年底已由国家图书馆出版社出版发行，应该说汉魏六朝文学典籍的存世重要版本（含有名家批校的本子），基本包括在内。版本调查是一项很有意义的学术工作，是接下来各项工作开展的学术基础，特别对于揭示珍本典籍文献是关键性的工作。如有一种明末崇祯间潘璁所刻的阮籍集，从版本时代而言不算重要，但它保留着阮籍四言《咏怀诗》十三首，传世阮集版本仅此本有载。无疑具有极为重要的文献价值，能够从某一侧面帮助我们判定文献的真伪问题。《珍本丛刊》将该本全文影印出版，提供给学界使用。

　　做完版本调查接下来的工作，是以作家集为单位，给每一种版本进行身份登记，按照客观著录的方式把该版本涉及的所有细节一一过录，就是给每种版本写一篇叙录或书志。然后是梳理该作家集存世版本的系统，主要使用的是校勘学的研究方法，终日校勘，着实辛苦；但很充实，有一种心静如水的奇妙感觉。版本叙录及版本系统梳理工作完成后，可以收获主要六个方面的学术认识：第一，可以确定作品集存世版本中的"祖本"，还能够清楚哪些是重要的版本，哪些可以作为整理别集的"底本"或"参校本"使用。如鲍照集有一种清初毛氏汲古阁影宋抄本，是存世鲍集版本中的最佳版本，就它所保留的"宋本"来说便是鲍集的"祖本"。目前的鲍照集整理本，没有使用此部影宋抄本，不能不说是一种遗憾。造成这种遗憾的原因，可能是版本调查中遗漏，也可能是身在外地存在阅览的困难等等。《珍本丛刊》已经原本影印出版，可以弥补此缺憾了。第二，不同版本之间的文字面貌差异和篇目增益现象。如宋明州本《陶渊明集》里的《桃花源记》，与今通行本之间就有着很明显的文字差异，潘璁本相对于其他阮集版本则增益了四言《咏怀诗》十三首等等。第三，通过阅读版本所载的序跋等，对别集的成书和文献来源有了更多的认识。如黄省曾编刻的谢灵运集，据他的序称有一部分诗是根据所得的旧写本刻入集子里的，而这部分诗未见于其他文献记载。那么这部分诗作的可靠性就很值得研究。我们今天看到的谢集的"祖本"就是黄省曾编刻本，只是大家没有在源头上考察该祖本，也就不会注意到诗作的来源及可靠性问题。第四，通过阅读前人特别是名家的批校及题跋，使我们了解到古人是如何读书的，他们的批校对我们理解文本有很多的启发意义。如清影宋抄本陆机集里有翁同书的批校，有一处校语说《演连珠》正文里窜入了"五臣本"三字，这为考察陆机集在宋代的重编成书提供了宝贵的线索。再如何绍基批校的《百三家集》，有些评点就很启人心智。第五，通过版本的罗列，对作家集的流传和文学影响力的消长有了更直观的实物版本认识。比如董仲舒集，董仲舒一般被视为儒家学派的重要人物，不会有什么作品集，但自明正德至崇祯间屡有版本刊刻，作品也有评论，这不得不使我们思考他曾经在某些历史时期存在的文学家形象。第六，对现存汉魏六朝别集的成书层次有了总体的把握，厘分为六朝旧集、宋人重编之集和明人重编之集三种层次，有助于客观认识集子的文献价值。如曹植集是宋人重编之集，南宋的晁公武就说重编集收诗的数量超过了本传的记载，提示可能有伪作混入，需要我们谨慎把握诗文的可靠性。在上述认识的基础上，我撰写了一定数量的学术文章，与学界分享自己的研究成果，每篇文章都或多或少提供新的学术资料（集中反映在博士论文《汉魏六朝别集研究》里，国家图书馆出版社2021年1月正式出版）。始终觉得做文献工作的要义，是给别人提供或介绍新的学术资料，或者提供新资料的线索，让聪明的人利用这些资料研究出更精彩的学术成果。这也是自己在撰写学术论文中的一个出发点，希望给别人起点垫脚石的作用。

　　此外自己在每种版本既有所撰叙录的基础上，按照刘跃进先生的课题安排及学术指导，参与了《汉魏六朝集部珍本丛刊》提要的撰写任务（该书已经在2020年10月由国家图书馆出版社正式出版）。拟定提要的体例，严格按照体例撰写每一篇提要。《珍本丛刊》以版本算共收二百六十一种书，所有提要的撰写任务已经完成。但这是"珍本"层面的版本提要，还有相当一部分"珍本"之外的普通版本同样也需要撰写提要，以提要的形式揭示出来供学界参考实用。目前自己正在扩大版本调查的范围，力图将现存汉魏六朝别集的所有版本（包括珍本和普通版本）悉数调查清楚，然后以"汉魏六朝别集叙录"的成果分享给学界。当然，自己年届不惑之年，要处理学术之外的事情，能力和精力也都大不如之前，加之天资驽钝，这只能说是一个努力方向，争取能够完成。在调查版本过程中，会遇到大量的序跋，也随手做了一些序跋的点校辑录工作，集腋成裘，或许能够把序跋辑成一部专书资料，提供给学界使用。此外就是遇到一些批校、题跋等之类的附加文献，也认真阅读，以加深对作品文本的理解。总之整天与古书文献做伴，遇到问题也随时请教同龄学友。特别是吴炬学兄，帮我解决了很多棘手的问题，最感动的一次是凌晨两三点发给我识读明人的一篇草书序跋，而此时我已鼾声如雷，想来惭愧，衷心感谢吴兄的襄助。当然，其他学友都给予了我很多的支持，容谅我多次烦扰，自己得到茅塞顿开的那一刻也是充盈自喜的。总体而言，觉得自己更适合围绕古籍做一些基础的资料性工作，就像古书里的蠹鱼一样，希望能够为学术研究起到一点帮助的作用，恰当地"认识自己"很重要。当然在文献工作过程中如果产生想法，也会及时写成专门论文或随笔短文，获得发表的机会便会分享出来。

　　说了这么多自己开展汉魏六朝集部古籍（别集部分）研究的浅显体会，也借此谈谈对"集部古籍"涉及的几个相关提法的认识。因为集部古籍基本等同于文学古籍，古籍本身又是一种文献承载，这就牵连到"集部文献""文学文献"和"文学史料"等概念或提法的辨别。"集部文献"是基于古籍文献分经史子集四部而言，所以指的是集部之内各类目涵盖的文献，就"汉魏六朝集部文献"而言仅包括别集、总集和诗文评三类的古籍文献。"文学文献"主要是针对文学史的语境，指研究文学史所需要关注到的文献，外延比"集部文献"要大得多。比如《世说新语》《搜神记》两部著述，从四部的角度来看两者不属于"汉魏六朝集部文献"的范畴；但却是研究汉魏六朝文学史需要关注到的文献，无疑是属于"文学文献"的范畴。"文学史料"，傅璇琮先生称："可以毫不夸大地说，古代包括经史子集中的典籍，都与文学史料有关。而且文学史料还应包括今人的研究成果，提供新的学术进展线索。我们的史料学研究不能只看古人，更应注视现实，及时反映新的成就。"（参见《中国古典文学史料研究丛书总序》）似乎"文学史料"的外延比"文学文献"还要大一些，但两者之间也不必有非此即彼的界限，在一定的意义上基本是可以等同的。因为最近数年来，自己专注于汉魏六朝集部典籍的版本研究，使用最多的是"集部文献"的概念，计划先做别集，然后是总集，最后是诗文评，整理和研究的路径及方法与别集相同。一个人的精力和能力都是微小的，也欢迎有志于"汉魏六朝集部文献"整理研究的同仁加入其中，切磋交流，共发嘤鸣友声。

最后再来谈谈自己对今后"古典文献学"学科发展的看法，其实主要的看法上文已经说了不少，就是以古籍的整理与研究为主要内容，将"古典文献学"视同为"古籍文献学"。这就要求做学问除了依据今人的整理本以外，更多的是在实物形态的古籍里"实战"，到图书馆看原本古籍（或影印本、数字化影像等）是主要的学术方式。此外也顺便略述"古典文献学"的学理性、学术任务、学术途径及学术前景这四个小方面，班门弄斧，大言不惭，供批评指摘。

第一，学理性方面。我们暂不讨论古典文献学是否可以视为"学"，是否具备独立的学科体系和学术体系的属性。在这之外有一个问题很值得大家思索，研究古典文献是否需要理论建设？特别是专注于古籍文献研究的人，往往认为理论不重要，也无此必要，只要用功努力就可以拿出"东西"。个人认为是需要理论的。自己在参与《汉魏六朝集部珍本丛刊》提要的撰写体例里，责任者介绍这一项，除了介绍作者的生平仕履等之外，也同样介绍版本的刊刻者，还有留下阅读"痕迹"的批评题跋者等。这就是借鉴西方书籍史和阅读史理论的结果，典籍的成书与流传是一个"闭环"式结构，除典籍文本自身外，是作者、制作者（包括刻者、抄者、印刷者、装订者、售卖者、校订者等诸多角色）和读者（包括批校者、题跋者和钤印者等角色）共同作用的结果。当然这是自己不成熟的想法，希望做古籍文献的同仁有时间有兴趣都琢磨一下"理论问题"。自己最近一两年在尝试借鉴书籍史和阅读史的理念，运用到汉魏六朝集部文献的研究中，还不成熟，还处于摸索阶段。不过初步形成了几个关键词，除"书籍史"和"阅读史"外，还有"文献史""书志史"等几个称呼，斗胆姑合称为"古籍文献专门史研究"，比如笔者正在从事的汉魏六朝作家别集文献史的整理与研究。如同散了一地的铜钱，想把铜钱一串串地串起来，就要找到用来串钱的绳子。

第二，学术任务方面。前面已经提到近些年来随着国家经济实力的提高，党和国家非常重视传统文化的建设，包括古籍在内的文物也都很受重视，并有一些国家层面实施的文化工程。古典文献学的学科建设，特别是古籍整理研究，要主动贴近国家文化战略和需求。习近平总书记《在哲学社会科学工作座谈会上的讲话》（2016年5月17日）明确指出："要加强对中华优秀传统文化的挖掘和阐发，使中华民族最基本的文化基因与当代文化相适应、与现代社会相协调，把跨越时空、超越国界、富有永恒魅力、具有当代价值的文化精神弘扬起来。要推动中华文明创造性转化、创新性发展，激活其生命力，让中华文明同各国人民创造的多彩文明一道，为人类提供正确精神指引。"这就要求古典文献整理及学术研究有两个主要的任务：一是着力点放在民族经典古籍著述的挖掘和整理上，比如中华书局近些年组织策划的"二十四史"修订就是经典古籍著述的再整理。要把整理研究的焦点放在"经典古籍著述"六字上，抓住了经典，就抓住了文化的根、文明的脉和国家民族的"魂"，也就是弘扬的工作。二是在古籍文献的揭示和保存上下功夫，不仅是经典的古籍，大量经典之外的普通品种的古籍，流传到今天不容易，都应该保存好。在保存好的基础上通过多种方式揭示出来，服务国家和社会，这也就是继承的工作。

第三，学术途径方面。该方面主要是针对有志于古籍文献整理研究的同仁（在校学习人员、社会爱好者和工作人员等），应该共同做的一件事，也就是从事古籍整理与研究的最大公约数。这就是编纂"中华古籍总目提要"，这样的工程只有国家组织力量才能够实现，建议喜好古籍工作的人都需要有这个担当和责任。如果一旦国家实施了，应该投入其中，贡献自己一份平凡的智慧和力量。

第四是学术前景方面，整体来说学习古典文献学还是很有用处的。举个简单例子，我们从小就使用的《新华字典》，虽然我们并没在意是谁编的，但编字典的前辈们的集体成果被千千万万的小学生等使用，本身就是"流芳百世"的，也是价值的最大体现。同样的道理，我们整理出来的古代典籍，能够为更多人使用，起到帮助的作用，不也是价值的最大体现吗？如果自己的成果一出版发行，旋即进入了"档案馆"封存起来，说实话又有多大的意义呢？因此，喜欢古典文献特别是古籍的要有信心，付出了总会有收获，相信自己的选择就是最大的成功！

江涛兄策划"青年学者说文献学"专栏，安排我从图书馆古籍的角度写一写，给准备报考古典文献学专业的同学或喜欢古籍的爱好者等，提供点参考和帮助，非常感谢这样难得的机会。因为十几年来，我一直在图书馆做古籍工作，对古籍工作有一点浅薄的了解，从自己工作的角度对古典文献学专业也产生了一些不成熟的体会，遂不揣冒昧草成此文。没想到写着写着就啰嗦了起来，说的有些话可能超出了江涛兄设定的范围，但一股劲地写下来了，也不想再作删节处理，就权且如此吧！特别是说了一些不妥当的话，甚至是得罪人的话，恭请宽容谅解。如果您有指教、商榷或交流的，也请您不吝赐示，期待聆听您的高论。最后再重复一遍最要紧也是最诚恳的话，如果有不妥得罪之处，万望您的宽容和谅解。

国家图书馆　刘　鹏

刘鹏，1981年生，陕西富平人。2010年自中国社会科学院研究生院文学系获得古代文学博士学位，现就职于国家图书馆古籍馆，研究馆员。出版有《清代藏书史论稿》（知识产权出版社2018年版）、《毗陵集校注》（合著，辽海出版社2007年版）等，目前主要致力于清代藏书史和版本学研究。

1.文献学是一个冷门学科，您是什么时候开始接触这门学问的？是主动报考还是调剂？谈一谈您对"文献学"的最初印象，现在的理解有没有变化？

严格说来，我并非"文献学"（无论是古典文献学或历史文献学）硕、博士科班出身，此番之所以有这片"野人献曝"之语，主要还是受到南江涛兄"书目文献"公众号推出的"青年学者说文献学"专栏文章的触动。看到时贤回顾自己的求学、治学经历，想到自己从大学时代学习古典文献学课程，到现在日与各类文献目接手触，不长不短，恰已有二十年了，其中甘苦，历久难忘。拙文绝不敢当什么治学心得，谨供同道及有志于文献研究的学弟学妹们参考而已。

大学时代我就读于陕西师范大学的中文基地班（2000级）。那时基地班有独立的阅览室，师资、课程也和其他班级有所不同。除了古代文学、古代文论课程始终离不开"文献"之外，与"文献学"相关的课程，犹记得有古典文献学以及古代汉语、文字学、音韵学、训诂学、普通语言学等多门。那时候和"文献"有关的记忆片段，有以下数个：

其一是大一的古代文学课，魏耕原先生用纯正的关中腔吟诵完《诗经》篇章后，在黑板上用粉笔书写了二三十种《诗经》研究的名著目录，给了我延续至今的那种目不暇接式的冲击感。其二是音韵课和普通语言学课程的枯燥，可能是我天资愚钝，当时如听天书；又"耳食"南方人学音韵学有先天优势，北方人则无之，故至今对音韵学退避三舍，于诗词一道也鲜敢涉笔。其三是毕业时的本科学位论文，我虽然之前对词学无所究心，却别出心裁地拟定了一个《宋代僧人词研究》的大题目。写是写不出什么独得之秘的，但我并未如大多数同学那般东拼西凑，或者大段"借鉴"期刊网上的论文，而是努力地将《全宋词》整个翻了一遍，将僧人词作全部辑录了出来，并在此基础上做了一些简单的分析。这种全面占有文献的做法，已经与文献学的基本治学原则暗合。论文答辩时，张新科老师对脚注中宋人车若水的"《脚气集》"一名很感兴趣，垂询之下，我只能"满面含羞带愧"，老实承认这条史料是转引自他处，老师则告诫我转引资料必须注明。此后，我再未犯过同样的错误。那篇论文，存在一张3.5英寸的软盘里，今日已无处可寻；就算寻到，恐怕也已无处可读了。

硕士和博士阶段，我都侍蒋寅师问学。硕士入学的第一次会面，蒋老师便问我和同届同门李桃女史（社科院当时没有本科，文学所的老师们，那时一般每年也就带一到两名硕士，有时好几年才带一个学生），将来是否愿意从事学术研究。我那时根本不懂什么学术的尊严和研究的价值，一时语塞，只得老老实实地回答"不知道"。蒋老师听后，只是微笑着说没关系，以后可以慢慢决定。记得老师当时还说了一段话，大意是做研究，只有到很高的境界才拼天分，在那个境界之前，主要是靠功力和勤奋。这话是有语境的，是老师在鼓励我们这些初学者多多努力。

大约在研一下学期，蒋老师提出希望我和李桃打下一点文献基础，恰好唐代古文家独孤及有《毗陵集》二十卷传世（且属于少有的尚无人整理的唐人文集），篇幅不小而诗、赋、文诸体兼备，正是一个绝佳的整理对象。为了接触各种文体，使各自的能力得到全面的训练，我和李桃"一视同仁"地约定我校注单数卷，她校注双数卷。不用说，虽然有蒋老师的悉心指导，亲自校改，但这个校注的过程是很艰难、很痛苦的——李桃本科学的是高大上的生物工程，无异于从头开始；我虽然系统学习过文献学课程，但一着手才发现"课上得来终觉浅"，可谓处处遇阻，时时滋惑。好在那个时候心无旁骛，两年左右的燃膏继晷，数易其稿，最终形成了五十万言的校注文字。蒙于景祥、柳海松先生垂青，2007年由辽海出版社出版，还获得了2008年度全国古籍优秀图书二等奖。

书出版后，在蒋老师的建议下，我们寄奉素昧平生，但对独孤及深有研究的赵望秦先生一册。先生在《由〈毗陵集校注〉看古籍整理研究人才培养》一文中，除了明白评价全书的长处与不足之外（我印象最深的，就是《梦远游赋》中底本"伊川大道，鞠为戎狄"句，四库本作"鞠为茂草"，我引《诗经》"踧踧周道，鞠为茂草"句为证，以为似更符合文义，先生却指出是四库馆臣删改违碍文字之证），还颇有感触地评论说："我认为这不仅是培养古籍整理研究人才，也是培养中国传统文化研究人才的好方法和有效途径，此书即为明证，相信二位年轻学子会在今后的治学活动中受益无穷。这是因为我个人有深刻的体验，当年先师（今按指黄永年先生）就是这样训练我们的，使得我们在后来的科研工作中，几十年都在受益！"

完成《毗陵集校注》，对我和李桃从事学术研究，确实具有决定性的意义。书成付梓后，我们除了对选择底本、校本、撰写校语，查找史料有了系统的认识，对唐代的典章、制度、地理、史事、人物、习语、典故有了系统的了解，对古文的语感多有增强之外，李桃以《独孤及与〈毗陵集〉的语料分析》作为硕士论文和项目选题，博士论文《唐宋转型中的萧—韩文学流派》也发轫于此；我则分别发表了《独孤及行年及作品系年再补正》《独孤及未任郑县尉补说》《再论〈马退山茅亭记〉非柳宗元作》三篇论札。可以说，我们的学术之路，清晰地呈现出从文献整理到内容研究的印迹。这一切，看似偶然，实非无因。我曾经观察过程千帆先生以降的三代程门学人，虽然各有所好所长，但无不具有较强的文献学功底，这是程先生"将考据和批评结合"的研究、执教理念的体现和传承。

忽忽十余年过去，今天再看《毗陵集校注》，虽不至于说"悔其少作"，但遗憾和缺失也是明显的。好在印数稀少，天禄不收，近于亡佚，可以藏拙。前两年我曾有意重新笺注此书，并试拟了凡例与样稿。然而积懒成习，故辙日远，甫作而辍，愧对友人。何时能稍补遗憾，已非所知矣。

2.毕业后又从事古籍工作，您觉得涉古专业本科生学习"文献学"课程的必要性是什么？

陆游《老学庵笔记》卷七有一则"笑话"：一位教官出《周易》题："乾为金，坤又为金，何也？"考生一头雾水，考官强自解说，最后才知道是误信了错讹百出的麻沙本，将"坤为金"当成了"坤为金"。

古人尚且如此，今人更变本加厉。"玖球天後"之典，大家都耳熟能详。其实这样的"今典"比比皆是：前些年我去故宫，在东边的胡同里看到墙上四个石刻大字"裹仁為美"；前些天我看群消息，在里面看到当代知名学者的书法"君从万裏使"。这就足见"涉古专业本科生学习'文献学'的必要性"最基本的原因了：读书人都好面子，好好学习文献学，庶几免于出丑。

　　当然这是戏言。文献学有点类似文科中的理科，无论这个世界的理论创新到了何种地步，文献学所承载的"尊重基本事实"和"小心求证"的态度都是最基础，最可贵的。尤其是在这个充满了意识形态偏见和对立，"立场"决定"我所认同的事实"的网络时代，从基本事实（或数据）出发，以冷静和客观的态度面对这个世界，努力使自己易而不偏；小而治学，中而明理，大而阅世，文献学的理念和方法，都是不可或缺的利器。

　　3.您的研究方向是偏向历史文献学还是文学文献学？又或者说偏重目录、校雠和版本的哪个具体方面？请重点谈一下您在这个领域的治学心得？

　　因为问题较多，想谈得也较多，为免读来混沌，这里且按学术习惯，将其分个一二三四五。

一

　　硕博士阶段，我就发现自己的长处和兴趣都在于文献学，尤其是为搞清"真相"而做的考证工作，有所得时常不禁手舞足蹈，得意非凡。博士毕业后我就职于国家图书馆研究院古文献研究所，在张廷银、汪桂海两位先生指导下工作，张老师曾任《文献》常务副主编，汪老师是《汉书》修订本主持人，所以我和文献学的缘分得以名正言顺的延续。我与两位老师还有北大史学博士高柯立兄朝夕相处了七八年，无论是做人、做事、治学，都从他们身上学到了很多。

　　记得面试时我很无知而唐突地问张老师主要研究哪些领域，张老师谦虚地说现在做得比较杂——没想到现在我也做得"杂"了：我的硕博士论文都以唐诗和《昭明文选》为题目，算是偏于文学文献；现在以清代藏书史、版本学为主要兴趣，那就应该算是历史文献了。其实两种文献学无非是文、史在学科上被迫分家之后产生的连锁反应，表面上研究的内容似各有侧重，在内在理路上又何分彼此？想起大学时代去陕师大历史系蹭讲座时，听到一位老师说，国家曾有意将古典文献学并入历史文献学，后蒙启功先生上书执事，事乃寝，不知是不是事实。我想天下事分合有时，都有各自深刻的背景，恐怕绝不是一人一言那么简单。

　　到国图之后我学到的第一件和文献学有关的事，是说到某部善本时，必须注明馆藏地和索书号。这不是一般文史学者的习惯，但对于从业人员则是常识。现在每次看到一些论著考订版本却对藏地讳莫如深，或只说"某地藏"，终不肯吐露书号，我就很不厚道地觉得是在为难读者——好比你给宅男介绍对象，把对方描绘的俨然女神，却始终不告诉宅男女神的住址、电话，让人空欢喜一场。

　　到国图后，我的研究"因地制宜"，在潜移默化中转移了方向。这个新的方向，则以古籍手书题跋和藏书印整理为嚆矢。当时我们根据北图的善本书目，先将含有手书题跋的条目和索书号摘出，再根据列表去善本阅览室调阅胶卷（当时尚没有功德无量的"中华古籍资源库"），一拍拍地翻检、释读。有了《毗陵集校注》的基础，标点题跋似不在话下。"但手书题跋多为行草书，时有金石体和种种异体；藏书印则多为篆书，时有各类变体，是以我虽略习书法，却也经常面对着胶片'目瞪狗呆'，为一字之形耗时数日。……对于行草书，我找出一本真草对照的《草诀歌》小册子，开始临帖；对于篆文藏书印，我复印了一本林申清先生的《明清藏书家印鉴》，每日照描数方（遗憾的是始终没有下功夫去通啃《说文》）。此外，我还发现了一个在线的各体'书法字典'网站，稍有不明就去检索验证。如此功力日进，疑问渐少，而一个关于善本古籍和藏书家的陌生世界，也在面前缓缓展现。"（拙著《清代藏书史论稿》后记）

之后，我从藏书题跋入手，切入黄丕烈、顾之逵、周锡瓒、袁廷梼等乾嘉"藏书四友"的研究，并获得国家社科基金青年项目的资助。有意思的是，这几乎重复了研究生时从文献整理到内容研究的治学路径——这大概就是时至今日我个人最大的研究心得吧。

二

在整理古籍题跋的同时，我也为其所化，开始试着以古文撰写题跋，并题写在自己的藏书上（顺带着把书法也坚持了下来）。之后的《士礼居善本书志稿》《小读书堆善本书志（经部）》《国立西南联合大学、国立北平图书馆合组中日战事史料征辑会史事编年》数篇以浅近文言写就的论文前，也都系有类似题跋的文字。前辈学者论学，时常有治诗词者不可不作诗词，治骈赋者不可不撰骈赋，治古文者不可不草古文之类的说法。但实际上创作与研究的彼此助益，未见得有多么大，毕竟一个是下蛋的母鸡，一个是品蛋的美食家，易地而处的好处更多在于懂得彼此的苦辛。反而是撰作古文之时的遣词造句，对于古文点校、阅读时的细节和语感把握，多有裨益。治文献学最好能写古文诗词，这算第二点心得。如果能抽出时间，对书画文玩也略加涉猎，那一定会在后续的治学中，不时有所会心。

三

2021年5月我调入国图古籍馆工作，个人的研究兴趣也自然而然地向版本学拓展。说起来很有意思，根据我的观察，学院派的学者治版本学，特别强调体系，倾向于从序跋、刻工、避讳、异文、批校题跋、钤印等角度去确认版本；但古籍收藏部门的鉴定专家们，更强调的是对字体和版刻的风格的直观把握（也即所谓"观风望气"）。这两种不同倾向，在书画鉴定领域也相应存在。如果用不会错的废话来说——应该"将两种方法有机结合"，但就我个人而言，我认同版本学是一门非常强调实践的学问，首先要解决的是版本鉴定的问题。现在文献学课程中多半都会涉及一点版本学，但讲授者多半并没有丰富的鉴定经验，说得再有条理，再成体系，一部书拿到面前，不能"铁口直断"，无法判定其基本时代，甚至将影印本当作原本，这就是没掌握版本学，"技"之不存，"学"将焉附？最近看刘波兄的《赵万里先生年谱长编》，当时首屈一指的版本学家赵万里先生，在和友人的信札中，说起清末、民国好几位今日如雷贯耳的藏书家和版本学家，都吐槽他们不懂版本。这并非赵先生的狂妄，而是在他心目中，鉴定是版本学的核心，如果时常有鉴定错误，即使你名闻遐迩，著作如林，那也只能落得一句"不辨菽麦"（不懂版本）的评价。

这里又要说到第三点心得，即治学从哪个时代入手的问题。记得刚入古籍馆，对于版本学，我一时不知该如何深入下去，毕竟那些老生常谈、似乎早有定论的知识，早已在头脑中形成定式。有一次和赵前师说起，我说要不我也研究一下明本？赵前师一语点醒梦中人，他说要研究好东西，研究宋元本啊！等我开始着手一部部推究国图所藏的宋元本时，我忽然发现，这些似乎早被研究者犁过一遍又一遍的"熟地"，其中"生坑"却比比皆是：大量版本仍以"宋刻本""元刻本"含糊标注，好些前人批校乃至题跋不知作者谁何，许多宋元时代的钤印在各类相关论著中被小心回避，同时代、同地域版刻风格的变迁细节暗昧难明……这只是笼统而言，具体到一个个小问题，那更是不胜枚举。诚然，这些问题被冷落和回避，主要原因在于文献无征（或者研究者们并没有去认真梳理文献），不易破题。但越是这样的难题，越值得有志之士投身其中，解决一个问题，

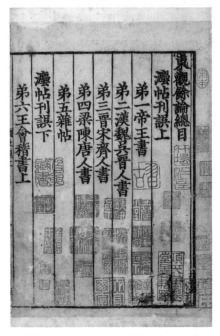

上海图书馆藏宋刻本《东观余论》上的文徵明、王宠伪印（图版源于网络）

其意义也自然更大。如陈先行先生经过多年研究，发现多部宋元本上，都钤有明代文徵明和王宠的伪印（陈先行《宋元本上的伪印》）。这固然已经是重要发现了，陈先生又进而考求其深层原因，在于明代中后期版本学在苏州兴起（《陈先行谈版本学的起源》），而文徵明和王宠，正是当时人心目中鉴定版本的权威，因此才有这种大批量的伪印作为"权威认证"。

这种回归宋元本本身的研究，对我个人的启发是很大的。去年审校《国家珍贵古籍题跋丛刊》（国家图书馆出版社2022年版）时，发现宋刻本《啸堂集古录》（国图8679）著录有"佚名录曾机、干文传跋"。观书中翁方纲、阮元等大家跋语，已认其为元代曾机、干文传手书，但均未说明原因，大约均是观风望气之言。因此馆中前辈出于谨慎原则，仅以"佚名录"著录。此次审校中，我在故宫博物院所藏朱熹行书《城南倡和诗》卷后发现一则"吴郡干文传"跋，与此宋刻跋文笔迹近似，尤其"先生""书""不""之""有"诸字，几于毫厘不爽。由此我断定此跋必为干氏亲书，由逻辑上推论，与干跋笔迹不同的曾机跋，亲书的可能性也很大。仍基于谨慎原则，

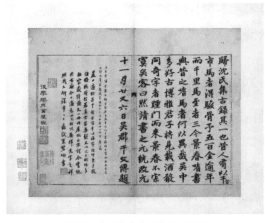

宋刻本《啸堂集古录》干文传跋

我对原著录并未改动，而仅是加注说明。希望今后修订书目时，能够加以确认，这对于提升此部宋刻本的文物价值，明晰其递藏源流，都有一定的意义。当然，平时研习的书法，在墨迹鉴定中，可以赋予我们格外的敏感性，这也是前文所说的"不时有所会心"。

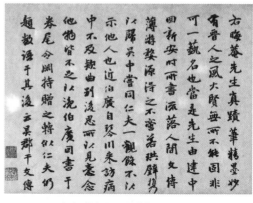

朱熹《城南倡和诗》干文传跋

数十年来，学术研究的领域，内容上逐渐向经史、诗文之外的戏曲、小说扩展；时代上逐渐由汉唐向明清扩展，地域上逐渐由本土学术向域外汉学扩展，这其中的原因，理念更新有之，文献缺乏有之，趋易避难亦有之。不过，最近数年我开始思考，在文史领域也依然存在的"帕累托定律"（二八定律），至今仍有深入认识的必要——那些少数的重要领域和重要问题，不论是不是我们研究的重点，不论能不能写出有新意的论文，都应是我们始终保持关注和学习的。相同的道理，不做汉唐研究，做清代研究，也要研究清代的大问题；即使研究清代的小问题（如清代藏书史或版本研究），也应有志于突破小领域中的大问题（大人物、大事件、大脉络）。如果在一个小领域中，再致力于小问题的研究，当然不能说没有意义，但其意义是有限的。

四

从第三点心得，自然而然地关联到第四点心得（虽然我自己做得也不够好）：不仅要读古人（现当代的名家亦然）之书，更要读古人所读之书，尤其是少数经典（包括并不限于黄侃先生推重的《毛诗》《左传》《周礼》《说文解字》《广韵》《史记》《汉书》和《昭明文选》八部书），需要反复阅读揣摩。切莫认为我做清代研究，只读清人的书就够了。古人即使"读书破万卷"，提笔成文时，还是少时所习经典中的字、词、句、典驾轻就熟，信手拈来。曾经在微信群里和大家讨论东坡《与王庆源书》中"人生悲乐，如过眼梦幻，不足追惟以时自娱为上策也"一句，到底断作"不足追惟，以时自娱，为上策也"，还是"不足追，惟以时自娱，为上策也"。大家各出书证（包括不同的点校本），一时争执不下。我当时觉得"追惟"多用在句首，"不足追惟"比较别扭（当然"不足追"也略觉别扭）。直到后来有人找出韩愈《祭柳子厚文》"人之生世，如梦一觉。其间利害，竟亦何校？当其梦时，有乐有悲。及其既觉，岂足追惟"一句，才知道东坡之语有本，且是将韵文的文法用在了散文中。记得上硕、博士时，蒋老师每学期都会给硕士生开经典读书课，每周一个下午，博士生和其他同学也可以参加，从老师到参加者，每人都要领读一次，大家边读边讨论。我记得参与过的有《七言律髓》《诗源辨体》《文镜秘府论》《礼记》，毕业后同门们还读过《杜诗详注》等经典。这里我又想起蒋老师当年告诫我的话（大意）：学生时代时间多，要好好读书，等上班了各类杂事纷来，就没时间读了。这些年我买了几千册书，但细读过的越来越少，才逐渐认识到师训之可贵，也以此与各位学弟学妹共勉。

五

一代人有一代人之贯注，当代人对古文献的精专，自然无法和古人相比，是以"勤能补拙"是颉颃古人的第二法门（第一法门是所谓"E考据"，说详后文）。如果治文献学（以及其他文史分支）时，能够做到凡有一字、一词、一语、一事、一典不明，则必查以明之（不拘原典、工具书还是百度、数据库），那么面对古人的记诵、融通之长，我们可以做到少输甚至不输（毕竟好记性不如烂度娘），也可以避免各类论著中暴露出的绝大多数低级失误。如前引东坡句例，也是靠检索解决了问题——虽然《祭柳子厚文》我们都读过，但谁能如东坡读得那般精熟，做到随手化用？今年出现的"我从未见过如此厚颜无耻之书"事件，正是以上心得的绝佳注脚。这算第五点心得，也是给第四点心得未能实现（第四点心得永远在路上）时打的补丁。

4.有人说"文献学"是个基本工具，算不上单独的"学科"，对这个问题您怎么看？如果是"工具"，是否应该有更广泛的应用？是"学科"，主要研究对象是什么？是否有瓶颈和走出困境的思路？

"文献学"算不算单独的学科，我还在摇摆中。之前我和一些人一样，认为文献学是工具，是进一步的内容、理论研究的基础，我自己的研究路径也是如此。但这些年我有时对这个认识也有动摇，海阔凭鱼跃，天高任鸟飞，学者最理想的状态，还是能够在一个宽松的环境下，随心所欲地去探究自己感兴趣的问题。我们受到的各类有形无形的束缚已经不少，何必非得有一个由文献而内容、理论的"高端"模式呢？我们的人生是为了某个高大上的终点，还是为了沿途自在的风景？"此心安处是吾乡"罢。

5.结合自身的求学经历和工作，"文献学"的研究生培养上与其他学科有何不同，一般做些什么具体学术训练？他们应该具备什么样的基本素质？对有志于从事古籍编目和保护工作的研究生，您有什么建议？

目前没有带学生，所以没有想得太多，如果未来有机会带学生，第3个问题里提到的五点心得就是我的基本方法。我认为如果要培养文献学人才，始终还是实践为核心，以实践带动读书和撰述。要研究版本学，就从原书和各类高清图录入手，参考前人论著，自己去总结心得，不要囿于前人的成说。打基础的话，现在有大量的明清古籍没有点校本或校注本，建议由出版社与高校、科研、收藏机构的学者定向合作，由学者指导其硕、博士研究生（就学期间）或本单位的年轻学人，完成研究领域内某部古籍的点校。有条件者，还可以进行注释。这种做法，不仅可以获得持续的古籍整理稿源，可以教学相长，促进文献学教学工作；更重要的是，整理者可以借此接受系统的古籍整理和文献学训练，为后续从事相关工作打下扎实的基础。同时，还可以促进整理者对相关朝代、学科内容的系统研究，并以所整理之论著为基础，撰写论文及研究著作、申报科研项目，实现从文献研究到内容、理论研究的扩展（如果有意的话）。当然，这样做的风险是，如果老师或编辑把关不严，就会出现前述"厚颜无耻之书"。

我认为文献学专业的学生，至少应该具备耐心、细心和勤奋这些基本素质，仅仅具备了这些素质，中人之"资"也可以立足学界，有所作为。如果能够再有一些"敏锐"，有一些"视野"，那就更好了。这种看似高级的"敏锐"和"视野"如何来呢？我不认为全出于天分，所谓"宝剑锋从磨砺出"，后天的磨砺，师友的启发，自己的顿悟，绝对都是促成其事的重要因素，这样的例子比比皆是。

我记得中学时代，每学期只有两个单元的古文课，到我2000年上大学做家教时，已经增加到四个单元。最近几年我课女诵诗，发现目前小学、初中学生应会的古诗词，数量已在200首以上[1]，大约是

---

① 根据2019年8月19日教育部"对十三届全国人大二次会议第4659号建议的答复"，目前义务教育统编教材中"小学语文古诗文有129篇，其中古诗词112首、古文14篇、古典名著（节选）3篇。初中语文教材有古诗文132篇，其中古诗词84首、古文41篇、推荐古代名著7篇"。这一数据不包括高中教材。

20年前的5倍。专门给孩子们准备的古诗文书籍（绘本、年节主题、时令主题等等），也是层出不穷。我是一个"明天会更好"式的乐观主义者，在年青一代传统素养普遍提高的背景下，我们更有理由对"三古"专业尤其是文献学专业的"后浪"们抱有期待。

古籍编目和保护，似乎是近几年开始有的专业（以前似乎都只是职业）？我的拙见是，不要自限于"编目"和"保护"的技术、技艺方面。一般认为，学古代文学、古代史、古文献专业的学生，经过一段时间的学习和实践，就可以胜任基本的编目和保护工作（目前图、博系统从事这两类工作的人，大致都是这样）；如果反过来，假如古籍编目和古籍保护专业的研究生，经过一段时间的适应，也可以胜任"三古"领域的相关工作，那就算培养成功。

6.请您谈一谈对文献学前景的展望，会向什么方向发展？哪些方面会引起更多关注？

对于文献学，我个人最期望和最担心的，都是文献学与现代信息技术的关系走向问题。

先说正面的期望。与古代以及前辈学者靠抄写、记诵、类书、卡片、索引不同，80、90后的年青学者，迎来了搜索引擎、全文（影像）数据库、电子书、OCR、知识图谱、数字人文（以上领域可能有所交叉，因为有些我也是似懂非懂，大家明白意思即可）的时代。

具体到文献学的应用层面，就是所谓的"E考据"。其实2005年左右校注《毗陵集》时，我已经开始借助数据库进行考证了。《毗陵集》卷三《代书寄上李广州》诗云："推诚鱼鳖信，持正魑魅悝。""鱼鳖"一作"鱼龟"。本来这两个词几乎没有什么区别，仅仅从词义上无法判断孰是孰非，只是感觉"鱼鳖"更顺。我当时检索了《全唐诗》，发现"鱼鳖"连用大约24次，而"鱼龟"连用为0次（逆而推之，这也许就是我觉得"鱼鳖"更顺的原因）。再从"文渊阁四库全书"检索"鱼龟"，发现数量较少，且几乎都发生在宋代以后（今天用"中国基本古籍库"来不限条件粗检，"鱼鳖"和"鱼龟"的数量是8553∶144，大致是59∶1），"鱼龟"的说法当然还得记录，但这时候我已经可以确定"鱼鳖"是原文。

以"E考据"为代表的各类数字化手段，是我们这一代人的利器，是我们面对前贤时绝对的优势而不是劣势（这样说是以承认前贤拥有记诵、融通等对我们的绝对优势为前提的）——换句话说，无论对它们的争议和疑问有多少，今后的学者将不会有人自绝于它们之外。

再说担心之处，对于各类数字化手段，我并不担心它们的滥用、误用，或者造成学者"束书不观"等等，这些问题不会在有志于学的学者身上出现——因为那些问题出现的根本原因，在于使用者自身的懒惰和取巧，而这两种"素质"和优秀的学者无涉。既然学界的整体水平或者最高水平不取决于那些懒惰、取巧的人，我们又何必过于担心？往好处想，也许使用这些数字手段，也会提高那些懒惰、取巧之人的学术水平，毕竟他们"搂草打兔子"式被动的读了、用了更多的文献……

我的"杞忧"是："近年耳闻目见人工智能（AI）的自我进化，大数据的迅猛发展，以为文献学研究将首当其冲：从理论上说，能够轻松战胜围棋世界冠军的阿尔法狗，能够作曲、绘画、写作的高级AI，将之用于高度依赖经验、感觉、技能或有固定模式和流程的古籍的标点、注释，书志、提要的撰写，版本、书法（钤印）的释读、鉴定，年谱、书目的编订，绝不是天方夜谭，而很可能是商业力量和学界需求风云际会的一时之事。"（拙著《清代藏书史论稿》后记）

我始终认为，信息技术的发展，会颠覆文献学的"护城河"，使它的专业性和"垄断性"受到冲击。耳闻专业领域内部有一些同仁长期在从事相关的工作，也取得了一些进展，但我认为内部的颠覆是温情的，有节制的，是缓慢的，目前仍然在提供便利而非颠覆的层面，真正的"危险"在专业领域之外。不过，资本都是逐利的，颠覆文献学又有何利可图呢？正如高晓成兄所说"也许到你退休也实现不了"。所以，让我们且先拥抱和享受信息技术带来的颠覆古人记诵之功的便利吧。

7.请您推荐一种"文献学"的必读书，简要地介绍一下内容及您的阅读体会。

余嘉锡和黄永年两位先生的书曾给我留下深刻的印象。余先生的《古书通例》《四库提要辨证》《世说新语笺疏》我都很喜欢，当年阅读时都有一种"不明觉厉"之感。

在版本学方面，我推荐黄永年先生的《古籍版本学》(《古籍整理概论》也好)，这本书是我刚入馆时读的，当时的那种快意，还宛在昨日。黄先生的书有个性，只从自己熟悉的地方，说独到的心得，而不是面面俱到，人云亦云，值得三复其言。

还有陈先行先生的《古籍善本》。陈先生的著作我几乎都读过或翻过，每次见面或微信聊天，听先生讲他的经历和书林掌故，都如饮兰陵美酒。可惜我只略知版本学的皮毛，"不足与高士共语"。这些年陆续读了几篇先生的论文，我感觉他在努力地突破前人的一些定论，希望先生晚年会有更多的论著，更加有力地推动版本学的进步。

此外，最近一年仔细阅读了郭立暄先生的《中国古籍原刻翻刻与初印后印研究》，也受到很多启发。郭先生此书用力极深，可以说将"原刻翻刻"与"初印后印"这两个前贤有所涉及但重视远远不够的重要问题，以一种前所未有的精密条分缕析，排比出来了。我想未来版本学的其他问题，包括字体、刻印、装潢、纸张、批校题跋、钤印等等，如果都以这种严谨的方式加以呈现，那版本学的"实学"地位才能实至名归。总之，不能鉴定无以称"技"，不成体系无以成"学"，还是回到那句不会错的废话，二者终归还是要结合起来。

"访谈"的最后再说一句：以上洋洋万言，绝不算什么"治学心得"，算是自己对求学、治学经历的一次梳理，以及给同道和有志于文献研究的学弟学妹们的一点参考而已。

2020年5月6日草拟

2022年3月13日修订于京西万柳潇喃庄

中国科学院自然科学史研究所　孙显斌

孙显斌，1975年生，哈尔滨人。2011年取得北京大学中文系古典文献专业博士学位，到中国科学院自然科学史研究所图书馆工作，曾任馆长，2020年转任古代史研究室研究员。研究方向为古典文献学、典籍数字化和科学技术史。联合主编《中国科技典籍选刊》，合作整理《王祯农书》《物理小识》，出版《〈汉书〉颜师古注研究》，发表《古籍引书目录浅说》《东汉之前的道书叙录》《〈七略〉〈别录〉编撰考》《古籍数据库化工作浅谈》《写刻之间：〈汉书〉文本面貌之嬗变浅议》《中国科技典籍整理的回顾与思考》等论文。

1.文献学是一个冷门学科，您是什么时候开始接触这门学问的？是主动报考还是调剂？谈一谈您对"文献学"的最初印象，现在的理解有没有变化？

我是一名理科生，本科学的是计算机软件专业，转行学古典文献经历了一段历程，也算阴差阳错。我爱好文学尤其是古诗，从小就喜欢古诗，乐于背诵，小学的时候每次语文课本发下来就先把一学期的四首诗背下来，可惜没人指导，否则那个时候记忆力好，把唐诗三百首背下来应该不在话下。我小学的时候用一堂课的时间就

把 π 从22位以后到100位背下来，现在还能背。从小我就参加数学竞赛，小学的时候得过全市理科竞赛第一名和数学竞赛一等奖。本来想长大后做一个数学家，可是到了高中发现自己数学上没有天赋。高三报志愿，这下子考什么专业成了问题，想起初中的时候曾在少年宫搞过一阵子计算机竞赛，那时候挺痴迷编程，虽然用的就是LASER和中华学习机，大概还在8086之前，后来才出来286，电脑里只有固化的BASIC程序，除了编程，啥都做不了。感觉可能对计算机有些兴趣，正好大家说学计算机好找工作，于是就决定报考计算机专业。1995年的时候清华在黑龙江省计算机专业就招两个人，但是北大招六个，相对来说把握更大些。因为喜欢文学，当时也觉得上北大好，因为北大有文科，另外那一年清华本科还是五年，比北大长一年。中学的时候就喜欢书，假期总去新华书店看书，也喜欢买书，可是没啥钱。因为喜欢书，二表还报了北京印刷学院。上了北大以后，慢慢觉得自己不喜欢编程，总是去听外系讲座，记得第一次知道有古典文献专业是因为去参加中文系新年的师生座谈会，那时候是分专业进行的，知道了有文献学这个专业。

　　毕业后我先后在上海大唐、华为从事移动通信工作，感觉这不是我喜欢的生活，就准备考研，最初因为喜欢书觉得可以考图书馆系，但是因为非常喜欢古文，知道有古典文献这个专业，理解就是读古书的专业，觉得考这个比较好。2003年6月北京非典解封后我就回北京准备考研了。因为北大中文系不公布历年考题，也没有考试范围，还要考大综合，复习比较麻烦，尤其是对我这种不是中文科班出身的。还好有一个北大中文论坛，上面有考研版，里面有一些大家回忆版的历年考题，我还做过一个文献学专业的历年考题整理，包括当时向古文献学师兄咨询考研时给我的一些历年考题。考下来还比较幸运，专业课成绩还可以，就是英语没过线，董洪利老师是教研室主任，帮我申请了破格，那年考试上来的就是我，还有古代文学调剂过来的小林，另外三个是本校保送的。然后就一直读下来，成为杨海峥老师第一个硕士，博士导师是安平秋先生。考这个专业的时候就觉得这个专业好，不限方向，就是读古书的学问，现在看误打误撞，还真是这么回事。

2. 毕业后又从事古籍工作，您觉得涉古专业本科生学习"文献学"课程的必要性是什么？

学这个专业的时候就想好了，要在高校工作，所以一直读到博士，这是成为一位高校老师的必要条件。但是这时候高校的教职已经是热门岗位，很难找，我毕业的那年北京没有高校招聘古典文献学专业的，当然有古典文献专业的高校相对要少些。科学史所图书馆招人，于是就来了这里，干了图书馆的工作，把研究所的方向和自己学的专业结合起来，就开始做科技典籍的整理工作，目前也只是开了个头。在北大我们把古代文学、汉语史（古代汉语）和古典文献合称为三古专业，三古专业有个特权，就是博士期间不用学二外。现在有一个新名词叫"中国古典学"，这个是从西方学过来的，中国自己本来叫国学，但是这个词用得太泛。在西方，古典学特指古希腊罗马时代的学问，那是西方文明重要的源头。如果按照"轴心文明"的理论，相应地应该有印度、中国、西亚古典学。古典学的说法有个好处，就是文史哲、艺术考古不分家，做综合性的认知和研究，这可能启发了现在西方流行的区域研究（比如海外中国学），当然除了整体性认知以外，区域研究中社会科学化是另一重要起源。这样说，文献学是中国古典学最重要的基础学科，从事中国古典研究需要有文献学的修养和训练。

古典研究不像研究当代社会，可以用社会学的方法进行调研，而只能依靠历史的遗存，所有的历史遗存依据载体的性质大致可以分为四种：文物和遗址、文献、图画与图像、口头流传史料（比如口传史诗），这些遗存中文献是最重要的，一方面是因为它有字，能够记录语言，可以直接记录人的思想和观念，表达意义比较直接和丰富，而文物、图像的表现大都是间接的，口传史料的构成层次又比文献复杂得多，不好断代，数量也少。另一方面其他三种遗存都可以用文献的方式再记录。所以说掌握阅读古文献的知识是非常有必要的。

这里说一个听到的掌故，很有启发性。陈平原老师的课上说80年代王瑶先生讲南大程千帆先生门下以后会出一批优秀的学者，因为程先生自己的知识结构和学术修养比较全面，在文学研究、文艺理论（比如写了《文论十笺》）、文献学（比如和徐有富老师合写了《校雠广义》）三个方面都有很深的修养，对学生的训练也是如此，可谓"三管齐下"。我想推广开来，可能各学科都应该如此吧，在做具体的学科研究同时要注重材料和理论方面的研究。文献学就是学科材料研究最重要的方面，实际上各个学科也都有自己的专科文献研究，比如中医文献、科技文献、书法文献研究等等。

3.您的研究方向是偏向历史文献学还是文学文献？又或者说偏重目录、校雠和版本的哪个具体方面？请重点谈一下您在这个领域的治学心得？

我在北大学的是古典文献学专业，作为新中国成立后国内建立的第一个古文献学专业，是文史哲三个系共同倡导的，因为考虑到要有比较好的古代汉语基础，就挂靠在中文系下面，但是整个专业不偏一类的文献，有的老师做文学文献，如《全宋诗》；有的老师做哲学文献，比如《儒藏》；有的老师做历史文献，如《史记》《汉书》《资治通鉴》。我自己觉得古文献学能体现一种读古书的趣味，各种

文献我都感兴趣，现在开始也研究一点儿科技文献。而具体的文献
学研究方向，我自己最感兴趣的是目录学，因为看目录能知道古代
都有哪些书，目录里包括各种书，很丰富。比如我自己做汉代目录
学的研究，《七略》《别录》《汉书·艺文志》，我硕士做的《汉志》
中的道书，就是后来发的《东汉之前的道书叙录》，本来我想博士
期间继续下去，就做整个《汉志》的研究，但是老师们担心《汉志》
剩义无多，研究来研究去还是没有定论，所以就改成"《汉书》颜师
古注研究"的题目。不过，目录学方面很多问题还需要进一步探讨，
在研究《汉志》的时候梳理过几个问题，后来写成《〈七略〉〈别录〉
编撰考》等几篇文章，我倾向认为《七略》修成在《别录》之前，
《别录》中的绝大多数叙录都是刘向撰写的，但也有他死后刘歆撰
写，刘歆在结束校书活动后撰《七略》奏上，同时按照《七略》把
各书前的叙录编成《别录》，《别录》又称为《七略别录》正因如此。
《七略》的"略"字正像章太炎所说为畛域之意，这里取其分类的意
思，并非简略之义。一段时间以来目录学成为文献学的冷门，少有
学者在这方面用力，最近涌现出一些优秀的年轻学者，推动了目录
学的研究，不由眼前一亮。

由于我本科学过计算机，所以在北大上学期间跟着中文系李铎老师做了一些古籍数字化的项目，例如"历代典籍总目分析系统""《资治通鉴》分析平台"等，对古籍数字化有一些工程经验，写了《古籍数据库化工作浅谈》。

中国历代典籍总目系统

来到科学史所后，真正动手整理科技典籍，引发了自己的一点儿思考，写了《科技典籍整理的回顾与思考》，在这篇文章的思考部分主要提出对现在通行的"定本式整理"的思考，这种方式仅考虑到校勘学"回归作者"这方面的需求。但是典籍在流传中都是以一个具体的本子在传播的（这点桥本秀美老师早就指出），而且往往是一个通行本，不是什么善本，这就部分解释了我们看到有些古人笔记引文往往和今天所见整理本不同的情况。所以如果考察典籍文本的流传情况，这时各个本子的异文就都有价值，给我们学术古籍整理提出了新的挑战。另外，我们讲文献的抄写刊印等等，其实技术史中应该有一个"文献技术史"，而文献技术系统如何影响典籍文本的流传和变动，是个有趣的问题。正是从技术史角度来看，我用以前考察《汉书》写本的例子简单探讨了这一问题，发了《写刻之间：〈汉书〉文本面貌之嬗变浅议》。

4.有人说"文献学"是个基本工具，算不上单独的"学科"，对这个问题您怎么看？如果是"工具"，是否应该有更广泛的应用？是"学科"，主要研究对象是什么？是否有瓶颈和走出困境的思路？

这个问题是我从理科转过来就一直在思考的问题，博士中期考试我还写了一篇思考的文章，老师们劝我别思考这么大的问题，经验不多，对这一行的理解不够。后来的确发现这个问题很复杂，随着对这个学科有更深的了解，自己的想法也不断在变。一般情况下，一个学科的成立相对其他学科除了要有独特的研究对象或属性外，还要有独特的理论和方法。我们通常使用的"某某学"中的"学"很多时候并不是指一个相对独立的学科，比如"红学"实际上就是《红楼梦》研究，它并不独立在文学之外，因为它的理论和方法还没有超越文学范畴。应该说古文献学不是这种意义上的"古文献研究"，它有自己独特的理论与方法。文献学的研究本体是文献，是上面提到的四种史料之一种，既然文物有考古学，图像有艺术史，口头史料有人类民俗学，那么文献也应该有自己的学科古文献学。并且这几个学科在史料本体的研究上都是古典研究的基础学科或者说工具学科。但这不意味着古文献学仅是一个工具，因为它有自己的本体就是古文献，这是文史哲诸学科不研究的，与考古学可以做一个参照，考古学对待材料系年上借鉴了地质学的地层学方法以及生物学的类型学方法，建构起自己的材料分析理论体系，在其上面又发展"阅读过去"的解释理论体系。实际上就像现在有些学者提倡的"古书之为物"，古书是一种特殊的文物，即有字的文物，我们不能因为关注它的内容，就忽略了文献的物质形态。而除了古文献学，文史哲诸学科并不突出不关注这一点，它们更关心文献的内容，有时候考古学还更关心一些。但是文献之所以重要，还是因为它记录下来的丰富文字内容，也不能简单等同于只有物质形态的文物。

分析文献的本体，有两个维度，一个是构成层次，文献是其内容信息和物质形式的统一体，物质形式又分为记录符号、记录方式以及载体形式；一个是文献的整个生命过程，包括文献的生产、传播、整理和利用的过程。这样纵横交错就形成了一个可以分析的文献本体诸问题的矩阵，如下图：

	生产	传播	整理	利用
物质形式	版本	流通	典藏	
内容信息	编撰		整理	注释
		目录		
	校勘			

古文献学的学科分支

古文献学学科由理论、历史及其学科分支三部分构成。其中理论方面最重要的是对文献构成的静态层次和生命过程的动态层次的认识，相应地古文献学的基本任务则是研究古文献的本体及其发展、整理和利用。古文献学的历史研究包括两个部分，首先是古文献的发展史，这包括古文献的物质文化史、出版史、阅读史、典藏史等方面；其次是古文献研究的发展史。以上是我一点儿不成熟的思考，详细的论述可参见我的论文《古文献学学科体系初探》，这篇文章从上学开始写到现在，我分别在社科院首届历史理论论坛和北京大学古文献学新生代论坛做了报告，会议论文集里也收了全文，即将正式发表在最新一期的《天一阁文丛》。

5.结合自身的求学经历和工作，"文献学"的研究生培养上与其他学科有何不同，一般做些什么具体学术训练？他们应该具备什么样的基本素质？对有志于从事古籍编目和保护工作的研究生，您有什么建议？

文献专业的六大专业课我们常称之为文献六艺：即文字音韵训诂、目录版本校勘。前三项即传统学问中的小学，这是阅读古文献的基础之基础，在现代学科体系下一般划归汉语史，好像不属于古文献学，其实想想也不尽然。我们这里的文字音韵训诂，是一种文献语言学，它与现代语言还是有不同的，主要就是现在没人再说这种语言了，我们只能从文献里去研究。这其实和西方的语文学（philology）是相似的，北大的古文字学曾长期在古文献专业里可能就是这个原因。目录版本校勘则是古文献学核心的核心。以上就是最基本的文献学理论和知识储备。更重要的是要有实践操练，不能只读"文选"，要读全书，不能只读现代整理注释，要读古书古注。经学研究里有"一经深入通众经"之说，是很有道理的。我硕士面试的时候，董洪利老师就说你是转专业的，专业课考得还不错，你读过什么原典呀，我说我看的都是教科书，没通读过原典，董老师说那可不行，以后要老老实实读原典。现在想来这是不刊之论、肺腑之言。无论文学、历史、哲学，一种原典读通读透了，再看其他书就轻松多了，有时候还有相互贯通的感觉，正是勤者千虑必有一得。实践还包括其他方方面面，比如古籍编目用到的版本鉴定功夫，就要多看实物多思考，这个在图书馆古籍部工作的正是近水楼台，北大古籍部沈乃文老师和我说，你想研究古籍，你得和它相处，就像夫妻过日子一样，不朝夕相处很多经验得不来。而古籍保护就是纸质文物保护，需要用到很多科技的东西，可能跨学科培养比较好。

　　既然提到工作，我就多说两句，从事古籍研究是个很清贫的职业，唯一能支撑你的就是你的兴趣，但是有时候形势比人强，也不要太勉强。如果家境富裕，又感兴趣，那学这个正好，如果家庭条件一般，当个兴趣爱好也挺好，不是人人都能做哪吒，"我命由我不由天"，至少我现在已经放弃很多挣扎了。

　　6.请您谈一谈对文献学前景的展望，会向什么方向发展？哪些方面会引起更多关注？

　　实际上，我个人的感觉现在古文献学还是在蓬勃发展的，虽然研究良莠不齐。这种发展同时体现在实践的深入和理论的总结。工作和学习中，我很喜欢《论语》里的一句话："学而不思则罔，思而不学则殆。""学"和"思"是一对辩证统一体。没有很扎实的古籍整理研究实践（学），整天思考理论（思）是不行的，同时传统的古文献学太工具化，在实践方面肯用力，缺乏理论总结的意识。没有理论的总结，就没办法把积累的经验快速传授给别人，让别人少走弯路，往往造成每个人都把弯路走一遍，学科知识的积累就没有效率。写文章说要以小见大，就是要通过典型案例推出一般的答案，如果我们的研究正好是个典型案例，那是幸运的。但是可能更多的是做多了，慢慢发现一般的东西，把它提炼出来，分享给大家，用大家的案例实践去检验，看是不是这么回事，如果绝大多数都是成立的，那就是一个好的理论总结，它必须符合大量实践的检验。这样看，也是一种近代以来实验科学的方法了，只是人文研究面对的是复杂系统，影响因素和变量都太多，符合绝大多数情况就是一个好的理论总结了。但是和科学研究一样，我们不能放过例外，拿例外来研究，能获得更多的启发，能对这一问题有更深入的理解。我们都觉得自然科学很伟大，的确，但是目前自然科学最擅长的还是简单系统和有限变量，对于复杂系统的研究还很初步。比如用数学方法来研究经济运作，有得有失。人文研究要有理论意识，但永远不要忘了我们面对的是一个几乎无限变量的复杂系统，理论总结不等于简单化、抽象化，更重要的是背后的问题意识，下结论也不要那么绝对。

未来在理论和实践两个方面都还会继续发展，我是比较乐观的，古文献学说不定会进入一个快速发展期。学古文献学，"实践"是老师们会一再强调的，我们自己要注意"思考"这方面，我这里再补充一下。古文献除了耳熟能详的目录版本校勘，经常说到的还有辑佚和辨伪。从上个世纪末开始大家就对辨伪进行了反思，包括郑良树、李学勤、李零等诸位先生，李零老师直接说与其说是辨伪不如说是古书年代学，这就是突破传统的认识，是新的理论总结。当然如果一部书是层累地构成的，那么还要先划分每个部分，再确定每个部分的年代。这里面就还有一个古书编撰和形成的问题。而辑佚除了利用引书目录，实际上是一个再编撰的问题，这种复原要考察原书的体例，迫不得已的情况下，就要自己定立新体例，这样才能达到辑而不乱。上面说的这些构成层次、古书体例的问题可以都归结为古书编撰的问题。我们现在深入分析一些古书，尤其是集注、类书的知识来源，其实也是一个编撰问题，不过一般叫它史源学研究。我们既然说是古文献，古就是说它是历时形成的。历时性带来了语言理解的问题，而更大的问题是古书形成和传播之中的层累构成。这类问题如果都归到一个新的分支古籍编撰学中来，我想这会是一个今后非常活跃的发展方向。理论总结不仅包括认识，更重要的是方法，比如我们要断定年代，要离析文本的构成层次，理想很丰满，现实很骨感。这就需要我们通过不断实践，给出一套行之有效的方法，给出一个工具箱。"工欲善其事，必先利其器。"

所以我推荐大家好好读、反复读余嘉锡先生的《目录学发微 古书通例》，余先生命名自己的书斋为"读已见书斋"，充分体现了他不好奇猎异，踏实读书，勤于思考的一代学风，是我们的榜样。另外，"他山之石，可以攻玉"。我们说中国古典学相当于古希腊罗马的古典学，那么西方也有自己的文献学，西方学者善于理论总结和思考，这方面可以反复读复旦苏杰老师翻译的几本书，如《西方校勘学论著

选》《分析书志学纲要》等。我自己看了一点儿，但是受启发极大。青年学者应该向苏杰老师学习，把更多的西方文献学名著翻译过来，推动我们古文献学科的发展。胡适在1919年12月《新青年》第7卷第1号《"新思潮"的意义》一文中提出"研究问题、输入学理、整理国故、再造文明"的口号，拉开了"整理国故运动"的序幕。我

们现在看前人一百年前提出的主张，今天不但不过时，恰恰再精彩不过，正当其时。"潮平两岸阔，风正一帆悬"！

7.请您推荐一种"文献学"的必读书，简要地介绍一下内容及您的阅读体会。

为了回答这限定一种的必读书，我在前面把我想说的其他书都先说了，如果说是必读书，对于大多数喜欢古文献学的本科生和本科不是文献学专业的研究生来说，打好文献学基础是最重要的，可以读董洪利老师主编的《古典文献学基础》，里面讲了古文献学的学科构架和目录版本校勘、辑佚和辨伪，也是北大开这些专业课老师的集体成果。我自己没读过，因为出版的时候我都快毕业了，我自己读过黄永年先生的《古籍整理概论》，也是言简意赅，值得推荐。

天一阁博物院　李开升

李开升，1982年生。文学博士，天一阁博物院副研究馆员、古籍地方文献研究所主任。自2005年起从事藏书史、版本学研究，著有《明嘉靖刻本研究》《古籍之为文物》等书。

1.文献学是一个冷门学科，您是什么时候开始接触这门学问的？是主动报考还是调剂？谈一谈您对"文献学"的最初印象，现在的理解有没有变化？

2005年，我从兰州大学历史系毕业，保送到北师大古籍所，随邓瑞全教授攻读历史文献学专业研究生。保研之前我的兴趣是古文字学，自学了几年感觉并未入门，就没敢考，偶然得知有个保送机会，反正我对传统文史之学都有些兴趣，就申请了。此前对文献学了解很少，大四上学期保研时读了一些文献学教材，熟悉了一些概念，不过也只是知道几个名词而已，还谈不上真正地理解。文献学是一门实践性很强的学科，目录学如果没有阅读使用过一定数量的目录、校勘学如果没有实际校过书、版本学如果没有亲手摸过一定数量的古籍，是很难谈得上真正理解的。读研以后，随着各门专业课的学习，掌握了更多的理论知识，但这仍然是书本上的知识，未

经实践，失之疏空。第一学期版本校勘学课程作业是梳理单书版本源流，我第一次去图书馆查阅古籍原书，包括相关目录书，这是接触古籍实物之始。毕业论文做黄丕烈藏书及流传研究，进一步熟悉古籍（包括国图善本部令人头晕的胶卷），翻阅了大量古籍目录，九册《中国古籍善本书目》来回翻了两遍，文献学的理论知识得到初步实践。不过这种实践还是比较简单的。打个比方，你先从书上学了一些有关猫的知识，终于在朋友家看到了猫，跟它玩了几天，猫知识总算活了起来，但也只是玩几天而已，毕竟自己没有养过猫。"养猫"是硕士毕业入职天一阁博物院之后开始的（我确实养了一只范典文）。从事古籍管理工作之后，有了大量地、长时间地接触实物的机会，对古籍的理解日益加深。后来又在职考入复旦古籍所，从陈正宏教授攻读中国古典文献学专业博士，理论知识得到了进一步提升。博士论文研究嘉靖本，系统地对现存嘉靖本做了调查研究，相当于不仅养了猫，还对某一种猫

特别钟情。学习研究过程中，形成了对实物版本学的一些看法，当然仍然很粗浅，需要进一步学习相关理论知识，调研更多的实物，提高认识水平。

2.毕业后又从事古籍工作，您觉得涉古专业本科生学习"文献学"课程的必要性是什么？

听说有业界前辈曾很形象地指出从事古代文史研究的学者所需要的几项基本功，即所谓左手版本目录校勘（古文献学）、右手文字音韵训诂（小学），不学古文献学，相当于一只手干活，其必要性显而易见。涉古专业研究的基本材料是古代文献，古文献学帮助你找到（目录学）可靠（版本学、校勘学）的文献，小学帮助你读懂文献的基本含义。

3.您的研究方向是偏向历史文献学还是文学文献学？又或者说偏重目录、校雠和版本的哪个具体方面？请重点谈一下您在这个领域的治学心得？

历史文献学是中国史一级学科下的一个二级学科，中国语言文学一级学科下有个二级学科叫中国古典文献学，这两个二级学科名异实同，历史文献学指的是历史上的文献（不是史学文献），也就是古典文献的意思。只是由于一级学科划分不够科学严谨，才导致目前这种有点奇怪的学科状况。因此有些学校可能把历史文献讲成了史学文献、古典文献讲成了文学文献，严格来说这是不妥的。史学文献、文学文献当然可以讲，但应该在学过通用的、不分学科的古文献学之后。如果分科的话，不光有史学和文学，还有哲学、语言学、科技史等方面的古文献。我个人的研究应该算是通用的或者纯粹的古文献学，并无史学或文学之分。

在古文献学内部分科上，我主要做藏书史、版本学研究，与硕士、博士论文的研究方向一致。这些年读书工作所得无甚高明，算是略有体会吧。一个是关于实物版本学的问题。近年来逐渐形成一个想法，版本学实际上就是实物版本学，版本学主要的、基本的研究对象是古籍实物，而不是其文本内容。以往侧重文本内容的所谓版本学研究（如大量梳理版本源流的论文）实际上属于校勘学的范畴，不厘清这一点，版本学和校勘学的研究对象就有混淆的嫌疑。一部书既是作者脑力劳动的结晶，也是刊印者物质生产的成果，前者形成文本，后者造就实物，版本学研究的就是后者，即使涉及前者，目的也在后者。研究对象是一门学问基本理论的核心所在，对象不清，会带来很多问题。比如一些业界很有影响的版本学教材，在最核心的版本鉴定部分，会一口气列出十多种所谓鉴定方法，实际上都是一般的文史考证方法，只不过涉及的知识点不同罢了；而对于最重要的实物分析方法，却着墨不多，甚至错误地加以否定，不免南辕北辙。

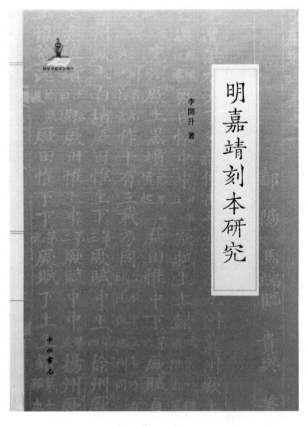

再一个是版本学和藏书史的关系问题。版本学产生于明代中叶，这是目前内行学者比较一致的观点。明代中叶

发生了什么特别的事情呢？就是宋本的收藏蔚然成风，版本学即产生于对宋本的收藏与鉴赏。而并非偶然的是，藏书史在此时也发生了重要变化，出现了对书籍的文物性收藏即宋本收藏，这是藏书家的新类型。此前的藏书家对书籍主要是文本性收藏，即看重的是书籍的文本内容。此后出现文物性藏书，并且逐步成为藏书家的主流，自吴宽、王鏊、文徵明、华夏以降，项元汴、钱谦益、毛晋、钱曾发扬光大之，至黄丕烈集大成，而晚清四大藏书家皆其流裔。在现代学术出现以前，藏书家与版本学家的身份是高度重合的。其实进入20世纪以后，某种程度上也保留这种特点，研究版本学的大体为三类人，卖古书的（书商）、买古书的（藏书家）和管古书的（图书馆员）。

说到这里，想起目前比较流行的一种看法，以为版本学只有图书馆古籍部的人才能研究，别人没这个条件。在20世纪以前确实如此，但新世纪以来，尤其是近几年，发生了一个很重要的变化，就是古籍数字化的迅猛发展。国图已经公布了三万多种古籍全文影像，台湾公布的也不下两三万种，此外日本、美国、欧洲等公布者多则数千、少则数百数十，再加上一些古籍数据库，大多数重要古籍都有了全文影像，这是前辈学人无法梦想的。当然完全靠书影研究版本肯定也不行，总要接触实物，去图书馆查，以市场为补充，有了一定基础，网上的资源就可以充分利用起来了。对学术研究来说，资源当然很重要，但方法更重要。回望学术史，完全靠资源成为一流学者的，几乎没有。以学界现状来说，全国古籍收藏机构数千家，有善本收藏的不下千家，但活跃在学界的古籍管理者却屈指可数。当然这也跟工作性质有关，古籍管理者大多不是专职科研人员。另外据我所知，目前已有不少非古籍机构学者版本研究做得很好，其中数字资源功不可没。

4.有人说"文献学"是个基本工具，算不上单独的"学科"，对这个问题您怎么看？如果是"工具"，是否应该有更广泛的应用？是"学科"，主要研究对象是什么？是否有瓶颈和走出困境的思路？

文献学是基本工具没问题，工具与学科并不矛盾，比如数学几乎是所有理工科甚至所有学科的基本工具，但没人能否认数学是学科。文献学也一样，它是所有涉古专业的基本工具，同时也是单独的学科，只是面临着很严峻的学科建设局面。

文献学的用途已经够广泛了，所有涉古专业，不光是文史哲，艺术史、科技史等等，都离不开文献学基础。至于近年热得发烫红得发紫的传统文化或者国学，更离不开文献学。有点让人不解的是，在这种背景下，居然有两家重点大学的古籍所接连被撤销了。所谓国学热的本质和真正的学术关系，不能不令人深思。

文献学的学科建设并不理想，比如文献学的名字、定义以及研究对象都众说纷纭，其根本原因是学科发展问题，是研究薄弱问题，整个学科还处于比较初级的阶段。有个故事说，有人以某名校教授的版本学书问黄永年先生，黄先生说，连刻本和影印本都分不清的人居然也能写版本学教材。然而事实就是如此。所谓瓶颈，主要还是观念问题，比如仅仅把文献学作为工具而不是独立学科，只使用而不去研究和发展，最终必然导致用无可用。试想如果只把数学当工具而不研究，可能永远不会有非欧几何，没有非欧几何，爱因斯坦证明相对论都没有工具。走出困境，自然需要转变思路，投入力量去研究。所以我碰到好学的小朋友，来馆里查资料的，总是喜欢劝人家研究版本学，至于有没有用，是不是惹人烦，就不清楚了。

5.结合自身的求学经历和工作，"文献学"的研究生培养上与其他学科有何不同，一般做些什么具体学术训练？他们应该具备什么样的基本素质？对有志于从事古籍编目和保护工作的研究生，您有什么建议？

文献学研究生的学术训练，学界应该已经有了比较成熟的方法。我不在高校，这方面没那么熟悉。在我看来，最方便的方法莫过于选一部适当的古籍做一下古籍整理的训练，查找历代目录书的著录情况，去图书馆借阅原书实物，不同版本之间校勘，都是很好的训练。由高校和古籍收藏机构合作也是很好的办法，研究生可以在导师带领下去图书馆做古籍编目实习，将课堂所学直接用于实践，并有老师指导，效果应该更好。经过靠谱的学术训练，一名文献学的研究生碰到一个课题，起码应该知道如何去找相关的基本文献（目录学），拿到一本古籍，即使自己不能做到准确鉴定其版本，起码也要能区分影印本与原本，知道宋元明清各大时代版本的大概样子（版本学），不同版本之间的文本优劣能有基本判断（校勘学）。从事古籍编目和保护工作的研究生，一定要有文献学基础，要有版本学、目录学、校勘学和藏书史等方面的基本知识，对古籍要有基本的认识，不然工作很难做好。

6.请您谈一谈对文献学前景的展望，会向什么方向发展？哪些方面会引起更多关注？

文献学有时候也像一个筐，里面装了很多东西，而其整体发展又比较初级，所以可做的东西很多，谁觉得没题目做就来文献学吧。这个其实也涉及认识问题。比如有些做版本学的学者会觉得明清版本比较容易鉴定，没什么太多可做的，让我觉得十分诧异。因为在我看来，明清版本简直是一大片荒地，无人开垦，而且比宋元本容易看到，条件也不错，甚至稍有余力的还可以适当买一些仔细把玩、钻研。这方面高校学者甚至有比图书馆人方便的地方。古籍管理者为避嫌一般是不能收藏古籍的，而公藏的古籍只能看、不能随便动，这是基本规矩。自己收藏的古籍就不一样了，想怎么摆弄怎么摆弄，这样更有利于古籍研究。目录学、校勘学和藏书史等学科也差不多，这些年发展有限，潜力很大。只要能钻进去，自然能找到突破口。

7.请您推荐一种"文献学"的必读书，简要地介绍一下内容及您的阅读体会。

推荐一种我比较熟悉的版本学领域的书吧，黄永年《古籍版本学》。这本书在我看来是版本学的集大成之作。它最突出的特点是路子正，抓住了版本学研究古籍实物的这一特质。在版本学研究中突出版本鉴定，在版本鉴定中突出字体的首要作用，而不像有的版本学教材东拉西扯一大堆，一会儿通过地理鉴定，一会儿又通过职官鉴定，舍本逐末，很容易让人误入歧途。黄先生此书正式出版比较晚，但其基本内容形成很早，早在1978年的油印本讲义中已经略具雏形；1985年写出上半本，有油印本；1997年全书完稿，拖到2005年才出版的。

苏州博物馆 李 军

李军，1982年出生，江苏苏州人。2011年毕业于复旦大学古籍所中国古典文献学专业，获文学博士学位，现供职于苏州博物馆。曾主持策划"木石缥缃——苏州博物馆藏古籍碑拓特展""烟云四合——清代苏州顾氏的收藏""梅景传家——清代苏州潘氏的收藏""攀古奕世——清代苏州潘氏的收藏""须静观止——清代苏州潘氏的收藏"等特展。近年著有《访古与传古——吴大澂的金石生活考论》、《春水集》、《佣书读画录》、《秋山集》、《江苏艺文志·扬州卷》（增订本）、《结古欢——吴大澂的访古与传古》等，整理有《题跋古今》《上海鬼语》《二叶书录》《退庵清秘录·退庵谈艺录》《鹤庐画赘》《吴大澂日记》《孙毓修辑清人题跋稿本四种》《顾廷龙日记》等。先后在国内外学术刊物发表论文百余篇。

1.文献学是一个冷门学科，您是什么时候开始接触这门学问的？是主动报考还是调剂？谈一谈您对"文献学"的最初印象，现在的理解有没有变化？

我大学本科读的是中文师范专业，上过文献学课，教材是潘树广等先生编的《文献学纲要》，延伸阅读记得是杜泽逊先生的《文

2008年与朱季海于苏州双塔

献学概要》。大一的暑假，去浙江余姚的大姨家度夏，住了两周左右，随身未携书，后在姚江边上的席殊书店买了《王欣夫说文献学》和《余嘉锡说文献学》，因当时住在郊区的茶山里，无聊时以读书作为消遣，可能性格偏于理性，觉得文献学要比文学有趣，所以后来考研时，选择读文献学专业。一开始纯粹是兴趣，读了几年之后，觉得并不以为苦，故之后读博未再易辙。

对于"文献学"的认知，在校期间的理解较为传统，到博物馆工作以后，觉得以往的认知有点狭隘，但凡能为学术研究提供支持之实物与文本，不拘古、今，不分中、外。且除了单纯文字记录之外，图像、器物等均可纳入文献学的范畴。

2. 毕业后又从事古籍工作，您觉得涉古专业本科生学习"文献学"课程的必要性是什么？

从复旦毕业后，回到苏州，进入苏博资料部（今改名古籍图书馆），馆藏有近十万册古籍及碑拓，日常主要工作是古籍编目，后因参与展览策划，旁及碑拓、书画及其他类型文物，作一些研究，都离不开在校的学术训练。"文献学"课程是一个笼统的说法，不同的院校、不同的师资队伍，开设的课程不同，侧重的理论与实操是不同的。所以，有志于做古代文献研究者，最好根据自身的兴趣、特长选择适合自己的课程、老师与院校。此外，理论学习与实践操作有机结合，才能在实操中不断提升自我。

3.您的研究方向是偏向历史文献学还是文学文献学？又或者说偏重目录、校雠和版本的哪个具体方面？请重点谈一下您在这个领域的治学心得？

读本科时，并没有太多的想法，只是跟着兴趣乱读书，除了中文之外，也旁听些历史、哲学专业的课程。本科毕业的暑假，囫囵吞枣读了一遍《资治通鉴》。进入研究生阶段以后，在南京、上海各三年，常去南京图书馆、上海图书馆查书、抄资料，在复旦图书馆古籍阅览室勤工助学，较频繁地接触线装书。此前多停留在从目录到目录，或者看四库系列等影印本，总是隔一层。摸书是一个起点，却看不到终点。

硕博期间，参加了一些项目，打字、抄目录、写提要都干过。硕士毕业前后的闲暇，点了叶启勋《拾经楼纬书录》、叶启发《华鄂堂读书小识》两种小书。读博以后，正好吴格老师主编《历代书目题跋丛刊》第4辑，稿子被冠以《二叶书录》收了进去，至博士毕

2014年与沈燮元、王贵忱、沈津于可居室

业过了几年才印出来，今年五月刚重印了一版。此后也点了一些书，经验可能稍许丰富了些，但胆子越来越小，生怕出错，献丑露怯倒在其次，就怕读者受到误导。

目前的看法，大部分的古代文献出版，如非普及性读物，没有必要做标点整理，影印是较好的手段。如耗费大量人力、财力，最后的整理质量无法保证，更有很多重复工作，真的是灾梨祸枣、浪费资源。毕竟想看、要看的人，希望看到的是原始面貌，如果连原本都无法看懂，研究之说就无从谈起了。要培养学生、锻炼人才，可以做一些古籍点校、注释的工作，但未必都拿来出版。有些知识，纸上看来的是相对笼统而普遍的大道理，实际做某一项研究或工作时，总会出现一些小问题是书本上没有的，如何解决，要自己翻书查、自己动手做，积少成多，却未必可矜为创获，待若干年后回过头来，可能发现前人都说过、做过，只是当时年轻，走些弯路很正常。

虽然在校期间一直有志于做版本，也常摸书，工作后也做古籍编目，但目前看来，个人仍停留在目录学的层面，对于版本的熟稔程度还远远不够。无他，看得少。个人观点，真正的版本学应该是立体的，从版本的产生、衍变及流传，以至新整理本的出版、文本的研究与注释等。单纯从查著录、馆藏，记录行格、鉴藏，再到文本校勘、整理，梳理版本流变、递藏关系或整理一个最好的文本，没有跳出传统的版本学范畴，只有做多、做少的区别。或许在版本的研究上，某一个个案能突破、超越《中国古籍善本书目》《中国版刻图录》等著作，但对于一般的学者而言，只有与自身相关，才具有实用价值。从某种角度说，很多研究仿佛站在海边，拿着显微镜观察海水，发现任何未见的微生物，都可说是大发现，但对于大海本身而言，它并未有所改变，对于普通人而言，对大海理解恐怕也依然如故吧。

4.有人说"文献学"是个基本工具，算不上单独的"学科"，对这个问题您怎么看？如果是"工具"，是否应该有更广泛的应用？是"学科"，主要研究对象是什么？是否有瓶颈和走出困境的思路？

对于学科的设置，并非个人专业所知，也非个人所能改变。所谓工具是相对的，要就使用主体来说，对于研究数学的人来说，若不研究数学史，可能这里谈到的文献学并不能作为工具。关于瓶颈与困境，名、实之间，可能每个主体都有不同的结论。个人观点是文献学并非像穿衣吃饭那样是日常所需，如觉得它不适合自己，就应尽早理性割舍，人生并不只有文献学。如果喜欢，能苦中作乐也好，乐此不疲也好，应不会纠结于一时的瓶颈与困境。

5.结合自身的求学经历和工作，"文献学"的研究生培养上与其他学科有何不同，一般做些什么具体学术训练？他们应该具备什么样的基本素质？对有志于从事古籍编目和保护工作的研究生，您有什么建议？

基本学术训练主要是识文断句，略懂文字（古文字学之外，还要学点书法）、音韵、训诂之学，首先能点断、读懂古书，其次要知古今学术源流，会正确使用各种工具书。无论偏历史、文学语言，还是艺术史、科技史，需要在博览原典的基础上，有一两种较为熟悉的文献作为学术支撑，尝试从一点立足，做一个个案梳理，查目录、访书，做综述、写书志，做一项古籍整理，释读一份手稿、点校一部体量适中的古书、研究一个学者等等都可以。

基本素质的话，首先要喜欢，能坚持，任何习惯的养成都需要一定周期，学术训练是相对枯燥的习惯培养；其次，要有良好的心态，任何事都不是随便就能成功的，何况在学术研究中很难定义所谓的成功，要随时做好甘于平庸的准备，毕竟学者的日常，在常人

2016年与韦力于苏州苏派书房

看来是枯燥乏味的。另外，如果要做好研究，说实话需要天赋，有的人过目不忘，有的人博闻强记；同时还要有一些灵感，一点激情，加上后天的不懈努力，遇到好的机遇，可能就会比同龄人更快见成果。但这一切，都要以身心健康为前提，以人为本，不能以牺牲个人健康或生活质量为代价，来换取所谓的成果。

6.请您谈一谈对文献学前景的展望，会向什么方向发展？哪些方面会引起更多关注？

个人觉得，未来发展有空间的几个方面：

一、普及。这是老话题，由于众所周知的原因，古籍或古代文献与大众文化生活有距离，并不密切，如何将古文献更好地融入百姓生活，是未来应该努力做好的，没有群众基础的研究，只会越来越式微。

二、出版。这也是传统项目，经过数十年的努力，所谓古文献出版物几乎已成泛滥之势，如何科学、准确的达到传播或保存文化的目的，特别是借助新的科技手段、经济高效地实现，值得研究。

三、古籍编目与保护。近十年来随着国家古籍保护计划等项目的实施，全国乃至全世界，对于中文古籍的编目与目录出版，达到前所未有的高潮，但目前看来，多见树木，未见森林的优势。

此外，随着科技的发展，各种数据库、各种馆藏资源的公布，

逐渐改变了以往查资料难
的局面，如何熟练利用这
些资源，成为学者们关心
的一个方向。但海量的信
息，必然带来前期大量的
筛选工作，要求研究者本
身具有更高的甄别能力。
随着分工的细化，文献学
本身也不断分化。

　　至于国内机构与个人
研究者，重视本国传统文
献的整理与研究，对于专

在灵岩山寺检阅《普宁藏》

门如佛教、道教、石刻等文献，以及外文、异邦文献的保护与研究
人员培养似乎有些不足。

　　7.请您推荐一种"文献学"的必读书，简要地介绍一下内容及您的
阅读体会。

　　推荐读程千帆、徐有富的《校雠广义》，前已有同道推荐，相
对而言这一套较为全面，但也有不足处，可以参看其他人如黄永年、
黄裳等人类似著作，并无一定，主要符合自己口味。另外，还要读
一本中文工具书使用法，以便在日常学习中遇到问题，会使用相应
的工具书解决问题。最后，手边常备一本中国历史年表（中西历对
照），以备随时查检。关键在于多看多实践，形成自己个人的习惯与
风格，持之以恒，必然会有所成就。

天津图书馆　胡艳杰

胡艳杰，1980年生，辽宁铁岭人。就职于天津图书馆古籍文献部，副研究馆员。"中华字库"项目（13包）项目办公室主任，天津市宣传文化"五个一批"人才（第六批）。2006年6月北京师范大学古典文献专业硕士毕业，7月3日到天津图书馆报到，开始了与古籍整理、开发、研究与保护相关的各项工作。主要研究成果：著有《毛晋父子校刻佛典书录》。论文十余篇，代表作：《〈皕宋楼藏书志〉与〈静嘉堂秘籍志〉之比较》《中华字库工程对天津图书馆古籍数字化工作的影响》《金钺与文楷斋往来信札》《周叔弢刻书之明纸印本〈宣和宫词〉》，参与编撰《天津图书馆普查登记目录》《周叔弢批校古籍选刊》等。

感谢南江涛老师的邀请，"青年学者说文献学"这个栏目，南老师在第一时间将约稿函发给我，我记得很清楚那天是4月16日晚11点左右。我仔细阅读了约稿函访谈内容，第一次回想自己走向文献学的道路及成长经历。接下来的日子，一直关注栏目中更新的文章，看到了专栏的20多篇文章，有熟悉的面孔，也有很多新面孔。6月22日傍晚，快要下班了，南老师再次发出邀请。在脑海里翻腾过几遍，想试一试说说自己的成长过程的愿望战胜了胆怯，在犹豫十几秒钟之后，我在对话框中敲了"好的"二字。通过分享自己的成长经历，能给想学文献学的同学一丝鼓励与帮助也是好的。再次仔细阅读南老师发来的邀请函，题目"青年学者说文献学·图书馆界"，这次我略微有些心安，"图书馆界"一定是从图书馆实践工作出发来谈文献学。回答访谈中的7个问题，也将围绕我在图书馆的古籍工作进行。

1.文献学是一个冷门学科，您是什么时候开始接触这门学问的？是主动报考还是调剂？谈一谈您对"文献学"的最初印象，现在的理解有没有变化？

每个人的人生轨迹是不一样的，有的规划目标明确，有的则是顺水行舟，随遇而安。我的求学道路，以及遇上文献学也是如此。本科在锦州师范学院（今渤海大学）中文系学习，专业是汉语言文学（文秘）专业，除了中文系古代汉语、现代汉语、古代文学、现代文学、美学、文学概论等中文专业课程，还有公关、礼仪、档案、文秘、成功学的课程，除此之外当时老师还说，要想去上海工作，要有计算机全国二级等级证书、英语四级、汽车驾驶证。所以，在2001年的时候三证在手的我，只等毕业去上海找工作了。然而，当时锦州师范学院与北京大学、复旦大学、北京师范大学等国内知名高校联合办学，叫作联读，就是大学三年级的时候可以到这些国内名校读一年。正是这样一种办学模式，改变了我以后的人生道路。2002年同寝室的姐妹，有去复旦，有去北大，我在锦师继续学习。2003年毕业在即，她们选择考研，跟随着她们考研的节奏，我报考了北京师范大学古代文学专业，后调剂到古典文献学专业。从此开始了文献学的学习。

初到师大读书，恰逢导师郭英德教授日本访学未归，我们同门三人便由李山老师代为培养管理。在校期间学习的专业课，按照时间先后顺序，共有10门，包括过常宝老师的《先秦两汉魏晋南北朝文学研究》、李壮鹰老师的《中国美学史专题》、李山老师的《中国文化概论》、张海明老师的《中国文学史专题研究》、康震老师的《唐宋文学史研究》、郭英德老师的《中国古典文献学》《元明清文学史研究》、王一川老师的《文艺学专题》、李真瑜老师的《元明清戏曲研究》、刘宁老师的《古代文学名著研究》。当时，古代文学与古典文献学专业课基本相同。与文献学目录、版本、校勘关系最直接的，只有郭老师的中国古典文献学，以及刘宁老师的《杜诗详注》解读。刘老师以中华书局1979年出版2004年第6次印刷的清仇兆鳌注本为教材，要求"一个字，一个字，读"，这几个字我是用橙色笔，写在卷端。2005年教学实践课，在师大图书馆杨健老师的指导下，开始录入馆藏目录卡片，撰写提要，也是这段实践经历，使我走上了图书馆的职业道路。毕业论文题目《明代中期传记文研究》，现在看来这是一篇偏于文学研究的论文。三年的研究生专业教育，虽然没有代表性的论文发表，但经过课堂作业训练，在论文写作、研究方法、研究思路等方面打下一定的基础。

对于文献学的最初印象——难！因为本科阶段基本没有接触过文献学，准确地说没有接受过系统的学习与规范的训练。所以研究生阶段是从零开始的。读研期间，还去旁听了训诂、音韵等课程。文献学的难，是指它不是短时间、专项训练后，立竿见影的专业，在踏上文献学研究道路之前所落下的专业知识，需要一点一滴地慢慢积累，没有取巧之法。现在看来，文献学的学习与工作依然不易，好在勤能补拙，只要保持对文献学的兴趣与热爱，它是可学、可懂、可做的。这一点，在最近整理信札时，感觉尤其强烈。信札作为文献、档案，具有唯一性（虽然有人习惯书信前写草稿，但最终原件只有一个），能反映当时的社会面貌，具有重要价值，又极易失传。而古人及近代学人信札，字体变化多样，遇到行书、草书，辨识一字，则需数日，得之喜形于色，"□"之愁云满天，心有不甘。同时，我们这代人可以为前人整理信札，我们这代学人的交友、往来，已经没有信札可整理，文献学是否会缺失一项资料来源？我们的电子文稿、邮件、微信等即时通信记录，是否能成为文献学研究的新领域？

2. 毕业后又从事古籍工作，您觉得涉古专业本科生学习"文献学"课程的必要性是什么？

从我自身学习经历来讲，涉古专业本科生在本科四年期间，能对文献学专业涉及的目录、版本、校勘有一个基本的认知与了解，完成文献学的"启蒙教育"，那么在研究生阶段，就可以向深、专业方向延展，研究生阶段，可以选一小题目，做一下专题研究，将本科阶段掌握的文献学方法与理论，在小课题研究上进一步尝试；到博士研究生阶段，可选一个略微大的题目或将小题目向纵深发展，增加研究深度与广度。这样，在知识储备、研究方法、研究能力以及研究方向的确立等方面，在学期间即可完成。在时间衔接上也是比较好的。这种理论上的实践与积累，对日后工作及研究都大有益处。

3. 您的研究方向是偏向历史文献学还是文学文献学？又或者说偏重目录、校雠和版本的哪个具体方面？请重点谈一下您在这个领域的治学心得？

图书馆历史文献部收藏着大量的历史文献，包括古籍及1949年以前的文献。整理、揭示馆藏，是图书馆古籍工作者的最基本的业务工作。从这一角度讲，在文献学目录、版本、校雠三个方面，更偏重于目录、版本。随着古籍保护事业的发展，推进古籍保护学的建立与发展，也是涉古专业一个新的研究领域。

图书馆里的文献学，首先是业务工作，其次是专业研究。准确地说，下面要谈的不是治学心得而是图书馆涉古工作心得。

一、要积极参与馆藏目录的整理与编制，熟悉馆藏，熟悉各种类型目录使用与编制。如：通过参与《天津图书馆善本书目》（2008）的编制，熟悉书名、四部分类法；通过《天津图书馆古籍善本图录（鉴赏图录）》（2009）的制作，熟悉书影的选择、图像的整理、类目的编排、图录的图像文字编辑整理等；通过《天津图书馆古籍普查登记目录》（2014）熟悉古籍编目新规则即古籍普查的著录要求，这是一次难得地翻阅原版古籍，进行版本鉴定实践过程；通过参与《中华古籍总目分省卷·天津卷》（2018）方志部分编制，掌握版本目录的编制方法，五部类目的分类方法及组织原则；通过《天津图书馆新编历史文献书目五种》（2020），我将馆藏全部地方志目录整理出来，掌握专题目录的编制方法。目录的编制，一段时间训练可掌握其门径，但若要精深，则需细究其内在。一定要在前人的基础上，认真比对，查阅原书及文献，尽量完善相关信息，体现当代人编目水平、目录学的观念。

二、以开放的态度去开发利用馆藏，为保护和研究利用提供便利。这里涉及对待古籍的态度，对待古籍价值的思考与认识。作为图书馆古籍工作者，古籍的保护一定是第一位的，但在强调保护的同时，要最大限度发挥古籍的价值与作用，不枉其千回百转留存至今的生命意义。（一）积极参与出版行业的影印出版，研究者的整理出版。尽管有学者认为影印本有重复、版本参差不齐、质量不高等不足，但影印出版尤其是珍贵孤本秘籍的出版，是目前解决文献传播、文献阅读，以及学者利用与古籍保护之间的不大不小的矛盾与隔阂的一项有效、便捷、快速的方法。（二）主动推进数字资源建设。2011年，准备"中华字库"项目投标工作，开始学习古籍数字化方面相关知识。在与"中华字库"项目专家进行三轮商务谈判时候，从文献学知识、数字化设备、再到人员管理、财务预算、工程管控，每一轮谈判，专家都会有一个新的问题提出。我们不断调整，一是改变最初古籍使用要收底本费的观念；二是工程总量由最初设想的300万拍，调整到最终的800万拍；三是项目经费预算，直接经费、间接经费、设备费、管理费、劳务费占比，要符合经费使用管理办法及标准。对于一个古典文献学专业的毕业生，这些已经远远超出了研究范围。但是，要申报、中标、完成这样的国家重大课题项目这只是第一步。2012年天津图书馆启动了国家新闻出版总署重大科技项目"'中华字库'工程（13包）明清图书用字搜集与整理之一·底本选择与图像制作"研发工作。作为"字库"项目（13包）办公室负责人，负责工程管控，从项目启动、大会流程制定，到项目研发计划编制，再到每个课题组的工作管控，每一处都需仔细考虑、协调。在具体研发工作上，把控底本选择质量，制定底本选择标准。以天图馆藏明清古籍为中心，满足"字库"项目取字需求，以小说、宝卷、地方志、明清别集为主，兼顾经、史、子、集四部，同时避免与医学、字书类等专题包的重复。在技术标准方面，根据工程标准，制定项目包技术标准及规范，同时，考虑古籍资源再次利用及深度开发问题。如在图像命名方面，在流水号、页数、册数的基本要求上，增加了本包的特殊字符——卷号，卷号分卷前内容、卷次、卷末内容，为进一步标引做准备。仅仅完成"中华字库"项目需求，大批明清古籍图像资源在硬盘柜中静静地躺着，并未发挥其全部价值。要思考，怎样才能更好地、合理利用古籍数字化成果，要为其发挥作用，寻找理想的途径与方法。2014年国家古籍保护中心筹建国家数字资源库，在全国图书馆界购买古籍数字化资源，采购的古籍数字资源在国家图书馆局域网安装和使用及在互联网发布。当时，国内有300万拍古籍数字资源的单位并不多，天津图书馆是一家。通过单一来源采购方式，最终顺利完成天津图书馆与国家图书馆古籍数字资源采购项目。这批资源，经过国家古籍保护中心质检，添加"古籍保护中心"水印，于2017年在"中华古籍资源库"与读者见面。今日惊喜，打开"中华古籍资源库"界面"热门推荐"之书，即是天津图书馆藏书。八年的工作成果，可为读者所用，自是喜上眉头。虽然这只是古籍载体、介质的简单转换——由纸质到数字，数字到缩微胶片，却也是我们给古籍文献上的双重保险。这项合作，我参加了应标、专家评审、谈判、数据提交、数据验收的全过程。之所以积极参与这样的数字化合作项目，一是古籍再生性保护需要及发展趋势；二是专业职责让数字化研究成果，以快速、便捷的方式为研究者所用；三是从数据安全角度讲，实现资源的异地存储、备份，甚至是灾备。如果前两个项目，有为他人作嫁衣的感觉，那么加强自身资源建设与管理则是硬道理。与"字库"项目启动相伴的是"天津图书馆古籍数字化资源发布系统"的研发工作，基本每一年都有一版系统设计方案。最终，平台设计方面：确定发布平台上的类目设置，使用古籍普查使用的经、史、子、集、类丛五部类的分类方法。读者利用方面：使用注册账号登记，只要能上网，就可以看到天津图书馆古籍资源。数据发布平台的名称方面："天津图书馆·历史文献数字资源库"，除发布古籍数字资源外，将来也会发布民国文献数字资源、天津地方文献资源，为数据库的兼容、发展留下空间。资源储备方面：古籍图像资源积累了400多万拍，图像数据规模、图像数据类型、图像质量已经趋于稳定，并在行业内保持一个较高的水平。元数据方面：文献著录信息完整、规范。万事俱备，只等待一个合适的上线时机。2017年"中华古籍保护计划"实施十周年之际，应国家古籍保护中心邀请，与国内多家图书馆第一次同时向社会发布部分馆藏古籍全文影像数据，产生良好的社会效果。目前平台有近2000种天津图书馆藏古籍图像资源，涵盖经、史、子、集四大部类。除批量上传数据，平台还根据读者提出的阅读需求，随时发布相关文献。平台目前仅有图像资源，但后台设计具有全文检索、批注等功能，只是尚未启用。在未来的研发计划中，会选择嵌入一些数字化辅助工具，实现图像数据的全文检索功能，甚至是结构化的分析功能。

三、工作与研究相结合，业务工作很重要，研究工作不可丢。如我的金钺研究，是由2007年接收捐赠文献开始的，包括整理清点、阅读内容、课题申请、资料搜集、整理、撰写论文、结项、完善出版，即《屏庐铅椠：藏书家刻书家金钺研究》。而温忠翰研究，则是从读者服务开始，读者研究徐士銮，查阅《味秋信札》中徐士銮跋。恰好《历史文献》为原始文献资料整理提供了一个平台。此后，在中国科学院图书馆发现稿本《红叶盦题跋》《红叶盦文稿》《红叶盦奏稿》等，暇时整理，集腋成裘。图书馆业务性工作非常多，工作人员数量很少，要完成涉古的全部工作，包括典藏、编目、阅览、开发、宣传、展览、修复、数字化、研究与保护等所有工作，但在完成工作的同时一定要注意研究。

总之，学校中习得的文献学理论，在图书馆工作中得到实践。而图书馆实践工作中摸索出的实践经验，尤其是古籍数字化的相关实践，又将促进对文献学、古籍保护学相关问题及人才培养方面的思考。

4.有人说"文献学"是个基本工具，算不上单独的"学科"，对这个问题您怎么看？如果是"工具"，是否应该有更广泛的应用？是"学科"，主要研究对象是什么？是否有瓶颈和走出困境的思路？

文献学是一门独立的学科，但又与其他学科有交叉。学、学科体系建设与认识是一个非常复杂的理论研究，需要由大量实践到理论总结与升华。"文献学"是具有学术传统的、基础学科，侧重于理论上、学术上的、具体文献的研究。目前，古籍保护学科正在兴起，它与文献学有着密切关系。我们正亲身经历见证"古籍保护学科体系"的研究与创建过程。2007年"中华古籍保护计划"在全国范围内正式启动。经过7年的摸索实践工作后，国家古籍保护中心分别与复旦大学、中山大学、南京艺术学院、天津师范大学、中国社科院等单位签署联合办学协议，共同推进中华古籍保护人才培养。其中，复旦大学成立中华古籍保护研究院（复旦大学图书馆）、天津师范大学成立古籍保护研究院（天津师范大学图书馆、天津师范大学历史文化学院）。2016年，第一届"全国古籍保护学科建设研讨会"在南京艺术学院召开，2017年在中山，2018年在天津，目前已召开三届。2018年，天津师范大学古籍保护研究院举办"新时代的古籍保护研究与新技术应用高级研修班"，天津师范大学古籍保护研究院常务副院长姚伯岳教授做了《古籍保护学科建设规划与统筹》的报告，对古籍保护学科建设的思路做了较为系统深入的分析介绍。这是我第一次比较全面、系统的接触古籍保护学科建设的相关问题。2019年，天津师范大学古籍保护研究院姚伯岳教授、中山大学资讯管理学院张靖教授共同获得的国家社科基金重大项目"古籍保护学科建设与基础理论研究"。我参加了天津师范大学项目古籍管理研究课题组，主要负责"古籍典藏"这一题目的研究。研究工作刚刚开始，还在资料搜集与调研的阶段。个人认为古籍典藏应重在管理、规范、标准的建构与研究上，使得我们的古籍典藏工作规范化、制度化、标准化、科学化，即可按章办事、有章可循。未来五年，两家高校、两大项目组的研究成果，或将推动"文献学"与"古籍保护学"的发展。

5.结合自身的求学经历和工作，"文献学"的研究生培养上与其他学科有何不同，一般做些什么具体学术训练？他们应该具备什么样的基本素质？对有志于从事古籍编目和保护工作的研究生，您有什么建议？

"文献学"与"古籍保护学"两个学科在研究生培养方面，前者应注重学术研究能力的培养，后者则侧重在操作能力，解决保护中存在的实际问题，在问题基础上建立并确立研究对象、范围、内容。

对于文献学专业学生，在研究生阶段，最好能进行以下相关专业技能训练与实践。一、编目实践：熟练获取古籍基本信息，能够独立完成一部古籍的著录。二、撰写提要：掌握古籍提要撰写基本要求，熟练运用各种工具书，撰写提要、书志。三、手稿释读：信札、题跋、日记稿抄本的整理，具有原始资料整理的能力。四、完成一个小课题研究：建议以人物为切入点。文献学的基本功，可以得到较为全面的锻炼。或是名家、大家研究，锻炼文献资料的搜集、整理、分类、概括能力，这类研究，研究广度、深度更宽、更广，可为进一步深入研究，甚至是专业研究奠定基础；或是小人物研究，这里的小人物，指在历史上留下痕迹，但又不是尽人皆知。这样的人物研究优点是一个立体的、多维度的研究，研究过程中容易发现创新点，可以是穷尽式的研究。不足之处是在研究领域共鸣不多。研究完成，即完成一项课题。

对于有志于从事古籍相关工作的研究生，有以下建议：一是心理准备，"板凳坐得十年冷"。我初到天津图书馆工作的夏天，上海古籍出版社的水赉佑先生到馆查阅馆藏。水先生在古籍版本学、古典文献学和书法艺术等方面都有很深的造诣，是资深古籍专家。他在编印《续修四库全书》时，即在全国各地征集底本。那时，他正在为《清代诗文集汇编》选择底本。李国庆老师向水先生介绍我师大研究生毕业、科班出身，水先生轻轻地说了一声"好"，然后又慢慢地说："板凳要坐十年冷啊！"如果说李老师是表扬激励式培养，那么水先生的话则是挫折教育。二是时间准备：涉古工作，绝不是八小时之内的工作。八小时之内事务工作、服务工作为主，而在"图书资料系列"，目前是需要职称评定来考核、确定你的工作岗位。职称评定内容既有业务工作考核，也有研究能力考核。研究能力考核目标，是你的研究成果，而这些研究成果是在八小时之外，别人看电影、喝咖啡、追剧、睡觉的时间里面来完成的。若是组建了家庭，你的时间表：工作日：07:00—18:30（准备早餐、送上学/上班路上、单位、下班路上）；18:30—20:00（晚餐、友朋聚会、陪伴家人、辅导孩子作业）。周末：08:00—20:00（孩子小、中、高各种辅导班及陪伴游玩的时间，一般情况下50岁以后可以重获自由，此处有微笑）。留给自己学习思考的时间：05:00—07:00；22:00—23:00（不要熬夜，身体是革命之本）。在基本时间列表中，见缝插针，集零为整，挤出时间做自己喜欢的事情。三是计算机、数字技术知识信息储备，了解数字人文的发展热点与趋势。主动了解、掌握各种新型数据库，以及新型数字技术，将其带进工作与研究之中。还要有体力准备：图书馆古籍部工作，要有一定的体力劳动，如书籍清点。目前有尝试用RFID技术来进行古籍管理，实验效果值得观望与期待。还有书籍除尘，若有搬迁，还有书籍打包，搬搬扛扛的工作。可谓"上得厅堂，下得厨房"。

6.请您谈一谈对文献学前景的展望，会向什么方向发展？哪些方面会引起更多关注？

"文献学"会以一种稳健的态势发展，同时引入新的技术，增加新的研究方法、研究角度，在坚持传统与创新中发展。新技术的发展，尤其是数字技术的发展，以及数字技术在古籍数字资源建设方

面的应用，必定为文献学带来新的研究视角、研究增长点。如数字
人文基础工具：文字识别工具、文本清洗工具、文本标注工具、句
读工具，为文献学研究提供辅助，节省工作时间，提高效率；而文
本结构化工具、可视化工具等将扩大我们的研究空间以及增强研究
的想象力、表现力。"文献学"与"古籍保护学"的紧密联系，也应
引起关注。

　　7.请您推荐一种"文献学"的必读书，简要地介绍一下内容及您的
阅读体会。

　　文献学必读书目有很多，前面老师推荐的很多，也很好。我来
推荐一部工具书吧！李国庆老师的《明代刊工姓名全录》，上海古籍
出版社，2014年第1版，共2册。我们知道，用刻工姓名来鉴定古籍
版本是比较科学、可靠、可行的一种方法。1934年9月，日本学者
长泽规矩也在《图书馆学季刊》发表了《宋元刊本刻工表初稿》，在
古籍界产生很大影响。其后，我国一些老前辈，诸如傅增湘、周叔
弢及冀淑英等都提倡利用刻工来鉴定古籍版本。上海古籍出版社继
1990年出版王肇文编《古籍宋元刊工姓名索引》之后，于1998年又
出版李国庆老师编的《明代刊工姓名索引》。至此，为古籍中的宋元
明三代刊工，都编制了姓名索引，颇便使用。嗣后，李国庆老师在
整理馆藏时，在利用大型古籍书目时，陆续又发现了一些明代刊工，
并在《明代刊工姓名索引》的基础上，编制了这部《明代刊工姓名
全录》。此书是目前收录明代刊工信息最全的一部。上册为刊工姓名
索引，下册为刊本及刊工题名录，附《虬川黄氏宗谱》。此书是明代
刻本鉴定的必备工具书。同时，为研究明代刊工及相关问题提供了
大量资料；对覆刊本与原刊本的鉴定也有帮助。

　　对于这部书，除了阅读体会，还有一些编撰体会。这部书是我

参加工作后一次比较系统的专业训练。李老师在《前言》中感谢我的帮助，而我在这次训练中更是收获丰厚。首先，是集中时间阅读四种现代目录学成果，包括《台湾"国家图书馆"善本书志初稿》《四库存目标注》《美国哈佛大学哈佛燕京图书馆中文书志善本书志》《柏克莱加州大学东亚图书馆中文古籍善本书志》。二是此次整理，阅读大量提要，对其内容进行整理。注意到毛晋校刻佛经牌记信息，这是《毛晋父子校刻佛典书录》成书的第一个原因。还关注到"纸印"信息，积累了一些纸张、用纸信息。三是在索引编制初期，还曾建议李老师引用三种书目中关于刻工的信息内容，这样做数据量小，便于操作，也可迅速成书，还可以规避麻烦，减少讹误。但李老师从其多年古籍工作经验出发，以读者使用为出发点，他认为仅仅录入刊工姓名会损失大量的信息，不利于研究者使用，最终决定引用全文。四是全文引用，涉及版权问题，其中三部书的著者杜泽逊、沈津、陈先行和郭立暄老师慨然应允，他们同行相助的精神，让人敬佩。而李国庆老师，在其前言中一一鸣谢对其成书有帮助之人，这种做法或者说是细节值得我们青年人学习。

写到此处，按顺序回答了访谈中的7个问题。学业不精，文中不当之处请各位同仁指正。

南京图书馆 韩 超

韩超，1988年生，浙江余姚人。文学博士，南京图书馆历史文献部馆员。2015年入职南图。碌碌于世，尚无代表之作。感谢南兄抬爱，邀我参与这个专辑采访，只是"学者"之称于我名不副实，所谈无甚高论，只是些工作、学习中的个人感受。

1.文献学是一个冷门学科，您是什么时候开始接触这门学问的？是主动报考还是调剂？谈一谈您对"文献学"的最初印象，现在的理解有没有变化？

我本科就读于济南大学，那时教宋代文学的老师是项楚先生的学生，所以他的文学课比其他老师的课更注重文献，也就听说了文献学这个词。大三时去济南市图书馆协助做古籍的粗编登记目录，我第一堂较为正式的文献学课大概就是在那里上的，第一次听到了"板框""鱼尾""界栏"这些词。现在想来，我接触古籍还是挺早的，或许也是一种缘分。不过那时对文献学并没有很浓厚的兴趣，而是更喜欢语言学和音韵学，报考研究生的时候选择了西南大学的音韵学方向。但我英语不好，没有过线，调剂到了宁夏大学。在宁大倒是主动选的文献学方向，因为宁大当时没有音韵学方向的导师，而不知为什么我总记得王鸣盛的"目录之学，学中第一紧要事"，就想那就学个"紧要事"吧。后来在学习中慢慢体会到其中的乐趣，也就一直坚持了下来。

2.毕业后又从事古籍工作，您觉得涉古专业本科生学习"文献学"课程的必要性是什么？

涉古专业的研究大多是基于文献的，如果不使用文献也就谈不上学习文献学的必要性，但对于涉古专业来说恐怕是不可能的。既然要使用文献，那么就需要对文献的存亡、真伪、来源、正误等有所了解，如果以一部伪书或一段有误的文字来立论叙述，那么整个研究的基石就已经不稳了。文献学学习的核心内容为目录、版本、校勘、辨伪、辑佚，对这些知识有所了解，在实际研究中能稍加运用，就能基本解决上述碰到的文献问题。

从我工作中遇到的情况来看，文献学课应该还有一个重要的教学内容，那就是工具书的使用。我们阅览室有时就会遇到这样的学生（甚至老师），过来了只告诉你我想借某个书，然而只要稍微翻检一下《中国古籍总目》就知道我们根本没有存藏。而文献学的学生，基本都能准确、高效地告诉你他需要的书。随着计算机技术的发展，了解、熟悉、掌握数据库也应是工具书使用的题中之意。我们阅览室曾经接待过一位日本学者，特意从日本飞过来看几部民国时期的书。当时我们的库房在改造，不能提书给她看。但我发现她需要的书在中国国家图书馆的"民国书刊"数据库中均有，而且她需要的仅仅是内容，所以这个数据完全能解决她的文献需求。如果她之前了解了这个数据库，那估计就不用大老远跑一趟了。

3.您的研究方向是偏向历史文献学还是文学文献学？又或者说偏重目录、校雠和版本的哪个具体方面？请重点谈一下您在这个领域的治学心得？

平常个人的写作较为随意，谈不上偏重什么，读书时有问题觉得值得说一下就会写，主要还是在校勘方面。近来写博士毕业论文（现已完成毕业），因为研究的是校本，就会涉及一些校本的鉴定。

治学的心得谈不上，只是越来越有"战战兢兢，如履薄冰"之感。我就说说学习中碰到的一些问题，以及自己如何尝试去解决的，就教于各位方家。校勘的理论粗看起来较为简单，如校勘的目的是恢复作者稿本原貌，校勘的方法主要是对校、本校、他校、理校，这些都是文献学学生了解的。但什么是作者稿本的原貌呢？以清代文献而言，同一书有一部存世的作者手稿，又有一部经作者审定刊刻的本子，它们之间有一定的差异，那么你在整理时意图恢复的是何者面貌呢？所以，校勘在表面上甚易，而真能洞识精微者甚稀。

校本鉴定上，陈先行先生说很重要的一点就是熟悉一些校勘名家的字迹。因为一些校本并不显示校者的信息，即使显示校者信息的校本有时也可能只是过录本。但自己经眼的校本尚不多，对于名家的字迹也尚未能理出一个规律性的认识，所以只能从其他方面着手，比如以过录本作为参照。台湾"国家图书馆"藏一部抄本《尔雅补注》，题识有"乾隆丁未五月十二日卢抱经阅"，该馆将之著录为卢文弨校本。南图也藏有一部抄本《尔雅补注》，是卢校的过录本。比勘两书就会发现，南图抄本里朱笔校改的字，台图抄本中已经将改后之字入于正文了，可见台图本也是一种过录本，并不是卢校原本。不过这种方法遇到孤本就失效了。所以我也在思考是否能将司法鉴定中笔迹鉴定的方法应用到校本、稿本的字迹鉴定中，之前在论证校本真伪时曾将司法鉴定中印章鉴定的方式拿来鉴定校者印章，感觉具有一定的借鉴意义。

《尔雅补注》南图藏清抄本

4.有人说"文献学"是个基本工具，算不上单独的"学科"，对这个问题您怎么看？如果是"工具"，是否应该有更广泛的应用？是"学科"，主要研究对象是什么？是否有瓶颈和走出困境的思路？

我觉得每一学科都是理论与实践的结合，无论何种学科，本身都有其工具性，只是在本学科体系之内它更显示出学科特性。如果溢出本学科的研究核心为他学科采用，以达成他学科的研究目的，那么何者不是工具呢？比如数学，它广泛应用于各个学科，但我想谁都不会说数学是个工具，算不上单独的学科。

因为图书馆属于服务性单位，我从事的岗位也是服务性岗位，日常最主要的工作是为大众服务，学术本身并不是我日常工作的范围。此外从事一些读书、写作，多数源于个人兴趣和某些工作需要。所以，我可能体会不到所谓瓶颈和困境，有的话只是自己读书少，对于学术研究不能有所创见的个人困境。

5.结合自身的求学经历和工作，"文献学"的研究生培养上与其他学科有何不同，一般做些什么具体学术训练？他们应该具备什么样的基本素质？对有志于从事古籍编目和保护工作的研究生，您有什么建议？

文献学还是非常重视实际操作的。比如较为简单的工具书使用，你看完了这个工具书的介绍，不亲自去使用一下这个工具书，实际上很难有所体会。我们阅览室时常会遇到一些这样的学生，你给他一个《丛书综录》或《中国古籍总目》，他根本不知道如何使用。我不觉得他们没有听说过，可能主要还是没有真正使用过。就像使用智能手机一样，有几个人会去读说明书，但跟着步骤操作一番大家基本都会使用了。所以，对于文献学的学生，我觉得在学期间去自己点一部体量适中、有两三种以上版本的经典古籍，应该会对目录、版本、校勘有一个更加直观的体会。

对于图书馆古籍部的从业者来说，我觉得最重要的是懂得目录和版本。在目录方面，如果不是做相关研究，只要能了解相关目录的性质及如何使用就可以了。版本方面，应该是一个逐渐积累的过程，多经眼古籍，多认真揣摩，是不二法门。此外，我想说的是，如果有志从事古籍编目和保护工作，首先得想想是否能接受枯燥、平庸、并不高薪的生活（当然枯燥只是相对的，沉浸于学术有着自己的快乐）。如果可以，那我真心觉得图书馆古籍部是一个可以认真做学问的地方，因为我们没有科研压力，没有发文压力，真的可以为学术而学术。

6.请您谈一谈对文献学前景的展望，会向什么方向发展？哪些方面
会引起更多关注？

文献学对于新材料的追求仍会是很大的一个趋势，这些新材料
大多并不是以前大家不知道的材料，而是存藏在各大机构内未能广
泛流通的材料。在国家政策的推动下，文献学在出版领域的前景大
概仍会繁荣。

对于图书馆的古籍部来说，编目仍是一项重要的工作，也是受
到学术界较多关注的工作。只是现在的编目工作都有时间期限，像
南图这样一个大馆，古籍存藏量160万册左右，编目人员却不足十
人，要在五至十年内编出自己的目录，还要审核全省的目录，其工
作量的庞大是可想而知的。所以，有些条目只能是从目录到目录，
无法在短时间内对其进一步深究。有些学术界的人觉得图书馆的目
录怎么编得一塌糊涂，其实有时也有些客观的原因。

就我个人而言，除了本身感兴趣的一些问题外，更多地关注古
籍的普及宣传。我以为，某些时候大众并不是不关注古籍，而是古
籍从业者较少关心如何高质量地向大众输出这些知识。你只要简单
检索一下淘宝就会发现，一些大众熟悉的古籍，如《论语》《史记》
《红楼梦》等，销量最好的绝对不是古籍从业者愿意推荐给大众的，
可大众买的偏偏就是这些书。你要说这些书是因为价格便宜吧，还
真不见得，只能说我们在这方面的普及仍存在很大的问题。

7.请您推荐一种"文献学"的必读书，简要地介绍一下内容及您的
阅读体会。

之前很多学者已经推荐了不少必读书，都是文献学专业内非
常经典的著作，我就不再狗尾续貂重复这些书籍了。我从一个古籍

管理员角度出发，给大家推荐一部同样是古籍管理员写的版本著作——李清志《古书版本鉴定研究》。该书出版时间与黄永年先生撰写《古籍版本学》时间相近，初稿于1985年，完成于1986年。其整体内容可以对标黄先生的"宋刻本"至"活字本"部分。李清志先生的撰写结构与黄永年先生不同，其从鉴定视角出发，以字体、版式、纸墨、避讳等鉴定要素分章，在各要素之下讨论宋至清以来的变化。李清志先生司台湾"中央图书馆"（今"国家图书馆"）善本之钥，该书所论材料充实，亦有理论总结，同时也有朝夕与古籍相伴的甘苦之言。因此，作为一个能每日摩挲古籍的图书馆管理员来说，该书可作为案头时常翻阅、查检、思考的一部版本著作。

青年编辑

嘤其鸣矣

广西师范大学出版社　马艳超

马艳超，男，80后，山东金乡人。2012年夏毕业于广西师范大学历史文献学专业，历史学硕士。2012年7月入职广西师范大学出版社文献图书出版分社，2020年12月获得副编审职称。

业余致力于《四库全书总目》《四库全书简明目录》《书目答问》《輶轩语》等书文本的校、读；参与或负责《师顾堂丛书》《蛾术丛书》《清学集林》的编校与出版。

1.文献学是一个冷门学科，您是什么时候开始接触这门学问的？是主动报考还是调剂？谈一谈您对"文献学"的最初印象，现在的理解有没有变化？

接触文献学，是在大学本科阶段。2004年考入烟台大学文经学院汉语言文学专业，大三时有门专业选修课，叫"古典文献学"。当时课程没有指定教材，印象中授课内容是介绍"什么是文献学"，课程上介绍过"十三经注疏""二十四史"和"四分法""七分法"，等等。考试时有两道题印象比较深，让我当时下了一个决心：以后学什么专业都不学文献学。两道题目，一道是写出《十三经注疏》的书名和撰者，我好像都答出来了；一道是给一些基本描述如板框尺寸、半叶行数、鱼尾类型，画出一个筒子页，我画错了，好像是弄混了"每叶行数"和"半叶行数"。当时听说过目录学、版本学、校勘学，但是没有兴趣，没有读过相关论述。

2008年第一次报考北京师范大学古代汉语研究生，英语没有过线；2009年报考烟台大学中国学术研究所专门史方向研究生，英语39分（当年A区国家线40分），调剂到广西师范大学历史文化与旅游学院历史文献学专业。

学院没有安排历史文献学专业课程，我对文献学的了解与接触，是导师指导下的"自学"为主，导师要求有三件事必须做：通读《四库全书总目》；阅读两到三种文献学教材，写一篇书评；选取自己感兴趣的问题，查纸质本《全国报刊索引》，做卡片，做文献综述。当时导师反复强调两点：文献学是一个工具；侧重于目录，因为如果接触版本实物少，做不了版本学和古籍校勘。

起初对"文献学"的印象就是翻故纸堆、读古籍；牢记"文献学是一个工具"，但是不太了解为什么这么说。

现在深刻地明白：文献学是一个工具；文献学的发展，归根结底是从读书、著书、编纂、刊印、买书经验总结中来，并在史料的堆积中逐渐丰富，从而衍生出一些概念、方法。

2. 毕业后又从事古籍编辑工作，您觉得涉古专业本科生学习"文献学"课程的必要性是什么？

学习一种方法，快速了解、学习、掌握前人已有的成果，方便自己站在前人的肩膀上看得更远。

3.您的研究方向是偏向历史文献学还是文学文献学？又或者说偏重目录、校雠和版本的哪个具体方面？请重点谈一下专业学习对您现在工作的帮助？

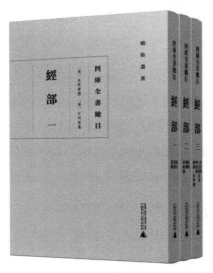

历史文献学，特别是目录学。

业余致力于《书目答问》《四库全书简明目录》的订补，理想是将《四库全书总目》、《增订四库简明目录标注》、论文综述综为一书，主要是为了了解历史选择中沉淀至今的重要著述及其版本，主要内容是什么，从而指导自己工作中的选目、买书、阅读。

做《书目答问订补》的过程中，发现需要做好三件事：做好卡片，了解现有著述对相关图书的论述，然后摘抄，补充在《书目答问》相关条目下；认真读书，只有认真阅读、思考，才能真正了解书的价值、目录中如此那般著录的原因；关注学界动态，了解别人在做的相关研究是什么，依据材料、方法是什么，较之前的材料、方法有无突破，这其实就是做好专题的文献综述。

4.有人说"文献学"是个基本工具，算不上单独的"学科"，对这个问题您怎么看？如果是"工具"，是否应该有更广泛的应用？是"学科"，主要研究对象是什么？是否有瓶颈和走出困境的思路？

文献学是一个基本的、重要的工具，已经发展成为一个独立的学科，其思维方式应该有更广泛的应用。

作为一个工具，不能脱离它要加工的对象：史料。作为一个工具的"文献学"，是在史料的收集、分析、处理过程中产生并累积成为一个独立学科的，所以要在实践中学习和利用文献学。离开实践的文献学，不是真正的文献学，不能砍柴的柴刀不是一把好柴刀，就是黄金冶炼、镶金嵌银也白搭。

文献学是对史料处理、分类、读写过程中经验的积累，是史学、文学、哲学的伴生学科。

学习文献学，不能局限于"历史文献学""古典文献学""目录学"，主要是学习思维和方法。

5.结合自身的求学经历和工作，"文献学"的研究生培养上与其他学科有何不同，一般做些什么具体学术训练？他们应该具备什么样的基本素质？对有志于从事古籍编辑的研究生，您有什么具体建议？

研究生阶段没有上过相应的课程，所以没有发言权。

我受益较大的事情有三个：

（1）研三上学期参与广西师范大学图书馆古籍部的古籍普查工作，接触了一些清代中后期的刻本、石印本、铅印本、抄本，在之前阅读教材的基础上接触了些粗浅的版本学实物，加深了理解。

（2）致力于《四库全书总目》《四库全书简明目录》《书目答问》文本的校读，并阅读了清代、民国时期成书的一些目录、题跋，加上工作初负责《桂学文库·广西历代文献集成》的选目与解题撰写，理解到前人是怎么写题跋的，我们今天怎么写更好、更方便读者，更准确、直观。

（3）致力于《书目答问》的订补，从这一个点开始关注相关的出版史、学术史、版本等问题，发现自己的不足并在学习中弥补。

主要感受就是不要停留在想法的阶段，要去做，在实践的过程中，问题就解决了，也得到进步。

文献学的研究生，一个基本素质就是要老实、勤快。不能懒，要勤于阅读、做卡片式记录、做相关文献综述、版本调查，要善于写文章。

想做古籍编辑，请谨慎，如果不是家里有矿，成为一个优秀的古籍编辑，还是比较困难、痛苦的。如果只想做案头方面的古籍编辑，要对中国传统文化有热爱，喜欢中国的文字、文章，善于使用工具书。北京古籍出版社原总编辑杨璐先生曾在一次授课中说，做古籍编辑，要能写古诗词，就是要能欣赏、能创作；要能写字，认得出别人写得是什么字，了解草书、行书的写法。听到这个后，我很灰心，心底萌发出一点点跳槽的想法。因为不会干别的，所以还是老老实实做编辑了，但是因为学力有限，所以做得比较痛苦，努力在案头上下功夫，我现在的读书计划主要是在文字（《说文解字》《说文解字注》《新华字典》《现代汉语词典》）、规范（相关出版规范，比如标点、数字用法）、兴趣爱好（《四库全书总目》《四库全书简明目录》《书目答问订补》）上，做好这些，做一个靠谱的案头编辑，养家糊口足够了。

6.请您谈一谈对文献学前景的展望，会向什么方向发展？哪些方面会引起更多关注？

不太懂啊，因为不怎么关注。

主要谈下一些体会和希望，就是在技术进步、经济发展、政策变化的情况下，古籍数据库越做越大、越做越好，一方面是排印的，一方面是影印的。排印的，如果"中华经典古籍库"能够将民国以来出版物全部收录，那么学者检索使用起来，就很方便了，可以节省大量时间；影印的，如果能有一个网站，通过它的链接可以看各个图书馆馆藏的全部古籍书影，并有专业的人经过筛选，通过书名、牌记、行款、版裂、文字异同等差异将相同图书的不同版本、相同版本的不同印次进行归类，那做起学术来，真是方便得不要不要的了。

当然，这些我目前也就是想想。

7.请您推荐一种"文献学"的必读书，简要地介绍一下内容及您的阅读体会。

很多书都是必读书啊，比如《四库全书总目》《增订四库简明目录标注》，还有张元济、顾廷龙、黄永年、杜泽逊、张丽娟、尾崎康等人的相关著述。

我的阅读体会就是，在阅读中构建自己的知识谱系，然后阅读中摘抄卡片，组成一个适合自己使用的"虚拟的必读书"，这就是我在做的《书目答问订补》的理想框架：做一个适合自己的、资料可靠准确的书。

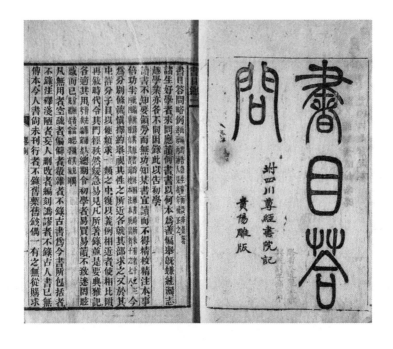

浙江大学出版社　王荣鑫

王荣鑫，1988年10月生，山东诸城人。浙江工业大学中文系本科，山东大学古籍所硕士，浙江大学出版社编辑。主要从事古籍整理类图书、人文学科学术著作和文化读物的出版工作。

1.文献学是一个冷门学科，您是什么时候开始接触这门学问的？是主动报考还是调剂？谈一谈您对"文献学"的最初印象，现在的理解有没有变化？

现在回头去看，自己是一个十分理想主义的人。现在很多人规劝家境贫寒的人，不要去学文史哲，应该去学一些更实用的东西。我觉得说得很对，但是现在后悔已经晚了。如果有兴趣，学文史哲的过程是有趣的，毕业以后工作也是有趣的，只是要做到物质生活上不那么吃紧会比别人难很多。

我那年填高考志愿，按照政策本科一批可以填一个第一志愿和六个第二志愿，我填了七个不同的高校，每个高校只填了同一个专业，中国语言文学。我还坚定地勾选了"专业不接受调剂"，入学后才知道，naive甚矣，没有哪个高校会把你从中文专业调剂到别的专业。之所以填中文专业，还是基于那个对中文系最普遍的误解，觉得学中文就是看小说。我从小爱看点书，尤其在高中时别人都努力学数学和英语的时候，看了很多中外小说。怀疑过自己能不能考上大学，从来没怀疑过考上大学会不会学中文。

后来就被浙江工业大学中文系录取了，那是杭州城西群山里一座宛若仙境的大学。我入学时，母校的中文系才办了六七年。我十分热爱自己的母校，毕业后跟中文系的老师们保持着密切的联系，现在工作中更是增加了很多业务上的往来。但是毫不避讳地说，历史积淀的缺乏，致使学校在学生培养上缺乏师法。集中表现在，学生在就业和升学上，呈现出极大的随机性。学生在老师的指导下，选择自己喜欢的专业，走上了毕生坚持的学术道路，这种情况屈指可数。这种随机性作用在我身上，就表现为考研的时候选择了中国古典文献学，因为我当时认为文献学是一门研究书的学问，这不正是我的兴趣所在吗？我进而掂量自己的能力，北大、清华、人大乃至浙大，估计是考不上的。当时的形势，985以下的高校读了也没啥用，于是就在顶尖名校以外的985高校里选了山东大学，恰好我也是山东人，不像别人那么嫌弃葱省的高校。

结果就考上了。考上以后知道高中的室友郭冲，也从兰州大学保送到了山大古典文献专业，后来读研时又成了室友。郭冲毕业以后去上海古籍出版社干编辑了。还有一个室友，葛洪春去中华书局干编辑了。那个宿舍里唯一一个没干编辑的，就是"青年学者说文献学"第二期出来露脸的姚文昌，走上了学术道路。我读研的时候就知道自己不是做学问的料，当时跟姚文昌一起读书，他读个《语石》就给人挑出一堆错，读杜泽逊老师的《文献学概要》就给老师挑错。他后来美其名曰"不放过问题"。我读书则只知道拍案惊奇，赞叹人家写书怎么写得这么好，除此之外精力都花在手订线装书、练字和刻印上，自我安慰说这些东西跟专业还有点关系。

好了，这么冗长的篇幅，虽然没有按套路说，但是基本回答了第1题的所有小题。后面问题的回答会简短一些。

2.毕业后又从事古籍编辑工作，您觉得涉古专业本科生学习"文献学"课程的必要性是什么？

在我们单位，牵扯到古代的书，学文献学的是最容易上手的。古籍整理性的著作自不必说，牵扯到古籍整理的一些规范、原则，其他专业的学生少有训练，做起来还是挺吃力。我们有些古籍整理项目的点校者，是学古代文学或者古代史的，他们本身学术能力很强，但是整理出的古籍却有诸多问题，到了编辑流程，我们处理起来就很困难。另外涉及古代文学、古代史、古文字的学术著作，学文献学的编辑大多也能操持，因为这个专业的人喜欢囤资料，见的东西多。

按老先生们的说法，只要搞古代的东西，必须学点版本学和目录学，因为原先做学问最基础的就是占有资料。从做好学问的角度说，全面了解基础资料是必要的。现在很多论文是通过构建理论范式加上数据库检索拼接出来的，很多高校的很多专业都不强调读原典了，似乎对目录版本学的依赖越来越小了。而且现在学生也都没时间，开目录版本方面的课程可能有些困难。

3.您的研究方向是偏向历史文献学还是文学文献学？又或者说偏重目录、校雠和版本的哪个具体方面？请重点谈一下专业学习对您现在工作的帮助？

我是从中文系考的文献学硕士，但是我硕士论文是历史文献方向的。我工作中遇到的选题，更是不仅涵盖了经、史、子、集四部，还溢出了四部，但是当我拿到一个选题的时候，我会有意识地在四部分类法中对它进行一个定位，定位之后就会大致清楚这个选题是一种怎样的状况，应该做怎样的处理。

我读研究生时虽然不学无术，但是可以肯定地说，没有那几年的学习，我就做不了现在的工作。如果没有专业学习，做影印书就不会知道版面不能随意挖改。选底本的时候，不会知道可以通过板框残损情况大致断定某两个印本是不是同一个板子。不会知道，校勘记怎样做到用最简练、规范的语言表达最多的信息。不会知道有些字尽管字形差别极大，但是同一个字。不会知道新旧字形到底是怎么个原理，应该用怎么样的心态去对待。甚至不知道电子版《四库全书》就是个坑。等等。

4.有人说"文献学"是个基本工具，算不上单独的"学科"，对这个问题您怎么看？如果是"工具"，是否应该有更广泛的应用？是"学科"，主要研究对象是什么？是否有瓶颈和走出困境的思路？

文献学原先是工具性的，古人不把掌握了（我们现在称为）"文献学"技巧作为炫耀的资本。但是学术一直是在发展的。这就好比用铲子炒菜，文献学就是那个铲子，铲子好菜炒得好，铲子不好菜炒得不好。一开始，别人都评价你菜好不好，不管你的铲子怎么样。后来，为了炒好菜，研究铲子的人越来越多，逐渐有了木质铲子、金属铲子、纳米材料铲子；有人提出铝铲子不健康，有人研究怎么防止铁铲子生锈；铲子就成了一门学问。它进而有了自己的学科分支：铲子材料学、铲子制造学、铲子防氧化学等等。

用发展的眼光看待学术，文献学到现在已经是一个完整的学科。现在的学术环境下，一个学者毕生都致力于目录编制方法的研究、校勘方法的研究、版本鉴定和标注，而不再由此迈入经史研究，他同样可以著作等身，并通过自己的研究推动学术发展，同时养活自己。

也不能因为文献学的工具性，就否定它是一个学科。数学对很多学科都有工具性，难道数学不是一个学科吗？

文献学的发展也是自然的、内在的，信息技术和人工智能的发展，看似在挑战传统学者通过记忆力在目录和版本上建立的优势，实际上是站在已有成果的基础上，推动文献学自身的发展。我认为，视野放大一点看，文献学没有遭遇瓶颈，瓶颈只是个别人的瓶颈。

5.结合自身的求学经历和工作，"文献学"的研究生培养上与其他学科有何不同，一般做些什么具体学术训练？他们应该具备什么样的基本素质？对有志于从事古籍编辑的研究生，您有什么具体建议？

文献学尽管作为学科有了自己的理论，但是实践性还是第一位的，这是跟其他涉古专业的区别。我认为文献学研究生阶段，一定要做两件事：一是独立、完整地点校一册古籍，这样就能对点校工作有直观的、全面的感受，因为要出色地完成点校工作，需要具备版本、文字、定力等多方面的知识和素质；二是尽量多地到图书馆古籍部去摸古籍真书，这样才能对古籍的物质形态有真正的了解。首先这两个基本素质能给进一步从事学术研究打基础，其次有了这两个基本素质，做编辑已经足够了。

有志于从事古籍编辑的研究生，首先要三思而后行，做编辑穷，做古籍编辑更穷。从事这个行业，最好是家里有矿（或曰"猪肉自由""香椿自由"）的。再就是，实际工作遇到的问题，可能比在学校里设想的要多得多、困难得多。职业生涯初期的宏伟构想，实现起来也会遇到很多阻力。

如果一定要从事这个行业，从提高自身素质说，首先是上面说的那两点：去参与点校实践，去图书馆摸书。另外还有一点很重要，就是要尽量多地跟自己导师聊天。策划编辑的视野是很重要的，拓展编辑视野的最好办法就是跟有学问的人聊天。

6.请您谈一谈对文献学前景的展望，会向什么方向发展？哪些方面会引起更多关注？

看发展方向，我的视野是有限的，只能说一些粗疏的看法。当前最突出的，国家投入力度最大的，应该就是数字化。表现在工具的电子化和成果的电子化。我们以后做学问用的工具"书"，都将是电子的，我们的成果会是数据库和电子书。甚至点校和编辑工作会由电脑来完成。学文献学不能冥顽不化，要比其他学科更擅长使用数据库。

后面会引起关注的方面会很多，我觉得文献学的研究成果的普及应该是其中一个。因为搜集资料越来越容易了，学者应该更有能力将不太好懂的研究成果，用好懂的方式介绍给广大读者。我去年读了马伯庸的《显微镜下的大明》，很受启发。马伯庸做的工作，实际是把一批法律文书的研究成果介绍给大众。文书的内容非常枯燥，让大众去读是不现实的。学者通过各种新手段，能更容易地对这些枯燥的文书进行归纳、整理，能写出学术论文。再对论文的语言、叙事方式进行改造，就可以向大众进行推广。

7.请您推荐一种"文献学"的必读书，简要地介绍一下内容及您的阅读体会。

还是从做编辑的角度说，拓

宽视野很重要，而拓宽视野很大程度上就是对既有成果有一个了解。所以我建议学有余力的情况下读读目录。有能力的话，通读《四库全书总目》，或者通读其中某个类别。

　　绝大多数人没有通读《总目》的能力（就像我一样），可以读一下《书目答问》。《书目答问》其实不是一种版本标注类的书，它最初目的是告诉你某个版本好。后来有些增订确实是有悖张之洞初衷的，但是出于拓宽视野的考虑，增订上的很多东西是值得我们读的。所以我还是推荐孙文泱先生的《增订书目答问补正》，通读下来可以对主干典籍及其整理情况有一个基本的了解。

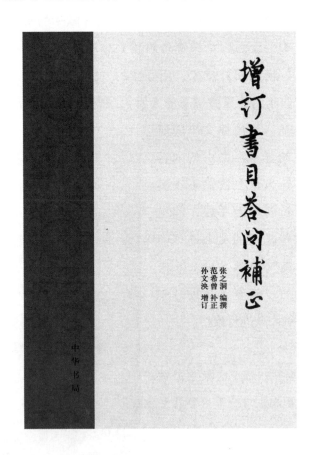

中华书局　朱兆虎

朱兆虎，80后，陕西子洲人。南昌大学汉语言文学专业本科毕业，在中华书局做编辑，已从业14年，编辑出版了《汉长安城未央宫骨签》《新见秦汉度量衡器集存》《毛诗传笺》《毛诗集释》《春秋谷梁传注》《孝经郑注疏》《尔雅正义》《说文解字  探原》《嵇康集校注》《全元诗》《国家图书馆藏王国维往还书信集》《唐长孺回忆录》《考古印史》等书，参与制定了《中华人民共和国新闻出版行业标准·学术出版规范·古籍整理》，点校了《周易恒解》《周官恒解》，合撰了《章太炎上曲园老人手札考释》等文章。

1.文献学是一个冷门学科，您是什么时候开始接触这门学问的？是主动报考还是调剂？谈一谈您对"文献学"的最初印象，现在的理解有没有变化？

感谢江涛兄盛情邀请，我没有接受过系统的专业研究训练，所以一直是个文献学专业的门外汉，班门弄斧，胡说八道，聊供一笑。

我开始接触"文献学"，应该是从帮中文系资料室上架图书开始。当时大学正是从老校区搬至新校区的过渡期，系资料室正值新迁，主动请缨，从Ａ到Ｚ，把资料室书架从空摆放到充实齐整，也顺手对张舜徽先生的书翻阅最多。也搬了少量的线装书，按四部法排序上架。资料室的朱盛桂老师，中午请我们吃猪血清肺。这算是最早接触到最皮毛的"目录学"吧。后来毕业时点校了体量较小的元代赵汸《春秋师说》三卷，写了一篇前言作为论文，点校稿附后。照着中华书局的内封样子也做了个内封，装订起来沉甸甸的，颇为自得。现在已不忍回看，错误肯定很多。

我对文献学的最初理解就是校书、定字、明义。只是出于读书的心态，默守一句"读书不如校书"，校而读，读而校，给了自己读书慢一个借口。现在对版本、目录的学问还是不懂，所以理解也仅停留在校雠的层面，很浅，没有进步。而"定字"如侦探破案，是一个接近古人心理思维和历史世界的过程，是综合诸多考订后的一个结果或没有结果，是我自己觉得最好玩的地方。

尤其是释读行草书稿本、书札、日记文献，或碑志贞铭等，需要辨形、明义，需要时时紧密结合作者或书写者个人的笔法，调动全身每一根神经。或因形以寻义，或因义而定形，人物名物，本证旁证，冥思苦想，查

核访问，或山穷水尽，或柳暗花明，那种紧张刺激，忘乎一切，真是人生的至乐。文献即存真，文献学亦即求真之学，（虽然"真"亦分多个层次的真，但在各个层次上，"真"仍是本质，文献学也正是要剥离出这多个层次，使各归其真）。务使形与义完美契合，分毫不爽，方为妥帖。一旦破解，豁然开朗，踌躇四顾，就像命中一记三分绝杀或高难度拉杆一样，人生的荣耀就在此刻。

文字是天地之精灵，光阴之邮驿，任何物体有了文字，便顿时生机无限，也具有了与时间周旋的永恒生命与无尽魅力。残石断瓦，无非文献；寸纸片楮，皆关校勘。淡墨涂抹的笔迹，故意改易的字句，提行空格，圈点钩识，都是古人的心灵史。雨果参观巴黎圣母院，遍索上下，在一个黑暗的角落，发现了手刻的"命运"一词，被深深打动，铺衍出了整部小说。

文献并不止于文字，文献是生活万物，当体察大千万象，体贴日用常行。辛德勇先生说："我很喜欢陈寅恪先生讲过的一句非常浅显的基本治学方法，这就是'据可信之材料，依常识之判断'。研究版本目录这类形而下学的问题，更要强调从第一手史料的审辨做起，更要讲究无征不信，更要注重首先证之以平平常常的人情事理。"当然，日用常行绝非把古人庸俗化，古人永远是很高明的，处处提振人心，提振文化，唯有敬畏。

2.毕业后又从事古籍编辑工作，您觉得涉古专业本科生学习"文献学"课程的必要性是什么？

对于文史哲专业来说，与社会科学、自然科学不同，本科阶段的学习，其实主要就是读书，打交道的自然主要也是"书"，选哪些书读，怎样去找这些书，如何读，读的过程中可能会遇到哪些问题，如何看待这些问题，怎样解决这些问题，我想，如果能较早地接触到研究"书"的学问——"文献学"课程，能够培养起一定的意识，应该是必要的。因为在本科阶段，最重要的就是培养自学的能力和习惯。当然有的学校可能会开相应的史料学课或文学资料课，也是一样的，也能将相关问题顺带讲授，似可视各自学校的课程设置和师资情况而定。

3.您的研究方向是偏向历史文献学还是文学文献学？又或者说偏重目录、校雠和版本的哪个具体方面？请重点谈一下专业学习对您现在工作的帮助？

我喜欢埋头校书，动手找书、查书，只知道有校雠学有文献学，对研究生专业的划分也不懂，所以很久以前和罗琴聊天，才第一次知道还分文学文献学和历史文献学，孤陋寡闻，贻笑大方。将无同吧？

我从事的是古籍（文献）整理和专业学术著作的编辑出版工作，

目录、校勘、版本三方面皆需并重，哪方面有欠缺，反映到了书上，都是大问题。当然在编校工作中，最多的自然是校雠。《论衡》说通人之官，兰台令史，职校书定字。一字不稳，一义未安，让人辗转不宁，这是我自己的强迫症。但在改与不改之间，如处方折狱，需要谨慎谨慎再谨慎。而学问往往是在不改上体现和涵育的。

我所做的是专业图书的编辑

工作，但自己并非专业的研究者，驳杂无归，所以要想把书编好，专业的学习非常重要，一直在补课，永不停止，从每一部新来的书稿中学习，跟每一位新结识的学者学习。书局的宗旨是服务学术，如何服务？太上做诤友，其次做对话者，最差至少也需是个知音者。否则对不起学者，对不起学者的这份信任，也对不起书局。我做得远远不够，学养太浅，盲点太多，要学习的还有很多很多。

4.有人说"文献学"是个基本工具，算不上单独的"学科"，对这个问题您怎么看？如果是"工具"，是否应该有更广泛的应用？是"学科"，主要研究对象是什么？是否有瓶颈和走出困境的思路？

5.结合自身的求学经历和工作，"文献学"的研究生培养上与其他学科有何不同，一般做些什么具体学术训练？他们应该具备什么样的基本素质？对有志于从事古籍编辑的研究生，您有什么具体建议？

4和5合在一起谈吧，我认为文献学是工具，或者说是工具学科，二者并不矛盾。既是学科，就是培养对一些问题和现象最基本的意识和解决方法，自身也有甚深的探索研究空间。既是工具，那运用之妙，在于一心，存乎其人。很多问题，思考、研究到了那个层面和深度，方法和工具也会自然生发显露出来。运用纯熟，则近乎道矣。

古典学问博大精深，也切近人事，尤其是文献学，不难，但需要不畏勤苦，细致周密，只要用心，"四力"并运，就能做出实实在在的成绩，所以也更需要热爱和激情。文献学的功夫在文献学之外，需要多方面的知识储备，有开阔的思路，也需要在某个领域、某个学科、某个时段、某个地域、某个人、某本书上立定脚跟，深掘细研，充分利用文献学的利器，致广大而尽精微。

当然我自己也还是个门外汉，对学科不懂，没有建议，这里谨

分享徐宗元先生的一条笔记："今人之治古史者，即前贤所谓治经学也。治经以注疏为最要，欲通其训诂、名物、制度、文义，舍此无由入。又必须参之《经典释文》，以正音读。然后会之于清儒之说，以发其微。读清人著述，选一二名家，精心细读，并为之撰年谱或学谱，考其学问渊源，开拓视野，且收由此及彼之效，庶乎可以博览矣。"尤其是后一节，选清代一二名家，细读著述，撰写年谱，以收由此及彼之效，我自己也还在逐渐学习体会中。

要是有志从事古籍学术编辑，我个人觉得首先要一直保持虔敬之心、学习之心、服务之心。为作者谋而不忠乎？与读者交而不信乎？相关专业知识不习乎？借司马光之言，需要具备仁、明、武三德：存心仁厚，维护作者，服务读者；不断学习，培养鉴别力；还要有处理复杂关系、纷繁事务的能力。并时时从读者的角度去阅读去体验在编之书，校正思路，做好一本书的生产者和第一个读者。

古人说出版人是"好事者"，我就是个好事之徒，人又笨，所以常常惹事、犯错。但由于自己招揽，把我能接触到的出版业务中的很多板块、细节和大部分流程，差不多都至少亲手做过了一遍，求索了一番，对一些容易出错出问题的环节，能有所了解和体验，这对具体编辑工作会有极大的帮助。当然这不足为法，因为首先得感谢书局对我的包容。但作为"好事者"，首先要不怕事，不惧难。

6.请您谈一谈对文献学前景的展望，会向什么方向发展？哪些方面会引起更多关注？

数字化肯定是一个广阔的未来，并且根据学者实际的研究需要和方法，设计相应的程序，可能会为文献学的研究带来不一样的面貌。比如我们考证古人的交游时，或者交游可能涉及时间、地点、人物、事件等问题的考订时，往往需要利用"唱和诗"提供更多的信息，假如我们已知某诗有唱和或可能会有唱和，但面对海量的文献，要查找唱和之诗，有时会非常困难。唱和诗有次韵、用韵、依韵等多种形式，现在数据库中，用隔字检索可以部分实现次韵、用韵的检索，对于依韵之诗，则难度较大。如果有人能够开发一个搜索、匹配全诗韵脚字的功能，就有可能更方便地解决更多唱和诗涉及的历史考证问题了。因有规律可循，在技术上应该可以实现。

又近来文献学的研究愈加邃密，个案的研究愈加丰富，如版本源流的梳理、书籍真伪的辨析、撰述时间的考定、稿抄本的揭示、新版本的发现等等，都将形成我们认识、征引、整理典籍时新的常识，但这些成果较为分散，有的且非专文考论，除非做专门研究，否则很容易被忽略。比如一本书我们已经考证出来它是伪书，说是明代某人所做，其实成于清代，而其他学科叙述明史、考察此人学术思想时，仍在援引该书。文献学的研究成果不能及时转化为新知，广泛付之于应用，较为遗憾。如能搭建一个线上平台，继邵懿辰《四库简明目录标注》、杜泽逊先生《四库存目标注》之后，建设一个系统的群书知识库，学界共同维护，将已发表的成果及时、简要地分享，积累成人人易查易得的常识，庶能像"诂林"体一样，成为古典研究必须资借的梯航。

　　我想，既然是工具，我们也认为它非常基础，用之无往而不利，这一点毋庸置疑，那么似乎就得由我们自己研究怎样让这个工具更加强大，更加趁手好用，服务于一切涉及古代的阅读与研究，充分发挥文献学作为工具性学科的学术大用，这是不是也是前面所说的突破学科瓶颈的一个思路？

　　7.请您推荐一种"文献学"的必读书，简要地介绍一下内容及您的阅读体会。

　　推荐"四种"吧，开玩笑。推荐程千帆先生和徐有富先生合著的《校雠广义》，分版本、校勘、目录、典藏四编，如程先生所说："由版本而校勘，由校勘而目录，由目录而典藏，条理始终，囊括珠贯，斯乃向歆以来治书之通例，足为吾辈今兹研讨之准绳。"论述重点也放在文献学的实际应用，详而不芜，是一座宝山。

浙江古籍出版社　况正兵

况正兵，1982年生，重庆垫江人。浙江古籍出版社编辑。从业15年，编辑过《中华大典·医药卫生典》《咸平集》《陕北出土青铜器》《王阳明全集》《丹铅总录笺注》《谭献集》《张雨集》

《马一浮全集》等书，点校《履斋示儿编》《艺舟双楫》《十三经恒解·礼记恒解》等书。

1.文献学是一个冷门学科，你是什么时候开始接触这门学问的？是主动报考还是调剂？谈一谈你对"文献学"的最初印象，现在的理解有没有变化？

我是四川大学汉语言文学本科毕业生，无缘读研，所以不存在主动报考还是调剂的机会。在大四的时候，我倒是有机会保研，但那时的志愿是古代文学，熟悉的导师周裕锴是宋代文学的著名学者，所以就算我保研成功，大概率也是读宋代文学。文献学，从来都不是我的第一选项。

　　四川大学中文系，课程特别重"古"，古代汉语、古代文学都要上两年，特别重要，其间多少包含一些文献学的内容；为了拿学分，特别重要的课程我当然格外认真一点，耳濡目染，兴趣渐渐趋古，从一个爱写自由体新诗的少年，变成了一个沉溺古典的青年。

　　正式接触"文献学"，应该是大三的时候。其时开始写学年论文，我很荣幸接受周裕锴老师的指导。周老师给我的题目是"黄庭坚题画诗研究"。他说，一切研究要从阅读原典开始，你先读一遍黄庭坚的诗歌。我最初找了一个黄庭坚诗歌的选本，他说，这个不行，要从没标点的古籍开始。于是我到学校图书馆古籍部，找到了《山谷诗集注》。古籍是不允许带出馆外的，我就天天坐在古籍部又高又重的椅子上读山谷诗集，遇到题画诗，就用铅笔抄在笔记本上，一边抄一边标点。山谷的诗标点不难，但是书上有任渊、史容的注，这个标点就困难一点。但凡存疑之处，我就记下来，转头再去阅览室找山谷诗的点校本，对照学习。这个事情我干了差不多三个月。古籍部管书的大妈一开始对我态度很差，一次只肯给我取一本，相看两厌；但我天天来，她慢慢就对我好了很多，愿意把一函抱出来给我；下班的时候，主动问我明天是否再来，再来的话，书就不入库了。等我抄完全部题画诗，告诉她以后都不再来时，她看起来表情甚至有点忧伤。悲伤的是，这个图书馆的古籍部，我后来真的再也没有来过。

　　在我抄书的三个月之中，来古籍部的人寥寥无几。隔壁的阅览室学生们天天抢座位，板凳大概没有时间冷却，这里的椅子却是冷的。大概文献学真的是需要坐冷板凳的学科吧。但抄书的几个月我真得很快乐，万虑俱消，一心读书，神仙日子，不过如斯。世间安得双全法，又抄文献又赚钱？

　　我对文献学的最初印象就是翻泛黄的古书，为没标点的文字打上标点，目的是便利于读者阅读或者学者使用。那时候我觉得文献学就是一种工具，跟镰刀或者锄头差不多，而文献学者就是生产镰刀或者锄头的铁匠，供研究者们耕耘在希望的田野上。铁匠们是辛苦而不赚钱的，搞文献学的人当然也会不赚钱。这个看法当然很狭隘可笑。现在我知道，文献学至少包含了目录、版本、校勘三个方面，广泛来说，文字、音韵、训诂乃至金石，也未尝不可以囊括在内。为古书标点，好比用镰刀割草，只是文献学一个简单的应用而已。在今天，我很愿意高度评价文献学，我认为它至少是人文学科的基础性学科。每次我遇到用篡改过的版本分析作者创作原意的著作，每次看到使用错误标点的古籍分析综合，得出与原意完全相反的解读，我的"偏见"就更加深一点。

2. 毕业后又从事古籍编辑工作，你觉得涉古专业本科生学习"文献学"课程的必要性是什么？

文献学的三重境界，是找到材料、读懂材料、融合分析材料，分别对应进门、登堂、入室三个阶段。目前我的水平，只在找到材料这个阶段，勉强算是摸到了门槛，正在努力往门里爬。从我个人的经验来说，大一、大二阶段是什么书都读，散漫无归；大三之后接触了文献学，开始有意识地按图索骥，在茫茫的书架上找到了自己感兴趣的领域，在同类型的图书中找到最可靠的版本。不光涉古专业需要学习文献学，就算现当代学科乃至外国学术，也同样需要掌握文献学的基本方法。毕竟，书山重峦叠嶂，若不得其径，要么入宝山而空回，要么迷失在山中，永远回不来。不读书误十年，读错了书误一生。所以我觉得，凡本科教育，都应该学习文献学，且越早越好；当然，具体的细分领域可能有异，但至少应该学习文献学的基本理论和方法。

3.你的研究方向是偏向历史文献学还是文学文献学，又或者说偏重目录、校雠和版本的哪个方面？请重点谈一下你在这个领域的治学心得？

惭愧，我不是学者，所以没有什么研究方向。但我个人觉得，历史文献学和文学文献学的分类可能不是很科学。历史文献学属于中国史学科，文学文献学（古典文献学？）属于中国语言文学学科。很显然，这两个学科内容是有交叉重合的，甚至你说它完全一样也基本成立。古代文史哲不分家，现代学科强分文史，在面对中国传统学术时，常常面临你中有我、我中有你的尴尬。所以为文献学的大发展计，不如不要分为好，上桌的都是菜，来者都是客，大海无量，先收了再说。

如果硬要讲一个偏重的研究方面，那么，或许校雠稍微靠近我的日常工作。毕竟日常编辑工作中，我做得比较多的是核底本、核校本、增改校勘记等等。这些工作说起来很多应该是作者的工作，但既然在编辑中发现了问题，就不得不率尔操觚，过过作者的瘾。从中得到的治学心得，就是越来越谦虚：校书是一项没有止境的工作，大学者也有失手的时候。同时，从他人的成稿中挑错，是一件比较容易的事，真正动手去整理一部此前未曾整理的古籍，好比修路架桥，才知道处处皆艰险。经历过这样的工作，人多少会变得平和一点。

4.有人说"文献学"是个基本工具，算不上单独的"学科"，对这个问题您怎么看？如果是"工具"，是否应该有更广泛的应用？是"学科"，主要研究对象是什么？是否有瓶颈和走出困境的思路？

文献学当然是一门学科，而且应该是一门比较重要的学科，大学里纷纷设立文献学，就是一个强有力的证据。只不过，这个学科有工具性的一面。再深刻的话我也说不上来，之前许多师友讲得很好，我就不多说了。

个人觉得所谓学科的分类，多少有点削足适履，毕竟人类知识的增长和文明社会的发展，可不会按照我们的学科分类听话地发展。时代是变化的，有些具体的学科分类会变化，有些学科的具体研究对象有延展。比如，古典文献学，目前研究对象是1912年前的文本，我们统一称为"古籍"；但当下已经有不少学者呼吁，应该把民国时期文献也纳入古典文献学的研究范畴。安知100年后，我们这个时代的文本不能成为研究对象呢？一个研究对象常常更新的学科，哪里会有什么瓶颈呢？

5.结合自身的求学经历和工作，"文献学"的研究生培养上与其他学科有何不同，一般做些什么具体学术训练？他们应该具备什么样的基本素质？对有志于从事古籍编辑的研究生，您有什么具体建议？

我没学生，以后估计也没机会带学生，所以不多谈，以免误人。从我个人的经历来说，在和师兄侯体健一起完成《履斋示儿编》的点校之后，感觉阅读古书的能力突飞猛进。一个良师、一本书的标点整理（内容越驳杂越好），是最好的学术训练。文献学是一门重拙的大学问，太聪明的人最好不要进来。因为聪明的人通常会剑走偏锋，想出一些用机器作诗、用AI标点的怪主意。这些功劳都是程序员的，不是自己的。

有志于古籍编辑的青年人，逆流而上，想必对人生的诸多问题如收入、为他人作嫁衣等等问题，已经考虑得很清楚，就用不着我来提什么建议了。我非常欢迎，而且我还要加以蛊惑：世间安得双全法，又抄文献又赚钱？古籍编辑就是一个这样的职业。

编辑是一个好事者，古籍编辑尤应多事。如果说编辑是一个为他人作嫁衣裳的职业，那么，古籍编辑还多了一个为古书续命的使命：我们的裁缝功夫，除了对付靠谱与不靠谱的整理者之外，还要对付靠谱与不靠谱的古人及他的著作。我们所抬的轿子，包含双倍重量，令我们倍加辛苦。若古书绽放了新光辉，大家都会说作者写得好，整理者有功劳，但很少有人会说编辑编得好。若多了些错误，没人会埋怨作者，也很少有人鄙视整理者，多数人会说：某某出版社的编辑水平真差呀，这样的错误都看不出，我再也不买这个出版社的书了……所以，为了出版社的名声，古籍编辑必须付出更多的努力，不仅要改错，还要改好。

在工作之外，编辑最好都能有自己的研究方向，可以是专题专人研究，也可以是某一个时段的文学现象、史料收集，还可以是某一个领域的资料汇编等等，比如为一个学者撰写年谱、深度研究某个时段的文学理论……我很晚才知晓这个道理，颇恨早年时光虚度。如今东隅已逝，虽余勇可贾，但学殖荒疏加室家之累，比一开始就努力要艰难得多。

6.请你谈一谈对文献学前景的展望，会向什么方向发展？哪些方向会引起更多的关注？

门外汉，不敢系统谈展望和发展。单从古籍整理出版角度而言，我有两点意见：

第一，古籍还有很多藏在深闺，亟待整理。古籍整理出版的从业者，面对的并非无所作为的荒山，而是广阔的藏宝富矿。2012年《中国古籍总目》出齐，公布的中国古籍的总数是20万种。新中国成立以来，经过整理并公开出版的古籍，应该不超过2万种，是全部存世古籍的十分之一。比如研究宋史至关重要的古籍《三朝北盟会编》，迄今无整理点校本，学界能够使用的是上海古籍出版社1986年的四拼一影印本（最近有重印）。因为无标点本，所以今人研究时引用原文，常有标点失误。又比如"十通"是重要的典制书，意义很大，但目前只有《通典》、《文献通考》、《通志》（勉强算一半）有整理本，其余均无标点。我在工作中，具体主持"浙江文丛"的出版工作，其中有很多的浙江人，大名如雷贯耳，在各自领域都是一流人物，但其著作却从未标点过，更别说校注、译注、笺注等进一步的深度整理了。

第二，已经整理的古籍，依然有二次整理的必要。随着各种珍本秘本现身，以及现代技术带来的前人无可比拟的文献检索便利，今天我们在标校古籍上拥有前人不具有的优势。这里我举两个例子，第一个是中华书局的"二十四史修订本"工程。"二十四史"是新中国古籍整理的典范之作，当时举全国之力，整理者、编辑队伍都是著名学者，从第一本书《史记》到最后一部书《宋史》出版，长达20年。今天来看，"二十四史"点校本经受住了时间的考验，是大家公认的、学术界普遍使用的最好版本。但是，这个点校本依然有许多不完美的地方，有的史书底本选择不当（《汉书》直接用王先谦《汉书补注》，但只保留颜师古注），有的重要版本未参校，有的校勘记写得并不规范（比如最重要的《史记》，通篇都没有校勘记），还有一些编校方面的失误。中华书局的徐俊先生曾说过："原本为方便一般读者阅读的普通本，反倒成了半个世纪以来学术界最通行的本子。"因此，中华书局在2006年开始准备二十四史的修订，并于2013年首先出版了《史记》。这是"一字千金"的善本，比此前的旧版有极大的提升。第二个例子，是我社"张岱全集"本《陶庵梦忆 西湖梦寻》。"二梦"是张岱的名著，从民国至今，所出版的版本起码百种。除去其中抄来抄去的因袭之作外，正经的古籍整理，也不下十种，似乎是完全没重新整理的必要。但是，我社编辑发现了中科院图书馆所藏的抄本《陶庵梦忆》，为现存唯一一种刻本之前的抄本，

保留了不少因政治原因而被迫删改的
"违碍"字句，最接近张岱著作原貌。在
此基础上，我社编辑又校勘了清及民国
共18个版本，写校勘记近500条，纠正
了通行本的不少错误，在校勘精度和广
度上有很大提升。从版本上讲，我在此
引用豆瓣网友Tyger Tyger在2019年4月
29日的评论，斗胆自夸：这是目前国内
已出的最佳刊本，搜罗之完备殆无出其
右者。如果古籍整理能够向此目标迈进，
古书就能够焕发更多的生命力。

　　一个是公认的古籍整理的善本，一
个是已被出版界出烂的古籍，仍然有潜
力可挖。古籍整理是连续古与今的桥梁，
而古籍整理编辑，是修建桥梁的工匠。
古与今文化割裂造成的鸿沟，给予我们
存在的价值。我们未来的目标有二：一
是修建更多的桥，二是把已经造好的桥
补好。

　　7.请你推荐一种"文献学"的必读书，简要地介绍一下内容及你的
阅读体会。

　　我推荐二种吧。第一种是程千帆、徐有富先生合著的《校雠广
义》，四卷本，分校勘篇、目录篇、版本篇、典藏篇。具体内容，从
题目就可推知。总之这本书既包含了文献学的基本知识，又手把手
地教人怎么校勘古籍，理论性和实践性俱佳。我当年阅读的是齐鲁

书社 2007 年重印本，如今中华书局有新版问世，很容易购得。

第二种我推荐国务院古籍整理出版规划小组编《古籍点校疑误汇录》，目前我所见一共有六辑，我认真读过前四辑。这是汇集各种期刊上指正古籍点校失误文章的书，最早一本 1990 年出版（篇首李一氓序言署 1984 年），第六辑 2002 年出版，此后似乎未见更新。在著作权日渐严谨的当下，这种汇集多位作者各种指瑕文章的书越来越难编，大约已成绝响。以我个人经验来说，此书是绝对的"资治通鉴"，一方面告诉我点校者哪些错误容易犯，一方面告诉我哪些错误绝不能犯。但由于此书乃汇编，写作者众多，文风多样，某些文章辞气尖酸刻薄，失温柔敦厚之风，动不动以"不懂常识"相指责。读此书者，应引以为戒。

国家图书馆　张燕婴

张燕婴，女，文学博士，编审。国家图书馆《文献》杂志常务副主编。主要研究方向为中国古典文献学、晚清学术与文化。主要著作有《先秦"仁"学思想研究：儒、墨、道、法家"仁"论说略》《俞樾函札辑证》，点校古籍《春在堂尺牍》、《莫友芝全集》（合作）、《俞樾诗文集》等，发表论文30余篇，撰写《中华再造善本》提要近百篇。

说　明

2020年4月，接到国家图书馆出版社南江涛编辑的邀请，为其所策划的"青年学者说文献学"专栏撰文。南编辑提出的问题框架，主要基于个人的研究经历与经验。在这方面，我自认为没有太多成功的经验可以贡献给大家做参考，所以很犹豫。但考虑到南编辑的专栏策划，实则发端于《文献》杂志2019年第3期推出的"文献学青年谈"栏目，

文献

双月刊

二〇一九年第三期

中日战事史料征辑会的后期（1945-1951）事业与终结／刘鹏
域外汉籍专栏导言／陈捷
新见日藏文徵明楷书《惠麓柯记》初探／陈广恩
一家之学与一地之风／张宗飞
文献学青年谈

而且在专栏陆续推出后，也常有学界前辈或友好因误会此策划与《文献》杂志有关，发消息来表达对该专栏的肯定。这些赞扬与肯定的评价，我都转告了南编辑。同时也觉得，南编辑的专栏正逐渐聚集起关注文献学学科发展的新生力量，如能在此宣传《文献》杂志，将会达到事半功倍的效果。

检点旧稿，有为2019年9月25—28日台湾汉学研究中心主办的"第六届玄览论坛"撰写的发言提纲一份，系为宣传《文献》杂志而作。由于该论坛是面向海峡两岸图书馆古籍界从业者举办的，论坛特别强调发挥并展现参与古籍整理研究与保护事业的"图书馆"一方的作为与贡献；这也与中国国家图书馆主办的《文献》杂志"立足业界，面向学界，服务学术"的办刊思路相吻合。而观察"青年学者说文献学"专栏业已发表的20余篇文章，较少有来自"图书馆界"的声音。权且以此篇为引。

新世纪以来大陆古籍整理与研究状况概览
——基于《文献》杂志的观察

首先我要解释一下设计与选定这个论题来参加本次玄览论坛（按，指2019年9月25—28日台湾汉学研究中心主办的"第六届玄览论坛"）的原因。

第一个原因当然是我作为长期供职于《文献》杂志的编辑人员，最了解该杂志，也最有义务宣介该杂志。

第二，也是更为重要的，是因为《文献》杂志值得在这样一个海峡两岸的图书馆古籍界交流平台上被宣介。《文献》杂志是中国大陆图书馆界出版的唯一一种专注于古籍整理与研究领域的专业期刊。杂志创刊于1979年，至今年已满四十周年。本月13日出版的《文献》杂志总第175期，恰好是杂志纪念创刊四十周年的特刊。四十年来，

《文献》杂志始终继承原《国立北平图书馆馆刊》之宗旨，始终秉持内容充实、资料翔实、文风朴实的风格，获得国内学术界厚爱及海外汉学界重视。

《文献》杂志长期以来被中国社会科学评价研究院评定为"中国人文社会科学期刊 AMI 综合评价"A 刊核心期刊，被南京大学中国人文社会科学综合评价研究院评为 CSSCI 来源期刊，北京大学图书馆编制的各版《中文核心期刊要目总览》也都予以著录。中国大陆地区许多重点高校的相关专业系所，都将在《文献》杂志发文作为获得教职和职称评定时可以升等的必要条件之一。这些都说明《文献》杂志在图书馆界之外的广大古文献学专业研究领域，获得普遍认可。所以，《文献》杂志可以作为观察中国大陆古籍整理与研究状况的一个窗口。

新世纪以来，随着综合国力的提升，国家也有更多人力物力和财力投入文化建设。具体到古籍整理与研究工作领域，呈现出如下局面：①

一、优越的环境

从国家级的支持力度看：不仅"全国古籍整理出版规划领导小组"给予的资助力度连年加大，而且国家出版基金和国家重大社科招标项目中也频频出现古籍整理或与之相关的项目。《文献》杂志开设有"国家社科基金重大项目文献研究成果"专栏，率先发布部分项目的研究成果。

从地方政府的支持力度看：省级如"湖湘文库""巴蜀全书""浙江文丛""山东文献集成""江苏文库"等，市级如"重修金华丛书""衢州文献集成""全椒文献典籍丛书""绍兴丛书""遵义

---

① 本文前两部分，仅系背景性的说明（而非全局性、全面性的概括），用以说明新世纪以来《文献》杂志选题思路不断做出调整的客观原因。

丛书"等，都相应得到了各级政府的有力资助。

从资料的支撑情况看：越来越多的图书馆、博物馆、档案馆都在将珍贵文献按专题分类影印出版，或者实现数字化并逐步公开，极大便利了整理者和研究者。

二、海量的成果

以上各种因缘际会交织，使得各类大型古籍整理与研究项目纷纷上马，诸多珍本秘籍得到整理者关注，各类研究成果可谓层出不穷。无论是从投入力量，还是从产出成果的规模和质量来说，新世纪以来大陆古籍整理与研究的成绩都堪称巨大。

古籍全编与丛书：如由全国高校古籍整理领导工作委员会部署的号称"八全一海"的《两汉全书》《全唐五代诗》《全宋诗》《全宋文》《全元文》《全元戏曲》《全明文》《全明诗》《清文海》等总集在21世纪初陆续编纂完成并出版；新世纪以来则有《魏晋全书》《南北朝全书》《先秦文海》等项目相赓续。[1]"四库系列"丛书在20世纪末、新世纪以来陆续影印出版：《续修四库全书》（上海古籍出版社，2002年）、《续修四库全书总目提要（稿本）》（齐鲁书社，1996年）、《四库全书存目丛书》（齐鲁书社，1997年）、《四库禁毁书丛刊》（北京出版社，1997年）、《四库未收书辑刊》（北京出版社，2000年）、《四库全书底本丛书》（文物出版社，2019年）。[2]其他大型影印古籍成果也相继面世：《原国立北平图书馆甲库善本丛书》《历代日记丛钞》《影印历代珍稀版本医籍丛书》《浙学未刊稿丛编》《清代诗文集汇编》《清代诗文集珍本丛刊》《古本戏曲丛刊》等遍涉经史子集，不一而足，其中有颇多选题聚焦于此前未被披露或较难利用到的文献资料。

---

① 参考杨忠先生在"第四期全国古籍保护管理人员研修班"上的介绍。
② 详参"矻矻典坟与'六条裤子'——罗琳先生访谈录"，"学礼堂访谈录"。

旧籍修订：一些已经整理出版过的重要古籍，由于可以获得更多更好的工作本、参校本，从而有了做出较大规模的补充或修订的机会。这里最著名的当数由北京中华书局主持的标点本《二十四史》修订工作，迄今为止已经出版了新点校本的有《史记》、新旧《五代史》、《辽史》《魏书》《宋书》《隋书》等七种。

目录、提要与书志：这方面，台湾地区走在了前面。《"中央图书馆"善本书志》《傅斯年图书馆善本书志》都是自我工作以来就常常使用的案头参考书。大陆地区的古籍存量大、版本众多、情况复杂是导致这方面的研究与成果不多且出版相对滞后的客观原因。好在近二十年来，随着古籍普查工作的推进，各地馆藏目录陆续出版；就连《海外中文古籍总目》的编纂与出版也已排上日程。伴随古籍影印工作的展开，提要与书志的撰写也得到推动，比较著名的如《中华再造善本》正续编都撰写了提要。

三、发展方向

在古籍整理与研究工作业已取得若多成果之后的今天，还有哪些可以作为新的生长点呢？换句话说，哪些是下一步可以做的方向呢？

考虑到古籍整理与研究成果评价时需要兼顾创新性、重要性与难易度三个方面的因素，[①] 作为大陆从事古文献学研究的专业期刊——中国国家图书馆主办之《文献》杂志，持续在以下几个方面着力并予以倡导。

关注每一部传世藏本的价值：比如中国国家图书馆藏有一部蒙古时期平水刊本《尚书注疏》二十卷（馆藏号9583），为铁琴铜剑楼

---

① 详参张剑《古籍整理学术评价标准刍议》，《古籍整理出版情况简报》2018年第10期。

旧藏，《中华再造善本》影印。该本卷三、四、五、六原缺，清初人抄配。这四卷抄配，钤有季振宜印，《中国古籍善本书目》等近代书目都定为"清影蒙古抄本"，但其实这部分只是仿蒙古抄本，讹误较多。国图另有一个平水刻本的残本（馆藏号013），其中有卷六《禹贡》的内容，是可以和9583号相配的。这样一来，蒙古刻本的阙卷就只有三、四、五这三卷了。①

而《文献》杂志办刊宗旨正是"以披露中国国家图书馆的丰富馆藏和其他公私家典藏的、国内外新近发现的、具有重要价值的各种古、近代文献资料及其研究成果为主"。从创刊初期就有不少对于珍贵古籍的介绍，比如创刊号里的《在周总理关怀下北京图书馆入藏的一批善本书》《春明读书记》，从第七辑起开始连载馆藏各类珍贵文献的叙录（比如石刻叙录、宋版书叙录）等。新世纪以来，为配合中国国家图书馆承担的《中华再造善本》工程出版成果的及时性报道，刊物设立过"中华再造善本提要选刊"的栏目。这些文章或栏目，都是对我们通常称之为"珍本秘籍"的关注与揭示。

与此同时，绝不可轻视任何一部古籍传本，当致力于发现并揭示它们的价值。比如《文献》第四辑发表的《新见明钞残存六卷本阳春白雪》以及《全元散曲补遗——明钞阳春白雪残存六卷本新见散曲辑录》之类文章，在刊物的目录清单中每每可见。又如崔富章的《文澜阁〈四库全书总目〉残卷之文献价值》（发表于《文献》2005年第1期），该文对文澜阁本《四库全书总目》仅存的十五册二十七卷残本做研究，指出浙本《总目》的底本是文澜阁本，而非武英殿本，修正了晚清以来以洪业、王重民、昌彼得等诸位前辈学者，以及中华书局影印本和台湾商务印书馆影印本说明为代表的各家误说。这些例子都说明，每一个存世版本，即使它是残本，也万勿忽之。

---

① 详参杜泽逊《谈谈版本学与校勘学的相互为用——以〈十三经注疏汇校〉为例》，《文献》2019年第5期，第38页。

除此之外，甚至是印本书的纸背文献①、书籍装裱用的衬纸②，也都不可轻忽。

古人言"敬惜字纸"，是在提示我们，对于每一件存世的记载有人类智慧的文化载体，都应该给予足够的尊重与审视。

版本学关注到的是版刻信息，而同一版本的不同印本，实际上也都值得关注。比如在版刻标准范式（有些类似于考古学领域的标准器）研究的领域，国图前辈赵万里先生的《中国版刻图录》一书具有开创之功，而近年来上海图书馆郭立暄博士的《中国古籍原刻翻刻与初印后印研究》（中西书局，2015年）一书更将古籍版本的研究细致到印次。《文献》杂志关注并引导了这种研究范式的转型，先后有郭立暄《明代的翻版及其收藏著录》（2012年第4期）、张杰《再谈〈弁而钗〉崇祯本的递修与后印》（2013年第6期）、潘超《夷坚志前四志误收他志小说考辨——以日本静嘉堂所藏宋刻元修本补刻叶为线索》（2018年第6期）、罗琴《原版与"盗版"间的互动：周亮工〈尺牍新钞〉三选与汪淇〈尺牍新语〉三编纠葛详考》（2019年第1期）等文章的刊出。

从古籍保护实践的角度来看，目前通常的做法是有影印本或者缩微品或者电子版的古籍原件，就不再提供纸质本的流通与使用；有时候也会以一种书的全本的流通与使用，替代其他残本。但事实上，正如以上所言，每一个传世本的价值，在未经比较研究之前，都是未知的，所以有时候也是不可被简单替代的。这无疑对图书馆的服务工作提出了更高的要求。图书馆存藏保护文献的目的，是为了使其更长久的可供使用；与之同时，使用并真正发现与揭示文献

---

① 如汪桂海《宋代公文纸印本断代研究举例》（《文献》2009年第3期）、宋坤《天一阁藏〈国朝诸臣奏议〉纸背公文复原与价值新探——以个人撰拟公文为中心》（《文献》2018年第2期）等。本文对刊物各类型选题发文的介绍，都是列举性而非穷尽性的。

② 如李开升《正德刻本公案小说〈包待制〉残叶考》（《文献》2018年第5期）。

的价值，才是最好的保护。我们必须承认与正视的是，物质实物，终有寿数。相较于让书籍成为摸不得碰不到的文物，以更多种多样的方式保障古籍的开放获取和方便阅读，才是更好的文献保护方式。

关注出土文献：20世纪初期，殷墟甲骨文、居延汉简、敦煌遗书与清内阁大库所藏明清档案，被并称为史料的"四大发现"，这些新材料的介入，直接推动了学术的繁荣与发展。仔细分析可知，前两种属于出土文献，后两种则多数属于写本文献。下面分别介绍《文献》杂志对于它们的关注。先看出土文献这一端。

新世纪以来，中国大陆地区在出土文献方面的新收获，可以用如"井喷"般地涌现来形容。以郭店简（1998）、上博简（2001年出版第一本）、清华简（2010年出版第一本）、北大简（2012年开始出版第一本）、安大简（2019年出版第一本），以及最近两年更为新鲜出炉的海昏侯墓简为代表，几乎是整理一批、出版一册，就能掀起一阵学术热潮。

2000年以来，《文献》杂志刊出的出土文献研究领域的论文，遍涉秦简①、汉简②、帛书③、郭店简④、上博简⑤、清华简⑥、北大⑦，以及

---

① 如钱存训《纸的起源新证：试论战国秦简中的纸字》（2002年第1期）、李学勤《〈左传〉"荆尸"与楚月名》（2004年第2期）等。

② 如许志刚《汉简与诗经传本》（2000年第1期）、王家祥《大通上孙家寨汉简〈孙子〉研究——关于〈孙子兵法〉早期形态的一点认识》（2000年第1期）等。

③ 如连劭名《马王堆帛书〈经法·道法〉与传说中的蚩尤》（2000年第4期）、刘信芳《帛书〈称〉之文体及其流变》（2008年第4期）等。

④ 如江林昌《郭店儒道文献的重大发现与先秦两汉学术史研究》（2001年第1期）、张涅《今本〈老子〉与简本〈老子〉的关系》（2002年第4期）等。

⑤ 如魏栋《清华简〈楚居〉阙文试补》（2018年第3期）、贾连翔《清华简〈郑武夫人规孺子〉篇的再编连与复原》（2018年第3期）等。

⑥ 如刘信芳《竹书〈鲍叔牙〉与〈管子〉对比研究的几个问题》（2007年第1期）、尚学峰《竹简诗论"〈卷耳〉不知人"的阐释史意义》（2008年第4期）等。

⑦ 如黄灵庚、李凤立《北大藏汉简本〈老子〉札记》（2016年第4期）、高中正《年代、地域及家庭——北大汉简〈妄稽〉新研》（2018年第3期）等。

更具包容概念的"战国楚简"①、石刻墓志②等文献范围，和西域地区一些更具特殊性的出土文献（比如黑水城、和田、鄯善等处的出土资料③，甚至胡语文献④）等所有已经引起学术界高度重视的领域。特别是对于国图藏甲骨资料的研究，更是成果集中。⑤甚至是一些非常特殊零散的出土资料等，⑥也都有所涉及。可以说，《文献》杂志在出土文献研究方面具有一定实力和影响力。

我们知道，考古学界有一个不成文的规定，即谁挖出来的（或谁收藏的）归谁研究（也称属地原则）。这就造成，图书馆界在新近出土文献的存藏上不再占据得天独厚的资料优势。这提醒我们图书馆界的从业者，应该认真思考，如何在这一学术浪潮中"预流"的问题。

2019年2月24日，著名历史学、考古学、古文字学、古文献学专家，《文献》杂志顾问，清华大学教授李学勤先生因病去世。在随

---

① 如高华平、李璇《由楚地出土简帛文献看"六经"在楚国的传播》（2015年第4期），俞绍宏、白雯雯《楚简中的"丨"字补说》（2018年第3期）等。

② 周绍良《唐志丛考》（2006年第4期），陈瑜、杜晓勤《从阿史那忠墓志考骆宾王从军西域史实》（2008年第3期）、程章灿《读〈张迁碑〉志疑》（2008年第2期）和《读张迁碑再志疑》（2009年第3期）等。

③ 如刘子凡《唐代书信缄封考——以中国人民大学藏和田出土书信文书为中心》（2015年第5期）、许云和《鄯善出土〈佛说金刚般若波罗蜜经〉残卷题记考》（2015年第5期）、史金波《泥金写西夏文〈妙法莲华经〉的流失和考察》（2017年第3期）等。

④ 如李灿《〈贤劫经〉最新资料与相关研究——犍陀罗语与梵语部分》（2015年第4期）等。

⑤ 如胡辉平《国家图书馆藏甲骨整理札记》、贾双喜《刘体智和他的甲骨旧藏》（2005年第4期）、胡辉平《国家图书馆藏甲骨与〈甲骨文合集释文〉之校勘》（2009年第1期）、莫伯峰《国家图书馆所藏甲骨缀合九组》（2011年第3期）、胡辉平《国图藏甲骨与〈甲骨文合集补编〉之校勘举隅》（2017年第5期）等。

⑥ 如沈天鹰《金代瓷枕诗词文辑录》（2001年第1期）、曹菁菁《簠斋藏弩机考略》（2009年第1期）等。

后几天颇为密集的关于李学勤先生生平的报道里，我注意到李先生自己的一段叙述。他强调，他"1950年前后开始自学甲骨文"，上大学之后"到位于文津街的北京图书馆借阅《安阳发掘报告》《中国考古学报》等书刊。在金石部曾毅公先生的帮助下，我不但能看已经编目的书，还看到特别收藏的书籍、拓本"的经历，使他终身走上了这条研究道路。[①]可知，图书馆收藏的丰富全面性、阅读图书馆藏品的便宜性，是会起到引导一位学人学术道路的作用。因此，典藏不可不全、获取不可不易、服务不可不勤谨。

关注写本文献：新世纪以来，古籍数据库建设方面的成就蔚为大观，这就使得我们如果是想阅读明以前的传世古籍，且对版本没有苛求的话，那么只要有一台联网的计算机，会使用爱如生的《中国基本古籍库》和爱如生数据库（其中集合了方志、谱牒、类书、丛书等多个子库）以及《中华古籍资源库》等，几乎就可以做到全数获得、轻松浏览。这些古籍在电子化领域所取得的成绩，在二十年前是不可想象的（当时可供检索的古籍数据库只有《四库全书》）。因此，生活在今天的学者，就古籍阅读与获取方面而言，已经相当幸福与满足了。与此同时，数字人文领域的发展进程也让古籍整理与研究工作者如虎添翼，研究的深度与广度，不断突破。

在这样的大背景下，有一类文献目前还较少被数字化进程所覆盖，那就是写本文献。这类文献，包罗万象，从古写本（绝大多数的敦煌吐鲁番文献都属于此类）[②]、抄稿本[③]、批校题跋

---

① 《李学勤：我是如何踏上学术道路的》，《澎湃新闻》2019年2月26日。

② 如启功遗著《敦煌俗文学作品叙录》（2009年第2期）、余欣《〈大唐西域记〉古写本述略稿》（2010年第4期）等。

③ 如蒋寅《抄稿本经眼录》（2000年第2期）、王红蕾《〈绛云楼书目〉各抄本互异原因略考》（2010年第3期）、曹菁菁《国图藏陈梦家〈海外中国铜器图录〉未刊稿》（2014年第4期）等。

本①，到信札②、日记③、文书档案④。所有这些文献资料及其研究论文，都是《文献》杂志的选题范围。

随着写本文献越来越多地进入学术视野，"写本文献学"也应运而生（如2013年甘肃教育出版社出版之张涌泉《敦煌写本文献学》即为明证）。相应的，我们图书馆界的教育，是否已经在这方面有所准备？我看此次论坛的计划书里介绍与会人员有"台湾各县市图书馆人员、图书资讯相关系所师生"，我想请教大家，是不是在读书的时代，接受过有关写本文献研究的专门训练或者了解管理与利用写本文献的特别知识。至少在我读书的年代（1992—2003，北京大学），

---

① 不仅有对名家题跋的辑录与整理，如张廷银《国图所藏陈垣藏书中的批校题赠本》（2009年第2期）、李红英《袁克文经部善本藏书题识》（2011年第4期、2012年第1期）；还有基于题跋所做的研究，比如陈东辉《黄丕烈题跋所反映的清中期古书价格诸问题探微》（2013年第5期）是利用黄丕烈跋研究清中期的书籍价格问题，刘斯伦《张绍仁、黄丕烈书籍交往初探——以静嘉堂藏〈秘册汇函〉张绍仁手校题跋为中心》（2017年第1期）是利用张绍仁跋研究他与黄丕烈的交往以及两人周边的书籍网络。

② 有对这一类文献的概述性介绍文章，如王世伟《中国古代和近代的尺牍文献》（2002年第1期）等；有对名人手札的辑录整理，如沈津《郑振铎致蒋复璁信札》（2001年第3期），张廷银、刘应梅《嘉业堂藏书出售信函》（2002年第4期），李小文、孙俊《文求堂藏傅增湘手札》（2007年第4期）等；还有利用信札对一些重要典籍成书过程所做的复原，如陈捷《〈罗振玉手札〉所收罗振玉致杨守敬书札考察》（2009年第3期）、朱曦林《金兆蕃参编〈清儒学案〉史事考实——以国图藏金兆蕃致曹秉章书札为中心》（2017年第3期）等。

③ 如陈福康《郑振铎欧行日记佚稿》（2005年第3期）、王亮《王乃誉光绪乙丙间〈娱庐随笔〉日记册》（2013年第3期）、李弘毅《从〈徐乃昌日记〉考论随庵甲骨收藏》（2005年第2期）、谢海林《〈张佩纶日记〉与丰润张氏藏书考论》（2017年第2期）、徐雁平《〈管庭芬日记〉与道咸两朝江南书籍社会》（2014年第6期）等。

④ 如佘正松、郑杰文《清代南部县衙档案及其价值》（2008年第1期）、梁继红《陈垣先生与明清档案文献整理》（2012年第2期）、华喆《胡玉缙〈续修四库全书总目提要〉修撰考述——以日本外务省档案为中心》（2017年第5期）、李义敏《明清契约文书辨伪八法》（2018年第2期）等。

这些训练或知识还是相对缺乏的。所以我们非常需要在知识上、方法上的查漏补缺，让我们在面对这类文献时不至于无所措手足。

关注域外文献：中国人最初有意识地关注海外收藏的中国古籍，可以追溯到，乾隆中期江户学者山井鼎所著《七经孟子考文补遗》传入我国后所引发的乾嘉学者搜求邻国佚书的热情。晚清杨守敬所撰《日本访书志》、黎庶昌编《古逸丛书》的出版为一高潮。20世纪20—40年代，张元济《续古逸丛书》的选印出版，国立北平图书馆（国图前身）的袁同礼、王重民等前辈在海外搜寻《永乐大典》存本和敦煌残卷，都取得了巨大成就。之后则有短暂停顿。20世纪80年代以来，随着东亚各国学术交流的增多，学术界再次关注汉字文化圈各国存藏汉籍的信息，更多此前不为人知的珍贵古籍进入学者们的研究视野。2000年，南京大学成立域外汉籍研究所，成为域外汉籍研究领域的领头羊。自此以后的二十年，"域外汉籍"这一词汇越来越为学术界所认知。尽管学者们对"域外汉籍"的定义、范围存在不同看法（比如以《燕行录全集》《越南汉文燕行文献集成》等为代表的文献是不是"域外汉籍"），甚至对"域外汉籍"这一名称本身也持有不同意见（比如，如果使用狭义的"汉籍"一词，许多中国古代的少数民族语言古籍就会被排除在外），但不可否认的是，随着中国与世界学术交流的不断扩大，随着世界各国藏书机构的开放与文献的数字化公开化，中国学界对中国大陆以外国家和地区所藏中国古文献的关注程度也越来越高。

《文献》杂志自创刊以来一直重视对海外中国文献的介绍与研究。刊物早期以"中外文化交流"栏目来统摄相关选题的稿件，2004年第4期起有"东瀛遗珍"栏目，2007年第1期起有"海外遗珍"栏目，2012年第4期起有"域外汉籍"栏目。观察刊物发文可以发现，2000年以后，随着中国学者越来越多地走出去，学术研究的资料视野也逐渐从东亚各国扩展到全球范围（虽然由于历史的原因，仍主要集中在欧美各国）。而刊物将有关栏目名称确定为"域外汉籍"，正是对这一学术现象的反映。东京大学陈捷教授在为《文献》杂志2019年第3期"域外汉籍"专栏撰写的导言中说："域外汉籍研究的目的不仅在于发现利用国外的稀见资料，更重要的是开拓研究视野，发现新的问题和观察分析问题的新视角。"这段话，非常准确地说出了刊物设置该专栏的目的与意义。

我还想进一步引申而言的是，我们是不是还可以通过观察中国以外收藏有中国古籍的单位对于古籍收藏与利用关系的把握，来调整我们的理解与态度呢？一个最鲜明的例子就是敦煌遗书的出版，从最初的英藏非佛经文献（1990—1995年），到俄藏（2000年）、法藏（2005年）的全部文献，再到最终推动中国国家图书馆馆藏敦煌文献的全部出版（2012年）；其他国内一些小的藏家，如上博（1993年）、北大（1995年）、天博（1996—1998年）、上图（1999年）、台湾地区的傅斯年图书馆（2013年）等，也都在这个过程中相继出版了各家典藏的敦煌遗书。他人之事，我事之师。相信在这种与海内外业界的交流互动与比较借鉴中，我们的工作都会越做越好。这应该也是我们两岸图书馆界同仁，团聚在今天这样的场合，切磋交流、玄览古今的目的所在。

古文献学研究理论与方法的探索：以上所言各种都属于发现并揭示新文献的方向。学科进步的另一个重要方面，新理论与新方法的探索，同样不可或缺。

《文献》杂志在这方面也有持续的关注与探索。刊物从2000年第1期起设立"二十世纪文献学研究"栏目（到2010年度又有"专题文献研究史"栏目接续），系统回顾与总结20世纪古文献学研究的进展与成绩，同时也希望发现问题与新的学术增长点。这一栏目持续办了五年，一共发表14篇文章（如果再包括接续栏目的话，一共有20篇文章），选题涉及学科（辨伪学、校勘学）、专类文献（戏曲、小说、敦煌文献）、专书（《史记》《太平广记》《西游记》《三国演义》）、专人（刘禹锡）等不同层面。十年前的2009年，《文献》杂志三十周年纪念之际，我们组织了"中国古典文献学"的学术研讨会（台湾地区的陈鸿森、潘美月、赵飞鹏等老师也都与会），并在2010年第3期以"古典文献学的理论与实践"栏目发表了与会论文中讨论学科理论的五篇文章。可以说，刊物在学术总结、理论建设与研究方法的探索方面，有着持续的努力。

需要说明的是，由于大陆古文献学学科的建立与体系建设，是伴随古籍整理工作的现实需要展开的；这就意味着古籍整理工作需要哪些知识，古文献学科体系中就包括哪些课程。文字、音韵、训诂，目录、版本、校勘，辑佚、辨伪等，都是整理古籍需要的知识，自然也就成了古文献学科体系包括的内容。这样的学科体系设置不能说错，但传统特质明显，而现代性不足，未必能很好地实现与世界学术的交流与对话。

令人欣慰的是，古文献学界的一批青年学者，站在前辈学者业已夯实的基础之上，掌握更多工具（现代技术与语言），具备更开阔的视野，着力于跨学科的、融会中西方理论的学术研究，并且已经有了初步的成果。比如林嵩的《论校勘学上的零度与偏离法则——〈王子年拾遗记〉异文释例》一文（《文献》2016年第4期），将修辞学、语言学领域的零度与偏离学说，作为一种思维方式与方法论原则，运用于校勘学的异文分析中。并以《王子年拾遗记》一书的校勘为例，具体说明如何运用零度偏离法则推求异文、梳理版本源流、辨析避讳字。文章中所举到的若干古今人校勘成果的例子，完全可以用西方校勘学中"难的异文更可取"的原则来概括。①这正是一种

---

① 详参L.D.雷诺兹、N.G.威尔逊著，苏杰译《抄工与学者：希腊、拉丁文献传播史》，北京大学出版社，2015年。

将中西方的学术方法做对接的努力。

为了倡导与鼓励古文献学界更加自觉的理论与方法探索方面的努力，2019年3月6日下午，刊物主编张志清先生邀请了北京地区文献学界部分青年学者与编辑部座谈，青年学者从多个角度对刊物提出意见与建议，我们将这组发言的文本刊布在2019年第3期杂志上。其中特别想向大家推荐的是北京大学中国古代史中心的史睿博士"从传统文献研究到现代文献学的转型"一篇，其中"尝试提出独立的科学的现代的文献学的定义：它应当是一门以研究文献的生产、流传、利用、管理等为主要内容，兼及文本与载体之间在时间、地域、组织、权利、学术等几个维度之间的张力及其变化的学科"，并具体分析"文献的生产""文献的流传与利用""文献的管理"应该包括哪些内容。

推荐此文，并不代表我们完全认同或采纳史睿博士的分析，而是希望跟大家分享刊物在"文献学"理论与方法建设方面的种种努力。文献学可以被认为是中国最古老的学科（我们都知道"文献"一词出自《论语》，而且传统文献学界也将其鼻祖至晚追溯到孔子），它传到我们这一代人手里，正面临现代学术体系与科学技术的巨大冲击与挑战。如何回应冲击、迎接挑战，并利用好新技术带来的机遇，是我们这一代人需要思考的问题。

以上所言种种，只是基于《文献》杂志的观察，未必一定是新世纪以来大陆地区古籍整理与研究发展状况的全面相。即使如此，我仍然希望它是一面镜子、是一个窗口，让海峡两岸的广大图书馆界古籍从业者，能够通过它来照鉴自己；可以通过它来了解更为广大的学术界以及学界需求，进而反观我们的工作，思索如何提升能力与改善服务的问题。因为无论是作为服务者的图书馆界（我们），还是作为使用者的学术界（他们）——当然，有时我们自己也会是使用者——都是中华文明的传承者，同样肩负让中华文明薪火相承并发扬光大的使命。

上海古籍出版社　查明昊

查明昊，安徽东至人。浙江大学
中国古典文献学博士毕业，现为上海
古籍出版社副编审，主要从事中国传
统文化出版、整理研究工作。

打通"三重门"，直面新挑战
——我对古典文献学的一点浅见

一、为学无涯

从2000年进入浙江大学古籍所读研算起，进入古典文献学领域
已逾20年。前6年在浙江大学古籍所求学，由硕士而博士；后14年，
除在另一家出版社待过半年，13年多的时间在上海古籍出版社从事
编辑工作，由青年而中年。

（一）读书生涯

相较于其他古籍所，浙江大学古籍所"注重以语言文字研究为
基础的传统文化研究，把传统文化研究和语言文字研究结合起来"。

创所元老、国学大师姜亮夫先生希望古籍所培养的"每个同学成为通才，而不是电线杆式的'专家'"。为此，他开设了"目录学与工具书""校雠略说""秦汉货币赋役制度""古籍版本鉴定""中国古代官制史""中国历史地理""中国科技史专题""《诗经》研究""中国古代历算""《营造法式》和中国建筑史""训诂学""《说文解字》研究""《广韵》研究"等课程。盖姜老不希望研究生很早就钻进一个狭窄的题目中，而是在两三年的学习过程中开阔视野，培养寻找材料、解决问题的基本技能。至于如何研究具体的课题，那就要靠自己的修行了（刘跃进《从文献学角度看国学研究的新起点》，《中国文化研究》1998年夏之卷）。

六年的文献学学习，先后学习了"训诂学""音韵学""文字学""中国经学史""版本目录学""中国古典文献学""中国古代官制""敦煌学""中国传统文化专题研究""中国文化名著精读""佛教文化与道教文化""《宋史职官制》导读"等课程。印象最深的是博士阶段的各位博导合开的"中国古典文献学专题"，今来回想起来，颇有看各路高手华山论剑的味道：各位博士生导师毕生治学心得，浓缩在一次课中，妙招迭出，精彩纷呈。

六年的文献学学习，主要收获有四：一是对文字、音韵、训诂等文献学的基本知识和技能有了一定的掌握；二是初步实现了从文学的感性思维到文献学的理性实证思维的转变；三是拓宽了学术视野，从原来局限于文学，

上海市出版工作者协会推荐
上海市学术著作出版基金资助

丛书主编◎孙颙　副主编◎曹培章
总策划◎吴士余

转型中的唐五代诗僧群体
查明昊◎著

华东师范大学出版社

到对史学、哲学等都有所涉猎；四是从束景南、张涌泉等先生身上，体会了"刊落声华，甘于寂寞"的治学精神。

六年的文献学学习，最主要的成果就是我的博士学位论文《转型中的唐五代诗僧群体》。后经修订，于2008年由华东师范大学出版社出版。其中的一些章节，发表于《宗教学研究》《敦煌研究》等杂志。

（二）编辑生涯

作为古籍出版的重镇，从古典文学出版社到中华书局上海编辑所，再到上海古籍出版社，上古社汇聚了一批学有专长的学者型编辑，如瞿兑之、钱伯城、何满子、金性尧、胡道静、朱金城、赵昌平等。不仅是编辑，其他岗位上也不乏身怀"绝技"之人：出版《中国社会科学院历史研究所藏甲骨集》时，该书的技术编辑就从摄影的视角，对某两块久成定谳的甲骨缀合提出异议，并最终为专家所重视和证实。前辈们的指引，同辈间的砥砺，为像我这样的新上古人，提供了良好的内部成长环境。

作为古籍出版的重镇，上海古籍出版社更是团结了一大批一流的学者，出版了众多的一流的古籍整理和学术研究专著。这对像我这样的新上古人提出了高要求：即使不能成为相关领域的专家，至少要对自己所在的出版板块、所负责的学科，长期跟踪，深度介入，有对学术的基本判断能力，才能真正服务学术、服务作者。这更是像我这样的新上古人学习成长的机遇：无论是审读高水平专家著作，还是在此过程中与专家

的交流互动，都是一个极佳的自我提升的机会，"若能在审读过程中提高了书稿的质量，那与其说是自己作了付出，不如说是自己得到了收获。用力愈勤，收获愈多"（王维堤《审读〈高适集校注〉的收获》，载本社编《春秋秋实六十载：上海古籍出版社同仁回忆》，上海古籍出版社2016年版）。

十余年来的编辑生涯，于学者的交往中，于书稿的审校学习中，于同事的帮助、砥砺中，自觉文献学专业知识和技能略有长进（与导师合作编写了《王阳明全集补编》，《周济文集编年校注》也已提交出版，另有《当前古籍影印出版的几种模式》《迥出同时学人的朱子、阳明研究》《一位专业古籍出版社编辑对"学术普及图书"的思考》等近十余篇短文），虽于师长期许尚有不少的距离，于己则差可自慰：策划责编的《王阳明佚文辑考编年》《王阳明年谱长编》《高邮二王合集》《台湾族谱汇编》等书稿，于相关领域的研究有所助益，尤足自喜。

二、打通"三重门"

我认为"古典文献学"，应包含三个层面：

第一个层面，文献学的理论层面，可称之为"文献学学""文献学理论"，即狭义的"文献学"，亦即我们通常所讲的"中国古典文献学"："中国古典文献学是有关中国古代文化典籍的研究与整理的学科，因此与古代文化各个分支的研究都有密切的关系。中国古典文献学是在目录学、版本学、校勘学等传统学科的基础上，吸收了现代文献学理论和方法而形成的学科，为汉语言文字学、中国古代文学以及其他涉古学科提供有关典籍的基本理论知识和文献处理方法。"（国务院学位委员会办公室、教育部研究生办公室编《授予博士硕士学位和培养研究生的学科专业简介》）

第二个层面，文献学的实践层面，也即我们通常所讲的"历史文献学"："历史文献学是研究我国各类历史文献的产生、发展、收藏、流传，对其进行整理以便于利用的学科。……古代的历史文献研究侧重于传世典籍的目录、版本、校勘、辨伪、辑佚、注释、改编。近代以来非书籍形式的文献（如明清档案）也开始日益受到重视，而敦煌卷子、殷墟甲骨刻辞、西陲汉晋简牍的三大发现，使各种出土文献的研究在历史文献学中越来越占有重要的地位，并发展成一些新的分支学科。"（国务院学位委员会办公室、教育部研究生办公室编《授予博士硕士学位和培养研究生的学科专业简介》）

第三个层面，文献学的应用层面，运用文献学的"基本理论知识和文献处理方法"，对古典文献（传统文献）进行梳理、考辨，从而为"汉语言文字学、中国古代文学以及其他涉古学科""辨章学术、考镜源流"提供研究范式，这是中国传统文献学的核心功能。

一些文献学学人往往自我设限于第一、第二个层面，甚或只重视其中一个方面，因在具体的实践过程中，或因过分突出理论，使文献学研究成了空中楼阁；或过于偏重考证，使文献学研究流于琐碎；或"唯稀见论"，于文献开掘的深度有所不足。研习古典文献学的目的，就是应当随时关注、跟踪相关学科的进展；在研究过程中，如果涉及相关学科的某些、某方面的问题，其研究的成果都是从文献中得来而不是凭空高论，经不住任何推敲。

实际工作、生产中，能专力从事第一、第二个层面文献学研究的工作岗位，实在有限。要求社会提供更多的、能否满足所有文献学学人的岗位，不现实，也无必要；要求文献学专业毕业的学士、硕士、博士，都非此类岗位不就，也确实强人所难。

因此，我们不妨打破文献三个层面"三重门"尤其是前两重的自我设限：

一方面，专力从事第一、第二类文献学工作的学人，尽力为传统文化的研究提供更多更好的文献材料、基本理论知识和文献处理方法。

另一方面，经过严格文献学训练的学人，充分发挥文献开掘方面的优势，加入学术研究中去。王国维尝言，"古来新学问之起，大都由于新发现"；傅斯年更是提出"近代史学只是史料学"，皆极言文献于文化研究，尤其是传统文化研究的重要。自然，研究如何充分占有和科学利用文献的文献学，就成了传统文化研究中最为基础和重要的学科。而文献学者文献开掘的优势，就成其在学术研究方面的优势：文献学学人碰到新问题、新领域，可以更快地寻找到最重要、最权威的文献；文献学的基本功底，能帮我们更快地读懂文献，更好地理解文献；于问题的解决中，当其他方法不能解决时，试着从文献学的角度或使用文献学方法来思考，说不定会别有洞天，豁然而解。

三、这是文献学最好的时代

改革开放以来，尤其是十八大以来，中华优秀传统文化得到前所未有的重视，国家出台的一系列政策、措施，为包括文献学在内的传统文化研究，指明了发展方向，提供了良好的发展环境。文献的研究、保护、整理和出版，都达到了前所未有的繁荣（可参周生杰、杨瑞《改革开放四十年古典文献学研究成果综述》，《中国矿业大学学报》（哲学社会科学版），2018年第6期）。

古籍普查、善本再造工程、中华古籍保护计划、流散海外文献回归等，让传统文献的领域，前所未有的宽广。近代文献甚至一部现代文献，家谱、地方文书等民间文献，方志、史传、年谱、笔记、日记等新史料，少数民族文献，域外流散文献等等，进入文献的研究领域，为传统文献学的研究提供了极其丰富的材料和前所未有的便利；张显成《简帛文献学通论》、骆伟《地方文献学概论》、廖庆六《族谱文献学》、张涌泉《敦煌写本文献学》等，从文献的载体形态、类型上，丰富了传统文献学；潘树广《古典文学文献及其检索》、张君炎《中国文学文献学》、单淑卿《中国经济文献学》、孙立《中国文学批评文献学》等，将古文献学学科理论与研究方法渗入某些特定学科、特定领域，建构起各种专科性、专题性文献学体系。

这些都为传统文献的发展，提供了广阔的天地；同时，将传统文献学深度、广度，推向前所未有的高度；更为传统文献学的突破，提出了迫切要求。

数字化、互联网、大数据和人工智能技术与传统文献学相结合而产生的"数字文献学"，让传统文献学拥有了无限可能，也提出了前所未有的挑战。

一方面，它给传统文献学的研究带来了前所未有的便利：古籍电子高清扫描、互联网传播等技术，颠覆了传统文献的存储、传播、阅读方式，最大程度地改变了文献只为少数人垄断的局面，古籍资源占有的地区性和地位性差异大大减少。

另一方面，古籍的OCR识别、古籍在线录入和校对、AI自动句读与文本校勘等技术，颠覆了传统古籍整理的实践，古籍全文检索、文本挖掘与标记、知识图谱与循证、GIS与文献考证等，极大地改变传统文献学的研究方法和路径。

最重要的是，机器学习与人工智能、数据库建设、计算语言学、社会网络与地理信息系统、数据与文本挖掘等数字人文研究的主要技术方法，与传统文献学结合，"分门别类地穷尽式汇集、聚类中国古代各类知识谱系，经纬交错地构筑基于历代典籍的知识架构，为今天及后人的古典学术研究提供一个高起点宽口径的通用平台"，它可以让研究者具有"上帝视角"，做到整体和系统地重新认识经典文本的形态特征、生成演变和相互关联，从而带来研究视野、观念和方法的转变，为传统文献的研究提供了无限可能（刘石《大数据技术与古代文学经典文本分析研究》，公众号：DH数字人文）。

张三夕《简论大数据时代古籍数字化的若干问题》指出，"对于从事包括古籍整理在内的国学研究者来说，要从对传统纸质文献整理研究的手工操作转向充分利用古籍数据库的智能操作。因此，未来不懂得如何智能操作古籍数据库的学者将会落伍，甚至被时代淘汰"（《光明日报》2020年06月13日11版）。

我们更要知道，技术驱动的当下，"我们迫切需要培养同时具有古典文献学基础、古籍数据库开发和利用能力的高级人才或复合型人才"（张三夕《简论大数据时代古籍数字化的若干问题》）。于现阶段的"数字文献学"而言，文献学专家提出问题或需求；人工智能、大数据等运算的规则、算法，尚需由计算机专家和文献学专家共同制订，并转换成相关的代码和程序；运算后的结果和初步分析、意义的阐释、体系的建构尚待文献学专家进行进一步的细化和深化。

在人工智能、技术革新大行其道的当下，我们不可能要求文献学者样样能干，但文献学者必须利用掌握专业需求和发展趋势的先天优势，及时了解时代变革，及时学习掌握计算机辅助文献学的有关技术，把握时代脉搏，明晰个人定位，及时抓住机遇，发展自我，从而在与人工智能、技术专家的竞争中，占据主导。

四、这也是文献学最坏的时代

当下文献学的"繁荣"，"乱花渐欲迷人眼"，各色人等纷至沓来：

媒体时代，一部分不具有基本学术素养的民间"专家"，用一些毫无文献基础的"新见"，收割了无数人的关注和点赞；一些学者携持"新理论"，进入古典文献学领域："我发觉近几年来学术界略有一些变化，那就是随着中国传统文化日益受到的重视，有许多原先高唱西学的学者，悄悄开始了贩卖国学的勾当。其实已经有少数人摇身一变而成为国学的学者，甚至是大师了。于是那些人也开始弄起文献来了，也开始读起古书来了，这是好事，也是不好的事。好事是国学的确显示了它本身的价值，不因你的批判而消亡；不太好的事是，这些人会把传统学术研究也弄得一塌糊涂。他们并不真正懂得文献，以为很容易弄。其实在所有的学问里，最不容易的，当然是文献了，它是需要你付出多少努力啊！关键是这些人会破坏文献学时基本的规则，这个破坏的后果应该是非常严重的，所以大家要警惕。"（傅刚《关于中国古代文学研究中的文献使用问题》，公众号：尔雅国学报）

古典文献的收藏热，让古书、碑帖、信札等价格再创新高，一部分古典文献学人为利益驱使，或通过所谓的考证，高昂其值，或公然为造假者背书，证伪为"真"。

一些学者紧盯学术热点问题，借助全文检索、模糊检索等技术"觅到"材料，快速地炮制出一篇篇论文，但这些"文章乍看起来材料很丰富，其实都不是读书读来的，不过是弹指一挥间的检索拣来的。既然没有读书的过程，哪来读书的乐趣，又怎么会产生有价值的研究成果，更谈不上学术功力的积攒了"（《书寿越千载古籍入万家——访清华大学中文系主任刘石教授》，《光明日报》2012年4月17日）。更有一些学者"依据个人的主观意见歪曲材料，以为己用"（《读第一流书，做第一流学问——北大中文系傅刚教授访谈录》，公众号：尔雅国学报）。

文献学者习惯了"板凳甘坐十年冷，文章不作一句空"，守望了这块清贫、寂寞的学术阵地一年又一年。可在文献学"热闹"的今天，"热闹的是他们"，于文献学、真正的文献学者，却"什么也没有"。今天的文献学者，有多少能抵制种种诱惑，不随波逐流，迷失自我？

浙江古籍出版社　路　伟

路伟，1987年生，河南商丘人。自2010年起即供职于浙江古籍出版社，未曾改换门庭，现任浙江文丛编辑中心主任，副编审。曾整理出版有《姚燮集》《沈复灿钞本琅嬛文集》《陶庵梦忆 西湖梦寻》等。

1.文献学是一个冷门学科，您是什么时候开始接触这门学问的？是主动报考还是调剂？谈一谈您对"文献学"的最初印象，现在的理解有没有变化？

我可算文献学科班出身，本科和硕士阶段都是在文献学专业就读的。中国文献学专业本科起初只有四所高校开设，有两所是我的母校，分别是南京师范大学和浙江大学，曾经有一个想法，想四所学校读一个遍，不过现在看来，这终归只是一个虚想，但转益多师则大体是不错的。

我和文献学的渊源颇早。我生于河南商丘，一个常人眼里貌似很古老的地方，但却是老皇历了，当今的文化乏善可陈，只配称作"荒陋"了。中小学时，我对未知的知识世界充满好奇，有着强烈的求知欲，教科书已不能满足我的"野心"，特别喜欢找课外书去看。我是没有家学渊源的，家里也没有几本像样的书，因而就自己找书看。地摊上，新华书店里，经常会有我的身影，家境清寒，牙缝里省下的钱便被我用在了收集书籍上了。小学没毕业，便有了一小书架的书。

记得很清楚，得到的和古文献相关的最早一本书是岳麓书社的白文本《史记》，前面有钟叔河一序，那是我缠着父母以原价买的，当时是小学四年级。后来邻居亲友便传开了，说小学生能读《史记》，着实不简单。不过现在看来，此事却有叶公好龙的嫌疑，毕竟《史记》对于小学生显得过于"艰深古奥"了，更何况是没注的白文本。这部《史记》其实绝大多数时间是在我的书架上睡大觉，一直到后来，我得到繁体字的《史记》，便看不上它了，不知扔到哪里去了。

上中学后，买书更是疯狂，我尽一切的可能去搜寻书籍，兴趣也在不断发生转移，变得"信而好古"起来，书架上的文史书也日渐多起来，并习得了看文言和繁体字的能力。中学时的课程是紧张而劳剧的，而我还在不断地看课外书，不过这并没有明显影响我的课业成绩，大部分时候我还是名列前茅的。高考填报志愿时，我看到了南师大古文献专业在河南有招生，就不假思索地将其填报为第一志愿。我的父母向来是开明的，他们对于这个招生控制专业实不甚了然，但却对我的选择二话没说，表示支持。2004年是南师大古文献专业在河南第二年招生，之前，他们只在江苏本省招生，他们很多时候招不到合适的人，有些年份是隔年招生，平常年份则需要"拉壮丁"，调剂其他专业的学生。

去南京读书后，发现南京真是个购书的天堂。雅籍、品雨斋、唯楚等专业旧书店，对于我真如天禄石渠，令人欲罢不能，于是节衣缩食，有点闲钱便上供给了旧书店。其中最值得回味的便是逛朝天宫鬼市了。朝天宫鬼市以书为主，兼及古玩杂项，凌晨开市，到早上八九点闭市，因为大部分交易是在黑影幢幢中进行的，故号"鬼市"。学校在仙林，离市区的朝天宫颇远。大概要在五六点起床，而此时宿管站还没开门，没奈何，只得翻越铁栅栏，然后或坐头班公交，或骑自行车，赶往数十里外的朝天宫。朝天宫最大的乐趣便是可以在其中"披沙拣金"，偶尔也会有线装书出现。我就用奖学金在这里淘到了一整套的四部备要本《经义考》。鬼市最大的新闻是发现了清代学者钱泳的《纪事珠》手稿，里面有失传的沈复《浮生六记》的摘抄，据说还能证明钓鱼岛是中国的云云。发现手稿的那年是2005年，我在读大二。

大学还是很充实的，读了很多书，视野也得到开拓，并且学会了用文言写作。后来考研，便抱着"树挪死，人挪活"的想法，想去另外一个城市。但又不愿离开江南，便报考了浙江大学古籍所。天遂人愿，顺利过关，犹记得复试是骑车去的，去杭州沿着太湖东岸，回南京是沿着太湖西岸，一天最多可以骑三百多里，就这样，用车轮丈量了江南。做文献需要毅力，尤其工作以后编了很多大书，便如这长途骑行，前不着村，后不着店，只能硬着头皮走下去，不然就要困死在半道上。

浙大硕士只有两年，感觉刚进去，就出来了。浙大古籍所的学风和南师迥然不同，这是一个"发现一个字的新义比发现一个恒星还重要"的地方，我们私下笑谈，浙大的"小学"宇宙第一。我似乎和这里的学风格格不入。我写文章比较注重文采修饰，便屡次被导师训诫，写论文要朴实，不要花里胡哨。在浙大两年里我是有些抑郁的，更兼受了另外的刺激，对于传统的看法也发生了改变，从"国粹派"向"洋务派"发生了偏移，再加上看了很多学林龌龊事，便有了"一入学门深如海，正须抽身退步早"，对学术也渐渐丧失了

兴趣。虽然照例去考了南大的博士，但是接近裸考，基本没做准备，我告诉朋友说："得之不喜，失之不忧。"面试时，据说有一个老师对我特有好感，但有缘无分，如是而已。

人终要吃饭，但除此"屠龙之技"外实在也无他项技能，只能找和专业相关的工作。浙古社招聘，于是去应聘，几失而复得，又去凤凰社去应聘，几得又

浙江图书馆校书工作照

复失，士为知己者死，遂死心塌地为浙人做事，十年如一日，以至于今。

工作以来，它项技能不敢说有所提升，但有两项却有大进步，一是整理稿抄本，大学时也只能识别行书，工作后经《姚燮集》《夏承焘日记全编》等繁难的稿子磨砺锤炼，一般稿抄本不在话下。所以做事不能躺在自己的"舒适区"，不然难有进益。一是寻觅文献，工作以前接触多整理本古籍，工作之后成为图书馆常客，十年来，跑遍大半个中国，经眼古籍不下上千种，孤本秘籍亦所在而有，以致被笑称为"文献挖掘机"。有此"两把刷子"，遂能自立。然身处地方小社，无此"金刚钻"，确也寸步难行。

2.毕业后又从事古籍编辑工作，您觉得涉古专业本科生学习"文献学"课程的必要性是什么？

何止涉古专业，任何专业都需要有文献学。只是因为文史专业研究以文献为主要来源，且形制复杂，横跨数千年，里面有很多"门道"，需要建立专门的学科来把它搞清楚。文史专业如果没有文献作为基础，就是无源之水，无根之木。所以我认为文献是涉古专业本科生的所必需的基本技能，是打开学术之途的钥匙。

3.您的研究方向是偏向历史文献学还是文学文献学？又或者说偏重目录、校雠和版本的哪个具体方面？请重点谈一下专业学习对您现在工作的帮助？

编辑是"杂家"，什么都要知道些。所以说我现在不特别研究什么领域和方向，只是因为做书，会做些和书有关的研究。我研究的目的也只是做出更好的书，推动一些不被关注的文献被纳入研究视野，推动别人的研究和学术的进步，所以我也很少写论文，改变学界研究的一些生态，我希望我的书成为学术的"母胎"，而不是学术本身。我还有一个目标是为文献"续命"，去"兴灭继绝"，使其获得新生，化身千万，生生不息，不让后人再对着各种有目无书的艺文志发千古之幽思。此胡适提倡"整理国故"之深意所在。

4.有人说"文献学"是个基本工具，算不上单独的"学科"，对这个问题您怎么看？如果是"工具"，是否应该有更广泛的应用？是"学科"，主要研究对象是什么？是否有瓶颈和走出困境的思路？

此点前贤多有论及，卑之无甚高论，故不具论。

5.结合自身的求学经历和工作，"文献学"的研究生培养上与其他学科有何不同，一般做些什么具体学术训练？他们应该具备什么样的基本素质？对有志于从事古籍编辑的研究生，您有什么具体建议？

整理一本古书，超越自己现阶段的能力，你会发现你要用到各种知识，文献的各部分知识就会在这其中得到应用，自然就会加深对文献学的理解。这比看教材管用得多。

另外需要特别指出的是，古籍编辑必须加强自己的小学素养，即文字、音韵、训诂的知识的储备，这也是相当重要的。即使学校没有开设相关课程，也要把相关常识掌握。

6.请您谈一谈对文献学前景的展望，会向什么方向发展？哪些方面会引起更多关注？

我是在古籍整理前线的从业者，理论上思考得比较少，当初设立中国古典文献学，初衷也是为古籍整理服务的，因而这个学科天生具有工具性。其实，我觉得其工具性强的一个好处，即古籍整理实践可以推动其不断发展。比如我在古籍整理中，会遇到古代的各种公文，往往标点、分段甚难，对某些术语的含义也不是很了然。搜检学者的研究，对于古代公文的研究成果相当有限，这其实是文献学对此关注和研究不够。这是一个十分值得开拓的领域，可以是未来文献学发展的一个重要方向。

此外，西方也有很发达的古典学传统，以研究希腊、拉丁文献为主。"他山之石，可以攻玉"，他们的古典学理论和实践无疑对于中国古典文献学是有借鉴意义的。未来，比较文献学或许会成为文献学的重要一支。

7.请您推荐一种"文献学"的必读书，简要地介绍一下内容及您的阅读体会。

很多朋友推荐《四库全书总目》，作为古代目录学的一个集大成著作，这确实是一个很好的书。但是此书规模很大，需要很好的记忆力才能消化，且在当今的条件下，它也有很多过时的地方。窃以为，学文献学最好的方法是读原书，读基本书，读常见书，这样才有直观印象，记得牢靠，领会得深。"观千器自能制器"，在潜移默化中，加深对文献的理解。如果让文献学仅仅成为"书皮之学"，像报菜名一样背背书名，只为糊弄一下外行人，那文献学是失之浅薄粗陋，没有远大前途的。

推荐书目

嘤其鸣矣

按：本书目辑自受访者推荐必读书（含论文五篇），按照作者姓氏笔画排序，仅供读者参考。

一、图书

1.（日）大木康著，周保雄译：《明末江南的出版文化》，上海古籍出版社2014年版。

2.王欣夫：《文献学讲义》，上海古籍出版社2005年版。

3.王重民：《中国目录学史论丛》，中华书局1984年版。

4.（英）内维里·莫利著，曾毅译：《古典学为什么重要》，北京大学出版社2020年版。

5.毛春翔：《古书版本常谈》，上海古籍出版社2002年版。

6.（宋）朱熹：《诗集传》，中华书局2017年版。

7.（清）朱彝尊撰，林庆彰等点校：《经义考新校》，上海古籍出版社2010年版。

8.（日）乔秀岩、叶纯芳：《文献学读书记》，生活·读书·新知三联书店2018年版。

9.刘跃进：《中古文学文献学》，江苏古籍出版社1997年版。

10.（清）纪昀等：《四库全书总目》，国家图书馆出版社2019年版。

11.孙猛：《日本国见在书目录详考》，上海古籍出版社2015年版。

12.杜泽逊：《文献学概要》（修订本），中华书局2008年版。

13.杨伯峻：《春秋左传注》，中华书局1990年版。

14.杨燕起、高国抗主编：《中国历史文献学》，北京图书馆出版社2003年版。

15.李国庆：《明代刊工姓名全录》，上海古籍出版社2014年版。

16.李剑国：《唐五代志怪传奇叙录》，中华书局2017年版。

17.李清志：《古书版本鉴定研究》，文史哲出版社1986年版。

18.李零：《简帛古书与学术源流》（修订本），生活·读书·新知三联书店2020年版。

19.吴小如：《中国文史工具资料书举要》，中华书局1982年版。

20.时永乐：《古籍整理教程》，河北大学出版社2003年版。

21.余嘉锡：《目录学发微·古书通例》，中华书局2007年版。

22.余嘉锡：《四库提要辨证》，中华书局2008年版。

23.（清）张之洞编撰，范希曾补正，孙文泱增订：《增订书目答问补正》，中华书局2011年版。

24.张丽娟：《宋代经书注疏刊刻研究》，北京大学出版社2013年版。

25.张宗友：《〈经义考〉研究》（增订本），凤凰出版社2020年版。

26.张舜徽：《中国文献学》，河南人民出版社1982年版。

27.张舜徽：《文献学论著辑要》，中国人民大学出版社2011年版。

28.张舜徽：《汉书艺文志通释》，华中师范大学出版社2004年版。

29.陈先行：《古籍善本》（修订版），上海人民出版社2020年版。

30.陈尚君：《唐诗求是》，上海古籍出版社2018年版。

31.陈垣：《中国佛教史籍概论》，中华书局1962年版。

32.陈智超编注：《陈垣史源学杂文》，生活·读书·新知三联书店2007年版。

33.（清）邵懿辰撰，邵章续录：《增订四库简明目录标注》，中华书局1959年版。

34.林夕：《闲闲书室读书记》，广西师范大学出版社2011年版。

35.国务院古籍整理出版规划小组编：《古籍点校疑误汇录》，中华书局1990年版。

36.周勋初：《当代学术研究思辨》，北京大学出版社2013年版。

37.郑振铎：《劫中得书记》，广西师范大学出版社2010年版。

38.荣新江：《学术训练与学术规范：中国古代史研究入门》，北京大学出版社2011年版。

39.姚名达：《中国目录学史》，上海古籍出版社2005年版。

40.（清）姚振宗撰，刘克东、董建国、尹承整理：《隋书经籍志考证》，清华大学出版社2014年版。

41.（汉）班固：《汉书·艺文志》，中华书局1962年版。

42.袁咏秋、曾季光主编：《中国历代国家藏书机构及名家藏读叙传选》，北京大学出版社1997年版。

43.袁咏秋、曾季光主编：《中国历代图书著录文选》，北京大学出版社1997年版。

44.钱存训：《书于竹帛》，上海书店出版社2002年版。

45.奚椿年：《中国书源流》，江苏古籍出版社2002年版。

46.郭立暄：《中国古籍原刻翻刻与初印后印研究》，中西书局2018年版。

47.黄永年：《古文献学讲义》，中西书局2014年版。

48.黄永年：《古籍版本学》，江苏教育出版社2009年版。

49.黄永年：《古籍整理概论》，上海书店出版社2001年版。

50.曹道衡、刘跃进：《先秦两汉文学史料学》，中华书局2008年版。

51.梁启超：《中国历史研究法·中国历史研究法补编》，中华书局2014年版。

52.梁启超：《古书真伪及其年代》，中华书局1955年版。

53.梁启超：《清代学术概论》，上海古籍出版社1998年版。

54.梁启超著，俞国林校：《中国近三百年学术史》，中华书局2020年版。

55.葛兆光:《中国思想史》,复旦大学出版社2001年版。

56.董洪利主编:《古典文献学基础》,北京大学出版社2008年版。

57.程千帆:《桑榆忆往》,上海古籍出版社2000年版。

58.程千帆、徐有富:《校雠广义》(修订本),中华书局2020年版。

59.颜春峰、汪少华:《〈周礼正义〉点校考订》,中华书局2017年版。

60.(唐)魏徵等:《隋书·经籍志》,中华书局2019年版。

二、论文

1.刘殿爵:杨雄《方言》与《孟子》,中国文化研究所学报,1992年第32期。

2.刘殿爵:秦讳初探,中国文化研究所学报,1988年第19卷。

3.吴宏一:温庭筠菩萨蛮小山重叠金明灭相关问题辨析,香港中文大学中文学刊,1997年第1期。

4.何志华:《尚书》伪孔《传》因袭史迁证,中国文化研究所学报,2000年第40期。

5.陈胜长:《说文》所说字义或非本义考辨并论所谓"微辞"问题,中国文化研究所学报,2003年第43期。

高晓玉整理

河北师范大学文学院

后　记

　　这篇后记，本应写在去年的4月份。这部小书，缘起于2020年的世界读书日前夕。如此算来，她的最终出版时间距离当初的策划已然两年有余。

　　2019年《文献》杂志第3期推出"文献学青年谈"专栏，广受学界关注；11月23-24日，北京大学中国古文献研究中心召开了"2019年中国古典文献学新生代研讨会"，海内外数十位青年学者汇聚一堂，回顾"文献学"历史，畅谈现状，展望前景，碰撞出很多有益的学术火花，也成为"青年学者说文献学"谋划的直接动因。2019年年底开始的新冠疫情，两年多来深刻地影响着我们的生活，也限制了难以计数的线下学术交流活动。云端的讲座、线上的会议，悄无声息地改变着我们的交流方式。"书目文献"是我2016年做起来的一个公众号，用业余时间，陆陆续续推送文史研究青年学者的新刊学术论文，自娱自乐。在这个特殊的背景下，它似乎可以在学术传播上，走得更远一些，我放任地想象着。

　　2020年4月16日，我所在的国家图书馆出版社尚处于疫情"值班"阶段，严格控制到岗率。不能每天都到单位，值班时午饭后到北海公园走两圈，尤其值得珍惜。就在那天，我从进入西南门开始考虑访谈框架、人选和可行性。走到北门，桥下锦鲤很多，着实比游人多，估计也饿得够呛。我一边走路，一边把大致想法和最初的访谈问题发给了石祥和董岑仕两位老师，请他们提意见。石老师秒回："好哇，我觉得非常可行！"对于问题，他认为需要增加一个"前景展望"，尤其是"今后可能哪些方向会引起更多关注"。董岑仕老师自谦，拒绝了受访，却一连推荐了近二十位青年学者，大大充实了"访谈名单"，扩展了更多机构、区域。虽然由于种种原因，有些老师未能参与其中，但足以让这组访谈几无遗憾了。

有不少朋友问及，我自己为什么不在被访谈之列。2008年我进入国家图书馆，在国家图书馆出版社工作，而今又将走向讲台。如果按照访谈设计的"青年教师""青年馆员""青年编辑"三个版块，我似乎都有点沾边。现在恰好利用写后记的便利，啰嗦几句，附于卷尾。

2001年，我考入四川大学，被调剂到汉语言文学基地班。这对首选"法学"等热门专业、出身小镇做题专家的无知新生，着实撞了一头雾水。记得我办好了入学手续，第一时间找到辅导员王彬老师，向她咨询如何转专业。王老师约我坐在体育馆前草坪一角的石头上，耐心听着我的疑惑。听我说完后，她岔开话题，用了将近半个下午，跟我聊中文系的老师、掌故，其间不时介绍我热衷专业的历史背景，虽然没有直接说，对比却显而易见。最后，她教给我方法：成绩考到年级第一，就可以转专业！最终，我虽然努力去学，但也没能达到要求。或许冥冥之中，自有天意。在中文系老师精彩的课堂上，我找到了真爱。伍宗文老师的"古代汉语"课上，脱口而出的英语例句，令人五体投地。按照他的作业要求，我去图书馆古籍部借阅和抄录王念孙《读书杂志》的一段。第一次捧着古籍的兴奋，似乎也注定了我与古书的不解之缘。

三年级，按照专业设置，我们需要上两门特殊的课程——"古典文献学"和"比较文学"。这是当时川大中文系的两个国家级重点二级学科方向，开课的重要目的是让同学们参与研究生保送时，能够按照自身兴趣做出准确选择。在纺织学院200人的阶梯教室里，我常常躲在后面。即便如此，罗国威老师绅士的台风、渊博的知识、幽默的讲解，让我不知不觉中感受到这门学问的乐趣所在，这也成为我读硕士主动选择"中国古典文献学"的直接原因。我比外校考生幸福之处，是从确定了研究生导师，大四上学期就开始跟着罗老师旁听研究生的课程，等于跟老师学习四年。罗老师讲校雠学，以向宗鲁先生《校雠学》为蓝本，除了对内容逐字逐句讲述、钩陈发覆，还会插入很多向先生治学和生活中的掌故。向先生这部边打麻将边写成的骈文体学术专著，数十年未经再版，难得一见。因此，我在国图出版社工作后，建议将其列入"文津文库"，于2012年出版。罗老师见到样书后，电话中不断的笑声，顿时把我拉回到课堂中。师门授受融于专业课中，是问学入门的幽径，让人如沐春风。

文献学让我们读书有所选择。且不说如今每年出书近30万种让人目不暇接，传世古籍的20万种也足以令人望而生畏。做人、做事、做学问，应该读什么书，怎么读？不管是否从事涉古专业研究，我觉得学一点文献学常识，起码让我们不迷失于茫茫书海。此起彼伏的直播、断断续续的短视频充斥在我们生活之中，能在这喧嚣之中，寻一本好书，慢慢地读下去，似乎可以拉长我们的生命值。

历史文献学也好，文学文献学也罢，文献学既是一门学科，也是诸多学问的门径所在。它最低的限度，起码应该让我们遇到问题时，查找相关资料有的放矢、节省力气。如果从学科的角度讲，数字人文背景下的文献学，依旧大有可为。翻检近些年的论著论文，不难发现，传统粗放的目录、版本、校雠之学虽然依旧有很多未完成的题中之义，但从宏观角度考虑学科架构、借鉴西方阅读史研究经验、回溯我国传统的读书治学方法、细化承载文献的物质载体分析，都是我们应该努力的方向。如今越发方便的获取途径，让我们通过一件件具体文献的个案剖析，能够关联起相关历史、哲学或文学本身的清晰脉络，由小而大逐层推进，不局限于微观，不空疏于宏论，文献学当砥砺前行。刚刚起步的数字人文之学，更是要借助文献学的纲举目张，网络海量碎片知识，通过数据认同、机器学习的手段，不断优化系统，才能建成真正意义上的"数字人文"。

今年4月份，两办发布的《关于推进新时代古籍工作的意见》提出："深化古籍学科理论构建，编写专业教材，强化实践教学，鼓励在文史哲、中医药等相关学科专业教学中增加古文献相关教学内容，鼓励有条件的院校设立民文古籍与汉文古籍兼修的古文献相关学科专业。"从这个层面来看，加强文献学的课程训练，契合了时代对文史相关学科的教学要求。专业学生的文献功底将更被重视，只要耐得住寂寞，认真读好书，毕业的出路应该是更加广阔啦。这样一说，文献学的前景是未来可期嘛！

如果允许推荐，我也想提一下《四库全书总目》。读博之初，除了毕业论文相关资料，导师詹福瑞先生对我们的阅读书目要求只有一部——《四库全书总目》。我听得略有些惊讶，老师虽然在国家图书馆工作多年，但他的主要研究领域是中古文学理论、是《文心雕龙》、是李太白啊，怎么让我们看这个书？虽然之前我经常查，但确实没敢想去通读一遍，毕竟是一个大部头。师命难违，读呗！没有合适的本子：两册缩印本字小伤眼，点校本读起来太顺溜，水过不能地皮湿。于是我利用责编之便，把《武英殿本四库全书总目》塞进了《国学基本典籍丛刊》，连索引做成了60本。毛样书自然成了我的私人读本。红笔勾画涂抹，标注与浙本的异同，长夜青灯，竟也自得其乐。单篇的查找，无法体会《总目》部类内在的联系。读进去，方发现老师的良苦用心。仅仅是部类之叙，即勾勒出简明扼要的学术史。无怪乎张之洞大加赞扬其良师之功："此事宜有师承，然师岂易得？书即师也。今为诸生指一良师，将《四库全书总目提要》读一过，即略知学问门径矣。"缘于此，我在本科生的文献学课上也专门留了一个作业——抄《四库提要叙》。

回到本书，有几处需要说明的地方。关于排序，微信版推送时是按照来稿时间，成书时按照"青年教师""青年馆员""青年编辑"分为三组，各组再按照受访者姓氏笔画排列。王京州老师未按照问题模式撰写，以《古籍整理与青年使命》（原发表于《中华读书报》2020年3月18日第9版）一文，呈现了他读书治学的初心和轨迹，四代学人薪火相传，感人至深。程苏东老师的访谈，是受孔祥军老师"青年学者挈经访谈录"所约，征得二位同意，收入卷内。李成晴老师接受访谈后，别出心裁，约集刘明、赵宇翔两位老师对文献研究的门径问题撰写了一组笔谈，刊发于《中国社会科学报》；因刘明老师有专门访谈，其"笔谈"不再收录。另有几位老师的稿子在2020年已经交来，为了留给后期图书宣传一点空间，我未安排推送微信版，在正式出版后，将陆续推送。编排阶段，各位受访者对文字进行了认真的核改，有些与微信版相比，变化还比较大，读者需留意之。此外，因时隔两年，一些老师的单位、职称也发生改变，均以结集时实际情况为准。

最后，照例要感谢。感谢石祥、董岑仕两位老师的襄助，感谢50多位受访老师的支持，同样谢谢因故未能参与访谈却又热心推荐友朋的学友们，众人拾柴，方有此书。感谢年轻的史睿老师百忙之中赐序，为青年们导读。感谢河北师范大学高晓玉老师整理的推荐书目。感谢我深爱的国家图书馆出版社，慨然应允出版本书。仍是北海散步，廖生训老师对我说："这个书必须在咱们这里出！"让我别无选择。责任编辑潘云侠细致编校，精心设计封面，具体事宜费心尤多。在此一并致谢！

泊头南江涛记于海淀五路居

2022年7月